完美男孩青春期成长手册

董亚兰◎编著

北京工业大学出版社

图书在版编目（CIP）数据

完美男孩青春期成长手册／董亚兰编著. —北京：北京工业大学出版社，2014.5（2021.9重印）
ISBN 978-7-5639-3833-9
Ⅰ.①完… Ⅱ.①董… Ⅲ.①男性-青春期-健康教育-手册 Ⅳ.①G479-62

中国版本图书馆CIP数据核字（2014）第052089号

完美男孩青春期成长手册

编　　著：董亚兰
责任编辑：刘学宽
封面设计：胡椒书衣
出版发行：北京工业大学出版社
（北京市朝阳区平乐园100号　邮编：100124）
010-67391722（传真）　bgdcbs@sina.com
经销单位：全国各地新华书店
承印单位：唐山市铭诚印刷有限公司
开　　本：787毫米×1092毫米1/16
印　　张：14
字　　数：203千字
版　　次：2014年5月第1版
印　　次：2021年9月第3次印刷
标准书号：ISBN 978-7-5639-3833-9
定　　价：39.80元

前　言

青春，在人生之中代表着美丽、活力和希望，也蕴含着迷茫、忐忑和挫折。青春期是男孩心理趋向成熟的关键时期，更是他们一生中最重要的转折点。如果男孩能顺利度过这段时期，他们就会步入成人的世界，真正担负起自己的责任，为了心中的理想而继续奋斗。反之，如果男孩在青春期遇到障碍而没能及时克服，就会影响到他们的健康成长，甚至影响到他们的命运。

那么，男孩在青春期中会遇到哪些"拦路虎"呢？对自身生理变化的不解、对异性的复杂情感、对友谊的追寻与碰壁、与父母关系的紧张叛逆、对学习的爱恨交加……这些因素随便哪一个都能给男孩的心理带来不小的影响。但是在青春期期间，它们往往是交织地出现在男孩的生活中的，往往让男孩儿措手不及。对男孩来说，他们没有在社会中独立生活过，社会阅历、对事情的接受与应对能力等都十分不足，这些都成为他们克服上述"拦路虎"时的不利之处。不能忽视的是，男孩的性格虽然大多是大方、豪爽和豁达的，但他们也有着心理敏感、心思细腻、十分在意外界对其的评价、希望能得到同龄人的认可、希望能与父母和师长平等交往等心理特点。这些因素导致男孩在遇到难题时，虽然也希望能有一位“人生导师”助自己一臂之力，但不会直接向父母或师长开口求助，因此，图书就成了男孩解决心理困惑的一个行之有效的方式。

有鉴于此，我们策划推出了本书，从生理常识、情感心理、人际交往、道德品质、人生理想、生命教育等十一个方面向男孩详细介绍了青春期的秘密，以帮助男孩真正了解青春期并轻松应对青春期出现的各种问题，健康、快乐地度过这一重要的人生阶段。

当然，除了看书，男孩更需要行动，以自强、自励的精神激励自己前进，才会让自己的青春更有意义。一个懂得自我激励的人，能在不断前进的过程中充分发挥自身的潜能，并最终实现自己的目标，而不会自我激励的人，就算天赋极高，也可能无法将其充分利用，甚至一生碌碌无为。有研究表明，没有进行过自我激励的孩子，仅能发挥其能力的20%左右，而经常自我激励的孩子，其发挥的潜能相当于激励前的3～4倍。

男孩要做到自我激励，就要用欣赏的眼光看自己，正确认识自己的优点与长处，以形成一种自我激励的内驱力。这样做的目的是促使男孩在今后的学习、生活中不断超越自己，督促自己进步,让自己获得心灵上的巨大满足，使自己获得更大的鼓舞和信心，从而激励自己更加努力去做好每一件事，充实而精彩地度过青春期。只有这样，当男孩回首往事时，才不会因自己虚度光阴而后悔。

男孩，现在就请拿起本书，寻找你感兴趣的内容吧，如果能结合自己的体会，在生活中去实践、去思考，相信你会有不一样的收获！

目　录

第一章　青春期，男孩生理的特殊变化

青春期的“破喉咙”和“破锣嗓子” ……3
晨勃和遗精是怎么一回事 ……5
我是“毛孩”我自豪 ……7
男孩身高的秘密 ……10
男孩也会长粉刺 ……12
了解自己的生殖器官 ……15
雄性激素，男孩成长的神秘物质 ……17

第二章 青春期，男孩如何应对爱的萌动

你了解什么是爱情吗 21
分清友情和爱情，坦然和女孩相处 23
单相思是颗“无花果” 26
“成人游戏”，男孩别乱玩 28
早恋并不甜蜜，应理智应对 31
网络爱情，缺乏可信度 34
失恋不失志才是真的男子汉 37

第三章 不要羞涩，男孩应了解的性常识

面对自慰，不惊慌亦不迷恋 43
有了性幻想和性梦，就一定是坏孩子吗 45
对婚前性行为大胆说“不” 47
洁身自好才能更好地预防性病 49

第四章 纠正不良性格，做个心理健全的好男孩

嫉妒让“兄弟”反目成仇 55
妈妈为什么变成了“家佣” 57

盲目追星，害人不浅 ……60
遇事要冷静，切勿焦虑不安 ……62
放松心情，赶走抑郁 ……64
暴躁易怒，别让自己的性格如此偏激 ……67
体会美好人生，赶走“愤世嫉俗” ……69

第五章　树立良好品格，培养独立生活能力

自我激励，男儿当自强 ……75
有错就改，要学会自省 ……77
培养自己的适应能力，学会独立处事 ……80
做事不半途而废 ……82
要有乐观的人生态度 ……85
学会勇敢，做一名“勇士” ……87
远离谎言，做一个堂堂正正的男子汉 ……89

第六章　男孩的交际法则

交友应以诚待人 ……95
学会宽容，不要斤斤计较 ……98
帮助别人，就是帮助自己 ……100
真诚地赞美他人 ……102

乐于分享，学会大方地生活 ……105
不卑不亢，做个有正义感的人 ……107
拒绝哥们义气 ……110

第七章　学习，也可以变得如此轻松

释放压力，对抗“厌学季” ……115
老师不“顺眼”，不能迁怒在学习上 ……118
做好学习计划 ……120
聪明男孩更应用心学习 ……122
提高记忆力，应吃好睡好运动好 ……125
提高学习效率 ……127

第八章　做一个不平庸、为理想而奋斗的优秀男子汉

发掘自己的优势，不做平庸的男孩 ……133
坚守自我，不被他人所左右 ……135
勇于面对失败 ……138
给自己找一个榜样和竞争者 ……142
早立志早规划，人生才不虚度 ……145
为了梦想去实施自己的计划 ……148

第九章　坦诚相见，增进亲子关系

和父母沟通，从聆听开始 ……155
别伤了父母的心 ……157
互相了解，多和父母聊天 ……160
学会谅解 ……162
一起做家务，体会父母的辛苦 ……165
学会感恩，给爸妈洗洗脚 ……167
爸妈离婚了，他们还爱我吗 ……170

第十章　男孩的保健法则

保护好自己的视力 ……175
多种训练，远离驼背 ……177
健康生活，不让自己变成“白头翁” ……180
健康饮食，茁壮成长 ……182
早睡早起身体好 ……185
个人卫生与保健 ……188
应知的日常保健禁忌 ……190

第十一章　理解生命，男孩也应爱惜自己

提高心理承受力，杜绝自杀思想 195

做个博爱的人 197

防止意外发生，学会保护自己 199

模仿性冒险，害人不浅 202

了解生命，接受生命教育 204

接受不完美的自己，追求幸福人生 206

第一章

青春期，男孩生理的特殊变化

进入青春期后，男孩的身体会发生很多变化，虽然不是像女孩那样，发生明显的类似于胸部发育等变化，但也会给男孩带来很多困扰和生理上的不适感。比如，开始长喉结了、声音变粗了、“小鸡鸡”突然翘起来了、个子猛地增高了……

这些变化，让男孩感觉又惊又喜，面对它们时，显得有些手足无措。如何正确面对自己生理上的变化呢？这就是我们本章中所要讲到的内容。

青春期的“破喉咙”和“破锣嗓子”

小军今年已经13岁了，是一名初中一年级的学生。这段时间，他总觉得自己的喉咙部位发生了一些明显的变化，原本光滑的脖子上不知道从什么时候开始，冒出了硬硬的“小疙瘩”。

小军抬起下巴，看镜子中自己的脖子，怎么看怎么担心，会不会是脖子里长了什么不好的东西，比如，肿块、肿瘤之类的？！

越想，小军越觉得害怕，每天都精神恍惚，吃不好饭，睡不好觉，学习也因此受到了很大的影响。

当他抵抗不住心里的压力时，对爸爸说：“爸爸，我好像生了很严重的病。”

爸爸关心地问他怎么了，小军说：“我的脖子上，长了硬硬的东西，就像……咦？爸爸，你的脖子上怎么也有个小疙瘩，而且比我的大多了……”

爸爸哭笑不得，认真地对儿子说：

“这叫喉结，说明你已经要长成大男孩了。”

“喉结？”小军摸了摸自己脖子上的小“疙瘩”，若有所思地点了点头。

喉结，指的是男子颈部由甲状软骨构成的隆起物。人的喉咙是由11块软骨作为支架所构成的，体积最大又是最重要的一块软骨叫作甲状软骨。男孩进入青春期后，这块软骨就会慢慢长大，形成喉结。所以说，喉结并不是男孩在青春期突然长出来的，只是原来的软骨长大了而已。而且，喉结男女都有，只是由于男孩雄激素在进入青春期后分泌量增大，使得其软骨比女孩儿的发育得要大。一般情况下，新生儿在两个月时，喉软骨开始发育，之后的五六年也会随着身体的发育逐渐增长。当这五六年过去之后，喉软骨的生长基本停止下来，直到进入青春期，男孩才开始出现喉结。

关于喉结的来源，还有这样一种说法：传说上帝创造人类的始祖——亚当和夏娃，在东方的伊甸为他们建了一座伊甸园让他们居住。伊甸园里生长着各种树木，树上长着各种各样的果实。上帝对亚当说，你可以吃园子里任何一种果子，除了那棵善恶树上的果实。但亚当的配偶夏娃后来却听信了蛇的诱惑，不顾神谕，吃了善恶树上的禁果，还把这果子分给了亚当。亚当因想起神谕而感到恐惧，在吃禁果的时候一片果肉留在了喉咙中，从此，亚当就永远在脖子前端留下"喉结"，作为偷吃禁果的"罪证"。

上面的故事当然只是个传说，但喉结突出确实是男性的特征之一。进入青春期后，男孩的雄激素会增多，使男孩的喉结出现不同程度地向前突出的现象。在雄激素的作用下，两侧甲状软骨板的前角上端会迅速增大，并向前突出，逐渐形成喉结。

一般情况下，男孩喉结开始发育是13～15岁，因体质或遗传、环境等因素的影响，提早或延迟一两年，都是正常的。男孩在发现自己开始长喉结时，不要惊慌，也不要总是好奇地用手去摸、捏稚嫩的喉结，以免影响身体的正常生长发育。

小军知道自己脖子下的小疙瘩是在长喉结后，才放下了心，安心学习。可没过多久，他发现自己的嗓子有点不舒服了，而且声音变得有些哑，说话难听死了。

小军以为自己感冒了，就去学校的医务室检查，结果他并没有生病，这是怎么一回事呢？

"到了变声期了吧。"医生笑眯眯地看着他。

"变声期？"小军对这个词感觉挺新鲜的，难道人的声音还会发生变化吗？

什么是变声期呢？当男孩进入青春期后，身体的各个器官都会迅速发育，其中声带、咽、喉等器官都在短期内迅速增长。这使得男孩在说话时的声音发生了一些变化。这种变化，人们就称为变声期。男孩变声期一般发生在12～14岁，在这段时期内，男孩的喉头变大、声带增长，使男孩的音域狭窄，产生发音疲劳和嘶哑等症状。

人的声音是随着年龄的增长而不断发生变化的。从幼儿、童年、青少年、成年到老年，各个阶段的声音都有着不同的变化。但是青春期的男孩所表现出来的变化是最明显的。在这一时期，男孩的声音开始变粗、沙哑。变声期持续的时间以及声音的变化因人而异，但几乎每个男孩都像小军一样，觉得自己这个时期的声音很难听，十分讨厌。

男孩要知道，变声期一般会持续半年甚至是一年，变得越来越“奇怪”的声音并不是那么讨厌的事情。它证明你正在逐渐变得成熟，像个大人一样。不过，在变声期，男孩一定要注意保护好自己的嗓子，要科学合理地使用嗓子，不要让它过于疲劳，以免使发育中的嗓子受到伤害，使嗓音变坏。在变声期，嗓子中的分泌物会变多，男孩要多喝水，少吃辛辣刺激性食物，饮食要以清淡为主，平时不要大声喊叫，以免使嗓子受到伤害。

晨勃和遗精是怎么一回事

田勇从小就发育得很快，比同龄的孩子都高都壮。但这也让他提前有了一些尴尬的小秘密。

升入初中后，有一段时间里，田勇发现自己的“小鸡鸡”总是有点异样。每天早上一醒来，它都会直挺挺地，而且偶尔还会在睡衣上发现湿乎乎的东西。

他是晚上尿床了吗？但为什么“小鸡鸡”会立起来呢？又胀又硬，感觉很不舒服。

田勇为此十分苦恼，但又无法阻止这样的事情发生。这让他每天的精神都十分恍惚，连最爱听的课也听不进去了，学习成绩一落千丈。

但是“噩梦”并没有因为他的苦恼而远离他，反而越来越频繁。这两天，也不知道是精神压力过重还是什么原因，每天早上他起床的时候，“小鸡鸡”都湿黏黏的，让人十分讨厌。

“完了，我一定是得了很严重的病，可是，我该如何和父母说呢？”田勇认为，这种“病”是很难让人开口的。父母也不例外。

因此，田勇只好继续为此而苦恼着，每天精神恍惚，度日如年。

其实，故事中田勇的情况，是青春期少年都会遇到的烦恼事。那么，田勇的“小鸡鸡”为什么会在清晨“站立”起来呢？他的睡衣上为什么又会湿漉漉的呢？

这里所说的“小鸡鸡”其实指的就是男性的生殖器官——阴茎。而发生在田勇身上的事情，人们称之为晨勃和遗精。

晨勃指的是男性在清晨4～7点阴茎无意识地自然勃起，这种自然勃起是不受情景、动作和思维的控制，自然而然地产生的。正常情况下，男性的阴茎都是处于松弛状态的，在受性刺激和其他外界的某些刺激时，会发生勃起，但是，有的时候，内脏器官的反射作用也会导致阴茎勃起。最明显的是早晨清醒前出现的阴茎勃起，医学上称之为晨勃，也是检测男性性功能是否正常及强弱的重要表现。

其实，男孩并不仅仅是在进入青春期后才开始出现晨勃现象的。事实上，男孩从小甚至还是胎儿的时候，阴茎就会出现勃起反应。只不过那时候男孩并不像青春期这样敏感，有如此频繁的勃起现象，也没有特别关注这些事情。

小铁是一名初中男孩，最近他终于觉得自己长大了，变成真正的男子汉了。因为，每天早上，他的“小鸡鸡”都会精神抖擞地“站”起来，让他倍感骄傲。

小铁在生理知识课上知道，这种现象叫“晨勃”，是他逐渐变得成熟的主要标志。“小鸡鸡”早上越精神，说明他的身体越健康，也越有男子汉气概。

男孩为什么在青春期会出现频繁的勃起现象呢？这是因为，在进入青春期后，男孩的睾丸开始产生成熟的精子，当阴茎受到某种程度的刺激后，就会产生勃起。男孩晨勃，主要是因为在经过了一晚上的休眠后，男孩体内的雄激素水平在早上会达到一个最高值，而充满尿液的膀胱也会在此刻压迫四周的贮精囊，在多种刺激下，阴茎就会自然而然地勃起，这是青春期男孩正常的生理反应，不要因为出现晨勃而惊慌失措。

那青春期男孩出现晨勃是正常的，如果长时间不出现晨勃现象，是不是代表着不正常？在医学上，晨勃是诊断心理性阳痿和器质性阳痿的重要依据之一。偶尔不出现晨勃或晨勃现象减少，也是正常的生理反应。晨勃现象是不以人的意志为转移的，但随着年龄的增长，阴茎的勃起次数和时间都会逐渐减少，男孩千万不要为此消耗精力，整日忧心忡忡。

讲完了晨勃，再来看一看遗精的问题。

遗精是青春发育期后，男孩较常见的生理现象。一般每个月会出现1至2次，即精满则溢。青春期的男孩可能次数会多一些，每个月可达到2至8次，但如果男孩发现自己一两天就遗精一次，同时还伴有精神萎靡、头昏头晕、失眠多梦、腰膝酸软、四肢乏力等症状时，就属于频繁遗精了，这对男孩的身体发育极为不利。造成频繁遗精的原因有很多种，一般多为功能性遗精。就像故事中的田勇一样，因为精神压力过重，每天的思想过度集中在性的问题上，使大脑皮层始终存在一个性的兴奋点，再加上精神紧张、焦虑、恐惧、不安，最后导致射精功能紊乱，出现频繁遗精。

另外，还有一些生殖系病变也有可能导致遗精频繁，比如，前列腺炎、精囊炎、包茎、包皮过长等。如果男孩经常在日常生活中穿紧身衣裤，或者睡前玩弄性器官，日常饮食比较刺激，也容易诱发阴茎勃起，间接导致遗精的发生。因此，男孩在面对这些问题时，应掌握科学的性知识，把主要精力放在学习上，要保持充足的睡眠时间，不穿紧身裤，不吃刺激性食物等。除此之外，男孩还要多注意外生殖器官的卫生和清洁，保持好个人卫生。

我是“毛孩”我自豪

14岁的毛毛发现自己最近开始长“毛”了！他的脸上、胳膊上、腿上，还有阴部都长出了体毛，而且还有越长越浓密的趋势。

一开始毛毛并没有在意，但半年后，他发现自己的胳膊和腿变得越来越“黑”，而且前胸和腋下竟然也长出了黑密的体毛，这让他在和朋友们一块踢球的时候，再也不敢像以前那样潇洒地脱掉上衣了。

这一天，是个炎炎夏日，踢了半天球的毛毛和朋友们去吃午饭，刚走出球场，朋友就问他：“你的衬衫都湿得快滴水了，难道你不热吗？赶紧把衬衫脱下来吧。”

毛毛尴尬地笑了笑，摇了摇头。

朋友又问：“怎么了？身体不舒服？我看你这个样子都觉得热，赶紧脱了吧。”

“我不热，不用脱了。”毛毛撒谎道。

朋友不信他的话，伸手就要脱他的衣服，吓得毛毛脸都变色了。

朋友一看他真的不想脱，就没坚持，而是关心地问：“你是不是真的生病了？难道是刚才摔了一跤，摔伤了？你赶紧脱下来让我检查一下，别真受伤了。”

“没有……只是……”

“怎么了？”

“我毛太多……”毛毛小声地说道。

“什么？毛多？”朋友听后哈哈大笑了起来，“有外国人多吗？哎，你这不是气我嘛，我就想让自己的体毛浓一点，密一点，黑一点，可惜，偏偏就不长，你说气不气人。体毛多怕什么，说明咱有男子汉气概。”

“是吗？”毛毛疑惑地问：“男人体毛比较浓密才好吗？”

“当然了，要不然像个女孩儿一样，一点男子汉气概都没有。”朋友说。

听了朋友的话，毛毛这才有点开心了，但并没有彻底地放下心来，不知道自己体毛这么浓密到底正不正常。

当男孩进入青春期后，可能会逐渐注意到自己的体毛越来越多，越来越长，也越来越黑密。在男孩变声期时，腿上、手臂和胸前会长出典型的男性体毛，嘴唇上面也开始出现细细的茸毛，阴部和腋下稍晚时候也会长出毛来。等到男孩长到18岁时，才会出现真正的胡须。一般情况下，男孩体毛的浓密程度和遗传因素以及体内的雄激素分泌多少有关。男孩的四肢汗毛或腋毛较多，且比较黑密，这主要是受遗传因素所致，男孩不必对此过于焦虑。

男孩要了解，体毛不仅是长大了的表现，更是一种男性美的表现。一般情况下，男孩在13岁时会长出浅且细的阴毛，随着身体的发育，这些阴毛会逐渐增多并覆盖整个阴部。阴毛的颜色也会逐渐加深，阴毛加粗并出现卷曲现象。这是因为青春期男孩体内分泌的雄性激素对阴毛产生了一定的刺激，才使男孩的体毛出现了这些变化。另外，男孩在长出阴毛的同时，还会陆续长出腋毛和胡须，有些男孩儿四肢及胸前的体毛也会变得长、密、黑，这都是正常的现象。男孩没有必要像故事中的毛毛一样，为自己的体毛感到担忧和烦恼，反而应该像毛毛的朋友那样，为能长出成熟的体毛而感到高兴和自豪，因为这些现象证明了你正在一点点变成真正的男子汉。

而且，除了身体上的毛发，男孩可能更在意自己的胡须变化。终于长出了令人向往的、代表成熟的胡须，男孩可能会感到很兴奋，对于剃须刀之类的产品跃跃欲试。但是对于男孩来说，平生第一次使用剃须刀可能是一件艰难或者是神圣的事情。这让他们总拿不定主意，到底是用，还是不用。有些男孩听朋友说胡须会越刮越浓密，心里想着自己长出浓密小胡子的样子，开始担心，万一剃不好，长歪了，或者长得太密怎么办？

而且，很少有男孩会想到要买属于自己的剃须刀，他们往往都会偷偷在浴室里使用父亲的剃须刀，当被发现时，还会矢口否认，不承认自己动了爸爸的剃须刀。

其实，男孩完全不用这样小心翼翼，可以大方地向父母承认，自己需要一个剃须刀来解决自己的“面子”问题。

在选择剃须刀时，男孩可以根据自己的喜好，选择刀片式或者电动式的剃须刀。电动式剃须刀使用起来更便利，也不需要在脸上涂上厚厚的刮脸膏，但是价格较贵。男孩应该根据自己的零花钱额度作理智选择。如果男孩选择了刀片式的剃须刀，在使用时要注意刀片是否干净、锋利，如果刀片出现了缺口，要第一时间更换掉，以免伤害到皮肤。在剃须时，要使用刮脸膏或者剃须液，最好不要使用肥皂，否则，就会让你的刀片变钝，感觉剃不下胡须来。剃须时，动作要轻缓柔和，千万不能粗鲁对待自己的“脸面”，否则，很有可能对皮肤造成伤害，刮破脸皮甚至导致炎症。剃须后，要对刀片进行清洗，不要在刀片上遗留刮下来的毛发，这会让刀片变钝，影响下次使用。

男孩身高的秘密

小京今年15岁了，但他总感觉自己不如其他男孩长得快。比他小两个月的同学都已经快165厘米高了，而他竟然只有158厘米。这样的身高，实在是让他在其他男孩面前抬不起头来。

同学笑他："你急什么，这说明你发育得晚，长得比较慢，等你读高中后，没准比我们还高呢。"

小京却不信同学的话，总觉得自己长不高是因为营养不良的原因，所以每次一回家就让爸爸妈妈做好吃的，他只管埋头就吃。

结果，他的个子没长起来，肚子倒是"胀"了一圈，整个人胖了很多。

看着严重变形的自己，小京像个孩子一样，失望地哇哇哭起来。他怎么就长不高呢？

在青春期以前，男孩身高差别不大，但进入青春期后，身高就开始突然增长了。只不过，有的男孩长得快，有的男孩增长的速度比较慢。这是十分正常的，因为每个男孩进入青春期的年龄不同，所以身高的增长自然也会有所不同。

除了和同性相比，小京有着身高增长慢的烦恼，在和女孩做比较时，男孩也会比女孩晚两年才进入身高突增期。一般情况下，男孩儿在14~16岁时，生长发育水平会突然加快，身高的增长速度变快，以前的"小矮子"可能在不长时间就会变成"大高个"。而且，男孩停止生长的时间较晚，生长期较长，有些男孩到23岁时，身高还在增长。

不过，就一般男孩来说，青春期是一个身高快速增长的时期。男孩在整个青春期，身高会增长25~28厘米，这个速度是十分惊人的。

那么，在这个时期，男孩应该注意哪些事项，以满足身体增长的需要，让自己的身体变得比较挺拔高大呢？毕竟没有哪个男孩喜欢自己被叫作“小矮子”。

小田从小就比同龄孩子要矮，进入青春期后，依旧还是班上最矮的男孩，这让他十分苦恼，自己是不是真的长不高了呢？

小田让爸爸妈妈给他买过很多增高产品，吃的、喝的、用的，他都试过，结果都不是很理想。

这一天，他在电视广告上看到一款儿童用的增高鞋，产品介绍得很诱人，说他们的产品不仅能让男孩变高，还能帮助按摩脚部穴位，真正地促进男孩长高。

小田心动了，晚上就央求爸爸妈妈给他买一双这样的鞋，但爸爸妈妈觉得这种鞋很不靠谱，没答应。

小田有些不高兴，第二天又看了一遍广告，越看越心动，就把自己的零花钱全拿了出来，偷偷打电话订购了一双增高鞋。

但是鞋子收到后，小田发现，这双鞋和普通的内增高鞋没什么不一样的地方，反而穿起来很不舒服。

“还是妈妈说得对啊。”小田感叹道，从那以后，他再也没有相信过这些产品。根据妈妈帮他搭配的饮食方案，反而在一个暑假，长高了不少。

对男孩来说，想要增高，在青春期就必须注意营养的补充了，也就是饮食营养的好坏起到了决定性的作用。在身高增长时期，男孩对热量、蛋白质等营养素的需要量是一生中最高的。因此，男孩要保证每天有足够的热量及蛋白质摄入。这是因为，男孩在这一时期，基础代谢会增高，体力活动也会随之增加，这就需要较多的热量及蛋白质来维持人体营养的平衡，所以，必须要有足够的热量及蛋白质摄入才行。

不过，这并不代表男孩就要像上面例子中的小京一样，过量饮食，这样只会引起胃肠道不适，或者直接导致肥胖。所以，男孩在摄取高热量、高蛋白膳食的同时，还应保持膳食平衡、全面营养，安排好所需热量、蛋白质、碳水化合物及纤维素的比例，多补充各种维生素和矿物质，注意饮食搭配。

男孩可以多吃蛋白质食物，它们是人体热能的主要来源，同时还要有一定量的无机盐和B族维生素。青春期男孩每天可摄取500克左右的蛋白质类食物，如果身体生长速度过快，还应加大摄入量，以保证身体内各组织、器官、肌肉的正常发育。可以吃一些如鸡、鱼、猪肉、牛肉、蛋、乳类等食物。此外，每天还应进食400～500克的新鲜蔬菜，以保证维生素和矿物质、纤维素的摄入量。

另外，男孩在长身体的时候，最好少吃或不吃油炸食品。有些男孩特别喜欢吃肉食，简直到了“无肉不欢”的地步。但是过多的肉食，尤其是油炸过的肉食含有高脂肪、高蛋白质、高糖、高热量，长期食用这些油炸食物不但对人体无益，还会对身体造成一定的危害。

除了饮食，男孩还要注意多参加一些体育锻炼，这样可以有效地促进人体骨骼的生长和发育，对男孩的身高增长很有益。

有一些男孩的身高过了青春期还发育得不是太让人满意，于是就想到了借助于“医学”，吃一些所谓的增长药丸，希望自己能变得更高。殊不知，这些药丸一般都含有激素，一旦食用不当，就会对人体产生严重的副作用。比如，影响心脏及肝脏的正常功能。所以，男孩要正常看待自己的身高，虽然过高和过矮都不好，但还应顺其自然，不要过分强求，以免导致不良后果，对身体造成伤害。

男孩也会长粉刺

14岁的天天最近有些不开心，以至于连门他都不想出，每天只想闷在家里，躲在自己的小房间。

你问他怎么了？他只会把手挡在额头，使劲地摇头。

爸爸妈妈为此十分担心，但又不知道他到底是怎么了。终于，有一天吃晚饭的时候，爸爸看到了天天不开心的“原因”——两颗小粉刺。

没错，天天就是在为自己额头上突然冒出来的粉刺而发愁。一开始，他只是发现自己的额头有个小红点，碰了碰觉得有点疼，还以为是撞到了，结果第二天洗脸的时候，发现小红点变成了大红点，这下子，他慌了起来。

天天想起班里有个女同学，脸上似乎长了很多这种红红的小疙瘩，平时看起来都觉得很可怕，他可不想变成女同学那样。

于是他就使劲地抠小红点，希望能把它抠掉，小红点没抠掉，谁料没两天，竟然又长出了新的小红点，这可吓坏了天天，也愁坏了他，害得他担心自己出门被人笑话，连门都不敢出了。

几乎和女孩一样，进入青春期的男孩也会为青春痘而发愁。对于青春期的男孩来说，脸上长痘是很平常的事情，因为青春期男孩的皮肤上的脂腺会变得十分活跃，这些脂腺会分泌大量的油脂，当油脂堵塞毛孔时，粉刺就会同时出现。

粉刺，也就是我们平时所说的青春痘，医学上把这些皮肤上的溢生物统称为粉刺。在人体中，面部、脖颈、前胸和后背的脂腺最多，因此，这些部位也是粉刺最容易出现的地方。

毛囊位于皮肤表层的下面，每个毛囊下都会有脂腺，这些脂腺是专门分泌皮脂的，在平时有保护人体油脂平衡的作用，但如果皮脂分泌过多，就会堵塞我们皮肤上的毛孔，因而引发炎症，出现粉刺。

轻度的粉刺男孩可以不用在意，只要注意粉刺出现部位的卫生清洁，让油脂达到平衡状态，就可以自然消除，但是需要注意的是，保持卫生清洁并不是不停地洗脸，男孩每天洗2～3次脸就可以了，过于频繁的洗脸不但不能阻止粉刺的产生，还有可能破坏皮肤油脂的平衡。而且，严重的粉刺不仅会影响男孩的美观，还会使皮肤出现永久性的疤痕。

朱朱一直觉得脸上长青春痘、粉刺是女孩的专利，没想到自己也有长粉刺的一天，看着脸上刺眼的疙瘩，朱朱真想立即挤破它们。但是朱朱又害怕在脸上留下疤痕，所以一直没敢下手。

朱朱的爷爷是位老中医，一直住在乡下。这个暑假，朱朱去乡下爷爷家住，顺便向爷爷请教中医中有没有有效治疗粉刺的方法。

爷爷说：“当然有，虽然见效慢，但只要坚持，肯定有效。”

朱朱马上说："我肯定能坚持下来，要怎么做？"

爷爷不答反问："你最近是不是容易发火？"

朱朱不好意思地笑道："最近天气炎热，心里比较郁闷嘛。"

"嗯，这就对了，粉刺可以用按摩的方法来治疗，但首先，你先学会控制自己的脾气，不能让肝气郁滞，不然，就算这次治好了，下次还是会长出来的。"

"嗯，我知道了，以后我一定注意控制自己的脾气。"朱朱听后，认真地点了点头。

整个暑假，朱朱都跟着爷爷学习中医和按摩，不仅把自己的粉刺治好了，还增长了很多知识。

暑假快结束时，朱朱恋恋不舍地对爷爷说："下次我如果再长青春痘，一定还来找爷爷帮忙，向您学习更多的中医知识。"

爷爷听后，开心地笑了起来。

中医认为，肝气要像春天里的树木一样，所有树枝向外伸展，这棵树才会长得茂盛。如果肝气郁滞，人首先就会出现情绪波动，引发肝火循着肝胆经"冲"上头部，而额头两侧是肝胆经主管的部位，所以粉刺很容易长在额头及额头两侧。

长粉刺后，可以先按摩气海穴，调节体内肝火。气海也就是气功里所讲的"丹田"，是人生发真气的地方，能全面培补人体的正气，因此它也被称为"性命之祖"。正因为气海穴能调整人体正气，所以它也能协助太冲穴消除肝气郁滞，驱除因肝气郁结而长出的粉刺。

按摩配合生活的调理，相信很快粉刺就会离你而去的。还要注意平时少吃油腻的食物，比如油炸食品和肉类，要多吃富含维生素的蔬菜、水果。多喝白开水，帮助促进人体排毒，并且要保持正常的生活作息，保持心情愉悦，让肝胆和脾胃运行顺畅，对减少粉刺也会有好处。

当男孩长粉刺时，千万不要用手挤压粉刺，更不能频繁地用手触摸脸部皮肤。这是因为，在挤压粉刺时，一般不会对手和皮肤进行严格的消毒，很容易在挤压的过程中伤及真皮层，留下疤痕，如果使细菌趁机侵入，还会导致皮肤炎症的发生。

在出现粉刺的期间，一定要注意自己的日常饮食，要选择一些清淡的食物。在洗脸时，应对皮肤进行适当的深度清洁，彻底清除皮肤上的灰尘和油垢。如果情况严重，应及时就医，根据医生开出的药方，对粉刺进行彻底的治疗。

了解自己的生殖器官

男孩的性器官从出生起就已经完备了，进入青春期后，才会发生巨大变化。男孩首先会发现，自己的睾丸增大了，阴囊的颜色开始变深，变得更圆更厚，阴茎也开始变长变大，在睾丸增大后约半年，开始长出阴毛。最初是些淡色的直毛，通常在阴茎的底部。几个月过后，颜色变深，毛发变粗硬、卷曲，延伸到整个阴部。最终会一直向上蔓延到靠近肚脐，还可能向后一直长到睾丸后侧肛门处。

出现这些变化后，说明男孩渐渐有了生育能力，体内开始产生精液，在性高潮时会有精液射出来。

小高今年13岁，一次去学校的公共厕所时，他的同学小亮偷偷看了他的阴部一眼后，突然笑了起来。

“真小，原来还没长大啊，真是个长不大的孩子。”小亮笑道。

“谁说我长不大，我已经是个大人了。”小高不服气地说道。

“那你的‘小鸡鸡’还那么小，肯定长不大，你就是个小豆芽菜。”小亮继续笑话道。

小高偷偷看了眼小亮的“小鸡鸡”，发现自己的和他的比起来，确实有点小，又生气，又郁闷，当场就说不出话来了。

小亮看到他的反应后，笑得更大声了。小亮的笑声引来了很多同学，马上，同学们都知道小高是颗“豆芽菜了”，这让小高十分伤心，赶紧提上裤子，低着头跑回了教室。

虽然同学们渐渐忘记了这件事，但从那以后，小高总是特别在意自己和其他同学、朋友的“小鸡鸡”，如果发现谁的比他大，他就会郁闷，如果有比他还小的，就会偷偷暗喜，但过后又觉得自己的也不正常，并开始为此烦恼。

自己的“小鸡鸡”是大还是小，不仅只是例子中小高烦恼的事情，这可能是全世界的男性都会关心的问题。大多数发育完全的阴茎在勃起时大概有12~18厘米长，但具体的长度与种族、体质以及遗传等有关系。

在为自己的性器官是长是短发愁前，男孩不妨先来了解一下自己的生殖器官。

男性生殖器官分内外两部分。内生殖器包括睾丸、输精管和附属腺；外生殖器包括阴囊和阴茎。这些器官在青春期前发育非常缓慢，进入青春期后，开始迅速发育。

青春期开始，由于阴茎迅速增大增粗，包皮渐渐向后退而露出龟头。如果青春发育后包皮仍然包着龟头，需要翻动后才能露出龟头，医学上称之为包皮过长，如果不能翻出来，则称之为包茎，这就需要进行手术治疗了。另外，男孩在青春发育期间，包皮垢产生得较多，应特别注意保持个人卫生，以免引起龟头和包皮发炎。阴茎的主要功能是排尿、排精液和做爱，是进行性行为的主要器官。阴茎分为阴茎头、阴茎体和阴茎根三部分。阴茎头为阴茎前端的膨大部分，尖端生有尿道外口，头后稍细的部分叫阴茎颈。阴茎根藏在皮肤的深面，固定于耻骨下支和坐骨支上。根、颈之间的部分为阴茎体。阴茎由两个阴茎海绵体和一个尿道海绵体，外面包以筋膜和皮肤而构成。两个阴茎海绵体紧密结合，并列于阴茎的背侧部，前端嵌入阴茎头后面的凹窝中，后端分离，即阴茎根。

睾丸是男性生殖器最重要的一部分，是一对卵圆形的腺体。睾丸容积在青春期前仅大于婴儿期，不足3毫升，当男孩进入青春期后，睾丸会迅速发育，容积可达12毫升以上。睾丸的主要功能是产生精子和分泌雄性激素（睾酮）。前者与卵子结合而受精，是繁殖后代的重要物质基础，后者则是维持男性第二性征（副性征）的重要物质。睾丸位于阴囊内，左右各一个。睾丸还分泌雄性激素，因此睾丸既是生殖器官，也是内分泌器官。

阴囊像个皱巴巴的口袋，有保护睾丸的生精功能。由腹壁皮肤形成，颜色比周围皮肤要深。阴囊分左右两半，正中连接起来，左右两半囊里各有睾丸和附睾一个。

输精管具有很强的蠕动能力，主要功能是运输和排泄精子。输精管长约40厘米，从阴囊到外部皮下，再通过腹股沟管入腹腔和盆腔，在膀胱底的后面精囊腺的内侧，膨大形成输精管壶腹，其末端变细，与精囊腺的排泄管合成射精管。在射精时，交感神经末梢释放大量去甲肾上腺素物质，使输精管发生互相协调而有力的收缩，将精子迅速输往射精管和尿道中。前列腺是分泌精液的主要腺体，外形为栗子形，位于膀胱底部，内部有尿道前列腺部穿过。前列腺中有大量的平滑肌，较坚硬。前列腺的导管最后汇合成20～30条，开口于尿道前列腺部。

当男孩了解了这些男性生殖器官的知识后，才能正确看待自己进入青春期后的生理变化，也才能对自己的身体有个大致的了解，在发现身体开始发生变化后，不至于那么紧张和慌张。所以，男孩不必为这些知识而感到害羞和不安，只有清楚地了解自己的身体结构，才能更好地呵护自己的身体，正确对待自己身上的每一处变化。

雄性激素，男孩成长的神秘物质

小木是一名初中生，刚进入青春期的他，身体上逐渐出现了很多明显的变化。不仅说话声音变粗了，还长出了喉结和阴毛。

虽然小木知道这是青春期男孩都会有的生理变化，但他还是很纳闷，到底为什么人会在进入青春期后，发生这些变化呢？同样都是人类，为什么女孩和男孩的变化却如此不一致呢？难道就因为一个是男孩，一个是女孩，就会出现两种不同的身体变化？

小木经常思考这些问题，虽然觉得自己可能是在没事找事，但他还是很想知道这些问题的答案到底是什么。

这一天，他终于忍不住，把自己心中的疑问告诉了最好的朋友。

朋友听后笑道："原来你最近总是走神，是在为这种事情发愁啊，这有什么难理解的，因为咱们男孩的体内有雄性激素，而女孩体内的是雌性激素。在两种不同激素的作用下，当然会出现两种不同的生理变化。”

“雄性激素？那是什么东西？很重要吗？”小木问。

“雄性激素啊，是一种很神秘的物质，咱们男孩少了它，那可不行。”朋友对雄性激素也是一知半解，嘿嘿笑着敷衍了过去。

小木虽然解决了以前的疑问，但听了朋友的话后，又有了新的问题——雄激性素到底是什么呢？

雄性激素主要是由睾丸产生的，是促进青春期男孩发育的重要激素。男孩进入青春期后，睾丸就开始分泌雄性激素，帮助男孩生殖器官发育，促进第二性征的出现，并让男孩逐渐产生性欲。除了以上作用，雄性激素还能刺激食欲，促进蛋白质合成，减少尿氮排出。

雄性激素受脑垂体和下丘脑的调节，下丘脑、脑垂体及性腺激素之间存在相互联系、相互制约的复杂关系。它们一起参与控制和调节生殖活动，称为下丘脑—垂体—性腺轴，能刺激男孩性器官发育成熟，维持正常性欲，促进精子发育成熟，促进蛋白质的合成与骨骼肌的生长，使男孩的肌肉更加发达，而且，雄性激素还能抑制男孩体内脂肪的增加，刺激红细胞的生成和长骨的生长，促进男孩第二性征的形成。

正常情况下，男孩和女孩体内都有雄性激素，但是女孩体内的雄性激素要比男孩少得多。如果男孩在进入青春期之前或之后，患上了内分泌系统疾病，就会使睾丸功能受到损伤，导致性腺功能低下，使男孩第一性征或第二性征的成熟变得迟缓，表现为男孩生殖器官发育不全或性欲低下。如果男孩体内的雄性激素一直持续在较低的水平，那么当男孩成年后，也会出现性欲低下，甚至是完全丧失性欲的情况。

除了促进生殖器官的发育和蛋白质的合成，雄性激素还具有一定的造血功能。研究发现，较大剂量的雄性激素可以刺激骨髓的造血功能，特别是红细胞的生成。

第二章

青春期，男孩如何应对爱的萌动

青春期的男孩，总会对异性产生强烈的好感甚至爱意，男孩这种懵懵懂懂的情感是美好的和富有想象力的。他们在同异性交往中获得快乐的同时也会生出不少的烦恼。特别是过早踏入“爱河”的男孩，在品尝到爱的美好时也会体验到因矛盾、失恋等带来的苦涩。那么男孩应该如何看待青春期的情感变化，如何正确与异性相处呢？在本章中，我们会对男孩关心的几大情感问题进行详细的解读，希望对他们有所帮助。

你了解什么是爱情吗

王明是当地重点高中的高一学生，他不仅学习好，而且人长得也帅，很受同学们的欢迎。高一下半学期，他在学校的集体活动中结识了同一年级的女同学阿梅。刚开始，他们发现挺聊得来，慢慢在一起的时间就多了起来，甚至一起吃饭，晚自习放学王明还送阿梅回家。

只要有几天，没有见着对方，他们俩就心里空落落的。电话、短信越来越频繁。不久，王明发现自己很喜欢阿梅，而阿梅也很喜欢他。很快他们两人就陷入了热恋之中。初尝恋爱滋味的他们，只想着能和对方多相处一些时间，学习成绩双双下滑。当王明的父母知道了这件事情之后，很是生气，严厉地批评了王明，并禁止两人的往来，这引起了王明的反抗。

在和父母大吵之后，王明吼道："我们这是真挚的爱情，我们都爱着对方，这有什么错？"

"你还小，不懂什么是爱情，而且现在是学习应对高考的时候，不是谈恋爱的时候！"妈妈斥责道。

对母亲的话，王明十分不满：这不是小看人嘛？我们都很关心对方，爱着对方，为什么还说我不懂爱情？

王明的遭遇在中学男孩中是比较典型的一种。情窦初开的他们和心仪的女孩互生好感，逐渐发展为恋人关系，然后生活就开始以"两人世界"为中心了。理想、学习等都暂且退居次要地位。这让他们的家长和老师在焦急之余开始下手"棒打鸳鸯"了。其结果可想而知，男孩与父母的关系越来越僵，对老师更是不满，而两人的感情也因此生出波折，这些都让他们很苦恼、很困惑。

中学时代，尤其是高中时期的男孩，在生理上已经逐渐成熟，但是他们的心理和情感还远没有成熟，其三观（世界观、人生观、价值观）正在形成，社会阅历很少，对很多事物的看法还不成熟，甚至可以说，还处在“心理断奶期”。这就出现了这样一种情况：有了对异性亲近的生理和情感需求，但是并不了解自己真正需要的爱情是什么。如果男孩能够正确对待这种萌动的情感，那么它将成为其青春中美好回忆的一部分，如果处置不当，将成为苦涩的记忆，甚至会影响到其日后的人生之路。

在上例中，王明的妈妈在愤怒之下说出的“你还小，不懂什么是爱情”，这话虽然有些刺耳，但还是有道理的。在这个信息发达的社会里，男孩能轻而易举地接触到与“爱情”相关的很多信息，而对他们影响最大的莫过于那些与爱情相关的文学与影视作品了。在这些作品中，作家描写了各种美好的爱情，并且往往夸大爱情的某些迷人之处，在歌颂纯美忠贞的浪漫爱情时，也影响着青少年们的爱情观，让他们以为爱情就是人生唯一的目的，为了爱情可以抛弃一切，等等。因此，当青春期的爱情萌动与这些“爱情文化”相遇时，它们对青少年的影响是十分巨大的。作为男孩，即将在日后担当起家里“支柱”的男子汉，是不是应该对爱情多一些了解，多一些理性认知呢？

美国心理学家斯滕伯格教授在对“爱情”这个人类千年永恒的主题进行了长期研究后，于1988年提出了新的理论。他认为，在现实生活中，人类的爱情有着多变的特点。但无论如何变化，它都由动机、情绪和认知三部分构成。

爱情的动机，是指在爱情的各种表白和行为背后有着隐秘的原因，比如男孩喜欢哪一类的女孩，在其内心深处是有一定的“标准”的，皮肤白皙、爱笑的女孩，漂亮、温柔的女孩等就是“标准”。爱情的情绪，是指在爱情中除了爱和性需求外，往往还掺杂有其他的感情因素，使得爱情变得色彩斑斓，或者说是滋味复杂，有甜蜜也有苦恼。对爱情的认知，是指人对爱情的了解以及对自身情感的控制力。我们如果把动机看作电流，把情绪看为火花的话，认知就相当于控制器了，它能控制男孩对哪位女孩有好感，也能控制爱情的热度。

斯滕伯格教授还将爱情关系分为热情、亲密与承诺三种。他认为以动机为主的两性是热情的，以情绪为主的两性是亲密的，而以认知为主的两性是承诺的，三者兼有、融为一体的爱情才是最完美的爱情。因此，在男孩眼中奇妙的爱情其实是可以用科学去解释的，也只有了解它，才会理性地看待它，才会正确处理与它相关的事情。这是从科学角度分析爱情。

世界著名心理学家佛洛姆也对爱情有过深入的研究。他认为，真正的爱情需要相爱的两人做到以下四点：奉献、责任、尊重和理解。奉献是指能为自己心爱的人无私地奉献出自己的一切；责任是指能对爱人信守承诺；尊重是指尊重爱人的人格和意愿，当双方有矛盾时，不强迫对方顺从自己；理解是指双方能坦诚沟通，体谅对方，理解并支持对方的行为和决定。这四点看起来简单，其实都包含着深意，它们更是爱情的“测试标准”，只有真正相爱的人才能为对方做到这几点。

处在青春期中的男孩，和以前有了很大的不同。他们会更关注女孩，更会对符合内心爱情伴侣形象的女孩产生莫名的情愫，而且这种感情比较容易变化，甚至会因心理的不成熟而出现“喜欢这个女孩，也喜欢那个女孩”的情况。他们的感情虽然说是纯洁的，但更是为了获得完整情感和独立人格而进行的无意识的探索。可以说，这时的男孩对爱情往往所知不多，恋爱行为带有一定的盲目和试验性质。因此，作为一名肩负亲人期望、胸怀远大理想的男子汉，更应该慎重对待青涩的“爱情之果”。

分清友情和爱情，坦然和女孩相处

王刚是高二的学生，他的性格比较活泼，为人豪爽大方，因此很得同学们的喜欢。同学们有什么问题都喜欢请他解决，他也很乐意为大家效劳。有一次，在公交车上，王刚发现同班同学刘云在前面坐，刚想上前打招呼，就发现有两个小偷利用人多拥挤的时候来到了刘云的身边，互相掩护着偷了刘云的手机和钱包。这时，刘云发现了他们的劣行，就斥责他们并追要自己的东西。

“你们把东西还给我，想偷东西吗？”刘云呵斥道。

“你哪只眼睛看到我们偷了，乱说话小心我们修理你！”一个小偷蛮横地说，还拿出折叠刀晃了晃。

他们的凶恶样子吓得刘云快哭了，但她依然不依不饶，车厢里周围的人大多不敢说话，怕惹麻烦。

这时，王刚挤了过来，把刘云掩护在身后，对两个小偷说：“我看到就是你们偷的，我已经报警了，你们赶快把东西拿出来，不然就等警察来了处理！”

小偷一听有些害怕，说了几句狠话后，把东西扔下，在最近的车站下车溜了。

刘云对王刚很是感激，从此他们成为无话不谈的好友，经常在一起聊天看书，渐渐地，周围有同学说他们在谈恋爱。王刚听后有些纳闷，“我们没有谈恋爱啊”，但仔细一想，自己还真对刘云有些说不清道不明的感觉。那么，他们之间到底是友情还是爱情呢？

在青春期中，男孩常常遇到这样的苦恼：自己和女同学相处挺好，互相帮助，做事还很有默契，都很欣赏和喜欢对方，王刚的遭遇就是典型的例子。

男孩在进入青春期后，大多与身边的女同学相处得很好。他们认为自己认可的女孩温柔、细心、有耐心，和她在一起很快乐，而对方也很欣赏自己的豪爽和大气，让自己得到了认同，也增加了自信。但是，男孩也常常分辨不出自己和对方是爱情还是友情，自然就会产生迷茫。那么，男孩应该如何对这二者进行区别呢？

对此，心理学家提出，它们在成分、基础、圈子、心态和心理满足度方面都有不同的表现，只要男孩在与对方的相处中，仔细观察，用心体会，就能正确判断你们之间属于哪类感情。

（1）主要成分不同。这是指爱情的支柱是感情，会在自己的心里把对方描绘得很完美，然后把这个形象加到对方身上，进而更加爱着对方。而友情的支柱是相互了解，你对对方有较为深入的了解，既明白他的优点还清楚他的缺点，在此基础上接受对方。

（2）基础不同。在友情中，双方是不论家世、不论相貌、不论学习成绩差异的，是平等相处的。在遇到事情的时候，一方会对另一方提出建议，会劝解对方，也会帮助对方，但双方仍是两个单独的个体。而爱情则不然，如果双方相爱，就会出现两颗心合二为一，双方的感情、精神世界也会成为一体，即人们通常说的“他们两个真是有夫妻相，动作、喜好、想法等都一样”。

（3）圈子不同。如果双方之间是友谊的话，双方会欢迎志同道合的其他朋友加入到自己的小圈子中，而且朋友多了会更开心更有趣，不会有反对的感觉。如果双方之间是爱情的话，就会产生独占心理，反对别人加入两人之中，只要出现这样的人，就会对他产生排斥感甚至认为是“第三者”插足，会想方设法避开这种“干扰”，只想过自己的二人世界。

（4）心态不同。友情的基础是信任。朋友之间真诚的友谊常常是历久弥新的，即使好久没有见面，再惦记对方，也不会出现着急不安的情绪，而是会主动和对方联系一下，表达一下关心即可，而且双方会在心里认为：这么久没见，我仍然是她（他）最好的朋友。爱情则不一样，处在“爱河”中的双方虽然也很肯定对方深爱自己，但还是会常常被莫名其妙的不安所笼罩。如果几天不见，就会在心里惴惴不安，很想马上知道对方是什么情况，而且还会出现患得患失的念头，生怕对方不爱自己，或对自己不满。

（5）心理满足度不同。当双方是朋友时，会对现在双方的友情比较满意。如果是恋人的话，感觉就会不一样了，在恋爱初期，双方对互相的感情程度比较满意，但过了一段时间后，就会不满足了，还希望能把感情更加深些，再过一段时间又会有类似的心理需求出现。

有了以上这些标准了，男孩就可以“对号入座”了，就能判断自己和对方是好朋友抑或是恋人了。一般情况下，在青春期，男孩和女孩的亲密关系一般是友谊居多，或者友谊为主但掺杂一丝丝的爱慕情愫在内。那么，在仔细剖析了自己的感情“性质”后，男孩应怎样与女孩相处呢？男孩只要做到以下这几点，就能避免模糊感情的困扰了。

首先，淡化对方的性别。在交往中，男孩应将男女一视同仁，不专注女孩，大方、诚恳地与对方交往，这样就能避免因性别不同而过于照顾女孩带来的不必要的感情烦恼。

其次，交际面应广泛。男孩在与人交往时，应注意不宜只与某位女孩交往，而是要落落大方地多与异性交往，这样既能增加自己的人际交往经验，又能在更广泛的视野中发现某位女孩的优缺点，从而与之理性交往。

最后，要把握交际的度。人与人之间特别是男孩和女孩之间要把握好交往的度，既不能过于靠近，也不能太疏远，这样能有效避免因太亲密引起的情感波动。

单相思是颗“无花果”

单相思，是指青年男女之间单方面的爱恋，即自己喜欢一个人，但是对方并不知道，只是自己一厢情愿的单方面的爱恋罢了。在青少年中，陷入单相思的人很多。当男孩对女孩心生好感，却因为种种原因而无法告知对方时，就会把对对方的好感藏在心里，逐渐陷入单相思的“恶果”中。为什么说单相思是“恶果”呢？虽说单相思是一种进入爱情的准备阶段，也是青少年都可能经历的一种心理状态，但过分的单相思会导致男孩心理失调，患上单思病。

文乐乐今年刚刚升入高中，是一个品学兼优的好学生，更是父母眼中的好儿子。但最近，文乐乐觉得自己开始恋爱了，确切地说，是他喜欢上了一个女孩子。

女孩是班里的学习委员，而作为班长的文乐乐自然和她接触的时间较多。以前，文乐乐从来没有多注意过女孩子，但现在经常和学习委员来往，让他意识到，原来女孩竟然有这么可爱，说话时声音甜甜的，一笑嘴角就会出现两个小酒窝，别提多漂亮了。

在文乐乐的眼中，学习委员就是世界上最漂亮的女孩子，是他的女神。但是学习委员对谁都很亲切，这让文乐乐不敢贸然地向她表白，只好把这份爱慕藏在心里。

一开始，文乐乐还能以正常的心态来面对学习委员，但随着心中累积的感情越来越深，他对学习委员的爱恋之情也更加深刻了。每天都想待在她的身边，和她说说话，当看到有其他男孩和她说话时，文乐乐就会很生气，恨不得上前把这男孩揍一顿。而且，他也会莫名其妙地生学习委员的气，觉得她不应该对谁都笑得那么甜，更不应该和体育代表走得那么近……

时间一长，文乐乐自己都受不了自己了，他痛苦地说道：“我一定是得了‘精神病’，没救了！”

单相思的感情是很热烈而真挚的，同时也十分的残酷和无情。尤其是刚刚进入青春期的男孩，在有了单相思时，更容易因为感情得不到回报，自己又无法开口而令情绪失控，出现失望、怨恨、自卑等不良情绪。男孩要知道，单相思是一件痛苦却又会让人欣喜的事情。一厢情愿的付出却等不来回报时，男孩会感觉烦恼，但因为种种原因，这种爱意始终没办法宣之于口。逐渐地，单相思就会变成暗恋，成为一种没有回报的爱，甚至被要求只求付出不求回报。这种感情是十分痛苦的，并不是青春期的男孩所能承受的。一般情况下，男孩并不会得到他所向往的爱情和暗恋对象，即使得到，发展也会很短暂。这不利于男孩形成正确的恋爱观和人生观，甚至还会因为这种思恋而引发悲剧。

“平生不会相思，才会相思，便害相思。”男孩小勇拿着一本课外书，发现了这样一句诗，觉得颇有感触，便低吟了起来。

越读，小勇越觉得这句诗是自己此刻心情的真实写照。他以前只知道和男孩一块玩，一块傻乐，从来不知道情为何物，直到遇到了那个名叫青儿的女孩，他竟害起了“相思病”。

相思是一件痛苦的事情，暗恋着青儿的心情每天都在折磨着小勇，让他吃不好，睡不好，学习时精力也无法集中。明知道这样下去会毁了自己，但他就是管不住那颗“心”，无法控制自己的情感，结果就越陷越深，对青儿的爱恋变得偏执。当看到她和其他男孩接触时，就会背着青儿，狠狠揍对方一顿。

但小勇害怕被拒绝，一直不敢向青儿告白。直到有一天，他得知青儿竟然交了个男朋友，这让他大受打击，每天精神恍惚，觉得生活很没意思。

在巨大的打击下，小勇想到了自杀。他想得到解脱，于是就匿名给青儿写了一封信，但又不敢把信寄出去，只好怀揣着这封情意绵绵的信，从学校的高楼上跳了下去……

害单相思的男孩通常毫无顾忌，眼里心里只有那个暗恋的女孩，并且带有很大的盲目性，因此很容易产生一些心理问题，导致严重的后果。就像上例中的小勇一样，因为无法承受心爱的女孩有了男朋友的事实，而选择了自杀，来获得精神上的解脱。

既然知道单相思的感情是无望的，男孩不如早日走出感情的旋涡，做一个快乐健康的人。

那么，男孩该如何走出单相思的感情误区呢？很多陷入单相思的男孩其实是很矛盾和痛苦的。他们知道这样的感情不会开花结果，却不知道该如何割舍这份感情。

其实，男孩在发现自己开始喜欢某个女孩时，就应客观地评价和重新定位两个人之间的关系。男孩要正确认识自己和对方的关系。你喜欢一个人，并不代表她也喜欢你。你们只是普通的同学或朋友关系，除此之外，没有任何的联系。当男孩了解到这一点后，再学会客观地去评价喜欢的女孩，不能只看到她的优点，还要看一看她的缺点。告诉自己，她并不是自己心目中的完美女神。要清楚地认识到，这段感情是不成熟的，是颗“无花果”，如果继续下去，只会让自己更加痛苦。

如果男孩还是不能放弃这份感情，可以试着远离女孩，让时间和空间慢慢淡化自己心中炙热的感情。要学会控制自己的行为和想法，一天少想对方一点，少和对方接触，让时间慢慢冲淡这份单相思的痛苦。男孩一旦下了决心，就不要为自己找借口去和对方接触，要学着多做一些有意义的事情，并把注意力多集中在学习上。这样才能慢慢走出单相思的痛苦，获得健康美丽的人生。

“成人游戏”，男孩别乱玩

随着年龄的增长，步入青春期的男孩觉得自己不再是毛都没长齐的“毛头小伙子”了。男孩渐渐对异性和成人的世界产生了好奇心。当好奇心到了一定程度时，就会想玩一些“成人游戏”，以此来证明自己真的长大成人了。但是，这些“成人游戏”并不适合青春期的男孩。这不但不会让人感觉到男孩的成熟，还会觉得这男孩十分幼稚，甚至还会伤害到男孩和朋友之间的友情。

现在，很多男孩和女孩都喜欢互称“老公”、“老婆”，觉得这样，自己才变成了大人，而且也十分有趣，拉近了同学间的关系。但事实并非如此，当男孩和异性间的关系拉近时，男孩和同性间的关系可能却要闹僵了。

王福和吴力是铁哥们，经常在一起玩，上学也是在同一个学校，同一个班级里。两个人的感情别提有多好了，就跟亲兄弟一样。

最近，王福喜欢上了“老婆”、“老公”这样的昵称，就找到班上的女同学小柳，对她说：“你看他们几个关系那么好，天天都老公老婆的喊，咱们也互相这样称呼怎么样？”

小柳和王福的关系也不错，大家都是好朋友，所以就点头答应了下来。

王福马上拍着胸膛说：“老婆，走，晚上老公请你吃大餐，以后谁欺负你了，你告诉我，我来修理他们。”

“好啊，老公我要吃红烧肉。”小柳也嘻嘻笑着回应道。

从此以后，王福和小柳就开始以“老公”、“老婆”互称，王福觉得既然人家叫自己一声老公，自己就有了责任，得保护好她，而她也得优先考虑自己的事情，不能和别人走得太近，更不能在自己不知情的情况下和其他男孩子玩。

所以，当王福看到小柳说要和吴力一起去游乐场玩时，他就生气了。

王福站到两个人中间说：“小柳是我老婆，你不能约她出去玩。”

“只是去游乐场玩，又不是约会，再说，还有其他同学啊。”吴力解释道。

“我不管，我的老婆只能和我一起玩，要邀请，也是我来邀请，还轮不到你。”王福说。

吴力觉得他说得有点过分了，也生起气来，说：“你们又不是真的夫妻，也不是男女朋友，凭什么只能你来邀请，我就不行？我和小柳也是好朋友，你管得也太多了吧。小柳，我们走，别理他。”

说着，吴力就要拉小柳走。

王福见状，一拳砸在了吴力的脸上，吴力愣了一下，马上也开始回击，两个男孩就这样扭打在了一起。

小柳怎么劝，他们都不听，还是扭打在一起。

其他同学看到了，就笑了起来，说："嘿，哥们儿，早恋了？为个女孩打架，值不值啊。"

小柳一听，脸上红了一片，瞪了他俩一眼，气呼呼地说："你们打吧，我哪也不去了，以后别和我说话。"

王福和吴力也打累了，你看看我，我看看你，心里都不服气。

从那以后，两个人一见面就跟仇人一样，不是打，就是骂。

昔日的好朋友、铁哥们儿，却被"老公"、"老婆"这样的无聊称呼而"拆散"，最后变得像仇人一样。不仅如此，类似于成年男女的称呼，容易让男孩迷失在感情的旋涡中，从而引发早恋等。

男孩要了解，"成人游戏"并不是一件有趣的事情，这样不但很滑稽，还会让男孩的心理过早成熟，让男孩以后在对待感情问题时可能不再认真，而是一直以游戏的态度来面对它们，对青春期男孩的身心发展十分不利。

有时候，男孩并不满足于这种口头上的"成人游戏"，还想亲一亲女孩，摸一摸女孩，但是这种想法却有可能为自己带来很多负面的影响，甚至还会被当成流氓，被人嘲笑和鄙视。

石磊和邻居家的小妹妹从小就在一起玩，今年，小妹妹终于长成大姑娘，考进了石磊上学的中学，爸爸妈妈就把一个艰巨的任务交给了他——接送小妹妹上下学。

石磊当然很乐意，因为小妹妹长得十分可爱，又会说话，每次都会"磊哥哥"、"磊哥哥"地叫他，听得他心里痒痒的。因为他最近一直觉得心里有种莫名的躁动，想找个女孩，玩一些"成人游戏"，比如，亲一亲，摸一摸，抱一抱……

而邻居家的小妹妹从小和他一起长大，他当然十分喜欢，如果是和她一起玩这个游戏，石磊十分乐意。

怀揣着这种不健康的思想，石磊开始了和小妹妹共同上下学的日子。但越接触，石磊那颗悸动的心也就越不安。

有一天晚上下晚自习后，石磊和小妹妹一块往家走，走到一条小胡同时，胡同口突然传来一阵奇怪的声音，两个人侧目一看，竟然是一对小情侣在亲吻。

石磊的脑子好像瞬间就炸开了，小妹妹拉他快点走，他一冲动，突然就抱住了小妹妹，低声说：“妹妹，你喜不喜欢哥哥？让哥哥抱抱你，亲亲你好不好？”

“磊哥哥……哇，流氓！”啪的一声，小妹妹给了他一巴掌后哭着往家跑。

石磊瞬间清醒了过来，懊恼地捶着自己的头，不知道该怎么办才好。

男孩过早地尝试拥抱、亲吻等成人行为，只会给自己带来不良的影响，让自己背上心理负担，影响正常的学习和生活。青春期的男孩还太年轻，一切行为均来自于好奇心，并没有想过这样做的后果自己是否能承担。如果上例中的石磊真的做出了那些成人世界才会做的事情，那么当他“东窗事发”时，将会面临的心理压力可想而知。而男孩的人生经验尚浅，还不能与这种巨大的心理压力抗衡，在这种情况下，必然会影响到男孩正常的生活和学习，甚至还会让男孩产生厌世、轻生等想法，导致严重的不良后果。

所以，男孩一定要远离这些“成人游戏”，做事三思而后行，千万不要做出让自己后悔的事情。

早恋并不甜蜜，应理智应对

肖军在16岁的时候升入高中，开始了住校生活。在家里挺受宠的他，初入学校独立生活时什么都不会，处处需要同学的帮忙。作为一个男子汉却要接受同学的指点才会做好“家务”，让他比较苦闷。但是肖军的脾气很好，学习也不错，特别是英语是年级前几名，这让他还是顺利地融入了集体中。

即使这样，肖军有时心里还是有些烦恼，也有些孤独感。班上的女同学小莉经常向他请教英语，作为“回报”经常教他如何打理个人生活。聪颖而温柔的小莉也常常倾听肖军的诉说，并温言安慰他。时间长了，他们渐渐产生了情愫。肖军发现自己爱上了小莉，脑子里经常是她的一颦一笑，总希望两人能多一些时间在一起。在爱慕之心的驱使下，肖军的学习成绩开始下滑，注意力全放在了小莉身上。当其他男同学和小莉正常来往时，肖军发现自己非常嫉妒，还因此和同学闹过不愉快。小莉也对肖军产生了爱慕之情，在相处中她也为肖军的成绩下滑担心，多次劝他努力学习但收效甚微。

班主任和父母知道情况后，对肖军进行了多次劝说，甚至让他搬回家里住，但效果也不太理想。为此，他们对小莉也进行了劝告，小莉的父母也对小莉严厉批评，这些都让小莉感到委屈和苦恼。肖军更因此与老师和父母都产生了隔阂，导致家庭关系、师生关系出现紧张，和小莉之间也没有之前相处时的轻松快乐了。两人在一起时常常为这些不如意的事情而烦闷，甚至争执拌嘴。为此，肖军不止一次地在心里想：难道我谈恋爱有错吗？怎么会有这么多的麻烦事儿呢？

年轻的肖军在升入高中后，开始了住校生活，在家比较娇惯的他在独立生活能力上比较差，再加上进入了新的环境，各种因素导致他心理上产生了孤独感，希望能有人陪他一起度过这段时光。而小莉恰巧出现在他的身边。在日久相处下，肖军对小莉产生了感情，这本是人之常情。青春期男孩本就有着得到异性的抚慰和亲近的心理需求，只是肖军的情况比较特殊，情感需求更为明显。但肖军没有处理好自己的感情问题，而是沉溺于爱情之中，导致成绩下滑，就是很不应该的。肖军的例子有一定的代表性：中学阶段的男孩，既有着渴望爱与被爱的需求，但是这时恋爱又往往得不到家人、学校和社会的认同，进而产生很多烦恼，他们到底应该怎么做呢？

青春期恋爱，是男孩走向成熟之路的第一个心理关口。这时的男孩是脱离家庭的怀抱，开始独立的关键时刻。这其中，感情独立就是很重要的一个环节，除此之外，还有社会阅历的丰富、经济的独立等，都会在以后的几年中陆续到来。即男孩在高中之后，度过大学阶段、开始工作，直至真正在社会上站稳脚跟、能养活自己，能对遇到的各种事情游刃有余地应对，才算是真正成熟了。在青春期，男孩在生理成熟的同时也在进行着心理独立——从精神上不再依靠父母，尝试与同龄人建立更为密切的关系，这时，自然会出现对异性的爱慕。但是，有了爱慕并不意味着对方就是你的“真命天女”，并不意味着就要谈恋爱，这是因为青春期的恋爱对男孩来说弊大于利。

这是因为，早恋是一朵不结果实的花儿，过早地摘取它，无论对男孩还是女孩来说，都会受到很大的伤害，甚至一生就会因此而改变。主要来说，早恋有以下几个方面的危害：

一是早恋严重影响男孩的学业和生活。有不少男孩认为，我们相爱，在一起共同学习反而会促进成绩的提高。其实这种观点是自欺欺人的。上面例子中的肖军就是很好的证明。虽然男孩或者恋爱双方在主观上都会认为恋爱不耽误学习，但实际上处于青春期的他们自控力本就比较弱，一旦陷入爱河之中，感情就会放在对方的身上，自然会影响学习。

二是早恋会使男孩的感情受到伤害。青春期的男孩和女孩在心理上都不成熟，对自己感情的把握并不清晰，阅历也较浅，往往容易产生误解和矛盾，甚至因为其中一方的“移情别恋”而发生悲剧性后果。

三是早恋容易让男孩出现性过错。恋爱中的男孩比较容易冲动，在性意识的驱使下难以把控自己，会出现偷尝禁果的现象。这时，如果不懂得避孕常识，会造成女方怀孕，最后往往以流产而告终。这其中，男孩虽然在一时尝到了性的欢愉，但心理上会有很重的负担：担心行为曝光，担心周围人的舆论，更对因怀孕带来的一系列麻烦而担忧。这些问题一旦出现，就会对男孩的心理造成很大的影响，甚至影响到其日后的感情生活。

四是早恋对双方家庭会有很大的伤害。人们经常从媒体上看到，有的学生因早恋问题而与家庭出现矛盾离家出走，甚至自杀自残等极端的事情也屡有发生。当男孩或女孩因早恋而做出傻事时，他们伤害的不仅仅是自己和对方，还有双方的父母亲人，甚至双方家庭因孩子早恋而出现纷争甚至命案的悲剧。

因此，作为男孩，应该冷静地看待自己并不成熟的爱情，做出理智的应对。

网络爱情，缺乏可信度

欧阳是济南一中的学生，学习成绩很好，去年还参加奥赛得了奖，不但受到了学校老师的表扬，还得到了父母的重奖——一套高配置的台式电脑和一个时尚的苹果手机。欧阳的父亲是当地的一个成功的商人，母亲也有自己的设计室，虽然家里经济条件很好，但父母并没有宠着他，而是鼓励他积极上进。从小就很听话的欧阳也明白父母的心，并没有养成奢侈、纨绔的不良习气，反而在学校一直学习都很努力。

这次，奥赛获奖后，欧阳得到了他梦寐已久的礼物，暑假里，不喜欢运动的他开始畅快地玩起了网游，父母也为他这么省心而高兴。

在网游中，欧阳结识了不少朋友，他为自己能在短时间内认识到这么多的朋友而高兴。他特别和一个名叫燕子的女孩聊得来。只要上线就会聊大半天，在对方下线时他还常常有意犹未尽的感觉。随着聊天的深入，他更进一步地“了解”了女孩的情况。原来她有着悲惨的身世，和欧阳同龄的她因为家里经济条件差而不得不放弃了学业，只身来到大城市打工养家。性格有些内向的她不善于和周围的人交流，繁忙的工作之余，玩玩《劲舞团》就是她最大的乐趣和减压方式了。在视频聊天中，长相清秀的燕子跟欧阳讲心里话，讲到开心处，燕子咯咯直笑，欧阳海也跟着高兴。当燕子讲发生在身边的不愉快的事情时，看着她流泪的双眸，欧阳的心像是被刺痛了，很想多给她一些帮助。

一个多月后，欧阳在网上向燕子求爱了，不久燕子扭捏着答应了。初恋中的欧阳为了减轻自己女朋友的负担，时不时地把自己积攒的零花钱都给她寄了去，在燕子的感激中他像是找到了自己的价值。随后的日子，两人的联系越加密切，但每当欧阳说去看她时，她总以路途远、学业为重劝他以后再来。这令欧阳更加感动。燕子在体贴地关心欧阳时，更经常讲到自己家庭的困难，父母长期重病，爷爷住院……在爱情的魔力下，善良的欧阳一次次给燕子汇去款，数额也逐渐增多。当他的积蓄用完后，又用种种理由从父母那拿了一万多元给燕子汇去了。

渐渐地，父母发现儿子欧阳有些不对劲，和他进行了深入交流后才知道了事情的原委：原来自己的儿子居然在网上和人谈恋爱了。父母告诉欧阳那个女孩很可能是骗子，但他并不相信，还因此和父母吵了起来。

无奈中，父母只好报警。当警察来到欧阳家，听了介绍后，也很赞同欧阳父母的判断。于是，他们通过技术手段锁定了燕子的地址，最终在千里之外找到了这个人。面对警察的询问，燕子才坦诚自己已经25岁，好逸恶劳的她用编造悲惨家世的方法骗了好几个涉世未深的男孩的钱了，总额在10万元以上。

得知真相后，欧阳非常伤心和自责。在父母和警察的开解下，他终于明白了一个道理：网络世界不等于现实生活，稍有不慎就会上当受骗。感情，更不能在网上谈。

年轻的欧阳在无意中落入了燕子的爱情“陷阱”，他不仅付出了真情，还损失了钱财。幸亏父母发现了他的不对劲，并当机立断报警，及时阻止了钱财的进一步损失，也把欧阳从网恋中拯救出来。否则，时间一长，他在感情上受到的伤害更深，这十分不利于青春期男孩的健康成长。

网恋，就是在网络上结识异性进而发生的恋情，这种新的恋爱方式在很多男孩眼中有着神秘、新奇的特点。殊不知，在它迷人的外衣下有着重重危险，社会阅历不深的男孩稍有不慎，就会受到伤害。据心理学家分析，青春期男孩迷恋于网恋主要有以下几个原因：

（1）对网恋的好奇心理。青春期不但是男孩身体快速发育的时候，也是学习新事物的最佳时期。他们对身边一切新鲜事物都有着较强的探索欲望。网恋正是伴随网络而出现的一种新恋爱形式，正符合男孩喜欢浪漫、神秘的心理，再加上周围同龄人的带动作用，对他们的吸引力自然很强。而且，网络把传统的年轻人交友的空间范围扩大了无数倍，让他们可以通过网络和世界各地的人沟通。这带来的新奇感和刺激更令男孩着迷，很希望能在网上遇到自己心目中最理想的女孩。

（2）性意识与现实的矛盾所致。青春期阶段，男孩的生理发育很快，性器官趋于成熟，与性有关的意识开始苏醒。由此带来的是对异性的关注增多，希望能亲近女孩，更希望能得到女孩的青睐和倾慕。但是，这时候他们正处于中学阶段，学习任务繁重，学校和家庭乃至社会都对早恋持批评态度，加上社交面较窄，使男孩性意识的心理需求和现实出现冲突。他们将心理需求转移到网络交友上，通过这一较为隐蔽的方式宣泄内心需要。

（3）摆脱孤独感的需要。据教育专家调查发现，有过网恋经历的男孩中，性格内向或偏内向的男孩占多数，这也说明，这类男孩平常的朋友较少，甚至不会与人特别是女孩打交道，但是内心仍然希望自己能有朋友陪伴，而网络仅仅是通过打字、视频就能交到朋友，比现实中的社交简单方便许多，因此，他们会更加喜欢用网络的手段交友，以此排遣心中的孤独和寂寞。

了解了男孩网恋的原因之后，应该如何做才能避免受到网恋的伤害呢?

（1）正确认识爱情，拒绝网恋。美好的爱情是每一个男孩都渴望拥有的，要相信自己在未来一定会拥有甜蜜的爱情，而不是现在。建议男孩在有空时可以自己静静地思考“我想要的是什么样的爱情”，“我心目中的爱人是什么样的”，等等。在不断的自问中，就会发现每隔一段时间自己的答案就会有所变化，这是男孩在逐渐地完善自己的爱情观，在内心深处寻找真正的爱的定义所致。因此，在男孩的答案还没有完全确定时，是不是可以先将网恋放一放呢?

（2）增加对网络的客观认识，防止上当受骗。男孩应该明白，善于保护自己的合法权益才是男人成熟的标志。可以多看看网恋诈骗、网络骗局等与互联网有关的犯罪新闻和警方的分析提示，从中发现骗子的行骗手法。在和网友的交往中，要保持警惕性，对对方提出的财务索取也要敢于说不，并注意在网络上保护好自己的私人信息，遇到可疑情况要及时报警。

（3）放下鼠标，融入集体中。喜欢上网的男孩，应该尝试提高自己的自控能力，有限制地上网。比如在学习之余，可以为自己定下“一天上网半小时”、“不和陌生人过多聊天”等规矩，然后遵行。要知道，人们还是要在现实中生活的，网络再迷人，毕竟还是虚拟的，因此，就要在放下鼠标的同时，积极加入同学们的集体活动，在与同学的交往中提高自己的“人气”。

失恋不失志才是真的男子汉

人们知道，中学时代对男孩来说很重要，他们不仅要承受繁重的学习压力，寻找自己的理想，为日后走入社会打下坚实的基础，同时，他们还要应对各种情感的烦恼，其中就有如何应对青涩的恋情以及理智对待失恋的问题。虽然中学不是谈恋爱的最佳时期，但仍有不少男孩禁不住内心的渴望和对美好爱情的向往而坠入爱河，在初尝爱情甜蜜的同时，自然也避免不了面对失恋、分手的痛苦。由于心理尚未成熟，对爱情了解得并不深刻，有些男孩在失恋后会做出一些不理智的举动，甚至对自己、对曾经爱过的人、对双方的家长都造成伤害。

2012年的春节刚过，在浙江湖州审判了一件因失恋而纵火的案件。据人民网报道，湖州一名高中生杨某因女友坚决提出分手，在伤心痛苦下竟然对女孩产生了强烈的恨意，并决定要报复这个女孩。

在2011年的9月份，杨某的女友就因感情不和提出要分手，但是杨某没有答应，而是一直纠缠女方，后来女孩对他的这种行为很厌恶，就果断地拒绝和他来往。某个周末的晚上，杨某又去女孩家找她并打算向她借钱去玩乐。但是女孩不在家，和同学出去玩了，这让杨某十分不满，心想："你不和我约会，反倒和别人出去玩，我一定要收拾你。"

在嫉恨心理的趋使下，等到深夜女孩家人都休息后，杨某偷偷撬开窗户进入女方家。他从厨房拿出了食用油，然后直奔一楼大厅女孩的钢琴而去，他把油泼在钢琴和其他家具上，然后用打火机点着后逃跑了。在逃跑时，他用力摔门惊醒了女孩家人。女孩家人惊醒后，被浓烟和火苗吓坏了，赶忙报警灭火，慌乱中，女孩家人还受了伤。

大火被扑灭后，女孩家受损失不少，也有人受伤，很快，警察就将杨某抓获。他对自己的犯罪行为供认不讳。法院在审判时，认为杨某因私欲而故意放火焚烧他人家产，虽然没有造成恶劣的后果，但是已经构成纵火罪。考虑到杨某未满18岁，被捕后能深刻反省，积极赔偿被害人并得到了谅解，对其处以有期徒刑3年、缓刑3年的判决。

案例中的杨某因恋人提出分手而记恨在心，一再纠缠无果后，在情绪失控下恶向胆边生，竟然在女方家纵火泄愤，幸亏他还残存一丝理智，在逃离现场时弄出动静惊醒了熟睡中的人。否则很可能造成人员重大伤亡的悲剧。也正是因此，法院在审理这件案件时，依照教育为主、惩罚为辅的原则，对其进行了从轻判决。但是，杨某毕竟触犯了法律，年纪轻轻就因偏激行为而受到处罚。这对于正处于高中时代，正值青春烂漫年纪的他，乃是人生中相当沉重的一次打击。

这个年龄段的男孩心理尚未成熟，对自己情绪的掌控能力较差，遇到较大的挫折时，情绪智力较低的他们往往会采取极端的方式以平衡心中的不满。也是在2011年，还有一个类似的案件引起了社会的强烈反响。

在安徽省合肥市，16岁少年陶××因女友周××提出分手，纠缠无果后，于9月17日闯入周××家，将打火机油淋在了周××身上，企图点火烧死周××，在周家人的尽力扑救下，花季少女周××虽然被救出一命，但是全身被重度烧伤，一生被毁掉。陶××也被判刑12年，并面临高额民事赔偿。陶××及其家人也被社会舆论批评。

陶××一时的冲动，毁了两个年轻人的人生，毁了两个家庭。可见，男孩如何看待恋情，如何理性对待恋爱中的坎坷，如何理智对待分手和失恋，是一件非常重要的事情。也许有的男孩有这样的疑问：什么样的人会因情感问题而行为冲动偏激呢?

挫败心理较强的男孩。男孩往往将恋爱看得很美好，总希望两个人的爱情能够按着自己希望的轨迹发展，但是由于恋爱双方都是未成年人，心智不成熟，难免会出现诸多的摩擦和矛盾，甚至在相处中发现性格不和，女方提出分手。这让男孩产生了严重的挫败感，认为这是自己人生中的一次大的失败，甚至认为女方提出分手让他在同龄人中颜面尽失。因此，就会产生“你让我痛苦，我也让你不好过”的报复想法。在某件事的刺激下，男孩在失去理智时，就可能做出冲动的行为，给自己和对方造成伤害。

自卑、性格强势的男孩往往容易做事冲动。性格不同的男孩在遇到同样的问题时，做出的反应往往大相径庭。据心理学家分析，那些内心比较自卑的男孩，在遇到感情挫折时往往显得更脆弱，受到的打击更深，也容易做出不理智的举动，而平时比较自我、刚愎自用的男孩，在面临分手的结局时，也会因失望、愤怒或女孩不听自己的话而行事冲动。相反，性格豁达、乐观的男孩，则在失恋时很少做出出格的事情，并且能很快走出感情失败的阴影。

人们了解了因失恋时不理智而出现的悲剧事件，以及对双方家庭带来的伤害，也知道了哪种性格的男孩遇挫时容易出现偏激行为，那么，在日常生活中，男孩在面临恋人分手时，应该如何做才能更好地抚慰自己的心灵，尽快走出失恋的阴影呢？

一是勇于接受失恋的事实。很多男孩在失恋后，都会觉得自己一生的幸福失去了，以后生活也没有色彩了，不愿接受这个事实。于是，越痛苦越舍不得这段感情就越走不出这个情感的“泥沼”，在痛苦之中越陷越深，甚至因此产生心理问题或过激行为。对此，男孩应该这样鼓励自己：“作为一个男子汉，我能面对各种危险和困难，我也能勇敢面对失恋的痛苦！”而越是尽早勇敢面对和接受这个事实，男孩就越能早日摆脱痛苦。

二是采用移情法应对感情失败。在失恋时，男孩不宜沉湎在痛苦中而无所作为，应该坚强起来，转移自己的感情重心并尽量将注意力集中在新事物上面。当然，这个新的事物不是让男孩开展一段新的恋情，而是把精力用在自己喜欢的事情上，如打篮球、踢足球、绘画，等等。或者强迫自己去继续读书学习，把自己的学习和娱乐生活安排得尽量满一些，这样就没有时间去痛苦和留恋以前的感情了。

三是反思自身，加强对自己情绪的调控能力。男孩在失恋后感到万分痛苦的一个重要原因就是自己原本的期望没有达到，在现实和期望之间落差太大以至于有些接受不了。例如男孩希望心爱的女孩能和自己共度一生，但是没有考虑到两人是否真的脾性相合，没有考虑到女孩的意愿和人生规划，在两人相处中出现矛盾，当双方分手时，男孩就会发现自己那浪漫的爱情之梦破灭了。失恋后，如果男孩能够对自己以往的想法进行反思，慢慢就会发现自己以前的想法和做法有很多不现实的地方。这时，男孩应认真看待自己的情绪波动，采取多种措施提高自己的情绪掌控能力。如允许采用适当的方式发泄自己的不良情绪，但是要给自己设定发泄的限度，例如可以打沙袋，甚至可以把自己关在屋里扔一些饮料瓶子等无用的杂物，但是不能因此去攻击他人。又如，男孩还可以从身边的小事做起，告诉自己遇事要冷静，发火前先让自己独处，深呼吸 5 分钟，这时就会发现自己恼火的事情其实没有那么糟糕，逐渐就能宽容地看待人和处事。

四是要增强自己的自信心。男孩在失恋后往往会感觉自己是一个无用的人，恋爱都谈不成功，很严重地打击了自己的自信心，严重者甚至会怀疑周围的人在嘲笑自己。其实，人生在世，无论是谁都会遇到感情的波澜，差别无非是波折出现在青春期还是成人后。男孩如果为此而怀疑自己的能力，进而否定自己，那他真是做了一件很蠢笨的事情了。俗话说：恋爱中的人往往是愚蠢的。意思就是说，恋爱中的人往往因对美好爱情的追求，把自己爱的人看得完美无缺，理想化看待自己的感情生活，因此往往忽视了其中存在的种种问题，导致往日的聪明才智被埋没，人也变得“愚蠢”了。对此，男孩要这样看待自己：虽然分手了，这次的恋爱失败了，但是不等于自己其他方面也很差，不等于自己做其他事情也会失败。自己在英语、数学等方面还是很强的，自己有很好的人缘，朋友很多，大家都会支持我的，等等。建议男孩在失恋后，请要好的朋友为自己做个“诊断”，让他们从旁观者的角度客观地评价自己，找出自己的优势和特长，并在以后的日子里尽量将自己的精力用在加强这些特长上。相信如果男孩这么做的话，很快就会发现自己的成果，这将极大地提高自己的自信心，有助于摆脱失恋的阴影，重新享受美好的青春人生。

第三章

不要羞涩，男孩应了解的性常识

男孩在青春期，都会出现对性和异性非常感兴趣的现象。他们渴望了解自己和异性的生理，希望亲近异性，更希望能得到异性的青睐乃至爱慕。但很多男孩在这个时期，没有把握好与异性交往的度，从而出现很多对性的误解甚至悲剧。在本章中，我们将对男孩关心的性话题逐一详解，帮助男孩走出性心理误区。

面对自慰，不惊慌亦不迷恋

王晓明是初二的学生，学习成绩是班上的前几名，还经常参加体育运动，也很愿意帮助同学。在老师、同学和家长的眼中，他就是一个标准的好学生。大家都认为他能考上本市的重点高中。在进入初三后，王晓明的成绩略有下降，学习劲头也不是那么足了，以往爱笑的他变得有些沉默了。这是怎么回事呢？原来，这一段时间以来，王晓明的心中一直像有块大石头一样压着。一次，他从其他男孩那里偶然看到了“黄书”，从未接触过这类东西的他顿时“震惊”了。在好奇心的驱使下，他找了不少非法出版的色情杂志看，还学会了在网上“翻墙”浏览国外的色情网站。看得越多，他内心就越痒痒，常常偷偷自慰。在品尝到自慰的快乐的同时，他常常感到精神疲惫，对学习、生活、交际等以往喜欢的事情都不感兴趣了。但是，他又抗拒不了自慰带来的快乐，这让他陷入了深深的自责和担忧。“我这是学坏了”、“这很伤身体的，是不是会损耗尽我的元气呢？”

王晓明的经历在青春期男孩中很有代表性，不少男孩在这个时期内有了性意识和性冲动。在没有性伴侣的情况下，大多会尝试自慰，但又感觉惭愧和不安，甚至成为一些男孩的“思想包袱”。那么，男孩应该如何正确看待这种比较私密的行为呢？

自慰主要是指男性在性冲动时用手或其他物品自我发泄性欲的行为，在过去称为手淫。

在20世纪30年代，我国的心理学家曾对北平的几所大中学校的300多名男学生进行了调查，发现自慰是青春期男孩极常见的性活动。在调查的人群中，有86%的人自述有过自慰经历。剩余14%的人自称从没有过自慰行为，但专家认为其回答不一定完全可信，因为那时的社会风气比较保守，即使是在新式教育的西式学校中，大多数男孩也羞于讲述自己的隐私行为。另外，前几年，国内有心理学专家在某中学进行过调查，数据显示有90%以上的男孩有过自慰的行为，而且他们的自慰起始年龄在12～16岁之间。这与男孩性生理趋于成熟，开始遗精的时间比较吻合。

据相关专家介绍，自慰其实在人们的儿童期就存在了，那时大多是偶发性地抚弄自己的生殖器官、双腿夹紧被褥等，以获得性刺激快感。但是，那时的儿童年龄较小，生理发育不成熟，不会得到性高潮，也没有形成习惯性的自慰行为。只是到了青春期后，人的生理、心理发展很快，自然产生了正常的性的需求。在20世纪中期，男孩的自慰还被看作是“不洁的”、“堕落的”行为，无论是西方的基督教还是东方的传统观念，都对自慰抱以反对的态度，并提出了“自慰伤身”的种种说法。至今还有不少人群对自慰持有这样的观点。

后来，科学研究证明，这些传统观点是不正确的。正常的性欲是人类最基本的生理需求，在人从青春期性成熟到结婚，这中间一般有七八年的时间，而这段时间人们尤其是男孩的性需求正是最高时期，而释放性欲的一个最安全简便的方法就是自慰。

1991年6月，第十届世界性科学大会在阿姆斯特丹召开，参加会议的58个国家的800多位学者一致认为：自慰以前被认为是一种病态，但现在认为是无害、甚至是健康的行为。如果某人有性问题，恰恰是那些不能自慰的人！

此后，西方的医学研究机构对人的自慰行为进行了大量的实验，结果证明自慰并不会导致人生理、心理的异常，也不会引起性功能障碍。自慰反而是治疗某些性功能障碍（如性冷淡、早泄、阳痿等）的有效方法之一。

专家认为，对于男性，尤其是青春期男孩来说，清洁的自慰行为有以下益处。首先，自慰是个体的自我性安慰行为，没有与异性接触，自然不会被传染任何性病，是释放性压力最安全的方式。其次，自慰避免了男孩在性压抑极强时对异性的性犯罪，能够避免因性而产生的不道德和犯罪行为。最后，自慰还能有效缓解心理压力，并保持男孩的性机能的正常发育。

当然，万事有利就有弊。适度的自慰有利于调节男孩的生理和心理状态，而过度自慰对男孩也有一定的危害。主要是过度自慰能导致男孩的中枢神经系统衰弱，出现意志消沉、记忆力减退、注意力不集中、理解力下降、失眠、多梦、头昏、心悸等问题；导致出现泌尿生殖系统疾病，如慢性前列腺炎、尿频、腰酸无力、性欲减退、阳痿、早泄、不射精等情况。

因此，男孩在生活中既要科学看待自慰行为，走出错误的观念误区，不能因此而产生自卑、下流等心理，也不能放纵自己的欲望，而应合理控制这种行为。具体来说，可以采取以下几个措施将这种行为控制在合理的范围内。

重视学习，不能因此荒废学业。男孩应以平常心看待自慰这种正常的性生理需求，不能过于重视它，明白它只是在目前一段时间内有较强欲望的生理需求，只是个正常生理现象，成年后自慰行为自然会大幅度下降。因此，它不能成为自己生活中的重心，更不能影响自己的前途，自己应将重心放在学习上，为了自己的人生理想而奋斗。

将生活丰富多样化。青春期男孩本就精力旺盛，而天天学习不能完全化解掉过剩的精力，因此，男孩可培养自己多方面的兴趣，让自己的生活丰富多彩起来。不断有新奇的事情吸引自己的注意力，不但能消耗精力还能让男孩暂时忘掉性需求，有效避免自慰形成习惯。

拒绝色情信息的侵蚀。一般来说，男孩正常的性需求释放后，在生理上平静较长一段时间，心理上也不会过多地去“惦记”这件事儿。但是，如果男孩经常接触不良信息，在色情文章和视频的刺激下，性需求就会被频繁唤醒，致使自慰行为经常出现。因此，男孩应有意识地拒绝这些不良信息，以免受到过多的刺激。

有了性幻想和性梦，就一定是坏孩子吗

肖扬升入高中后，他发现自己在学习之余对异性更为关注了，更喜欢欣赏周围的女同学，对漂亮的女同学更有好感，也希望能多和她们交流。其中，肖扬尤其更喜欢邻班的一个女同学小丽。小丽瓜子脸，齐肩发，特别爱笑，一笑起来脸上两个小酒窝，很是可爱迷人。由于是邻班，肖扬经常能见到小丽，有时候他们还见面打个招呼，每次说过话后肖扬就很激动。后来，他希望能天天见到小丽，在睡觉前还常常想入非非。他躺在床上，就会想起小丽的样子，很想亲近她，去亲吻她、抚摸

她，甚至在睡着后，他有时还会梦到和小丽欢好的场面。肖扬觉得这样是对小丽的不尊重，感觉自己的心里有些不健康，又控制不了自己的这些性幻想和性梦的出现，这让他很是苦恼，见到小丽时就有些心虚的感觉。

肖扬的经历并不是个例，它有着普遍性。在很多青春期男孩的成长历程中，都会出现对异性特别是自己喜欢的异性的性幻想和性梦，这让他们常常不知所措。有的男孩还会为此而苦恼，甚至会影响到正常的学习和生活。其实，男孩对此不必过于担忧，性幻想和性梦是他们性心理活动的重要内容。

性幻想是指人把在生活中接触到的与性相关的文字、图片、视频等信息，通过自己大脑的想象进行重新组合，虚构出自己与异性的性爱活动，以此方式满足自己在心理上对性的好奇和需求。性幻想常常在男孩睡前以及睡醒后出现。据专家介绍，性幻想并不是在青春期后才出现的，而是男孩在幼年时就会有，只是那时的性幻想中“性”的特点并不突出，往往和其他事物混合在一起。男孩随着年龄的增长和接触信息的增多，这方面的幻想就会将“性”越来越突出，而且性器官也会随之兴奋。男孩出现性幻想的原因，主要是对异性的好奇和迷恋，在幻想时常有情绪投入，比如会有一种“得偿所愿”的满足感，类似于“阿Q”心理。

性幻想是男孩生理发育到一定阶段就会自然出现的正常现象，只是因每个人的性格、阅历、习惯、环境等不同，幻想的内容、频率也会不同。研究发现，性幻想对男孩有这样的益处：缓解性冲动。男孩由于年龄和各种条件所限制，其心理需求在现实生活中得不到满足，而性幻想则能帮男孩有效缓解性冲动。能加强男孩对性的体验和感受。性幻想虽然是没有实质性行为的现象，但是它能给男孩以较强的性刺激感，激发他们对性的精神层次的满足以及对美好爱情的向往，有一定的理想主义色彩，这对男孩来说其实是件好事。

性梦，顾名思义是在睡眠中出现的与性有关的梦境。男孩常常会梦到自己与异性发生亲密关系，它并不神秘，其实是男孩的另一种与性有关的生理和心理现象。据西方心理学专家调查发现，所有的男性都做过性梦，其中15～30岁之间的男性做性梦的频率最高。心理学家还强调，无论做过什么样的性梦，都和做梦的人的道德品质没有任何关系，即做过性梦的人不等于就是不道德的。这是因为性梦是人的一种无意识的表现，它是不可控的，不以人的意志为转移。人们也都知道性梦毕竟也只是梦而已，是不会按照梦境一样去为人处世的。

在睡梦中，男孩的大脑处于放松和休息状态，不像清醒时那样有意识的“监督”，因此，男孩在现实生活中的自我约束与“监督”就会放松很多，会在梦中出现很多的比较直接的性行为等。与性幻想一样，性梦也能有效缓解男孩在现实中的性需求和性冲动，减少其心理压力，有利于其正常的生活。

需要注意的是，无论性幻想或性梦，它们都是虚幻的、没有约束的性心理活动。男孩不必去追求实现“梦”，更不宜为此而烦恼。另外，男孩也不能因为它们都是属于“想象的东西”，不受法律约束而没有节制地沉迷其中，过度的性幻想会让男孩忽视现实的生活，导致自闭、内向等社交障碍出现，不利于男孩的健康成长。日常中，为了避免频繁出现性幻想和性梦，男孩应注意不要接触含有大量性内容的信息，不要结交不良朋友，以免被带上邪路。

对婚前性行为大胆说“不”

赵天是初三的学生，本来学习很好的他，近期总有些心不在焉，原来他喜欢上了班上的一位名叫王艳的女孩。都是住校生的他们本是在学习上互助，后来两人挺谈得来，相处起来很愉快，渐渐地从互生好感发展为爱慕之情。确立恋爱关系后，两人更是形影不离。不久之后，两人就在半是好奇半是冲动下偷尝了“禁果”。此后一段时间更是沉迷于其中，但很快，王艳怀孕了。这个消息如同晴天霹雳般惊呆了二人，对孕育不了解的他们非常惊慌。后来，在同学的建议下，他们借钱偷偷去堕胎，一番折腾下来，麻烦事是解决了，但是王艳的身体也受到了很大损害。在医生的讲解下，赵天才明白原来性行为不是随便就能做的。婚前性行为是对自己对爱人的不负责任。看着虚弱无助的王艳，赵天心中万分地后悔。

2001年，北京曾有机构针对青少年婚前性行为进行了调查。调查发现，有47.2%的中学生对婚前性行为是认可的。他们认为只要两情相悦就可以谈恋爱，也可以进行性接触和性生活。其中有13%的学生认为一见钟情或一夜情也是能够接受的。由此可见，上面事例中赵天的经历并不是孤立的事情，而是带有一定的普遍性。而这又是多么可怕的事情啊！为什么有那么的中学生对婚前性行为持认可态度呢？

据心理学家分析，不良文化影响、从众心理和自控力弱是导致青少年出现婚前性行为的三个重要原因。不良文化影响，主要是指在如今开放的社会环境下，有关性开放的不良文化大量渗入国内，尤其是以青少年为主要消费群体的文学、影视、动漫等文化产品，有很多是通过网络传播进来的，对青少年尤其是男孩的思想产生了很大的负面影响。从众心理是指当男孩看到身边的同学、朋友也在谈恋爱、吃“禁果”时，自己不这么做好像就很“土”很“落后”。在这些“榜样”的“示范”下，也会从保守逐渐转向开放。自控力弱是指男孩虽然在生理上逐渐成熟，但是心理自控能力还较差，面对心爱的女孩往往难以抑制自己的性冲动，最终出现性行为乃至意外怀孕等情况。具体来说，婚前性行为给男孩带来哪些危害呢？

给女孩带来心理和生理双重伤害。在恋爱中，大多数偷尝禁果的行为是男孩主动要求的，而这种行为虽然能给双方带来片刻的欢愉，但是会给女孩带来更大的心理压力。出于传统观念，女孩虽然认可了与男孩的越轨行为，但这毕竟不是一件光荣的事情，仍要尽量遮遮掩掩。一旦行为败露，女孩会承担更大的舆论压力，这对男孩来说是很不负责任的体现。此外，因婚前性行为而导致女孩怀孕，则会给女孩带来更大的生理伤害，严重者会导致女孩不育，直接影响其以后的幸福生活。

给感情生活增加烦恼。男孩与女孩一旦越过性行为那条红线，双方的关系在比以前更亲密的同时，也会产生更多的问题。女孩把身体交给男孩后，大多会产生“我已经是他的人了”的想法，更要求和男孩天长地久地相处下去，而处在青春期的少男少女，其感情往往是不稳定、多变的，有了肌肤之亲后，双方就会对对方产生更大的占有欲。当感情发生变化时，就会产生更多的矛盾，甚至导致悲剧的发生。

使男孩丧失上进心。在恋爱中，因生理基础所致，与女孩相比，男孩的性冲动更强烈、目的性更强，即更希望通过性活动来达到释放性需求的压力。而男孩处在青春期，初尝禁果的甜蜜后对性诱惑的抵抗力和对自身的控制力都较低，很容易沉迷在性爱中而无暇顾及其他。这就直接影响男孩的学业，严重者会影响其人生发展之路。

因此，作为成长中的小男子汉，男孩应担负其关爱女性的责任，更何况你要关心的是你所爱的人呢？如果男孩认为谈论结婚的事情还太早，不知道自己是否能和对方牵手踏进婚姻的神圣殿堂，那么就不要与对方发生婚前性行为。如果男孩知道现在自己没有能力娶对方为妻，不能给对方幸福生活，或者干脆就不想与对方结婚，那么就不要发生婚前性行为。为了自己的一己之念而与女孩发生性关系又不为此负责任，这与流氓有什么分别呢？为了美好的爱情，为了双方的前途，请对婚前性行为说“不”吧，这不是落后的表现，而是男人真正负责任的体现！

洁身自好才能更好地预防性病

小天在初中时开始了自慰，并且一发而不可收，最终形成了习惯，频繁时有时他每天都有这种行为。上了高一时，他发现自己小便时有些不舒服：排尿不畅，而且伴有刺痛感，甚至有一次尿不完的感觉。难道是染上了性病？这个念头把他吓了一跳，但他把自己的情况和公共厕所中张贴的“包治性病”等小广告对照了下，发现还真是性病的症状。接下来的一段时间，他是在悔恨、痛苦、纠结中度过的。后来，他实在忍受不了这种精神的折磨，就咬咬牙去医院检查了。检查后，医生告诉他，他患的是前列腺炎而非性病，只要按时用药调理，避免自慰，就能逐渐康复。同时，医生还告诉他什么是性病、如何预防性病等常识，让他放下了心中的负担，对如何预防性病也有了了解。

小天由于对性病缺少了解，在感觉身体状况不对时，盲目与街头小广告对比，结果给自己白白增添了不少心理负担，闹出了不大不小的笑话。但他最后鼓起勇气去医院检查的决定是正确的。这让他避免了“病急乱投医”而耽误病情，甚至被诊断错误的可能后果。通过这件事，也让他对性病有了正确的认知，有助于他以后洁身自好，更好地保护自己。不过，从这个事例中，人们也可以看出男孩对性知识，特别是性病相关知识缺少了解。虽然性病看似与青春期男孩距离很远，但是多加了解，有利于他们预防危险的性行为，减少受性病侵害的风险。

从世界各国范围来看，性病易感人群正在从性工作者、吸毒人群渐渐向普通人，尤其是青少年群体蔓延。2007年，英国健康保护署表示，由于感染性病的青少年越来越多，英国新增性病患者人数达到新高。当年新增性病患者397990人，有一半患者的年龄在16～24岁之间。其中，16～19岁的男孩患梅毒人数增加了25%，女孩增加了20%。

据美国疾病预防控制中心的统计数据显示，在1987年至2006年的20年间，每10万人中，患尖锐湿疣的人数从50.8例上升到了347.8例，仅2000年，新增患病人群中，15～24岁之间的患者就有910万人。

2010年，据新西兰权威研究报告“性病在新西兰：2010年度监控报告”介绍，衣原体感染是全国最常见的性病，平均每10万人的化验阳性为782人，其中化验部门70%的患者是年龄在15～24岁间的青少年。而且，这种感染趋势从2006年以来一直呈上升趋势。

而在我国，青少年特别是男孩患有性病的情况虽然没有西方国家那么严重，但是也在不断增长，主要原因是男孩在没有采用防护措施情况下进行性行为而感染的。比如，在年轻人中流行的一夜情、色情场所、同性恋行为，等等，都有可能感染性病。男孩一旦禁不住生理的冲动而出现性行为，就有极大可能感染性病。因此，男孩应在日常中就对性病及其预防措施进行全面的了解。

性病是性传播疾病的简称，是以性接触为主要传播方式的一组疾病，包括多种不同的疾病。性病不仅能引起泌尿生殖器官的病变，还能通过血液遍布全身，引起其他组织和器官的病变。

国家卫生部制定的《性病防治管理办法》中指定的性病主要包括：艾滋病、淋病、梅毒、软下疳、性病性淋巴肉芽肿、非淋菌性尿道炎、尖锐湿疣、生殖器疱疹等。

它们共分为四级：

一级性病是艾滋病，目前尚无治愈的有效方法，堪称是绝症；二级性病包括梅毒、淋病、软下疳、性病性淋巴肉芽肿、腹股沟肉芽肿、非淋菌性尿道炎、性病性衣原体病、泌尿生殖道支原体病等；三级性病包括尖锐湿疣、生殖器疱疹、阴部念珠菌病、传染性软疣、阴部单纯疱疹等；四级性病包括梨形鞭毛虫病、分枝杆菌病、阿米巴病、沙门氏菌病、志贺氏菌病等。

性病对男孩生育能力有以下几方面的影响：性病能影响精液的质量，导致不育。引起泌尿生殖道以及前列腺和附睾的重复感染进而影响生育。其中，前列腺炎可致射精管水肿，受压引起梗阻；附睾炎可造成输精管道水肿，甚至梗阻及相邻睾丸实质的萎缩。此外，淋病、梅毒、性病性淋巴肉芽肿等均很难治愈，容易留下后遗症或出现并发症。

一般来说，在人们与患病者进行性接触或其他亲密接触时，容易被传染性病。即使是有安全防护，也有很大的可能性被传染性病。据专家介绍，感染性病的主要途径有以下几种。

性接触传染：在性病患者中，通过性接触传染的人群比例占到95%以上，包括性交、热烈的接吻、体肤接触的拥抱。

间接接触传染：凡是性病患者使用过的衣服、被褥、物品、用品、用具、便器、马桶和浴巾等均可能被病人的分泌物污染而带上病菌，与性病患者密切生活在一起的健康人，当轻微的伤口接触到这些沾有病原菌的物品时，就很容易被感染。此外，公共卫生间的使用人群比较复杂，性病患者使用过坐式马桶后，会在马桶圈上留下皮屑、体液等，如果没有彻底消毒就很容易传染给下一位使用者。因此，男孩应尽量不要使用坐式马桶，以免被传染性病。

血源性传染：有些性病病程较长，体内虽感染有病原体但是没有临床表现，如处在潜伏期的梅毒、艾滋病感染者等，如果其他患者输入了由他们提供的血液或血液制品，就会被传染。

另外，还有胎盘感染和产道感染，主要是在孕妇和胎儿之间出现的传染。

第四章

纠正不良性格，做个心理健全的好男孩

青春期的男孩，应该是率真无邪的，应该朝气蓬勃，每天都充满活力，和自己的“好哥们儿”一起谈天说地，放飞心情。但有时候，男孩也会出现一些比较“阴暗”的一面，嫉妒、抑郁、焦虑、暴躁……这些不良心理让男孩的性格变得扭曲，不能正确地看待自己、朋友以及这个社会。如何才能让男孩远离这些不良的心理，做个人格健全的好男孩呢？相信各位男孩看完本章的内容，就会有所感悟了。

嫉妒让“兄弟”反目成仇

意意和凡凡是从小玩到大的好哥们、好朋友，他们虽然不是亲兄弟，却一直比亲兄弟还要亲。每天一块上下学，有了好吃的好玩的，也总会想着对方。但就是这样要好的一对朋友，最近却发生了180度大转弯。两个人一见面就像仇人一样，让人搞不明白到底发生了什么事。

后来才知道，意意和凡凡一块报了一个学习班，结果意意在比赛中获了奖，但凡凡却没有。看着意意拿着奖杯，受人瞩目的样子，凡凡竟然嫉妒起自己的好哥们来，尤其是看到他受到老师的表扬，家长的赞美，凡凡的心里更不好受了。

回到家后，凡凡妈妈责问他：“为什么意意就能获得奖杯，而你就空手而归了呢，我看你以后也别上什么学习班了，花钱还不长知识。”

面对妈妈的挖苦，凡凡把心中的怒火和不满全发泄到了意意身上。

第二天凡凡一看到意意，就没有像以往那样主动和意意打招呼，而是冲着他冷冷哼了一声，仰着头一副十分不服气的样子。

意意自然感觉到了来自凡凡的“敌意”，也开始不和凡凡说话了。

其他同学发现了他们的异样，就问凡凡：“为什么总是针对意意呢？”

凡凡对此也十分苦恼。他说：“其实我也不想这样的，可我一看见他的身影，就会感觉有股无名火无处发泄，甚至有时候还会想爆揍他一顿，我怎么会做出这些难以理解的事情呢。”

同学摇了摇头说：“哎，听说女孩嫉妒心强，没想到男孩嫉妒起来，也十分可怕啊。”

嫉妒，并非女孩的专利。青春期的男孩有时候也会因为同伴的成绩超过自己，或者同一件事，朋友受到了表扬，而自己却挨了批评而对朋友产生嫉妒心理。故事中的凡凡就是如此，对从小玩到大的好哥们产生了强烈的嫉妒心。因为凡凡看到意意获奖后那么“风光”，而自己却面对的是妈妈的挖苦，这让他的内心产生了极度的不平衡感，甚至还产生了一些过激的想法，想要揍意意一顿。幸好，凡凡并没有将这种过激想法放大，否则，只会做出伤人害己的举动来。

男孩要知道，嫉妒才是你真正的“敌人”。它不仅毁掉了你和朋友之间的珍贵友谊，还能毁掉你自己，只要稍不留意，就会让你掉入万丈深渊之中。但嫉妒也是青春期男孩很正常的心理反应。一般情况下，男孩所表现出来的嫉妒心理只是轻度的，这几乎是所有从青春期走出来的人都曾有过的情绪。男孩要正确看待自己的心理变化，不要谈“妒”色变，也不要因此而丧失积极乐观的生活态度。

事实上，嫉妒是分积极和消极两种的。积极的嫉妒可以让男孩产生努力前进的动力，会让男孩想方设法地努力赶超嫉妒的对象，和对方比着学习、更用功地学习。这是一种很好的激励方式。但消极的嫉妒正好相反，不仅能销蚀男孩的意志力，还会让男孩产生一些极端的想法，无法控制地做出一些过分的事情。比如，莫名其妙地揍对方一顿、暗中使坏给对方设置陷阱等。

而且，在青春期的男孩身上，嫉妒还是产生暴力行为的主要原因之一。当男孩妒火强烈时，就会失去理智，对嫉妒的对象产生极度的仇恨心理，在这种心理的作用下，男孩可能会以暴力的方式报复对方，引发严重的后果。

小史在小学一直是学习委员，但升入初中后，老师在竞选学习委员时竟然点了另一位男同学的名字，直接忽视了他举起的手。这让小史对那位男同学怀恨在心，总想揍他一顿出口恶气。

这一天，小史终于找到了机会。老师让学习委员代表全班去看望一位生病住院的同学，小史偷偷跟在了学习委员的后面，等他拐到一个没人的小巷时，小史随手从地上拎起一件东西，就朝学习委员的头上砸了过去。

小史本来是想教训一下他，但没想到抓到手里的竟然是一块结实的板砖，这一砖头砸下去，学习委员马上流出了满头的鲜血，小史瞬间吓愣了，不知道该做何反应。直到有人路过帮忙叫了救护车，他还没反应过来，一切就像是做了一场梦一样。

结果，小史虽然为自己出了口恶气，但却付出了惨痛的代价，不仅赔偿了学习委员一大笔医药费，还受到了学校的记过处分，悔时已晚。

嫉妒是一个恶魔，它随时都有可能出现，趁机钻进青春期少男的心，让男孩做出很多极端的事情。男孩该如何杜绝嫉妒心理呢？

男孩要了解友情的重要性，虽说有句俗话叫“不打不相识”，但男孩更要知道团结和合作的重要性。男孩要了解，人和人之间是有差别的，不能只从一个角度去拿自己和他人分析比较，要了解自己的优缺点，并正确看待它们。明白竞争和嫉妒的区别，真诚地吸收朋友身上的优点，逐渐改正自己身上的缺点。积极的嫉妒可以有，但不能让嫉妒蒙蔽了自己的心，让自己失去理智，做出一些不可挽回的错事。

妈妈为什么变成了“家佣”

小明课间休息的时候，突然有同学喊他：“小明，你妈妈来学校找你了，就在校门口。”

小明听到同学的话后，愣住了，随即就有些不开心了。为什么呢？因为小明的妈妈是某公司的清洁工，每天不是打扫厕所卫生就是扫地拖地。小明总嫌妈妈一身的寒酸样，身上总有股子臭味，怕同学们知道他的妈妈是清洁工后嘲笑他，看不起他。

小明低着头跑到校门口，看到门口站着的果然是自己的妈妈，正在拿着黑乎乎的破布擦着身上的泥点子。一看就让人觉得丢人。

“你来干吗？”一开口，小明就是埋怨的口气。妈妈笑着说：“你今天不是说要买新的参考书吗？妈妈上班的时候，有同事家的孩子比你高一年级，正好有几本参考书还是新的，没用过，我就给你送过来了，你看看，用不用得上……”

看着妈妈为能省那么十几块钱而高兴成这样，小明心里就更生气了，他说："我才不用你从垃圾堆里捡回来的东西。"

妈妈愣住了，小明看也不看，扭头就跑回了教室。同学见他脸色不太好，就问："你妈妈来找你干吗？是不是家里有什么事？"

"不，不是的，她不是我妈妈，只是我家的清洁工人，我爸妈让她来给我送点东西。"

"哦……"同学没再继续问下去。

小明怕他不信，想起兜里有前两天刚拿到的这个月的生活费，就对同学们说："看，这是今天我妈刚给我的零花钱，说让我随便吃，随便喝，走，今天我请客，请你们吃好吃的去。"

"真的？你请客？"

"我请客。"小明扬扬得意地说。

"对了，你有多少零花钱，先借我一点。"有个同学过来问他。

"我也没数过，反正没钱了就和爸妈要，他们肯定给。"小明撒谎道："你借多少？不够了我再回家和爸妈要。"

"我就是想买本书，你家里一定很有钱吧，出手真阔绰。"同学羡慕地说。

小明没说话，却满足地昂起了头。同时他也在想着，今天回家后，该编个什么样的谎话，继续向父母要钱。

青春期的男孩和女孩一样，同样会有虚荣心，但男孩更在乎的是自己的"江湖地位"，不想让同学和朋友看不起自己，因此才产生了虚荣心。虽然有虚荣心并不是什么极大的坏事，但却能勾起人们心中的欲望，让男孩在虚荣心的作用下，做出很多坏事。比如，说谎、偷窃等。

就像上例中的小明一样，其实他家里并没有那么多的钱供他挥霍，但他为了满足自己的虚荣心，让自己在同学间有"面子"和地位，所以就假装自己家很富有，甚至连妈妈都不认了，向同学说"那是我家的清洁工"。这样的话，多么伤父母的心啊。

男孩要知道，虚荣就好比是肥皂水吹出的泡沫，虽然在阳光下能映出七彩的光芒，但泡沫终究只是泡沫，总有破裂的那一刻，"啪"的一声，男孩的“七彩梦”就会碎裂。这时候你所拥有的，并非成功，只有伤心和难过，当然，更多的则应该是惭愧。

那么到底什么是虚荣心呢？

虚荣心其实是自尊心过重的表现，虚荣心与自尊心有很大的关系，当一个人自尊自爱时，他会散发出耀眼的光芒，但他自尊心过重时，就会导致虚荣心的产生。虚荣心重的人，会借用外在、表面的荣耀来照亮他自己，以此获得他期盼的那些所谓的被人尊重和关注。

虚荣心是男孩成长过程中的绊脚石，让男孩把更多的注意力和心思用在了如何让自己“发光发亮”这件事情上，而忽略了青春期男孩应该做的重要事情——学习。青春期的男孩都还是学生，本职工作就是学习，不只是学习课本上的知识，还应该学习如何正确地与人交往，摆正自己的心态等生活常识。但因为受到中国人“爱面子”的传统观念的影响，男孩把更多的目光转移到了如何让自己在同学和朋友间有“脸面”，从而增长了自己的虚荣心。

有句俗语说“打肿脸充胖子”，其实就是这个道理。除此以外，男孩自卑、自私的心理也容易导致虚荣心的产生。再拿上例中的小明来说，他其实就有点自卑心理。因为自己的家庭比较贫穷，再加上父母不体面的工作，让他产生了自卑心理，为了不让同学知道他的真实情况，小明才说谎，并拿父母的辛苦钱来“讨好”同学，为自己挣足“面子”。

其实，男孩肯定也在为自己的虚荣心而感到惭愧和不安，但如何摒弃它，也是男孩很烦恼的事情。要完全远离虚荣心是不太现实的事情。每个人或多或少，都会有点虚荣心的，这是很正常的，但虚荣心过重，就是一种扭曲的心理了。男孩应把握好这个度，多从社会价值评判自己，不要只考虑个人利益和得失。另外，男孩还要正确地认识自己的优缺点，对自己要有一个客观的评价，既不妄自菲薄，也不能夜郎自大。用积极乐观的心态去面对他人对自己的评价，不要总是在意他人的言论，要“走自己的路，让别人说去吧”！

盲目追星，害人不浅

小刚班里有很多女同学都是“追星族”，小刚听她们讲得很有意思，也开始关注起明星的事情，就在这个时候，一个很有“型”的武打明星进入了小刚的视线。他觉得这个明星的拳脚功夫真的很棒，而且每部电影里的武打片段听说都是真实的打斗，这让小刚十分佩服。

以前，小刚十分佩服博学多识的语文老师，但现在，他每次看到语文老师都觉得很失望，为什么都是成年男人，差距却如此之大呢？

原来，语文老师因为缺乏锻炼，体格比较差，一点也没有男子汉气概。

有一天，小刚忍不住对语文老师说：“老师，你学那么多知识有什么用？还不是和傻帽一样。”

“为什么？”老师也不生气，反问道。

“你知道我偶像的生日吗？知道他今天穿了什么样的衣服，又示范了什么样的武打动作吗？”

语文老师摇摇头说：“不知道。”

“这还不够傻？”小刚像看白痴一样看了眼老师，暗哼一声就跑开了。

老师无奈地笑了笑，心想现在的孩子这都是怎么了？难道评价一个人是聪明还是傻，首先要知道这些明星的八卦事情吗？

后来，小刚觉得明星离现实太遥远，不如找个“江湖大哥”当自己的偶像，还能真的教自己几手功夫呢。

正好学校里有位高年级的男孩，听说是武学世家，打架十分厉害。小刚就把这位高年级的学生当成了心中的偶像，每天跟在偶像身后，当他的小兄弟。久而久之，小刚身边又聚集了几位男同学，不多不少，正好四个人。当时《流星花园》正在热播，小刚便提议：“咱们也组成一个F4吧。”

就这样，以高年级男孩为首的新校园F4就这样诞生了。小刚每天跟在偶像的身边，武功没学着，打架的本事倒长了不少。但他并不觉得打架有什么不好，还为自己能不被欺负而沾沾自喜。

对于青春期的男孩来说，偶像崇拜常带有盲目性。这是因为处于这个时期的男孩判断力和认知能力还不成熟，对偶像的认识只是片面和盲目的，很容易因此而带来种种危害，甚至酿成悲剧。

对于自己喜欢的偶像，男孩不仅会观看他的每一部电视，收听他的每一首歌，关注他的一举一动，还会疯狂地购买关于偶像的一切衍生品，收集偶像们的资料，把大把的时间和精力浪费在这些明星、偶像身上，经常会把学习和现实生活抛到一边，眼睛里只有偶像的身影。

不仅如此，有些男孩在追星的过程中，还会做出一些极端的行为，比如为了偶像而离家出走，甚至是自杀。

事实上，追星在青少年中已经成了一种独特的现象。男孩经常把追星作为追求时尚的主要手段，希望自己在追星的过程中能赶上时代的潮流，不被同学和朋友嘲笑落伍。当男孩有了偶像后，就可以向朋友和同学们炫耀，并刻意地模仿明星们的语言和行为，收集明星的各种“小道消息”，以此来提高自己在朋友圈中的地位，彰显自己的能力。

另外，如今的社会处在一个快节奏的竞争时代，男孩在学习和生活中经常感觉到很大的压力，而忽略了自己内心真正需要的东西，因此，为了让自己内心的情感有所依托，男孩便走上了追星的道路。处在这个时期的男孩内心敏感，情绪波动较大，当他们无法和他人诉说自己的心事时，就会心情压抑，而在追逐明星的时候，这种压抑感会得到适当的释放。而且，明星们演唱的歌曲和表演的影视作品中，有不少歌曲和内容正好符合了男孩压抑的心理，引起了男孩的共鸣，让男孩觉得自己找到了知音，便一头扎进了追星的大潮中。

那么，追星真的不对吗？非也。在每一个时代，都会有人追星，只不过不同的时代，男孩所追求的偶像不同罢了，这是每个男孩都会经历的心路历程。

但是，男孩在追星的时候，如果能把偶像作为自己奋斗的目标，学习偶像的优点，摒弃偶像的缺点，将盲目地崇拜改为向往和自我激励，那么，追星也是一件好事。男孩要把握好自己追星的尺度，不能盲目，不能失去自我。而且，崇拜偶像不能只看明星的外表和一两件事，还要从整体了解自己的偶像是什么样的人，追求真正值得向往的目标才行。男孩要增强自己的判断能力和识知能力，要知道，明星是人，普通人也是人。每个人也都有自己的人生价值，完全没有必要从其他人身上找寻慰藉。男孩要找到适合自己的奋斗之路，并脚踏实地，一点一点获得成功，远离追星所带来的不良影响和危害。

遇事要冷静，切勿焦虑不安

小肖马上就要考试了，但最近他一直忙着踢足球，根本没有复习功课。面对着考试的压力，小肖总是坐立不安，显得非常焦虑。

父母见他总是一副无精打采的样子，就问他发生了什么事，结果反而让他更加觉得不安起来，害怕父母知道实情后，会训斥他，也更担心自己因为没有复习的原因，考试失利。

后来，父母虽然不知道他为什么经常焦虑不安，但还是把他叫到身边，问他："儿子，你最近怎么了？很没精神啊。"

小肖沉默良久，还是决定不把实情说出来。

之后，他赶紧跑回房间，本来想赶紧写完作业，然后复习功课的，结果他刚在作业本上写了一个字，就又想起了复习的事情，精神没办法集中，整个人显得十分焦虑不安，手心和额头还渐渐渗出了冷汗。

"儿子，你到底怎么了？是不是身体不舒服？"爸爸刚才一直不放心，就来小肖的房间看看情况，谁知道看到儿子满头冷汗，吓了一大跳。

小肖这才回过神来，原来自己又焦虑过度了，想了想，他这才对爸爸说出自己根本没有复习功课，十分担心的事情。

爸爸想了想，并没有骂他，而是说："不管怎么说，这样的事实已经无法更改了，你现在要做的，除了用仅剩下的时间认真复习功课以后，还要学着让自己冷静一点，要做到遇事不惊、不恼、不急。"

"这样就可以了？"

“对，不管遇到什么事情，先试着让自己平静下来，如果还是焦虑不安，可以试着深呼吸几次看看。先让自己的情绪冷静下来，静下心来弥补自己的错误，除此之外，你没有其他方法可以解决，不是吗？”

“好像有些道理。”听了爸爸的话后，小肖认真想了很久，最后终于郑重地点了点头。说道：“爸爸，谢谢你，我现在就去复习功课，不再浪费有限的时间了。”

男孩在为某些事情感到焦虑不安的时候，可以试着用一下小肖爸爸的方法，让自己先冷静下来，深呼吸，通过呼吸来改善自己的情绪，让自己的情绪慢慢平静下来，不再感到不安和恐惧。

可能男孩会感到疑惑，焦虑到底是什么样的一种情绪呢？我觉得坐立难安就是焦虑吗？除了坐立不安，焦虑还包含着紧张、忧虑、恐惧等感情，当这些感情全部交织在一起时，男孩就会处于焦虑状态，无法平静地学习和生活。

焦虑可以出现在男孩遭受挫折的时候,也可能没有明显的诱因，但会让男孩感到紧张、不愉快，甚至痛苦和难以自制，并可能伴有大祸临头的恐惧感。表现为惶惶不安、坐立不安、精神紧张以及心悸、气急、出汗、四肢发冷等表现。严重的时候，男孩还有可能表现出恐惧心理，对即将面临的事情感到十分害怕。

不过，当焦虑不安的症状比较严重时，男孩很可能患上焦虑症。焦虑症的发生和遗传因素、个性特点、不良事件等都有一定的关系。这些内外因素会导致人体内分泌系统出现紊乱，从而造成焦虑症的各种表现。一般情况下，焦虑症分为广泛性焦虑和惊恐发作以及恐惧症三类。

广泛性焦虑症没有明显的诱因，但男孩通常会出现过分担心、紧张害怕的情绪，而这些紧张害怕的原因却很莫名其妙，有时候甚至没有任何原因地感到紧张和害怕。另外，表现为广泛性焦虑症的男孩还可能出现头晕、胸闷、心慌、呼吸急促、口干、尿频、尿急、出汗等症状。

惊恐发作又称为急性焦虑发作。当人周围没有任何会感到恐惧的事物时，男孩却突然出现极端恐惧的紧张心理，并伴有濒死感或失控感时，就有可能是惊恐发作了。惊恐发作时，人们还常感到胸闷、心慌、呼吸困难、出汗、全身发抖等。

第三种是恐惧症，包括社交恐怖、环境恐怖等。虽然和惊恐发作一样，都属于急性焦虑症的一种，但恐惧症的焦虑发作是由某些特定的场所所引起的。当男孩处于这些场所时，才会感到焦虑不安，一旦离开，就会恢复正常。有些男孩不敢待在人多的地方，否则就会焦虑不安，感到害怕。而有些男孩是乘坐交通工具时，才会感到焦虑。

当出现上面所说的比较严重的焦虑症时，男孩就应借助医学的力量来解决自己心理上的问题了。除此以外，还可以借助一些心理暗示，或者其他的方法来纠正自己的焦虑症。比如，进行放松训练。

放松训练就是通过身体放松而达到心理放松，解决焦虑、紧张等问题。常用的方法有深呼吸法和暗示法。

当男孩感到焦虑不安时，可以先闭上眼睛，慢慢深呼吸几次，让自己的情绪冷静下来，达到身心放松的目的。暗示法就是当你在感到紧张不安时，尽量想一些开心的事情，让自己不要过度紧张，可以闭上双眼，全身放松，不停地对自己暗示说：“我不紧张”、“放松，我要放松”等。不用多久，男孩就会惊喜地发现，自己的情绪慢慢地平复了，刚才的紧张感已经一扫而光。

放松心情，赶走抑郁

最近，小羊每天都觉得生活很没有意思，学习也提不起精神来，连平时最喜欢看的漫画书也不爱看了。

而且，小羊还变得不喜欢和人交谈，就连爸爸妈妈和他说话，他也是低着头“嗯”一声，表示听到了，不愿再多说一个字。

小羊的好朋友觉得他最近很不对劲，就问他：“小羊，听说你家里发生了一些事情，对你没有影响吧？”

原来，小羊的父母最近总吵架，还吵着要离婚，小羊被夹在中间，一直觉得很烦闷。

小羊摇了摇头，不愿开口。

“那你最近怎么了？心里有话别憋着，我们不是好朋友吗？有什么困难及时告诉我，我会帮助你的。”朋友说。

小羊听后，点了点头。

过了几天，小羊突然找到朋友，很痛苦地说：“我觉得人活着太没意思了，真不如死了算了。”

朋友吓了一跳，连忙说：“小羊，你不会是得了抑郁症吧。”

“抑郁症？那是什么？不管是什么，反正都和我无关，活着太无聊了。”小羊低着头，边说边走。

心理学认为，抑郁症是一种由多种原因引起的常见的心境障碍。当青春期的男孩患上抑郁症后，会表现得情绪低落，对什么事都不感兴趣，不愿与人多交谈，严重时，还会产生自杀的想法和行为，对青少年的成长十分不利。

虽然抑郁症的主要发病因尚不明确，但经过研究发现，它和遗传、社会环境等有一定的关系。有调查显示，患病者血缘关系越近，患病概率越高。当男孩在成长过程中遇到一些重大事件或长期生活在不愉快的环境下时，也有可能导致抑郁症的产生。

轻度抑郁症少年常感到闷闷不乐，无愉快感，凡事缺乏兴趣，对学习也提不起劲，怎么也高兴不起来；重度抑郁症少年会对生活感到绝望，悲观厌世，常感觉度日如年、生不如死。而且，抑郁症还有晨重夜轻的规律，早晨情绪低落的比较严重，晚上则会减轻。

力力前几天刚发现患上了抑郁症，一家人急得到处找心理医生咨询怎么治疗这个病，怎么也不知道他为什么会得这种心理疾病。

力力平时是个寡言少语的男孩，虽然总是低着头走路，显得有些腼腆，但家人总觉得还不至于会得上这种心理疾病，到底问题的症结在哪呢？力力也为此感到很苦恼，他也不知道为什么自己得了轻度的抑郁症。

“难道抑郁症和我性格内向有关系？”力力不禁自问。

力力不太清楚这两者的关系，只记得当时心理医生说过，是因为他的性格过于内向，心里的郁结难以抒发，才导致抑郁症的产生。

原来，力力在生活中几乎没有朋友，心里有话也不知道向谁说，总是显得很沉闷，大部分时间情绪都比较低落，喜欢发呆，对什么事都打不起精神来。

而且最近他总是和自己生闷气，觉得生活越来越没意思，偶尔还会有轻生的念头。这些反常的举动引起了力力家人的注意，这才带着他去看了心理医生，得知他患上了轻度的抑郁症。

抑郁症和男孩的性格有很大的关系。内向的男孩患抑郁症的可能性会大大增加。因为内向的男孩经常把自己封闭在自我的世界中，难以与现实中的人正常交往。平时也沉默寡言，心里有事不向他人倾诉，这就让男孩的心理压力过于沉重，导致了抑郁症的发生。而且，性格内向的男孩内心世界敏感且脆弱，性格比较软弱，当在生活中遇到挫折时，常表现得很无助、手足无措，找不到可以帮忙的人，也不愿意和他人诉说自己心里的苦闷，时间一长，自然而然地患上了抑郁症。

那么，男孩该如何远离抑郁症的危害呢?

首先，男孩要让自己的心情放松下来。抑郁症的产生多与压力过大、家庭不和等有关，属于心理疾病。而当男孩面对这些压力无法排解时，就有可能变得内向、沉默寡言，增加产生抑郁症的概率。所以，男孩应该多让自己深呼吸，尤其是感到压力大的时候，要尝试着让自己放松心情，经常保持愉悦的精神状态，听听音乐，广交好友，适当地远足等，都是不错的放松心情的好方法。

其次，男孩要培养自己一切向前看的积极人生态度，不要用敷衍的态度面对生活中的挫折和困难，要用乐观的眼光看待问题，让自己的眼睛始终盯着前方。即便是暂时解决不了的难题，也不要颓废不前，要相信自己的能力，积极地面对困难，找出解决方法。这样才能让笑容回到自己的脸上，不给抑郁以可乘之机。

男孩还要学会改变自己的思维模式，不要小看思维模式对自己心境的影响，过于死板的思维方式只会让男孩在遇到挫折的时候，害怕退缩，更加紧闭自己的心扉，不愿意和他人交谈，不敢面对问题，因此性格变得越来越消极，没有向前冲的勇气和动力。所以，男孩要让自己的思维方式更积极向上一点，也可以学着进行自我暗示，凡事往好处想，天塌下来，还有地撑着呢，一两个小小的挫折，无须惧怕。

暴躁易怒，别让自己的性格如此偏激

这一天，小北想让爸爸妈妈给他买一套衣服，结果他刚提出来，妈妈就否决了他。

小北不问为什么，冲动地跑到自己房间，把自己的衣服全给扔到了地上，还踩了两脚，然后跑回客厅说："我那些衣服不能穿了，我要买新衣服。"

"洗洗还能穿。"妈妈说。

小北却生起气来，很暴躁地在原地跳了几下，见妈妈不理他，竟然找到一把剪刀，冲进房间，把所有的衣服全剪坏了。

看到这样的情形，妈妈十分无语，只得带着小北去买了新衣服。

这样的经历还有很多，小北自己都觉得自己有时候太冲动了，容易发火动气，性格太偏激，但他就是改不了，只能一次又一次的冲动、发火，他自己都感觉十分痛苦。

上例中的小北做事急躁、冲动，让妈妈感到很郁闷，但也无可奈何。而事实上，青春期的男孩确实性格容易偏激，一丁点小事就有可能让他暴跳如雷、十分生气。但男孩到底在和谁生气，为什么生气呢？可能到最后，连他自己都不知道。

暴躁易怒的男孩自我控制能力一般较差，经常为一点小事就大哭大闹，甚至摔东西。有时候，因为自己的需要没有得到满足，甚至还会出手打人，做出一些比较极端的行为。一般来讲，男孩易怒，和他的性格以及所生活的环境和学校的教育有很大的关系。

有时候，因为父母或学校的影响，男孩有样学样，就会养成脾气暴躁的性格，无论做什么事情都很急躁，经常因为一些小事而着急上火，乱发脾气。

还有些时候，男孩产生急躁的原因是没有耐心，他希望自己想要的东西马上就能出现在眼前，希望自己想做的事情立刻就能做成，当想法落空后就会产生急躁易怒的不良情绪。这是男孩的自我意识在作怪，他没有意识到这个世界并不是围绕自己转的。因此，男孩要明白，任何事情都有自己的特点，无论是要什么东西，还是做什么事情，它们都有自己的时间性，人们强行要求也是不管用的。

另外，男孩性格急躁，与偏激心理也有很大的关系。男孩的偏激心理通常会表现在三个方面——对人和事物的认识上、个人情绪变化方面以及为人处世时的各种行为中。

秋秋一直觉得自己是这个世界上最聪明、最优秀的孩子，所以必须得到一切他想得到的最好的东西，却不愿意为他人做出任何付出。

而且，秋秋还不允许别人对他提出意见，否则他就会很恼火地咒骂对方，说他们都是笨蛋，根本不配和他说话。

“秋秋，你也太自负、自大了。”同学们实在是受不了秋秋暴躁的臭脾气。

但秋秋就是控制不了自己，一听到对方说他自大自负，马上会生起气来，骂道：“我这叫自信、聪明，等你哪天变得比我聪明了，再来教训我吧，笨得和猪一样。”

“你……你性格这么偏激易怒，我看谁愿意和你做朋友。”

“我才不稀罕你们和我做朋友呢，以后再这样说我，小心我揍你们。”秋秋竟然还握紧了拳头，向同学挥去。

性格偏激的男孩往往是比较自负的，自我评价过高，常常固执己见，并戴着有色眼镜看待别人或别的事物，喜欢挑别人的“刺”，且容易怨天尤人，只求回报，不计付出。当男孩以个人好恶来论人论物时，很容易表现出暴躁、易怒等情绪特点，在行为上也表现得莽撞冲动，常常会采取暴力措施解决某些问题。

针对这些特点，男孩在平时应该特别注意自身的修养培养，增强自我控制能力，遇事要冷静、不慌张、不毛躁。如果实在是想发火的话，可以学着用其他方式发泄自己的不良情绪。

每个人都会有喜怒哀乐，这是正常的。尤其是处于青春期的男孩，因为处于生理和心理的转折期，所以情绪很容易受到外界的影响，表现得喜怒无常，爱发火，脾气大。那么，如何才能把这些不良情绪用合适的方法宣泄出来呢？

男孩可以试着和自己的好朋友倾诉一下心中的烦恼，在自己讲述的过程中，男孩会发现，自己的心境慢慢会发生一些转变，会变得不那么急躁、愤愤不平了。男孩还可以多去户外走走，呼吸一下新鲜空气，还可以在不扰民的情况下，对着空旷的大自然呼喊，将自己心中的闷气全部“吐”出来。

如果男孩不擅长以这些方式来宣泄自己的情绪，还可以用写的方法来发泄。准备一个日记本，把自己的烦恼记在上面，在书写的过程中，男孩的情绪会变得平静很多。

当然，男孩还可以选择更加“暴力”一点的方式来发泄心中的不满。比如，跑步、拳击、游泳等。

有时候，男孩在遇到不如意的事情时，很容易偏激走极端，发脾气，甚至会采取一些非常手段发泄自己的情绪。这时候，男孩可以找父母沟通一下，让父母帮助自己分析一下这个问题，消除消极的想法。男孩要让自己用积极乐观的心态对待周围的人和事，多和周围的人进行良性沟通，学会冷静地与他人交流，理智地解决问题。

体会美好人生，赶走“愤世嫉俗”

小律从小就是个积极向上、性情较温和的男孩子。他学习成绩也很优异，升上初中后，由于自己的努力，更是成了学校里的优等生，人人羡慕，父母也因他而感到骄傲。

但是，最近小律的行为有些古怪起来，而且对生活和学习的态度也变得有些消极了。小律总是把周围的一切想得很不堪，觉得学校老师偏心，有些学生明明学习成绩很差，还对他们那么好。还觉得某个成绩好的同学其实是在背地里搞了“小动作”的，给老师送了礼，才被评上了“优等生”的，不就是家里有点钱嘛，有什么了不起。

有一次，他实在觉得很气愤，就在自己的日记里写道：××同学今天炫耀他妈妈给他买了辆新自行车，名牌的，好几千元钱。真是的，有什么了不起，不就是有点钱嘛。而且，我觉得现在的教育制度和教育方式有问题，不管上什么样的学校都是接受应试教育，是在“毁人”……

虽然他有些想法还是有些道理的，但怎么读，都觉得有点愤世嫉俗的思想。

按说，小律从小生活的家庭环境也算不错，家里人性格也都比较豁达，可为什么偏偏他越来越愤世嫉俗呢？

小律觉得自己现在很仇视这个社会，有时候莫名其妙地就会感觉十分痛恨别人，这可不是一件好事情。

不仅如此，近来小律对待其他事物的态度也越来越消极，整个人变得颓废和浮躁了很多。每天放学后，他不再像以前那样赶快完成作业，而是一直上网玩游戏、看网络小说。无论在家还是在学校，他都不愿听取别人的意见和建议。小律觉得自己对现实社会没有任何信心，有时别人不经意间说了什么或做了什么，他都会往坏处想。对此，不仅小律的爸爸妈妈非常担心，他自己也觉得这种愤世嫉俗的思想和行为很糟糕，但他就是改正不了，实在是太头疼了。

什么是愤世嫉俗呢？就是一个人总是自认为这个现实生活的很多事物是不合理的，并对此表示出自己的愤恨和憎恶。很多进入青春期的男孩，因为情绪的波动很大，很容易就会陷入愤世嫉俗的情绪中。就比如上例中的小律，不明白有的人学习比自己差，却能得到老师的关照，而有的人明明没那么优秀，却被评为了“优等生”现象的原因。陷入愤世嫉俗不良情绪而无法自拔的男孩会对周围的人事物显得比较烦躁和排斥，虽然男孩本身的能力也非常出众，但就是无法接受周围的事物。没有任何缘由地对周围的人和事抱有一种敌对心理，平时敏感多虑，遇事不能冷静对待，一言不合就可能对同学、朋友大发雷霆。

如果男孩总是愤世嫉俗，对他的成长会十分不利。这不仅会在对待事物的态度时比较消极，还会因此而让男孩的心理变得阴暗，对任何事情都失去信心，整个人也会颓废起来。

而且，一个人总是愤世嫉俗的话，是很难体会生活中的幸福和美好的。那么，男孩如何才能让自己不那么愤世嫉俗呢?

男孩要学会宽容和尊重他人，凡事不要过分计较，在面对复杂的社会现象感到不解和苦恼时，可以发表短暂的牢骚，但不能长期让自己处于这种情绪中。如果长期处于这种情绪中，就会引起愤世嫉俗的偏激心理。要学会自我调适，以平常心面对社会上的各种现象，努力接纳他人和这个社会，逐步改变极端式思维，学会正面思考和换位思考。

而且，很多时候，男孩愤世嫉俗是因为对自己的现状不满，是对自己当前所做的事情都失去了兴趣，但却在父母、老师的要求下不得不“咬牙”继续去做。如果是这种情况，男孩可以找一些自己喜欢做的事情去做。比如，踢足球、打篮球等。和一些朋友相约打一场球，挥洒汗水的同时，也会让自己的心情变得舒畅起来。因为运动不仅可以健身，还可以帮助人们发泄情绪。尤其对喜欢愤世嫉俗的青春期男孩来说，通过运动这种简单的方式发泄心中的不满，会让男孩感到身心轻松。在这种状态下，男孩的心态自然会慢慢变好，不再那么消极倦怠了。

另外，男孩要正确面对自己愤世嫉俗的心态，不要觉得自己没救了，以后只能这样消极悲观地生活下去了。要知道，愤世嫉俗的并不是你一个，世界上还有很多人也会有这样的烦恼，而且有一些还是名人。

陈坤是现在内地具有高人气的男演员。现在一提“厂花”二字，可以说是无人不知，无人不晓，尤其是在青少年中，陈坤的知名度更是“高不可攀”。但陈坤在接受一次采访时，曾经自曝，因为来自单亲家庭的缘故，他一度愤世嫉俗，性格忧郁、自卑、小气、自私，直到成为佛教徒，进行了长达10年的修行后，才慢慢摆脱原来的自己，走出了愤世嫉俗的心境。由此可见，愤世嫉俗是有可能发生在每个人身上的。男孩在面对它时，一定要摆正心态，让自己勇敢地纠正并战胜它。

第五章

树立良好品格，培养独立生活能力

一个人要有良好的品格，首先应该从自立自强做起。只有学会独立生活，男孩才会培养出自己独特的好品格，自信地做事、乐观地生活。

除此以外，男孩还应让自己成为一个充满自信和魅力的人。不仅要正确认识自己，还要学会自我肯定和激励。当遇到困难和挫折时，不能因为胆怯就半途而废，也不能在犯错的时候自我逃避，要学会自省，学会树立勇气，做一名快乐的青少年。

自我激励，男儿当自强

男儿当自强这句话出自汪洙的训蒙幼学诗《神童诗》。全文为：朝为田舍郎，暮登天子堂；将相本无种，男儿当自强。意思就是说，将相本来不是天生的贵种，贫穷人家的孩子通过发奋努力，也可以成为国家的栋梁之材。所以，好男儿应当自强自立。

公元前496年，越国国王勾践即位。在一场战役中，越王勾践被抓到了吴国。吴王为了羞辱越王，专门安排他看墓和喂马，对这些奴仆才做的工作，越王心里虽然很不服气，但仍然装出忠心顺从的样子。吴王出门时，他走在前面牵着马；吴王生病时，他在床前尽力照顾……吴王看他对自己如此忠心，就放他回到了越国。

勾践回到越国后，立志报仇雪耻。但他害怕现在的安逸生活会消磨他的志气，于是，勾践就在自己吃饭的地方挂上一个苦胆，每逢吃饭的时候，就先尝一口苦味，还把席子撤去，用柴草当作褥子。

勾践决定要使越国富强起来，他亲自参加耕种，叫他的夫人自己织布，来鼓励生产。还整顿内政，恢复生产，使国力渐渐强盛起来。

公元前475年，越王勾践作好了充分准备，大规模地进攻吴国，吴国接连打了败仗。最终，勾践北上中原与诸侯会盟，成为春秋时期最后一个霸主。

想必勾践卧薪尝胆的典故男孩一定不陌生，勾践为了一扫前耻，发愤图强，最后不仅报了前仇，还成了一代霸主，实在是令人佩服。越王的成功，和他的自我激励有着很大的关系。英国心理学家威廉·詹姆斯曾说，有效地自我激励能够使人更充分地发挥出自己的能力，让自己的潜能得到充分施展。

所以，男孩也要学习越王勾践的精神。当然，并不是让男孩也去卧薪尝胆，而是学习如何激励自己。一个善于自我激励的男孩，才能在生活和学习中拥有良好的自我感觉，才能取得更多进步和成功。

小千是一名初中男孩，最近他的学习成绩一直下滑。老师说："如果你的成绩再提高不上去，很有可能会有留级的危险。"

这让小千十分苦恼，也很着急，但他就是不知道如何提高自己的成绩。

有一天，他突然想到一个好方法，如果自己的成绩能提高10分，自己就给自己一点奖励，以此来激励自己的学习斗志。

小千很想要一件新的球衣，有了这个目标后，小千学习更加用功了。他每天都坚持认真学习，作业都比以前写得工整了很多，有时遇到难题，他就暗自给自己打气，并想尽办法去解决。结果，两个多月后的一次考试，小千的成绩真的提高了很多。小千高兴地用零花钱为自己买了一件新球衣。

之后，他一直都用这样的方法鼓励自己，激励自己，终于在这一学期快结束时，解除了可能会留级的危机。

老师高兴地夸奖道："你能发愤图强，老师真的很欣慰，以后继续保持，我相信你会取得更好的成绩的。"

小千听了开心地点了点头。

一个懂得自我激励的人，能在不断前进的过程中充分发挥自身的潜能，并最终实现自己的目标，而不会自我激励的人，就算天赋极高，也很可能无法充分利用自身的潜能，甚至一生碌碌无为。而上例中的小千，充分利用了自我激励法，让自己解除了有可能被留级的危机。有研究表明，没有进行过自我激励的孩子，仅能发挥其能力的20%左右，而经常自我激励的孩子，其发挥的潜能相当于激励前的3～4倍，即达80%左右。这样的数据是不是令男孩感到很吃惊？那么，该如何进行自我激励呢？

有些男孩怀疑自己天生就没有自我激励的能力，其实并非如此。自我激励能力不是生来就有的，这需要男孩在成长过程中不断培养。

首先，男孩要用欣赏的眼光看自己，正确认识自己的优点与长处，当自己做出某些成绩后，要适当地给予自己一些奖励，形成一种自我激励的内驱力。这样做的目的是促使男孩在今后的学习、生活中不断超越自己，督促自己进步。男孩要学会明辨是非，知道自己什么时候才应该得到表扬与奖励，什么时候不能用这些奖励作为自己是否要努力的借口。当然，男孩也不能过分地看重物质方面的奖励。其实，精神层面的激励更能让自己获得心灵上的满足，使自己获得更大的鼓舞和信心，从而激励自己更加努力去做好每一件事。

其次，男孩要学会进行积极的自我暗示。当遇到困难和挫折时，要不断地暗示自己“我可以做到”、“坚持就是胜利”，这样不仅能消除心里那些不安的情绪，还能增强自己的自信心，帮助自己更快地走出困境。

最后，男孩要为自己制定一个目标，并对这个目标做一定时间限制。完成一个目标可能不是一件难事，难就难在要在规定的时间内完成这件事。这样一来，男孩在做事的时候就会产生一定的紧迫感，为了在限定的时间内顺利完成任务，就会不断地进行自我激励，并最终完成任务。

有错就改，要学会自省

人非圣贤，孰能无过，知错能改，善莫大焉。日常生活中，就连大人都会犯错，更何况是处于青春期、容易淘气和叛逆的男孩呢？但有时候男孩因为自尊心较强，而不愿意主动承认自己的错误，更无法学着自省，避免同样的错误发生。这对男孩的身心成长都十分不利。要知道，回避自己的缺点和错误，不接受别人的批评和建议，这种思想和行为是不正确的。男孩不仅要学会听取他人的意见，改正自己的错误，还要学会从错误中吸取教训，学会自省。

被世人称赞学识渊博并写出《资治通鉴》的大文豪司马光，小时候是个贪睡的男孩。他常常因此而受到父亲和先生的责罚，在老师的谆谆教诲下，他决心改掉贪睡的坏毛病，为了早早起床，他睡觉前喝了满满一肚子水，结果早上没有被憋醒，却尿了床。后来，司马光用圆木头做了一个警枕，每天早上一翻身，头就滑落下来，他自然惊醒，然后早早起床读书。在他的坚持不懈下，终于成为一个学识渊博的人。

这是著名的“司马光警枕励志”的故事。如果男孩也像司马光一样，认识并努力改正自己的错误，学会自我反省，一定也可以像司马光一样，通过自己的努力取得大的成就。

李杰是个聪明好学的男孩，升入初中的他学习成绩一直不错，是父母心中的好儿子，同学眼中羡慕的好学生。

但升入初二后，李杰的成绩却突然下滑了很多，这让所有人感到很费解，难道是初二的课程比较紧张难懂吗?

后来，还是老师打给李杰父母的一通电话，解开了这个“谜团”。

老师问李杰的父母：“李杰的作业本是不是丢在家里了。”

李杰的爸爸说：“没有啊，小杰好些天都没在家做作业，他都说自己在学校写完了才回家的。”

可老师却说：“李杰同学已经有一阵子没有上交作业了，他要么说丢在家里没带过来，要么就说不小心弄湿了作业本，次数多了，我就有些怀疑，所以打电话来向你们确认一下。”

原来，李杰一直觉得作业可写可不写，就找各种各样的理由逃避写作业，还向父母和老师都撒了谎。

等李杰放学回家后，爸爸对他说：“你是个聪明又懂事的孩子，应该知道什么是对的什么是错的，你要说实话，爸爸不会责罚你。任何人都会犯错，爸爸也犯过大大小小无数个错误，但只要你勇于承认错误、有错即改就是好孩子，谁都愿意原谅这样的好孩子，爸爸也是在不断犯错和不断改错中长大并取得很多成就的。”

“爸爸，我错了，我这些天都没有写作业，我骗你在学校做了，又跟老师说作业落家里忘带了。爸爸你别生气，我以后再也不这样了，我肯定认真学习，不再撒谎了。”李杰最近也在反思自己的行为，早就想向父母和老师坦白了，只是一直没有找到合适的机会，这次正好让他卸下了心中的一块巨石。

在爸爸的耐心教导下，李杰很快就改正了自己的错误，不仅没有逃避写作业，也不再撒谎了，而且，李杰还学会了自我反省。渐渐的，他的学习成绩又提高了上去。

既然人们避免不了会出错，那就应该学会勇于承认并改正自己的错误。男孩要用自己的实际行动取得别人的谅解，也为自己争取成功的机会，挽回声誉的同时，学会自我反省。但青春期的男孩心理发育还不够成熟，有时很难自己认识到自己的错误，也不知道如何改错。这时，男孩就可以向父母倾诉，并请求他们的帮忙，找到自己的错误，在父母的监督下及时改正，并不断在日常生活中自我反省、自我修正，从错误中不断发现自己的缺点，不断总结经验教训。这样才能累积经验和教训，获得成功。

列宁小时候，一次妈妈带他去亲戚家做客，他不小心打碎了一只花瓶。当时，亲戚问是谁打碎了花瓶，列宁因害怕受长辈责罚而没有承认，但妈妈知道花瓶就是他打碎的，因为在自己家时他也做过不少这样的事情。

但猜到事情真相的妈妈并没有立即揭穿列宁，也没有继续盘问他，而是装出什么都不知道的样子，带列宁回了家，并且之后几天都没再提此事。可妈妈每天并没有闲着，一有时间她就会给列宁讲些关于诚信、勇于改错的美德故事，目的是让列宁反省自己并主动认错。

终于，一个星期后，列宁低着头，带着羞愧的表情对妈妈说："妈妈，对不起，上次是我打碎了花瓶，我不应该说谎的。"

听了列宁的话，妈妈非但没有批评他，反而表扬道："孩子，你能反省自己的言行，主动承认错误，这就很了不起了。不过，你打碎的是姑姑家的花瓶，给她写封信道歉好吗？你能主动认错，姑姑一定会原谅的！"

列宁点了点头，之后立即开始写信。而从那以后，他也养成了时常反省自己并及时改错的好习惯，也正是因为具备这样可贵的品质，他才在长大后获得了人民的极大支持。

曾子曰："吾日三省吾身。"这句话就是说，每个人每天都应该反省自己的言行举止，并及时发现和改正自己的不足之处和错误。对于男孩来讲，他的成长就是一个不断犯错、不断改正的过程。男孩不要担心自己会犯错误，而是要正视自己的错误，时刻自省，并及时改正。

培养自己的适应能力，学会独立处事

当男孩一脚跨入青春期的大门后，独立意识也会随之发展起来。但在男孩拥有了自由的同时，他们也经常会感到害怕。因为独立意味着责任，意味着自己的事情要自己做主，还要学会自己生活。但很多男孩因为父母的宠爱，适应能力很差。当进入青春期后，面对突然而至的自由和独立，经常惊慌失措，不愿意去学着适应新的生活环境。这些男孩因为无法跨越这层心理障碍，而逐渐迷失了自己，不知道自己该何去何从。

刘畅虽然是个大男孩了，但他从小适应能力就比较差，也不喜欢出门，除了上学，就是宅在家里当"宅男"。从小时候开始，只要爸爸妈妈带他出去玩，他就会十分胆怯，总喜欢躲在爸爸妈妈身后，不说话，也不和其他小朋友玩。

一开始，家里人以为是他太害羞了，还笑话他像个女孩子。但随着年龄的增长，刘畅却觉得自己并非害羞那么简单，他只是无法适应突然要面对的新环境和陌生人。

后来刘畅升入了初中，但这种习惯依旧改不了，而且，他很不适应学校总调位置的习惯。每次他刚适应了新座位和周围的同学，老师竟然又要求换座位，这让刘畅十分不自在。

有一次，教语文的老师突然换了，他又出现了不适应的状况。本来刘畅已经习惯了之前那位老师的教育方法，也很愿意听她的话。可那位老师临时被调走了，新来的老师虽然也很优秀，但她的有些教学方法不同于之前的老师，所以刘畅总觉得不习惯。在之后很长一段时间里，刘畅都没有学习的积极性，还变得抗拒学习新的东西。好不容易习惯了新老师的授课方法，原来的老师又回来了，新老师也被调走了。

刘畅又得重新适应新的老师，这让他觉得十分难过，一点也适应不了。

男孩的适应能力差，主要和来自父母的宠爱有很大的关系。当对父母的宠爱产生了一定的依赖性后，男孩的适应能力就会随之变差，甚至完全想要依靠父母，躲在父母的羽翼下生活。但每个孩子都终究要走向社会，要独立去完成自己人生中的许多大事，如果缺乏适应能力，就很难立足于社会。

当男孩发现自己从小就不能适应皮肤所接触的各种东西，包括换衣服、换床单；自我保护性反应过于强烈，比较情绪化，如爱哭、睡觉不踏实；耐心较差，坐不住板凳，外出时比较胆小，怕拥挤，不愿待在陌生的环境中等，那么，男孩的适应能力可能就比较差，将来，也很难学会独立生活。

男孩应该如何培养自己的适应能力，学会独立处事呢?

首先，男孩应该主动地接触新环境。很多适应能力较差的男孩，到了陌生的环境中，会惧怕与人交往，无法快速融入其中。所以，男孩应在平时就多创造机会接触不同的环境，并学着主动与人交往。这样，不仅能培养自己的适应能力，学会独立处事，还会发现许多新鲜有趣的东西。

13岁的男孩小九从小就独立性很差，适应能力也差，但因为父母的原因，他不得不离开家，跟着叔叔移居国外生活。刚到国外时，小九虽然居住在叔叔家，但从小没有离开过父母的他，一时间根本无法独自生活，甚至不敢开口说话，每天只想打电话给父母。

直到半年以后，他才在叔叔和其他人的帮助下渐渐适应了新的生活环境，并开始努力学习和身边的人沟通。再遇到一些烦心事，他会先自己想办法去解决，而不是像以前那样，给父母打电话，问他们怎么办。

后来，小九通过不懈的努力，终于考上了理想中的大学，并在大学毕业后，自己创业，当上了老板。后来，再回忆那段时光，小九感叹道：“我最大的收获就是在国外学会了独立处事，学会了快乐地学习和生活。”

其次，男孩还可以让父母带自己多出去玩一玩，多到公共场所接触不同的人和事物，等到自己的独立性增强后，就可以不用父母陪伴，自己单独外出，适应社会生活了。在适当的时候，男孩可以离开家，自己生活一段时间。适应力差、独立性差的男孩应寻找适当的机会与父母分开一段时间，培养自己的独立意识，提高对外界的适应能力。男孩还可以住校一段时间，虽然这并不算是完全的独立生活，但在学校中，来自同学和老师的帮助是有限的，男孩能依靠的只有自己。一个人生活，遇到困难也是自己一个人面对和解决，对培养自己的独立意识很有好处。

做事不半途而废

责任心是每个人都应具备的基本素质，也是健全人格的基础保障。尤其是男孩，如果不能成长为一个有责任心的人，则会失去他人的尊重和支持，与成功失之交臂。

责任心其实指的就是个人对自己和他人、对家庭和集体、对国家和社会所负责任的认识及情感和信念，以及与之相应的遵守规范、承担责任和履行义务的自觉态度。而且，责任心和自尊心是相辅相成的。一个缺少自尊自爱的人，是无法成长为一个有责任心的人的。而一个没有责任心的人，也无法做到自尊自爱，更别提尊重他人了。

李豆很喜欢看爸爸做手工制作。在爸爸的手里，任何东西都能变得有趣和好玩，李豆总是很崇拜地在旁边看着爸爸以及他的作品，自己也有做出点东西来的冲动。

“爸爸，我也能做手工制作吗？”有一天，李豆终于心痒痒得忍不住了，他很认真地恳求道，“我保证会做得比爸爸还好，爸爸就教教我吧。”

“教你没问题，但你中途嫌累怎么办？我可不想把自己的手艺教给一个没有责任心的人。”爸爸说。

李豆马上说：“我保证完成任务，绝不半途而废。”

“你的保证，爸爸能相信吗？万一又像上次一样……”

原来，李豆从小就做事拖拉，一点也不认真，责任感一点也不强烈。

“我……我要是做不完，绝不离开这里半步！”李豆说。

爸爸这才开始教他如何制作有趣的作品，李豆坚持了没一会儿，果然有点想打退堂鼓了，但想起自己答应过，不做完就不离开这里半步，只好坚持了下来。

就这样，一整天的时间里，李豆虽然偷了几回懒，但最终还是坚持着把爸爸交给他的任务完成了。

爸爸开心地称赞道：“谁说你是个没有责任心的孩子，完全是个得力小帮手嘛。”

李豆也嘿嘿地笑了起来，从那以后，他再做什么事，都没有半途而废过。

做事不半途而废，能让男孩获得更多的成功机会。而那些做什么事都半途而废，碰到一点点困难就轻言放弃的男孩，则会在人生的道路上遇到更多的困难和险阻。所以，男孩从小就要做一个做事坚持到底的人，要自己学会解决难题，不能只看重结果，还要注重做事的过程。

日常生活中，男孩在遇到一些挫折或难题时，不要马上就找他人帮忙，要先自己想办法解决。失败一次不要紧，应多尝试几次，不要对父母或其他人产生依赖性。在决定做某件事时，男孩应第一时间选择不会受到干扰的环境，为自己营造一个良好的环境，以免周围的事物分散自己的注意力，最后导致自己做事半途而废。

对青春期的男孩而言，做事的过程要重于其结果。因为在做事的过程中，会不断地思考问题，一点点学会独自面对难题。这些人生经验是很重要的。男孩不能在做事的过程中消极敷衍、草草了事，更不能找人代工。

另外，责任心和诚信也有很大的关系。如果男孩答应了别人的事情而没有完成，不但会变成一个没有责任心的人，还会在朋友圈中失去诚信。

俗话说："君子一言，驷马难追。"男孩要做一个重承诺、讲信用、说到做到的人。讲信用、重承诺，这不仅是中华民族的传统美德，更是一个人在社会中生活、与他人交往的重要基础。正如"一诺千金"之意，信守诺言、说话算数是一种无形的资本。

李丁和小甲是同班同学，两个男孩关系很好，一直都是"铁哥们"。

这一天，小甲去李丁家玩，看到一本很喜欢的课外书，就借走了，并承诺三天后归还。

但三天后，小甲却没有把书还给李丁。李丁也很喜欢那本书，就问小甲看完了没。

小甲早就不知道把那本书扔到哪了，就说："看完了，明天拿给你。"

但是第二天，他却把这件事忘记了，直到李丁又来要，他才想起来。

"一本破书而已，我又不会不还你，过两天还。"

李丁也不想因为一本书就和好朋友闹别扭，就一直等着他主动来还自己。但是一个月过去了，小甲也没有把书还给他。

后来，李丁发现，小甲不仅不遵守承诺，做事还没有责任感。他答应了好多同学要帮助他们，结果转头就忘。

渐渐的，李丁就疏远了小甲，不再和他做朋友了。

古语云："言必信，行必果！"其意是说人们应允别人的话必须守信用，承诺的事一定要办到，且要做出成果。伟大的领袖毛泽东好读书，从几十里外借书却能信守诺言、及时还书，他也因此而获得更多借书的机会，接触更多先进思想，而这些思想都是毛泽东规划中国革命和社会发展的重要基础……古往今来的众多真实故事，都在向人们表明承诺之重。

在如今的社会，信用是人们相互信赖的基础，也是一个人是否有责任心的标志之一。男孩要在平时多注意自己的言行，做一个言而有信、有责任感的人。这样才能得到他人的尊重和关爱，做一个能力出众的人。

要有乐观的人生态度

乐观是一种积极的人生态度，是每个男孩都应该拥有的美好心态。乐观能让男孩更自信、更独立，也更坚强和强大起来。美国著名的心理学家马丁·塞利格曼认为，乐观是一种“迷人”的性格特征，对一个人的成长起着积极的作用。他经过长期调查研究发现，这些积极作用主要表现在对生活中的许多困难产生免疫力，使人的身体更加健康，使人更容易与周围人保持融洽关系以及获得幸福的家庭、成功的事业。所以，青春期的男孩应该保持乐观的人生态度，面对一切有可能出现的挫折和困难。

小亮和小伙伴们去踢足球，来到球场，小亮先做好了热身运动，准备好后，他决定先踢一球来个“开门红”。可当他信心满满地把球放在地上，一脚踢过去的时候，并没有踢中球。朋友们“嘘”了一声，让他再踢一球。小亮也笑着说：“没关系，我再来一次！”

于是，小亮又踢了一下，球虽踢中了，却踢偏了，旁边的朋友取笑他：“小亮，你到底会不会踢球，这么近都踢不进去，干脆别踢了！”

小亮听后并没有生气，而是仔细观察了一下球的位置和球门的方向，说：“我再来一次，这次一定能踢进去。”

之后，他再次抬脚，踢向足球，结果又失败了。小亮跑过去捡回球，蹲下了身子思考了起来。

正当别人以为他是在伤心难过时，却听到他大声说：“我知道了，我肯定是适合当守门员！”

朋友们都笑了起来，问他：“你怎么这么乐观，要是我，早就伤心地哭起来了。”

而小亮只是嘿嘿笑着，并没有回答他们的问题。

案例中的小亮在经历了连续三次失败后并没有消极失落，而是总结经验教训，从中发现自己的优势所在。他的这种乐观心态着实让人佩服。这也正是青春期男孩应该学习的地方。有时候，换个角度去思考问题，人们可能会发现，本来不好的事情，也会变成好事。

对于男孩而言，积极乐观的心态能让自己拥有快乐的人生。如果男孩从小就很难感受到快乐，总是出现消极、失落的情绪，不仅会影响到他的身心健康，还有可能引发抑郁症。世界卫生组织早在20世纪90年代就有预测：到21世纪，全球公民要面对的危害生命的三大疾病是抑郁症、癌症和艾滋病。因此，男孩培养自己乐观的心态，是很有必要的。

想要让自己变得乐观、积极向上，男孩应该让自己学会调节自己的情绪，多以正面的情绪来面对生活百态。经常被正面情绪熏陶，男孩才会拥有积极向上的心态。如果男孩总是表现出一些消极、负面的情绪，不仅会让自己变得不开心，还会影响周围的人，产生压抑的消极情绪，往往会造成一些不良的影响。比如，当朋友开心地想和你交谈时，男孩却表现得郁郁寡欢，似乎一点也不感兴趣，这就会让朋友的开心度大打折扣，也会逐渐变得不开心。

乐观，并不代表男孩在伤心难过的时候也要笑对人生。受到打击和挫折的时候，该难过还是要难过的，只不过，男孩要选择恰当的方法，尽快把自己心里消极的情绪宣泄出去，不要让自己长时间处在消极的情绪中。把各种不良情绪宣泄出去，可以让男孩身心感到放松。当男孩难过、生气或郁闷时，如果想哭，也可以适时地大哭一场；如果想发泄，就可以利用一些体育运动，把心中的郁闷发泄出去。当然，男孩也可以做一些自己感兴趣的事情，转移注意力，让自己心中的不快，逐渐烟消云散。

不过，最好的发泄方法，应该就是运动了。经常参加体育运动的男孩，不仅身体更加健康，心态也会变得更加积极乐观。当男孩在进行跑步、游泳、骑自行车等运动时，不仅能体验到这些运动本身的趣味性，还能获得更加强健的体魄，拥有快乐的源泉。所以，男孩在节假日可以抽出一点时间，和父母、朋友一起去户外走一走，爬爬山、钓钓鱼、放放风筝等，这些活动本身就有较强的趣味性，也能让男孩更加贴近大自然，从中获得快乐。

除此以外，男孩还可以选择听一些自己喜欢的音乐，来排解心中的消极情绪。音乐可以陶冶人的情操，甚至可以医治一个人肉体和心灵的创伤。当男孩在听到一首欢快的乐曲时，是不是也常会感到精神振奋，心情变得愉悦起来呢？这是因为歌曲让你感受到了快乐，让你的心情变好，乐观了起来。而且，音乐还有很多奇妙之处。当生病的人听到喜欢的音乐时，疼痛感会有所降低，而陷入低落情绪中的孩子在听到欢快的乐曲时，心情也会随之快乐起来。

所以，日常生活中，当男孩感到焦虑、失落、不安时，就可以选择几首欢快的乐曲，让自己的心情跟着音乐，逐渐变好，使自己的身心得以放松，保持乐观的人生态度。

学会勇敢，做一名“勇士”

勇敢，顾名思义，就是人们在面对艰难险阻时，不怕危险，不怕困难，有勇气，有胆量。勇敢的人有勇于敢为人先的精神和气质。这种精神和气质并不是每个人都具有的，只有那些真正有勇气的人，才能被称为勇敢的人。勇敢的人面对困难无所畏惧，敢于承担身上的责任，不论做什么事情，都充满了魄力，敢于行动，临危不惧，是人们学习和尊敬的好榜样。

有些人的勇敢是天生具有的，但通过后天的努力，男孩也可以让自己变得勇敢起来。而通过努力得来的勇敢，比天生具有的要更加珍贵。有时候，男孩在面对压力和威胁时，习惯性地选择了认命，对一切都唯命是从，缺乏勇气。久而久之，男孩就会变得胆怯、懦弱，只会选择低着头走路。

从小，男孩亮亮就非常胆小，他很怕黑，不敢单独在房间里睡觉，更不敢和不认识的人说话，就连同一个小区里的小伙伴，他也得让爸爸妈妈陪着，才敢和他们玩。

因为这种软弱的性格，亮亮从小就是被欺负的对象，而他只能咬牙忍受，从来不敢反抗。

有一次，已经读初中的亮亮去外面买东西，当他路过一个公园时，迎面走来几个男孩，有说有笑的，亮亮抬头一看，就吓得低下了头，缩着脖子想往家里跑。

但几个男孩还是眼尖地看到了他，嬉笑着围过来，说：“这不是胆小鬼吗，今天出来干吗，让我们欺负吗？”

“我……我帮妈妈买东西。”

“哦，买东西啊，那把钱拿出来，我们帮你去买，反正你肯定也不敢和售货员说话。”有个男孩说。

亮亮头低的更低了，却不敢反驳，只是沉默着不说话。

几个男孩觉得没意思，就扭头走了，一边走还一边议论。

“这人胆子真小，听说晚上一个人都不敢上厕所，还得让妈妈陪着，没劲。”

“哈哈，真的假的，都是初中生了，还这么胆小啊，早知道刚才应该揍他一顿，反正他也不会和大人们说。”

“哈哈哈……”男孩们笑成了一团，亮亮的脸却憋得通红，不知是气的还是郁闷的。

其实，亮亮也想改变自己胆小的毛病，想变得勇敢起来，但每次一看到同学和老师，他就感到害怕，不敢乱说话，面对他们的嘲笑，也不敢反驳，只能无奈地接受。

而且，天天觉得夜晚很可怕，黑漆漆一片，如果没人有陪着，他真的不敢一个人走动，哪怕是在自己家里，没有灯光的情况下，亮亮也要喊爸爸妈妈来陪自己上厕所。

事实上，像上例中亮亮这样的男孩还有很多。他们对很多事物都感到害怕，面对困难容易胆怯，不知道如何和人相处。比如，害怕打雷、黑夜、不熟悉的人等。虽然现在已经开展了很多锻炼男孩勇气的活动，但像亮亮这样的男孩，还是存在的。男孩胆小、懦弱的原因有很多，可能是受遗传因素的影响，也可能和男孩生长的环境和接受的教育有关。

不管是什么原因，勇气都是可以后天培养的。男孩要在日常生活中依靠自己的力量，学会勇敢，做一个有勇气的“勇士”。

首先，男孩要学会改变自己的语言和行动。不要总是低着头走路，要抬头挺胸、昂首向前。面对他人的眼光和嘲笑，男孩要学会释然，不要太在意。正所谓“走自己的路，让别人说去吧”。男孩就应该有这种豁达的心胸，不要总是在意别人对自己的评价。

其次，男孩要多做一些力所能及的事情。不要事事都依赖父母和朋友，胆小只是因为平时你自己所做的事情太少。要多进行自我鼓励，让自己做事时不要畏首畏尾，要放心大胆地进行，哪怕错了也不要紧，重要的是能真正地鼓起勇气参与这件事。

最后，男孩要多接触外面的世界。男孩的胆小和懦弱可能是因为很少接触外面的世界从而对外界产生了一定的恐惧心理所导致的。所以，男孩应多走出家门，接触不同的环境和人群，熟悉他们，体会其中的快乐，久而久之，你就不会感到害怕了，也会自然而然地变得勇敢起来。

远离谎言，做一个堂堂正正的男子汉

据《广州日报》报道，前不久在河源市发生了一起因经常撒谎恶作剧而导致的悲剧。事情的经过是这样的:在2013年7月24日的下午,因为天气炎热,河源市的几个青少年来到了万绿湖游玩。其中一个叫小张的年轻人喜欢恶作剧,在游泳时时常和朋友开玩笑，撒谎自己脚抽筋等有生命危险,在朋友们大惊失色地急忙前去营救时,他才哈哈大笑：“逗你们玩呢!”时间长了,朋友们也知道了他的性格,对他的谎言产生了“免疫力”,当他再说什么时,大家都一笑了之。谁知，就在24日的下午，小张在游泳时真的发生了意外。他在水中剧烈地扑腾，大声向岸上的人们呼救。在岸上的朋友们听到他的喊声，以为他又在撒谎，加上游泳圈就在他的身边，就没有在意。但是，在几分钟后，人们逐渐发现了不正常的地方：小张仍然没有出现在水面上，只有游泳圈在水上漂着。大家赶快报警并搜救，但是忙碌了一下午仍然没有找到小张。在随后的几天里，河源市的政府部门特意请来了广州水上救援打捞队前来帮助，最终在万绿湖的深处找到了小张的尸体。

这件悲剧一经传出，在社会上引起了强烈的反响。人们在纷纷为失去年轻生命的小张而痛惜的同时，也对谎言带来的巨大危害有了更深刻的认识。

试想一下，如果小张在日常生活中没有经常向朋友们撒谎逗乐，那么在这次危机真的发生时，大家肯定会第一时间就去施救，他的生命也就不会失去了。这是一起多么令人惋惜的悲剧啊！这件事情可以说是撒谎导致危害的典型例子。也许有的男孩会这样想，在生活中，可以说是每个人都有过说谎的经历，但是也没有见过几起恶性后果的事情发生，这是不是有些危言耸听呢？

答案是："不，这绝非危言耸听！"再也没有什么比以生命作为谎言的代价更有说服力的了，这是说谎者所受到的最大的自我伤害。生活中，还有很多人在说谎后，并没有受到那么大的"惩罚"，但是其代价也是不菲的。再看下面一个真实的事例。

2011年9月，德国曾发生过一起轰动世界的"丛林少年"事件。当时，有一个来历不明的男孩来到柏林的市政厅，对工作人员称自己名叫雷，在5年以前他的母亲遇到车祸去世，然后悲伤中的他就和父亲一起搬进了大森林中居住。大约三个月前，他父亲在森林中狩猎时受伤，不久就因伤势过重而去世。孤独的他独自在森林中生活了一个月后，就在指南针的帮助下开始了穿越森林的旅程，后来终于走出了森林。

在听完雷的讲述后，市政厅的工作人员对这年轻的小伙子的自述感到十分吃惊，这不就是一个21世纪版的"鲁滨孙"吗？也有人在仔细观察了雷的神态、衣着，认真听了他讲的森林生活细节后，对他的经历表示怀疑。但是，难题出来了，雷身上没有任何能证明他身份的东西，在全国的人口数据库中，工作人员也没有发现和雷有关的线索。接到报警后赶来的警察对此也有些无奈，这怎么办呢？经过仔细考虑后，警方采取了公布雷的照片这样一个方法以寻找他的真实身份。

消息公布出去后警方很快就得到了回馈，有人给他们打电话说雷很像荷兰的一位走失的少年。在接下来的调查中，警察发现雷是荷兰人，他的真实姓名叫"罗宾"，今年20岁。罗宾在擅自离家出走后，他的父母曾向警方报告儿子失踪。德国警方公布照片后，罗宾在荷兰亨厄洛市的朋友认出了他，并通报警方，终于证实了他的身份。

德国警方表示，罗宾后来承认衣食无着的自己编造了这个故事，以图欺骗德国警方获得援助，并以此成名。目前，德国警方表示，根据法律有可能考虑以诈欺罪起诉罗宾。

在执法严格的德国，罗宾的谎言很有可能给自己带来牢狱之灾。可以说，他的撒谎行为初期虽然引起了轰动，但“纸包不住火”，真相很快就被揭开，他也随之名誉扫地。这在十分注重讲诚信的西方社会来说，他的谎言看似没有带来什么恶性后果，但是这在人们眼中已经是不诚实的行为，其信誉度会降低，他在日后的工作、学习、生活等方面都会受到影响。

据心理学专家介绍，青少年特别是男孩撒谎，主要对象是对父母、老师、同学及社会上接触到的其他人。这些谎言都有两个共同的特点，一是为了一些不光彩的事情而撒谎，二是撒谎后产生的后果都是负面的。

男孩在日常中的撒谎看似都是些小事，实则对自己有很大的危害。一是撒谎并不能解决问题，反而会影响问题的顺利解决；二是撒谎会让男孩逐渐形成不诚实、不讲诚信的坏的品德；三是男孩撒谎会导致自己与身边的人如父母、老师、朋友等出现矛盾，甚至使人对自己产生反感和厌恶之情，不利于男孩社交方面的提高。

由上可知,撒谎可谓害己害人，男孩应远离谎言，即使是在面对难题或对自己不利的情况时，也要保持坦然的心态去应对，如果是自己做错了事情，就勇敢地认错，这样才能赢得他人的谅解，有利于事情的解决；如果是出于虚荣等原因想要撒谎时，男孩应提醒自己“真的假不了，假的真不了”，只有保持本真才能更好地成长。总之，男孩应谨记：自己是男人，应做一个堂堂正正的男子汉，既不用谎言去为自己牟利也不用谎言去掩饰自己，更没必要用撒谎去娱人娱己，否则，最后只能是自己被愚弄。

第六章 男孩的交际法则

进入青春期后，男孩会结识越来越多的人，与他们交朋友，谈天说地，聊聊心事。但男孩间的交际，简单又复杂，有时候只是击下掌，就能让不熟悉的两个人成为挚友，而有时候虽然嘴里喊着好哥们，心里却深藏算计。

男孩间的人际交往，到底应该如何进行呢？诚实、宽容、热心、大方……这些都是男孩交际中应注意的问题。

交友应以诚待人

以诚待人是中华民族的优良传统，是每个人都应具备的优秀品质。男孩在进入青春期后，交际面会逐渐变广，认识的人越来越多，但只有真诚待人，做事讲诚信，才能换来真挚的友谊，让你在交际路上一路畅通。

小军和小刚是好哥们，但小军除了和小刚是朋友，还认识很多其他的小伙伴，所以他总是不在乎和小刚之间的友谊，觉得他可有可无。

有一次，小军不小心把小刚最喜欢的模型打碎了，小刚闻声赶来，看到地上的碎片后问他："这是怎么回事？"

"我……也不知道。"小军吹着口哨走开了。

后来，有人问小军："你和小刚是朋友吗？"

小军满不在乎地回答道："我和他怎么可能是朋友，他太笨了，也只有他才会觉得我们是朋友。"

这话不知道如何被小刚知道了，小刚来质问小军："我们真的不是朋友吗？"

小军有些慌张，但还是说："当然不是，谁会和你做朋友啊，每天只知道黏在别人屁股后面傻笑，笨死了。"

小刚听了很伤心，低声说："之前是你来和我做朋友的，没想到这么不真诚，以后，你肯定交不到好朋友的。"

说完，小刚就走了。小军虽然表面满不在乎，但心里却七上八下的，难道他待人真的不够真诚吗？可是他觉得自己和其他小伙伴玩得挺好的，不就是没有把小刚当成朋友嘛。

这样想着，小军感觉轻松了不少，但之后的一段时间，小军总觉得其他小朋友也在躲着他，打听之下，他才知道，自己交友不真诚的谣言已经传遍整个小区了，现在，几乎没人愿意和他做朋友了。

诚实、真诚是男孩应具备的优良品质，也是做人的基本准则之一。而上例中的小军不仅对朋友说了谎，还不肯真诚地和小刚做朋友，伤害小刚的同时，也被其他同伴们冷落了。其实，有研究发现，喜欢说谎的孩子长大后往往个性敏感、多疑，很难真正信任别人。小军大概就是属于这一类男孩吧。

以诚待人能让人和人之间产生最基本的信任。如果人与人之间失去了这种信任，不仅双方的友好关系将会难以维持，还会让男孩的交际圈子变得越来越狭小，让男孩在社会生活中产生束缚感和孤立感，离成功也就会越来越远。由此可见，男孩应从小就让自己养成以诚待人的优秀品质，在交友时，一定要诚实，用真诚的态度来对待对方。这样才能让自己收获友谊，进行良好的交际。

在培养自己以诚待人的优良品质时，男孩具体该怎么做呢?

其实很简单，以诚待人，便是用自己最真诚的心，来对待对方，和对方交朋友。不仅要看到朋友的优点，还要接受朋友的缺点。就像宋朝的大诗人曾巩一样。

曾巩是宋朝的一位大诗人。他为人正直宽厚，襟怀坦荡，即便是对朋友，也是直来直往，对朋友的缺点毫不避讳。

曾巩和王安石是好友。王安石25岁那年，当上了淮南判官。

有一次，神宗皇帝召见曾巩，问他：“你与王安石是布衣之交，王安石这个人到底怎么样呢？”

神宗皇帝本以为曾巩会夸奖王安石一番，但没想到他却很客观直率地回答说：“王安石的文章和行为确实不在汉代著名文学家扬雄之下，不过，他为人过吝，终比不上扬雄。”

神宗皇帝听了这番话，感到很惊异，又问道：“你和王安石是好朋友，为什么这样说他呢？据我所知，王安石为人轻视富贵，你怎么说是‘吝’呢？”

曾巩坦然答道：“虽然我们是朋友，但朋友并不等于没有毛病。王安石勇于作为，而‘吝’于改过。我所说的‘吝’乃是指他不善于接受别人的批评意见而改正自己的错误，并不是说他贪惜财富啊！”

曾巩不因是王安石的朋友而抬高王安石，而是客观地看待王安石。这样的友谊才是真诚的，才能长久下去。以诚待人，并不仅仅是体现在精神上的，还应体现在物质层面。

我们经常会听到有人说："再好的朋友，一遇到金钱上的问题，也会变成仇人的。"其实，之所以会变成这样，是因为彼此之间的诚意不够。男孩要知道，朋友之间物质上的往来，在彼此没有不良企图的基础上，是可以进行的。

有个叫崔枢的人去汴梁考进士，同南方一商人住在一起达半年之久，两人成了好朋友。后来，商人得了重病，他请求崔枢安置他的后事，崔枢答应了他的请求，商人为了感激他，就把一颗珍贵的宝珠送给了他。

但崔枢觉得不能就这样接受了朋友赠予，就在土葬商人的时候把宝珠也一同放入棺材，葬进坟墓中去了。

一年后，商人的妻子从南方千里迢迢来寻找亡夫，追查宝珠下落。当得知商人把宝珠送给了崔枢后，商人的妻子认为他是趁机谋取了钱财，就报了官。

官府派人逮捕了崔枢。崔枢说："如果墓没有被盗的话，宝珠一定还在棺材里。"

于是，官府派人挖墓开棺，果然宝珠还在棺材里。商人的妻子被崔枢的真诚打动，惭愧地道了歉。

人们常说：无诚业难立，无信事难成。从上面的小故事不难看出，待人有诚信，才能受到他人的尊重，收获珍贵的友谊。所以，男孩在成长过程中，不可将"诚信"视若无物。有诚信，才能获得人生中最宝贵的财富，才能获得他人信任和支持，是男孩走向成功的重要资本之一。

学会宽容，不要斤斤计较

宽容是什么？宽容是一种美德。人们常说：“忍一时风平浪静，退一步海阔天空。”其实讲的就是待人要宽容，不要什么事都计较得失。而且，当人们在宽容他人的时候，其实也是在原谅自己的过失，无形中为自己营造了一个良好的生存环境。

青春期的男孩冲动、易怒，很多时候就像个小鞭炮，一点就炸，一点也不会宽容他人。其实，每个人这一生，都应该有三种宽容。哪三种呢？其一，男孩要学会宽容自己的缺点，因为人无完人，你并不是想象中的那么完美无缺；其二，男孩要宽容自己的朋友，毕竟有的时候，伤你最深的，是你最亲密的朋友；其三，要宽容自己的“对手”，“对手”能让你充满斗志，努力上进，所以，不管他做出了什么事，你都要学会宽容他。

如果男孩能做到以上三种宽容，肯定能够成长为一个优秀的人才的。

那么，到底怎么做，才算是宽容呢？男孩们不妨读一读下面两个小故事，自己体会一番。

一位高僧在寺院的高墙边发现一把椅子，他知道肯定是寺内的小和尚借此越墙到寺外玩去了。高僧一言不发，搬走了椅子，自己站在了原位，等待着小和尚归来。

午夜，偷溜出去的小和尚爬上墙，再跳到“椅子”上，他突然觉得“椅子”有点怪，软软的甚至有点弹性。落地后，小和尚定睛一看，才知道自己刚才踩的“椅子”竟然是高僧。小和尚吓得仓皇离去，这之后的一段日子里，他每天都诚惶诚恐地等候着高僧的惩罚。但奇怪的是，高僧一直没有来找他，也没有把这个秘密泄露出去。在一次讲课中，小和尚听到了高僧关于宽容的禅语，这才明白，高僧原来是宽容了自己的过错。至此，小和尚再也没有翻墙偷溜出去玩了，通过刻苦的修炼。几年之后，小和尚终于成为一名受人尊敬的高僧，待人宽厚仁慈，对寺内的小和尚总是十分和蔼，总能原谅他们的一些小过错。

上课的时候，有位老师发现一位学生时经常低着头画些什么，他就走过去，好奇地拿出学生的画观看，发现画中的人物正是龇牙咧嘴的自己。学生以为这下要挨老师的批评了，没想到老师不但没有发火，还笑着鼓励学生道："你可以锻炼一下自己的画工，画得更神似一些。"

而被老师宽容对待的学生不仅没有再在上课的时候画过画，还把各门课都学得不错，后来他成为颇有造诣的漫画家。

上面这两个故事中，不管是高僧还是老师，在对待他人过错时，都表现得十分宽容，而正是这种宽容的态度，也让小和尚和学生自觉惭愧，开始奋发图强，才有了之后的成功。

说到底，真正的宽容，其实就是开阔的心胸。日常生活中，男孩不要总抓住对方的一丁点错误不放，要大方地看待并宽容别人的错误，学会原谅对方。在这一点上，周恩来总理就做得很好。

有一次，理发师正在给周总理刮胡须时，总理突然咳嗽了一声，刀子把总理的脸给刮破了。理发师十分紧张，正当他不知所措的时候，周总理和蔼地对他说："这并不怪你，我咳嗽前没有向你打招呼，你怎么知道我要动呢？"

表面上看，宽容只是一种放弃报复的决定，这种观点似乎有些消极，但真正的宽容却是一种需要巨大精神力量支持的积极行为。但是，青春期的男孩在与别人交往时，由于判断分析能力有限，他们很容易觉得自己总是对的，别人就应该是错的。所以，总是抓住别人的一点错误不放，不愿意原谅对方。男孩要知道，宽容可以帮助人们恢复友谊，不要总怀着报复心理和人交往。报复心理是一种以攻击方式向曾经给自己带来不愉快的人发泄怨恨和心中不满的情绪，危害健康的心理状态。有报复心理的人容易误解他人的意思，对他人经常有戒备防范心理。任其发展的话，心胸会越来越狭窄，与人相处较难。所以，男孩在和人交往中，应敞开心胸，在与人产生误会或摩擦的时候，要怀着忍耐、包容、体谅的心态来面对，多从对方的角度考虑问题，要把度量放宽、眼界放远。

但是，宽容对方并不是毫无原则地原谅对方的一切错误。当然，男孩对人宽容是要有原则的。男孩要对那些没有严重后果的个人冲突、无意的损伤等事情宽容，不要耿耿于怀，总把这些事情放在心上，要学会宽容和忍让。但是对一些恶劣的损害和破坏行为，男孩要诚恳地批评和制止，这样才能进行良好的社交活动，让男孩结交更多的好友。

帮助别人，就是帮助自己

男孩应从小养成助人为乐的好品质，这样才能成长为一个有爱心、有担当的好男孩，才能被周围的人尊敬和爱护。但很多时候男孩都会为此发愁，他们想帮助人，但不知道如何帮。有时候，反而会帮一大堆的倒忙。其实，一个人如果真心想帮助他人，是不必做出多么轰轰烈烈的事情的。生活中一些小事，反而能让人更加觉得温暖，更能让人感动。比如，一句问候、一句安慰、一个眼神、一个温柔的动作等。这些都能让许多脆弱的心变得更加坚强，甚至连严寒都可能“望而却步”。

说起助人为乐的典范，非雷锋莫属。

从1961年开始，雷锋经常应邀去外地作报告。他出差机会多了，为人民服务的机会就多了。人们流传着这样一句话：“雷锋出差一千里，好事做了一火车。”

一次雷锋外出在沈阳站换车的时候，一出检票口，发现一群人围看一个背着小孩的中年妇女，原来这位妇女从山东去吉林看丈夫，车票和钱丢了。雷锋用自己的津贴费买了一张去吉林的火车票塞到大嫂手里。大嫂含着眼泪说：“大兄弟，你叫什么名字，是哪个单位的？”雷锋说：“我叫解放军，就住在中国。”

5月的一天，雷锋冒雨要去沈阳，他为了赶早车，早晨5点多就起来，带了几个馒头就披上雨衣上路了。路上，看见一位妇女背着一个小孩，手里还领着一个小女孩，也正艰难地向车站走去。雷锋脱下身上的雨衣披在大嫂身上，又抱起小女孩陪他们一起来到车站。上车后，雷锋见小女孩冷得发颤，又把自己的贴身线衣脱下来给她穿上。雷锋估计她早上也没吃饭，就把自己带的馒头给她们吃。火车到了沈阳，天还在下雨，雷锋又一直把她们送到家里。那位妇女感激地说："同志，我可怎么感谢你呀！"

过年的时候，战友们愉快地在一起搞些各种文娱活动。雷锋和大家在俱乐部打了一阵乒乓球，就想到每逢年节，服务和运输部门是最忙的时候，这些地方是多么需要人帮忙啊。他放下球拍，叫上同班的几个同志，一起请假后直奔附近的瓢儿屯车站。这个帮着打扫候车室，那个给旅客倒水，雷锋把全班都带动起来了。

许多男孩心中都有一个"英雄梦"，他们希望能像小说或电视剧里那些"义贼"一样，做个惩强扶弱的大侠客，受到他人尊重与敬仰。可是，想要实现这个愿望却非常的不容易，有时候，男孩的眼光只放在那些"大事"上，而忽略了眼前的小事，无视了那些真正需要帮助的人。甚至有时候，男孩还会打着帮助他人的幌子，去欺负身边的伙伴。这样的男孩，是无论如何都得不到人们的尊重的。只有真正心存善念，心系他人，并帮助他人的人，才能活得更精彩，获得更多成功的机会。

在一个小镇上，有一天晚上，刮着北风，透着刺骨的寒冷，一对老夫妻正在步履蹒跚地寻找旅馆，但他们找了很多家，不是人已经满了，就是早早关了门。

这对夫妻，又冷又饿，希望尽快找到住处。当他们找到镇上最后一家旅店时，小伙计歉意地说："店里客人都满了。"

"这是最后一家旅店了，这样糟糕的天气，如果没有地方去，我们可能会冻病的。"老夫妻十分发愁。

小伙计听后，十分不忍心，就对他们说："如果你们不计较的话，今晚就住在我的床位上吧，我自己在店堂里打个地铺吧。"

老夫妻十分感激地住到了小伙计的房间，并吃了小伙计端给他们的热乎乎的饭菜。

第二天，老夫妻付了双倍的费用给小伙计，但他坚决不要。

他说："我仅仅做了一件自己力所能及的事情，让你们这么大年纪的人在风雪中，任何人都于心不忍。"

临走时，老夫妻语重心长地说："小伙子，只有像你这样的品质，这样经营旅店的人，才有资格做一家五星级酒店的总经理。"

小伙计对此并没有在意，没想到两年后的一天，却收到一封信，信是两年前在店里住宿的老夫妻寄来的，特地邀请他前往一座繁华的都市，请他去那里的一家五星级宾馆做总经理。

老夫妻说："这是一座专门为你兴建的五星级宾馆，现在我正式邀请你来当总经理。"

助人为乐是一件快乐的事情，就像故事中的小伙计一样，没准还能为自己带来意想不到的好运气。在日常生活中，男孩可以从身边的小事做起，培养自己的爱心。看到身边有人摔倒时，一定要伸出援手，扶他一把。当朋友遇到不开心的事情时，男孩要及时地宽慰朋友，帮他渡过难关。男孩还可以养一两只小动物，有耐心地照顾它们。渐渐地，男孩会发现，自己在帮助他人的过程中，也在不断地自我提高，不仅自理能力变强了，还变得更加坚强和有爱心，也更受朋友们的尊敬了。

真诚地赞美他人

2005年，河北省中考满分作文《赞美他人》中，有这样一段话："一名记者曾做过一次调查：经常赏识他人，夸奖、赞美他人的人往往处事积极乐观，受人欢迎，受人尊敬，不常生病，并且比一般人长寿；而常指责、抱怨的人没有朋友，孤单落寞，身体、心理脆弱，比一般人寿命短。"

作文中还写了这样一个故事：

曾有一名邮递员在送信途中，不小心被一块石头绊倒了，他刚想抱怨，却低头发现这是一块形状奇异的石头。他想，若是用许多这样的石头建成城堡，该多好啊！他好奇心顿生，便欣喜地将石头捡起来，装进邮包。之后，每天送信，他总会捡一块奇异的石头。日复一日，他捡的石头堆满了家门。于是他白天送信，晚上堆砌城堡。渐渐地有路人欣赏、赞美他的努力成果，并给予鼓励。终于，他在山坡上建成了一座又一座好看的城堡，有一天竟被登上报纸的头条，许多人慕名而来，其中包括当时著名的画家毕加索。他惊叹青年人的技艺，大加赞赏，并投资将这里改造成著名旅游区。

青年人获得成功的秘密就在于他受到了他人的赏识与赞美，可见赏识与赞美是多么的重要啊！关于赏识和赞美曾有过这样的评价：赞美、赏识就像是风对于帆，就像是雨露对于种子；赞美赏识是我们成长过程中不可缺少的营养品。赞美、赏识是希望，是动力，是用自己的心灵之火去点燃别人的心灵之火。

由此可见，赞美他人、赏识他人有着多么巨大的作用力，竟然能让一名普通的青年摇身一变，成了受人瞩目的成功人士。

赞美和欣赏是语言的钻石，也是一个人个人修养的体现。赞美有着巨大的威力，赞美是人们乐观面对生活所不可缺少的，是人们自强、自信、自我肯定的力量源泉；赞美是人际关系的润滑剂，还可以约束人的行动，使人自觉克服缺点，积极向上。向别人传递一个真诚的赞美，能给对方的心灵带来光明。

赞美别人是一种习惯。这种习惯男孩应该从小就开始培养。男孩不仅要学会用语言赞美，还要用一颗真诚的心，来赏识对方，这样一来，才能更有利于男孩和人交往。

假日，小孙去同学家玩，中午就留在同学家用餐。同学的妈妈准备了一桌子美味佳肴来款待他。

小孙是第一次在同学家吃饭，虽然有些紧张，但还是被桌上的美味吸引了。他尝了两口后，就说："阿姨，您做的饭菜可真好吃，不过都不是我爱吃的。"

同学的妈妈一愣，不过还是问："哦？那你都爱吃什么啊，我下次再给你做。"

"阿姨你人真好。"小孙嘿嘿笑道。

虽然这顿饭很快就吃完了，但小孙却发现，同学开始冷落自己了。

他有些想不明白，就找到同学问原因。

同学说："你在夸我妈妈的时候一点也不真诚，我知道你嫌弃我家的饭菜不好吃，以后你就不用来我家玩了，我也不会让妈妈给你做饭吃的。"

小孙想不通了，他明明是赞美同学的妈妈做饭好吃，人很好，怎么对方不但不领情，还说他不真诚呢？

男孩在赞美他人的时候一定要真诚，绝不能虚伪地胡乱夸赞，也不可以用漫不经心的态度来对待他人，更不能像上例中的小孙那样，不会说话。虽然他是真心实意地想要赞美同学的妈妈，但说出的话却让人觉得很不舒服，很别扭，总觉得其实小孙是在瞧不起同学家的饭菜。所以，男孩在学会赞美以前，应先学会说话。什么话不该说，什么话说了等于是"画蛇添足"，什么话说出来不仅不能得人心，反而会伤人心，男孩都应该有所了解。

男孩应了解，不真诚地赞美往往会起到反作用，不但不会让别人觉得开心，还会伤害到他人，让朋友远离自己。怎么才算是真诚的赞美呢？只要是源于生活，发自内心的真情流露，对方就能感受到你的诚意，谦虚地接受你的赞美的。

另外，男孩应注意，赞美不是阿谀奉承，不能为了讨好某些人，就毫无根据地赞美。男孩一定要赞美事情的本身，这样对别人的赞美才能起到良好的作用，避免尴尬的情况发生。在赞美和赏识他人的时候，男孩可以用具体明确的语言、表情称赞对方的行为，也可以采用间接的方法来赞美对方。有时候，不一定要把赞美的话说出来，可能一个眼神、一个动作就能达到赞美和鼓励别人的目的。比如，一个微笑、轻点一下头等。

乐于分享，学会大方地生活

俗话说：有福同享，有难同当！这其实就是在教导男孩，日常生活中要学会和朋友分享一切忧愁和快乐，要让自己举手投足之间落落大方，做一个乐于分享的大男孩。

曾经有一个父亲问他的三个儿子说："如果有两筐容易腐烂的桃子，该怎么样吃才能使容易腐烂的桃子不浪费掉一个呢？"

大儿子说："先挑熟透的吃，因为那些容易烂掉。"

"可等你吃完那些，其余的桃子也要开始腐烂了。"父亲立即反驳道。

二儿子思考再三说："应先吃刚好熟的，先拣好的吃呗！"

"如果那样的话，熟透的桃子会很快烂掉。"父亲把目光转移到一直沉默的小儿子身上，问道："你有什么好办法吗？"

三儿子思考片刻说道："我把这些桃子分给邻居们一些，让他们帮着我吃，这样就会很快吃完而不会浪费一个桃子。"

父亲十分满意，不住地点头说："只有学会分享，才能让自己处于有利的位置"。

现在家庭结构简单，男孩大多是家里的小皇帝，受到千般宠爱。这让男孩逐渐变得只会考虑到自己，把所有好吃的、好玩的独占，从不愿意和家人及朋友分享自己的东西。这样的男孩经常以自己的需求为出发点，把最好的留给自己，把自己喜欢的先抢到手，拿到后就贴上自己专属的标签，不愿再拿出来与人分享。但在男孩的成长道路上，学会与人分享、与人合作的精神是必不可少的。这种分享不仅仅是一件物品，还有可能包含快乐、成功、喜悦等情感在内的更多的东西。

而且，有时候，学会与人分享，还能让自己从困境中脱险。

一片沙漠里，住着蜥蜴和蝎子。有一天，平静的沙漠里来了一个猎人，他专捉蜥蜴，用它的皮来做皮包。蜥蜴便搬到了沙丘底下去住，但猎人仍旧可以捉到它们，蜥蜴整日惶恐不安。

这时正是艳阳高照，蜥蜴在沙丘底下挖了一个非常凉爽的洞，躲在里面。蝎子正好经过这里，它被太阳晒得无处藏身。蜥蜴从来与蝎子没有往来，蝎子爬进来，希望可以住在这个洞里，遭到蜥蜴的拒绝。

正在这时，猎人走了过来，将手伸进洞里来抓蜥蜴，蜥蜴吓得躲进洞的最里边，眼看在劫难逃。蝎子举起毒刺刺向猎人，猎人惨叫了一声，逃走了。

蜥蜴被蝎子“救”了，他想，如果蝎子长久地住在这里，自己不是可以不用再怕猎人的捉拿了吗？虽然蝎子有时看起来很凶狠，其实还是个很不错的朋友呢。

于是，它便邀请蝎子和自己住在了一起。之后很长一段时间里，蜥蜴都依靠蝎子躲过了猎人的捕杀。而蝎子也有了一个凉爽的住所，乐得当蜥蜴的保护者。

就像故事里的蜥蜴一样，与人分享并不是与生俱来的。男孩应在刚出现自我意识的时候就开始培养自己的分享意识，学习如何让自己变得大方，与人分享。

其实，分享的过程也是一个让自己获得双倍快乐的过程。比如，当自己遇到了一件开心的事情，在向朋友讲述的时候，自己会再次感受到当时的开心，而看到朋友也为此感到高兴时，自己的开心就会加倍。

小天和小严是从小玩到大的好哥们，但是小天有个不太好的毛病，就是他的东西，谁也不能碰，就连最好的朋友也不能玩。

小严对此十分不满，终于有一天爆发了出来。当小天再想借他的漫画书看时，他拒绝了小天。

“以前不是都借过吗？怎么现在不让看了？”小天纳闷地问。

“你的东西从来都不借给我，我凭什么要借给你。”小严回答道。

小天一愣，说：“那些都是爸爸妈妈买给我的礼物，凭什么要给你玩，这些不是你自己买回来的吗，我借一下又没事。”

小严见他还在狡辩，就说：“那我买书的钱还是爸爸妈妈给的呢，凭什么让你来看？”

小天不知道该如何回答了。

小严很想帮助朋友改掉“吃独食”的坏毛病，就想了个好主意，说：“以后，我上半个月买漫画书，你下半个月买漫画书，然后咱们花的钱都一样，看完手里的，再交换来看，谁也不欠谁的，怎么样？”

小天觉得很有道理，就按照朋友说的做了。

慢慢地，小天发现，和小严换着看书，比之前自己看时，要开心很多。

在培养自己学会分享时，男孩可以和朋友合作做一些事情。在合作中体会分享的好处和乐趣。比如，做一些需要协作性的事情，在做事的过程中，男孩和朋友会为了共同的目标而努力拼搏，把自己的思想分享给朋友，朋友也会把他的想法告诉你，在这种协作过程中，男孩自然而然就会学会分享了。

男孩不能太小气，不要对分享产生怨恨情绪，要慷慨大方地把自己的东西分享给朋友。如果实在是不想把自己喜欢的东西分享给朋友，也不要强迫自己，要一步一步来。随着年龄的增长，男孩的心智会逐渐成熟。这时候，男孩自然就会明白，和朋友分享快乐和忧愁，比自己独立体会时，要更令人感到快乐。

不卑不亢，做个有正义感的人

春秋末年齐国宰相晏子奉命出使楚国，因为他身材矮小，楚国人就在大门旁边开了狗洞，请晏子从小门进去。晏子不肯进，说：“只有出使狗国的人，才从狗门进。我现在出使的是楚国，不该从这个门进。”司仪只好领他改从大门进去会见楚王。

楚王说：“齐国难道没有人了吗？”

晏子回答说："齐国的临淄有三百个居民区，所有人要是把衣袖举起来，可以组成一道围墙；大家甩一下汗水的话，就像下了一场大雨，怎么能说没有人呢？"

楚王说："那为什么派你当使者呢？"

晏子回答说："齐国派遣使者根据出使国的情况而定。贤能的人就派往有贤明君主的国家，那些无能的人则派往君主无能的国家。我晏婴最无能，所以出使楚国。"

相信这个故事，很多男孩都在课本里学过，这也是关于不卑不亢的成语故事。在人与人的相处过程中，有时候该以何种姿态来面对对方，是男孩在交际中常感到头疼的问题。男孩因为阅历尚浅，经常无法把握一个合适的度来保持自我。男孩与人交往时，既要看到自己的优势、长处，也要看到他人的优势、长处。在摆正自己态度的同时，也要体谅别人的难处。在和人交谈时，不自大骄傲，也不能过分谦虚而显得卑微无能。

男孩在向他人展示自己的时候，应光明坦荡，心态如一，保持一种风度，而这种风度，即是不卑不亢。

林肯竞选美国总统的时候，到国会演讲。他一踏上发言席，台下就有一位傲慢的议员指着林肯大声叫喊："林肯先生，你也想当总统？请不要忘记：你不过是个鞋匠的儿子！"

整个会场顿时鸦雀无声。大家都注视着林肯，有的冷眼旁观，有的替他捏了一把汗。大厅里的空气似乎紧张得都凝固了。

林肯望了那位议员一眼，十分镇静，诚恳地说："议员先生，谢谢你对我的提醒。我永远不会忘记我的父亲。他是一个很平凡的人，也是一个很出色的鞋匠，他一生做了成千上万双鞋，从来没有一丝一毫的马虎。无论谁穿过他做的鞋，都称赞他的手艺是第一流的。我小的时候也学着做过鞋，可是非常惭愧，从来没有像我父亲做得那样好。我相信，如果我现在做事能像我父亲那样认真，我就一定能成为一个好总统。"

林肯刚说完，全场立刻响起雷鸣般的掌声。

在面对议员的责难时，林肯用自己的机智回答了议员的问题，既表现出他的聪明才智，又让大家看到了一个不卑不亢的出色人才，最终博得了大家的认可，当上了总统。

所以，不卑不亢不仅是一种人生态度，这种态度还会感染身边的人，让他们发现男孩身上的发光点，并最终认可男孩，帮助男孩获得成功。

说到林肯总统，人们不得不提起另外一个人，他就是《林肯传》的作者——诗人卡尔·桑德堡。

当年，卡尔·桑德堡为了写作《林肯传》，一个人居住在密执安湖边。

每天早上，他准时出去，一边散步，一边构思。当地人说他准时得完全可以用来对表。有人为了开玩笑，花钱请了一位又高又瘦的演员扮成林肯，决定同桑德堡开个玩笑。

他们躲在远处，看着那位演员慢慢地朝桑德堡走去，然后两人交错而过……

演员回来后，大家围住他问："他干了什么？"

"什么也没干，只是看了看我。"演员说。

"什么也没干？"大家感到十分纳闷。

"他鞠了个躬，"演员诚惶诚恐地说："他说早上好，总统先生。"

见到总统却只是礼貌地打了声招呼。一般人在面对地位或能力比自己高的人时，会不自觉地表现出卑微感来，但卡尔·桑德堡却把总统先生当成了一个普通人，一个和自己拥有平等地位的人，并自然地和他打招呼。这即是不卑不亢。如果男孩在和人交往时缺少不卑不亢的精神，就会由于"卑"或"亢"和他人产生一定的距离及鸿沟，会使男孩在交友过程中，无法和对方建立起友好和平的友谊之桥。

因此，男孩在为人处世时，应表现得不卑不亢，这对自己拥有良好的人际关系十分有利。

除此以外，男孩还要让自己做一个有正义感的人，不要对什么事情都表现得忍气吞声或“事不关己高高挂起”，这样一来，男孩心中的正义感就会逐渐消失。在面对人际关系时，也会影响到男孩对他人的判断能力，影响男孩的人际交往。

而且，只有一个人心中有正义之声，才会在面对他人时表现得不卑不亢，让自己的态度更坦然，更落落大方。

在培养自己的正义感时，男孩可以利用新闻、文艺作品中的事例给自己以积极的暗示，让自己通过理解，明白什么是善，什么是恶。比如，当男孩在看到警察抓小偷的新闻时，可以暗示自己，如果自己是小偷，偷东西对不对呢？如果自己是警察，抓小偷是为了什么呢？在思考这些问题时，男孩再结合身边的教材，正确理解何为正义，怎样做才是坚持正义。

拒绝哥们义气

什么是义气？义气，就是所谓的刚正之气、正义之气，是人与人之间的一种道德关系。比如《水浒传》里的一百单八将，为了匡扶正义而劫富济贫，何等的义气。但是现在，很多青春期的男孩渐渐地曲解了义气的真正含义。崇尚哥们义气，经常为了朋友而两肋插刀——你帮我教训了一个“冤家对头”，我也替你给“仇人”放放血。

男孩为了哥们儿的一句话，而不分是非、互相包庇，自以为是正义的化身，为了哥们哪怕去杀人放火，也是正确的。因此，现在有很多青少年为了哥们儿而犯罪，最后付出了惨痛的代价。

小远是一名高中男孩，他为人豪爽，很讲义气，最喜欢看武侠小说，对书中行侠仗义的主角十分的崇拜，总想当一回为兄弟两肋插刀的大侠。

有一天，他正在大街上闲逛，突然有人拍了拍他的肩头。回头一看，原来是不久前结识的社会青年李斗。

两个人已经快一个月没见面了，刚认识的时候是不打不相识，当时就拜了把兄弟，这次重逢，小远感到很开心，便亲切地和对方聊起了天。

李斗说："咱们是好哥们，我不久前发了点小财儿，不能忘记哥们你啊，今天我是特地来请你'撮'一顿的。"

小远上个月刚刚过了18周岁，两个人便叫了几瓶啤酒喝了起来，刚喝一半，就听李斗说："我最近要出远门做些生意，有些贵重物品哥们能不能帮我存放一下？"

"没问题，有我看着，你只管放心。"小远马上答应了下来。

但李斗接着又说："只是你不要对别人说，以免出麻烦，我的东西挺贵重的。"

小远一听对方这么看得起自己，把这么贵重的东西放在自己这，心里很感动，马上答应了下来。

第二天，李斗就来到了小远家，但手里并没有拿任何东西。

"东西呢？"小远问。

李斗笑着说："白天搬目标太大，不安全，最好在晚上天黑以后搬。"

小远想想也是，就在晚上等着李斗来。

当晚，李斗开着一辆大卡车来到了小远家门口，小远一看，车上又是电视机，又是录像机，还有很多其他的数码产品，一看就是价格不菲。

他想问这些东西是干吗用的，但一想李斗是做生意的，可能就是卖这些数码产品的吧，既然是朋友的事，就不必管得太多，否则不仗义。

临走前，李斗给了小远一叠现金，说："这钱就当是仓库费了，等哥们发了财，肯定忘不了你。"

小远心想，这李斗真够义气的，用下房子还给钱，心里更美了。

小远家离市区比较远，附近又只有他们一家人，所以这么大的动静，也没吵到周围的居民。从此以后，李斗就经常往小远家拉运东西，有时候拉走一些东西，有时候是新添一些东西。

虽然小远渐渐对李斗有了怀疑，但他总是以哥们必须要讲义气为理由，把自己的怀疑压了下去。

直到有一天，李斗告诉他要去外地出差一趟。

而他走了没两天，两名公安人员找到了小远，告诉他李斗是一名偷盗惯犯，并收缴了李斗放在小远家的赃物。

公安人员问小远李斗在哪，但小远觉得既然是哥们，就不能出卖对方，就是不把李斗的行踪告诉公安人员，最终被带到了派出所，认识了错误之后，才被宽大处理，放回了家。

中国人向来都把义气看得很重，而现在的青少年也喜欢互相称兄道弟，醉心于哥们义气式的友谊，喜欢像武侠小说中描写的那样，认一个结拜兄弟。男孩认为只有这样的关系才是真正的朋友。但崇拜哥们义气有时候只是男孩盲目无知的表现，是一种非常不理智的行为。这样不仅不能让自己结交到真正的朋友，还会使自己陷入困境之中。就像故事中的小远一样，就算李斗是一名惯犯，小远也一味地坚信“既然是哥们，就不能出卖对方”。这样的想法不仅增加了警方办案的难度，也让他自己进了派出所，接受处理。

那么，男孩在和人相处的时候，要不要讲义气呢？答案是肯定的。义气，是人与人之间的一种道德关系，是良好的。但哥们义气却要不得，男孩应拒绝哥们义气，少和社会上的不良青年接触，要时刻反思自己的行为。明白哪些是真正的友谊，哪些是没有原则性可言的哥们义气。切莫为“哥们义气”而迷失方向，做出害人、害已的事情。

第七章

学习，也可以变得如此轻松

在很多青少年眼中，学习是一件枯燥的事情，他们宁愿和伙伴们一块去打球、运动，也不想面对索然无味的学习。其实，学习并不是男孩们想象的那么枯燥无聊的事情，只要找对了方法，掌握了技巧，学习也可以变成一件有趣的事。

释放压力，对抗“厌学季”

中学时期是男孩学习和发展的重要时期，但也很容易在学习中遇到多种问题，比如，厌学。处于青春期的男孩正处在活泼好动的时期，长时间待在教室里让他们感到受束缚。而很多学校为了让学生花更多的时间在学习上，把一些体育、音乐等课程都改成了自习，这让天性爱动的男孩更加讨厌学习了，继而产生了厌学的情绪，不想学习，逃避学习。

而且，有时候男孩觉得自己明明已经很用功的在学习了，学习成绩却始终无法提高，这让他们的自信心备受打击，逐渐对学习产生了畏惧感。再加上家长的责备和老师的批评，这使得男孩对学习更加厌倦了。

另外，压力过大也会导致男孩厌学。现在的家庭大多只有一个孩子，尤其是男孩，家长更是希望儿子能考个好大学，将来能有份好工作。有些男孩虽然努力，仍难以达到父母的期望，无形间让男孩感到压力巨大，而且这样的压力往往没化成男孩学习的动力，反而成了他们学习时的阻力。

王明性格比较内向，初中时成绩一直很好，家里对他的期望也很高。但自从王明上了高中以后，成绩开始下降，尤其是英语。虽然他很努力，每天背单词到深夜，可就是记不住。渐渐地，妈妈发现他学习的劲头大不如前，不会的功课也不再钻研，只要能完成老师布置的作业就行，有时甚至抄同学的作业。晚上打开书说是在背英语，可英语书下却藏着小说，父母教育他，他就当作没听见，该干什么干什么。

他对同学说：“妈妈整天让我考个好的大学，但我对自己一点信心也没有。”

原来，王明感觉自己大脑对英语似乎格外抵抗，怎么记也记不住，自己也想好好学习，可一看到课本就烦。虽然觉得对不起父母，但力不从心，自己也不知道该怎么办才好。就是讨厌学习，不想学习。

父母对王明的期望不仅没起到激励的作用，反而让孩子失去了上进的勇气。像王明这样内向的男孩，心事多半压在心里，父母的督促无疑让他感到更大的压力，不善于交流的性格使他很难找到排解压力的办法，只会使他越发地厌恶学习。

那么，厌学会对男孩造成哪些危害呢？

厌学会影响到男孩的前程。厌学最直接的影响是男孩目前的成绩，而成绩不好，则影响以后男孩所上的大学，好的大学无疑是男孩以后找工作的一个有利条件。

男孩的自信心也会受到厌学的影响。有些厌学的男孩不是不想好好学习，而是不良的成绩让他们觉得自己不如别人，自己不是学习的料，从而对自己失去信心。

男孩该如何摆脱厌学情绪呢？

男孩在学习中遇到困难时，如果解决不了，就暂时放一放，换其他的课程来学习。比如，当男孩在做数学题时，怎么也解不开难题，就可以先学习语文课程，读几篇好的作文素材，或看几首唐诗宋词。等你换回数学时，或许有个新思路也说不定。

张帅是初三的学生，面临升学的题海战术，一点也没有烦恼的样子。他复习时桌上经常把所有的学科资料都拿出来，这样一来，当他物理题做烦的时候就会换自己喜欢的地理作业来做，学习效率提高了很多。

“一看到地理题，我心情立刻变好，等心情好了，看别的作业也比较舒畅。”他说，“这是老师教我们的法子。”

男孩在学习的过程中，要学会释放压力，让自己的厌学情绪得到缓解，这样一来，就不会觉得学习是一件痛苦的事情，而逃避学习了。比如，学习累了的时候，男孩可以听一些轻快的音乐，舒缓一下压力；放学后，和同学痛快地打场球赛也是个不错的选择，让压力在奔跑中随风而逝，让一场球赛换回你的激情。

刘星是位高一学生，成绩中上，父母对他的期望一直很高。刚开始的时候，刘星感到很不适应，尤其是考试没考好的时候，经常是整夜难眠。上大学的哥哥发现刘星的情绪不好，便对他说："有什么心事跟哥哥说一声，别忘了，哥哥也上过高中。"

对啊，哥哥上高中时是不是也有压力，他是用什么方法排解压力的呢？想到这里，刘星便把自己的情况告诉了哥哥。

哥哥听后，对他说："当时我的压力也很大，我记得那时候，我一不高兴，就会找时间和同学去游泳。你知道我最喜欢游泳了，每次游泳之后我就感到浑身都是劲，压力什么的早没了。你不是喜欢篮球吗，要不要老哥陪你玩一会？"

"好啊，自从上了高中，我还没打过球呢。"被哥哥一说，刘星顿时来了兴致。

"真是痛快，好久没打得这么尽兴了。"一场球赛过后，刘星兴奋地对哥哥说。

"怎么样，没那么压抑了吧，哥哥的办法还不错吧！"

"好多了，谢谢哥。"

由此可见，学习有压力并不是件可怕的事情，厌学也并不代表你就和学习彻底绝缘了。只要男孩在感到厌烦的时候找到适当的排解方法，既可以缓解压力，又能让自己远离厌学情绪。就像上例中的刘星一样，做些自己喜欢的运动，让自己获得一份好心情，静下心来学习。

最后，"细心"也可以帮男孩走出厌学的困扰。成绩不好并不是自己比别人差，很可能是自己不如别人细心，看看自己的试卷，有多少是因为粗心而丢的分，加上这些本能得到却失去的分数，看看自己的成绩是不是提高了很多呢？不少男孩都有粗心的毛病，如果能改掉，很快就会体会到成绩上升的喜悦，自然就不会再讨厌学习了。

老师不“顺眼”，不能迁怒在学习上

在学校里，男孩接触最多的除了同学，就是老师。但有时候，总有一些老师让男孩看着不顺眼，一看见他就觉得心里不舒服。

“英语老师怎么整天板着个脸啊，让人看了真难受，下节英语课不想上了。”

“我也不想上了，他老说我上课不认真听课，给我挑一大堆错。”

男孩在学校里经常会遇到自己不喜欢的老师，也有的男孩不喜欢某个老师，某个老师教的课也不想上，可最后吃苦果的却是男孩自己。

小明上初三了，教他数学的老师特别严肃。这个老师上课的时候，什么话也不说，上来就讲，课堂气氛很不活跃，而且也从不会在课下和同学开玩笑。

同学们都不大喜欢这个老师，尤其是小明。他一看到数学老师，就不想听课。这个老师阅卷特别仔细，无论多小的错误都会指出来，搞得小明的试卷上都是红叉，这让小明觉得这个老师更讨厌了，而小明也就不愿学数学了。

“一个单位忘写了，他都给标出来，他是不是对我有意见啊？”小明气愤地指着刚发下来的数学试卷说。

“不光是你，我这卷子简直就是‘满堂彩’啊，看看！”另一个同学抱怨地在小明面前晃了晃他的试卷。

“怎么会有这么讨厌的老师，以后再也不学数学了！”小明使劲地把卷子往桌上一摔。

之后，小明的数学成绩一次不如一次。

小明因为不喜欢数学老师，连数学老师教的数学也一并地讨厌，以至于发出“以后再也不学数学了”的感叹。这种做法最直接的影响就是男孩的成绩下降。这样的话，很容易导致偏科，甚至以后考大学都会受到影响。为什么会出现讨厌老师就不想学老师教的课程的这种情况呢？

一部分原因就是有些男孩“恨屋及乌”。这是一种不合理的、甚至有些盲目性的情感迁移。讨厌某个老师，感觉老师处处针对自己，这时男孩就会产生一种报复心理，而不学这个老师的课便成了很多同学的一种报复手段。

有些男孩认为学习是给老师学的也是其中的原因之一。有这种想法的男孩，如果老师对他好，他学习起来就会十分用功，格外听老师的话。一旦这些男孩因犯错受到老师批评后，就会觉得老师不喜欢自己了，甚至在老师批评其他同学时，感觉那些话其实是在批评自己，学习的劲头也大不如前了。

男孩的这种做法是不对的，那么，当男孩遇到自己不喜欢的任课老师时该怎么办呢？

首先，男孩应理智地将老师和知识分开。在遇到自己不喜欢的任课老师时，在心里这样地暗示自己：我是来学习的，我虽然不喜欢老师，但我也不讨厌知识，我应该以知识为重。有了这样的想法以后，男孩就会发现这门课程并没有自己想象中那么糟。

小强的语文成绩一直不错，老师经常把他的作文当范文褒奖一番。但是最近他的语文成绩总是不太理想，妈妈见状很着急，就问小强怎么回事。后来才知道以前的那个语文老师调走了，小强一点也不喜欢新来的老师，也不像以前那么喜欢语文了。

这时，妈妈耐心地对小强说：“孩子，你这样就不对了。别忘了，你上学可不是去欣赏老师的，你是去学习的。你不能因为不喜欢老师这点小事，就耽误了你学习的大事啊。”

小强觉得妈妈说得对，上课的时候尽量让自己的注意力放在上课的内容上，而不是老师的身上。不久，小强的语文成绩就渐渐地好转了。

在小强因遇到自己不喜欢的老师而影响课程学习时，妈妈的教导让他及时地摆正了心态，分清了事情的主次，才不至于让讨厌老师的心态影响到学习。有这种情况的男孩，可以借鉴一下小强妈妈的想法，避免影响到成绩。

其次，男孩应学着理解老师。当男孩感到老师的某些缺点或习惯难以接受时，要想到老师也是人，他们也会有缺点、也会犯错误。有的老师比较严肃，不爱和学生说笑，这可能是老师的性格所致，并不是他不喜欢学生，也许只是这个老师不善于表达罢了，有了这样的心态，男孩就不会对老师那么地抵触了。而且，男孩还应学会站在老师的立场上考虑问题，体会老师的用心，有时候对学生的严厉正是老师有责任心的表现，难道男孩不想有个有责任感的老师吗？

最后，男孩可以多找老师沟通。如果老师的某些习惯影响到了自己正常的听课，这时就可以找时间和老师沟通一下，如果觉得当面说不方便，也可以在交作业的时候，写张纸条夹在作业本里交给老师。比如，老师讲课时语速太快，同学都跟不上；有的老师板书比较潦草，自己看不清，这些情况都可以跟老师说，相信老师下次讲课的时候，一定会注意改正的。

做好学习计划

青春期的男孩在学习期间，应有一个明确的学习计划，规划好自己的学习任务和学习时间。这样才能有目的地学习，提高自己的学习成绩。很多时候，男孩因为爱玩的天性，在放学后要么和同学打球打到天黑，要么一边玩一边学习、写作业，导致大把的时间被浪费，学习成绩也随之一降再降。

所以，男孩为自己做一个学习计划，是很有必要的。计划能让男孩脚踏实地地一步一步去完成自己的学习任务。通过计划，男孩可以合理地安排学习时间，完成学习任务，提高自己的学习成绩。

而且，合理的学习计划还能锻炼男孩的意志力，让男孩面对学习变得更有毅力和耐心，充满自信地完成自己的学习计划，取得成功。

那么，男孩应该如何制订合理的学习计划呢？想要做好学习计划，男孩应该先对时间进行管理。哪些是玩的时间，哪些是学习的时间，要严格地做出计划，并按照计划实施，这样才能有效地提高学习成绩，做一名合格的优秀生。

小张是一名初中男孩，平时做事毫无计划，就连学习也是赶在最后一刻才去学，不到最后一刻，要么玩，要么不用心学，反正就是不好好学习，一点计划性都没有。

期末考试的时候，小张觉得这次的考试题目太简单了，十分钟就能搞定。所以他就开始走神了，答一道题，就玩一会儿，一会儿转转笔，一会儿画个画，把时间都浪费掉了。当老师提醒还有10分钟考试就结束时，小张才慌了神，看着没答几道的题目着急了起来。

"这道题怎么这么难解啊……完了，时间要不够用了……还有这么多题，怎么答啊！"小张急得眼泪都要掉下来了，早知道，刚才就先答完题再走神了。

结果，老师还是无情地提醒他，"考试时间结束了。"

"老师，剩下的题目我都会做的，可是没有时间了……"小张抹着泪向老师说道。

老师说："刚才你一直在玩，我暗示了你几次，你也没有反应，我以为你全答完了，现在看来，你是一点计划也没有，这样可不行。你最好能做一个学习计划，把自己每天必须做的事情都写下来，并规定一个时间标准。当你在做这件事的时候，就按照计划和时间标准，把事情完成，学习也是一样，这样一来，你以后就不会遇到相同的事情了。"

小张听了老师的话，很受启发，当天就做好了学习计划，拿到了老师面前，老师提出了几点建议，帮他修改了一些不恰当的地方，让他以后就按照这个计划来学习。

一段时间以后，小张不仅做事越来越有计划了，学习成绩也提高了很多。

对学生来说，有一个合理的学习计划是很重要的。就像上例中的小张一样，当学习一点计划都没有时，他一边学一边玩，竟然无法在规定的时间内完成考试，不仅浪费了时间，也使学习成绩下降了很多。

男孩应给自己制定一个切实可行的日常时间管理表，把每天要做的事情、花费的时间都写在计划表中，并严格按照计划表中的计划来学习。当然，计划表中也可以把玩耍的时间定好，这样既有玩的时间，也有学习的时间，劳逸结合，男孩自然会体会到计划表的好处的。

在制订学习计划时，男孩应避免连续长时间的学习计划。因为长时间的学习会让男孩产生厌烦情绪，导致学习热情下降，使计划无法完成。男孩可以把学习计划分成几个阶段，当完成一个阶段的学习计划时，可以适当地放松一下，听听音乐、看看电视，劳逸结合，避免出现学习疲劳感。久而久之，男孩就会发现，自己学习的时间虽然变短了，但质量却提高了，而且，以前一小时都完不成的作业，现在只要三四十分钟就可以轻松完成了。

这就是学习计划的好处。

当男孩做好了学习计划后，最好不要轻易修改。否则就会形成习惯，一旦遇到其他的事情，令学习分心，就会为自己找借口，修改学习计划，这是很不好的行为，不利于男孩提高自己的学习成绩。男孩要根据自身情况来做学习计划。自己决定自己的学习目标和方法。不要让他人的意见动摇自己的决心，也不能总是依赖他人来完成自己的计划。男孩要学会分析自己的学习特点，根据自己的学习情况来制订适合自己的学习计划。并找出自己学习中的弱项，在计划中，多花时间和精力来学习这一项内容。

聪明男孩更应用心学习

男孩从小就比女孩要聪明，这是因为男孩活泼好动，不仅喜欢探索新奇事物，还会在“冒险”活动中不停地问为什么，学到更多的有用知识。但是，聪明的男孩也容易骄傲，他们认为自己已经足够聪明了，不需要再花费大把的时间和精力在学习上，只要能把考试应付过去就行。是什么原因让聪明的男孩变得这么消极，不爱学习呢?

其中最主要的原因就是，有些男孩发现在学习中自己掌握得比较快，不必太花心思。很多小学、初中的内容比较简单，而男孩子的思维又比较活跃，一看就明白，不必像其他同学一样需要花很多精力才能搞清楚。这样的对比之下，就会让一些男孩有一种“天资聪明”的优越感，认为自己稍微动点脑子就可以搞好学习，没必要整天泡在书堆里。

但这种“认为自己聪明，就可以不学习”的想法是错误的，它会给男孩造成不利的影响。比如，在男孩读小学时，学习内容比较简单，也许那种“不必很用功也能有好成绩”的现象会出现。可一旦进了初中、高中，开始接触较难的课程时，男孩如果依然用这种学习思维和态度来学习的话，就会造成男孩的成绩不理想，让成绩一降再降。

这种想法还会让男孩在成绩下降后出现消极的思想。有些男孩成绩一直不错，成绩突然下降，一时不清楚自己成绩下降的真正原因，就会消极地认为自己不如以前聪明了，而不是去努力学习以弥补以前没有掌握的知识。而且一部分男孩看到自己因粗心而做错的题时，不是认真地去想为什么会在这里粗心呢，而是一看这题我会，就是一时马虎做错了，没什么大不了的，就放一边了。对自己失误的地方不做出总结，下次还会再错的，这样的做法会让男孩在考试中一再吃亏。所以，聪明的男孩也应学习。

男孩再聪明，也应该学会谦虚。聪明的男孩千万不要以为自己聪明，就骄傲自满，就可以不用心学习了。很多名人、伟人从小就十分聪明，但他们从来不骄傲，总是虚心向他人求教，认真学习，总觉得自己身上还有很多的不足之处，一直到老，都在认真努力着。所以，男孩聪明，也并非是完美的，要善于发现自己的缺点，并向他人学习。

康熙皇帝从小就是个聪明的孩子，但他并不觉得自己很聪明，相反，他在读书的时候比其他人更刻苦，更用心，每天读书的时间都在10个小时以上。到青年的时候，他已经将经史子集熟记于心。但是他并不满足于此，他觉得自己的学问还可以有所提高。在开始治理国家后，他得知了自然科学的重要性，便认真地学起自然科学来。

有历史记载，他曾多次召见对自然科学了解较深的外国传教士，如：白进、张成、徐日升等人。请他们轮流到养心殿讲学，内容包括天文、物理、测算等，就连外出巡视的时候，也会邀请张成等人随行，一有空闲，就请他们讲学。

康熙皇帝还经常向国内许多有学问的人虚心请教，使自己的学问更深，尤其是在自然科学方面，有相当深的造诣。他还采纳了数学家陈厚耀的建议，编纂了一本集当时数学之大成的《数理精蕴》，堪称百科全书。

康熙皇帝不仅聪明，还很好学，身为一国之主，他没有因为自己的学识和地位而骄傲自大，而是更加虚心向他人求学。这种精神是值得人们学习的。男孩不应以聪明而自负，要学会谦虚谨慎。

聪明的男孩不应忘记勤奋的好处。古人云：书山有路勤为径，说的就是勤奋在学习中的重要性。勤能补拙，勤也能为聪明的男孩在学习上锦上添花。

诸葛亮少年时代拜水镜先生司马徽为师，很快诸葛亮就以刻苦学习、勤于用脑深得司马徽的赏识。

那个时候没有钟表，就用日晷计时，但是遇到阴天下雨没有太阳的时候，时间就不好掌握了。于是，为了计时，司马徽定时喂鸡以训练鸡按时鸣叫。为了学到更多东西，诸葛亮想延长先生的讲课时间，可先生总以鸡叫为准。不久，诸葛亮就想到一个好办法：在上学时带些粮食装在口袋里，估计鸡快叫的时候，就喂些带的粮食，鸡一吃饱就不叫了，这样，先生就可以晚会儿下课。

但时间一久，先生就发现了诸葛亮的秘密，开始时先生很生气，但很快就被诸葛亮好学的精神打动了，对他更器重，对他的教育也更加地毫无保留。

对于先生的尽心教诲，诸葛亮学习越发地刻苦。通过自己的努力，诸葛亮终于成为一位上知天文、下知地理的饱学之士。

诸葛亮博学多才，人称“卧龙”，但他的成就也是通过努力学习得来的，如果他没有用功读书的话，怎么会“未出茅庐已知天下有三分呢”，又怎会出山之后屡立奇功呢？聪明的男孩应以先贤为榜样，认真学习，将来才能有所成就。不然只会白白浪费了自己的资质和大好年华。

最后男孩还应学会吸取他人的长处。古人云：三人行，则必有我师，说的就是即使一个很平凡的人，他的身上也有值得学习的地方。男孩应随时注意学习他人的长处，以他人的缺点为警戒，这是一个很好的提高自己的途径。

提高记忆力，应吃好睡好运动好

很多男孩都应该看过《射雕英雄传》这部电视剧，剧中的黄蓉有着过目不忘的本领，是很多人都十分羡慕的事情。经常为背课文、背单词而苦恼的青少年更是希望自己能得到黄蓉的“真传”，这样就不用起早贪黑地背课文了，也不用绞尽脑汁地去记那些数学公式了……但是这毕竟是一个美好的向往，很多男孩早晨背过的单词，到中午就记不起来了；老师课上布置的作业，下课就忘记了，记忆力实在是不敢恭维。

记忆力差让男孩的学习效率下降，当老师要求背单词时，其他的同学可能只需要半个小时就能背完全部的单词，但记忆力差的男孩却需要一个多小时才能记住。而在男孩还在背单词的时候，其他的同学或许已经在学习其他的知识了。而且记忆力差还会让男孩的自信心受到打击，昨天才背过的内容今天考试时却完全想不起来了，不仅影响了男孩的考试成绩，还会让男孩对学习感到灰心，对自己感到失望。

那么，为什么有些男孩的记忆力会变差呢?

睡眠不足是导致男孩记忆力下降的首要因素。很多时候，男孩为了不让自己落后于他人，不仅白天一刻不肯放过地学习，晚上还会挑灯奋战。但是，白天大脑一直工作，已经很疲惫了，晚上还得不到足够的休息的话，工作效率自然不会高。大量的事实证明，睡眠不足，就会出现疲劳、头昏脑涨等感觉，导致情绪不佳，影响记忆力。

压力过大是导致男孩记忆力下降的又一因素。有实验证明，长时间的压力过大，身体内的皮质醇就会持续增加，影响到大脑的功能，而导致记忆力减退。而男孩在学习中越记不住，心里的压力也就会越大，严重影响了男孩的记忆能力。

另外，饮食的质量对记忆力也有影响。不少男孩因为时间匆忙就随便吃点了事，有的甚至不吃早饭，这样会导致大脑营养供应不足。长此以往，对大脑的功能和记忆力就会产生损害。

王军是位初三学生，家离学校比较远，因怕迟到王军几乎每天不吃早饭就往学校赶，妈妈让他带早饭到学校吃，他又嫌麻烦。

每天上午没过一半，他就感到头晕恶心，但王军一直没当回事，反正一会就过去了，吃了午饭就没事了。但最近他经常感到精神不好，注意力难以集中，以前很容易记住的单词现在记起来特别吃力……

相信很多男孩跟王军一样，由于种种原因很少有吃早饭的习惯。不知道有这样习惯的男孩有没有感觉到记忆力大不如前呢？这是因为，大脑的能量来源于葡萄糖，而这种糖在肝脏和肾脏中只能贮存8小时。如果不吃早餐，经过整晚消耗的人体已经没有充足的葡萄糖了，这会使大脑出现能量供应不足，引起记忆力衰退。

那么，男孩怎样才能提高记忆力呢？

充足的睡眠是十分重要的，科学研究证明，睡眠不仅能帮助人们恢复精力，还能明显改善人体的记忆能力，提高男孩的记忆力。

刘明上高三，他不像大部分学生那样，每天看书到深夜。相反，他几乎每天都是按时早早睡觉，早晨和同学同一时间起床。但他的成绩并不比加班的同学差，甚至还要更好一些。

原因就是，他记东西比别人快。同学羡慕他记忆力好，他却说：“其实我的记忆力一般，只是看书的时候注意力比较集中罢了。”

“可是，我也很努力地集中注意力啊，但就是没你记得快，记得牢。”同学沮丧地说。

“你每天哈欠连天的记得住什么啊，大脑有精神才能记得住东西！我以前有段时间也是每天学到很晚，可是，我不仅没记住昨晚看的内容，第二天一整天都因为没睡够头晕。所以，我就不熬夜了，干脆好好利用早晨头脑清醒的时候，专心多记些东西。”

“原来这样啊，看来我也得改变战略了！”同学深以为然。

上例中的刘明为什么记忆力好呢？因为他睡眠质量好，而睡眠不好就不容易记住东西，会严重影响人们的记忆力。相信很多男孩和刘明的同学一样，苦读到深夜，效果却不明显。有研究发现，青少年在学习过程中如果能好好睡一觉的话，会比不睡觉的人记的东西要多得多。而增加学习时间的做法，并不一定能学到更多东西，男孩应该明白“磨刀不误砍柴工”的道理。

其次，记忆并不是死记硬背，还要找对好的记忆方法。比如，对学习的内容理解记忆，只有把学习的内容理解了，才能记得牢，尤其是数学公式，理解它代表的意思才会记得好。对刚学过的知识及时复习，会起到强化记忆的作用。对于一些有特征的知识，可以用联想法，比如某些英语单词有些特别的发音，就可以根据单词的发音来记，如：romance（浪漫史）；有些单词是两个简单单词的组合，可以根据那两个简单的单词来记。如everyday（每一天），是every和day的组合，every有“每一个”的意思，而day是“天”的意思，结合起来就是“每一天”的意思。

另外，经常运动和合理饮食也对男孩的记忆力有好处。运动可以适当地释放男孩的学习压力，加速人体内葡萄糖的新陈代谢，减缓记忆的衰退，可以有效改善男孩记忆力下降的问题。有研究表明，饮食能调整大脑皮层的功能，有助于提高记忆力。因此，男孩不妨常吃一些有助于提高记忆力的食物，如鸡蛋、牛奶、鱼类，但并不是说只吃这些就可以了，因为只有均衡的营养才能让大脑保持在好的状态，记忆力更强。

提高学习效率

如何提高自己的学习效率，可能是每个青春期男孩都感到头疼的问题。明明我已经很努力了，却总比其他同学慢一拍。而有些男孩学习成绩不佳,往往起因于学习效率不高。导致学习效率不高的原因有很多。不用心、没有计划、情绪不佳、环境不好等，都有可能成为男孩学习效率低的原因。但最主要的原因，还是和男孩的不良学习习惯有关。

著名教育家叶圣陶先生曾说过这样一句话：“什么是教育，简单一句话，就是要培养良好的习惯。”

良好的学习习惯是提高男孩学习成绩的主要方法之一。男孩应在学习的过程中，多总结、多思考，要多问自己几个为什么。比如，这道题为什么要这样做？我为什么能想到这种方法？还有没有更好的方法来解这道题呢？通过这些发散性思维的训练，男孩就会养成良好的学习习惯，学习效率自然也会提高。

朋朋是名初中男孩，最近作业量陡然加大，让朋朋感到措手不及。每天不知道要先写哪门功课的作业，学习效率一下子下降了很多。以前轻轻松松就能解决的家庭作业，现在不到晚上10点都做不完。

但是朋朋问同学的时候，同学们总是说："我每天8点钟就能写完作业，看会儿书，就可以洗澡睡觉了，我觉得是你的学习效率太低了，这样参加考试的话会很吃亏的。"

听了同学的话后，朋朋再放学回家写作业的时候就在桌子上摆了个小闹钟，然后认真、细致地一道题接一道题地慢慢计算，不知不觉一个小时过去了，朋朋的数学竟然还没有写完。他仔细地算了算，发现自己一道应用题，竟然用了10分钟的时间才完全解出来，这也太慢了点吧。

好不容易把数学作业写完了，朋朋开始背诵课文，一篇很短的文章，他竟然用了半个小时的时间，还没有背下来。看看时间，已经快晚上9点了，但朋朋的英语和历史作业还没有写完呢，今天又要写到半夜才能睡觉去了吧。朋朋无奈地叹了口气："我的学习效率怎么就这么低呢？"

男孩做事磨蹭，学习效率低不仅是父母感到苦恼的事情，男孩自己也会为自己的"笨脑子"而难过。他们不明白为什么同学能一小时完成的作业自己却拖了三四个小时才勉强写完。其实，这可能和男孩从小没有强烈的时间观念有关。在男孩小的时候，无论是学习还是玩耍，他们都没有对自己进行时间效率的要求，大都是随着兴致来做事，结果导致男孩的功课加重后，开始变得没有效率，学习跟不上去了。

这也就是人们平常所说的"习惯成自然"。习惯的力量是强大且可怕的，一旦男孩养成了没有效率的学习习惯，就会变得做事拖拉、没有效率。所以，男孩如果想提高自己的学习效率，就要养成良好的学习习惯。

在上课听讲的时候，男孩要学会集中精力，认真听老师讲课，不要走神。如果实在是觉得学习比较枯燥无聊，男孩可以从自己喜欢的课程入手，如小实验等。在做自己喜欢的实验时，最好能营造一个安静的学习环境，这样更容易让男孩集中精神，把注意力放在实验和学习上。

在面对自己喜欢的课程时，男孩的精力比较容易集中，持续的时间也比较长。如果觉得一个人学习太枯燥，男孩可以和同学们一起讨论学习中遇到的问题和解决方法，吸取同学的学习经验，加以利用，提高自己的学习效率。

除此以外，男孩在学习的过程中还要充满自信，学会用心，要有学习的紧迫感。只有感觉到时间的紧迫，男孩才能有效率地写作业和学习。试想一下，当男孩第二天一上学，突然发现自己前一天的作业没有写时，就会赶紧拿出作业本来赶作业，这种时刻，可能你只用了10分钟，就把以前需要半个小时做的作业做完了。而且因为精神高度集中，作业的质量也不会下降多少。这是因为男孩在赶作业的时候，有明确的学习任务和限定的时间，如果没有在限定的时间内把作业写完，那将会受到老师的批评，甚至还有可能被同学们嘲笑，这样的担忧让男孩充满了紧迫感，学习效率自然就提高了。但是当男孩在预习和复习功课时，因为不用及时地向老师汇报预习和复习的成果，所以男孩就缺乏了一些学习的积极性。这个时候，男孩很少会给自己提出具体的学习任务和完成时间，因为缺乏学习的紧迫感，从而降低了学习效率。

所以，男孩在学习的过程中，是否有紧迫感，是影响学习效率的关键因素。

另外，学习的过程，应当是男孩用脑思考的一个过程，不应让自己的不良情绪影响了自己正常的思考。男孩应该有过这样的经历，当自己心情好的时候，学习起来就会感觉特别轻松，脑筋也会“转”得特别快，一道题只要稍微思考一下，就会轻松地答出来。而当自己情绪低落或者是和他人发生争执时，脑子就会变“笨”，一点学习的意愿都没有，如果强迫自己去学习，经常是一道题解了无数次，还是答不出来，学习效率直线下降。

这是个人的情绪，影响了学习效率。因此，男孩保持良好的情绪来学习是一件十分重要的事情。在日常生活中，男孩应学会调节自己的情绪，以积极乐观的生活态度去对待周围的人和事，为自己营造一个轻松愉快的学习氛围，提高自己的学习效率。

第八章

做一个不平庸、为理想而奋斗的优秀男子汉

在生活中，有不少男孩会面临这样一个问题：常常看到自己的缺点，或者觉得自己有太多不足之处了，自然就比较气馁，不会或者不相信自己还有什么优点、长处。人们知道，世界上没有谁能做到完美无缺，每个人都有优点也都有自己的缺点。作为未来的男子汉，男孩们要勇于接纳自己的不完美，更要善于发掘自己的优势，为了自己心中的理想而奋斗，这样才不会虚度青春。

发掘自己的优势，不做平庸的男孩

在生活中，有不少男孩会面临这样一个问题：常常是看到自己的缺点，或者觉得自己有太多不足之处了，自然就比较气馁，不会或者不相信自己还有什么优点、长处。人们知道，世界上没有谁能做到完美无缺，每个人都有优点，也有缺点，正所谓“金无足赤，人无完人”。因此，男孩应该学会正确看待自己的缺点，不能因自己的某个缺点而自暴自弃，而是要想方设法去发掘自己的优势。

初中二年级的王亮出身于一个普通的家庭。他的父母都是普通的职工，受父母的影响他的性格有一点点内向。在班上，王亮不爱说话，学习成绩属于中等，在大都有个小特长的同学中他认为自己什么都不会，所以一向很少表现自己，几乎是“隐形人”。

后来，他们班上换了新的班主任，还组织了一次郊游活动。同学们共同在野外生活两天一夜，一起生火、一起做饭，大家玩得不亦乐乎。但王亮却一直把自己“隐藏”在人群的角落里，做完老师交给他的任务后，就坐在一旁默默地看着同学们玩耍。

“王亮，你怎么不和大家在一起玩呢？看大家玩得多开心。”刘老师见他总是自己一个人待着，便过来叫他和大家一起玩。

王亮摇摇头说：“我不会讲笑话，不能逗大家开心。”

“那也没关系啊，我们一起听别人讲，一起笑嘛。”

这时候，一个同学走了过来说：“刘老师，王亮就是这个样子的，他太闷了，一点长处也没有。”

王亮也说：“是啊，他们都会唱歌跳舞画画，我什么都不会，在这看就挺好。”

刘老师摇头说："谁说你没有长处？我看你虽然不爱说话，但老师交给你的任务都能很好地完成。刚才我就发现了，你不仅把米淘干净了，在淘米之前，还仔细地把里面的小石子捡了出来，真是个细心的孩子！"

"是吗？我也只能做好这么点事，其他的事情就不行了。"王亮不以为然地说。

刘老师却对王亮说："不能这么说，要是你连自己的优点和长处都不认可，怎么能发挥它们呢？"

"我也有优势？"王亮有些吃惊地问。

刘老师认真地说："是啊！你的优势不就是认真、负责和细心吗？现在的人，不仅学生，就连大人都很浮躁，认真的人可是越来越少了，而你却拥有它，难道这不是你的长处和优势吗？"

见王亮有些似信非信，刘老师继续说："王亮啊，你这样可不行，男孩就应该了解自己的优势和长处，这样才能拥有自信，在人生之路上取得更大的成就啊！如果你总是否定自己的优点，那就永远也看不到自己的长处，学不会欣赏自己了。"

"嘿嘿，谢谢老师的教导……"王亮摸摸头，对刘老师鞠了一躬。

经刘老师这么一说，王亮也觉得自己还是有些优势的，心情也随之好了许多，自信心也增强了不少。

上面例子中，王亮的生活比较普通，甚至说有些平淡，无论是成绩还是社交都不出彩。他也认为自己就是个平庸的人，没有什么优势和特长，不如其他的同学，时间长了，他的这种观点自然会影响自己的言行，从而产生恶性循环。如果听之任之，这将对他的成长、对他的未来都产生诸多的不利影响。幸运的是，新班主任刘老师发现了王亮的这个情况，并且敏锐地从淘米这件小事上发现了他的优点，并讲出了自己的想法，极大地鼓舞了王亮的自信心。

王亮在老师的帮助下，找到了自己的优势，那么，其他男孩是不是也会受此启发，主动去发掘自己的优势呢？要知道，世界上没有两片相同的树叶，也没有两个在各方面都完全一样的人。因此，每个人都有自己的与众不同之处，也都有自己的特长和优势，所不同的是，是否发现它并将之发扬光大。那么，男孩应该如何去发掘自己的优势呢？

拓展兴趣范围。对生活中的各种事物都应该大胆尝试，以拓展自己的兴趣范围，发掘自己的优点。不要因担心自己可能做不好，达不到自己的心理期待而退缩。一切事物都是从尝试开始，爱迪生发明灯泡的故事每个人都烂熟于心，可是真正能做到敢勇于尝试的人却少之又少。这是因为不断的失败会磨灭人们的自信心，使其对某件事情失去兴趣，从而导致其自我否定。其实只要敢尝试，就算不能取得成功也能从失败中学到很多知识，随着知识的积累最终能转化成自己的优势。

从他人的鼓励、赞扬中寻找自己的优点。曾有一位物理学家在回忆时说：上中学时，老师表扬我是“物理天才”，其实那个时候我的物理成绩并不是学校里最好的，但就这么一句话，成了他学习物理的动力，并使他走上了物理研究的道路。对男孩来说，认真对待老师对自己的表扬是一个发现自己优势的好方法。虽然老师的表扬在很多时候都是抱有鼓励的意味，但也说明被表扬之处自己有着闪光点。同理，自己也可以关注其他人对自己的赞赏，并谦虚地向他们请教，请他们帮助自己发掘这些闪光点，使之成为自己的优势。

坚守自我，不被他人所左右

张小亮是一名初二的男孩，他性格比较温和，很受父母喜爱。父母为了使他能更好地发展，给他报了钢琴、美术等特长班，还在课余给他请了家教，对此即使有些是他不喜欢的，他也按照父母的安排去学了。

在学校，张小亮还很受同学们的欢迎，大家都喜欢和他相处。因为同学们和他在一起时，不论自己讲什么话，讨论什么事情，都能得到张小亮的认同，这让同学都能感到自己受尊重。大家一起玩的时候，张小亮往往是做什么都行，从不与人争执。

在赢得好人缘的同时，张小亮也逐渐有了自己的烦恼：自己也是有想法的，无论是在家里还在学校，有时他也想提出自己的建议，但为了不伤和气他总是顺从大家。这让他感觉不到自己的价值，和同学在一起时，他觉得自己都快没有独立性了。为此，张小亮经常感到很烦恼，他应该怎么摆脱这种困境呢?

张小亮的遭遇说明了一个在男孩中普遍存在的情况：无论是人生理想这类的大事，还是一起玩耍这样的小事，男孩往往会听到周围人不同的意见和劝告，他们是应该听从并采纳呢，还是不予理睬呢?

其实，之所以出现这样的情况，是因为男孩处在青春期，社会阅历并不丰富，心理尚没有发育成熟，导致在自己的生活及发展方向上容易受到外界的影响。这种影响在小事上对男孩没有什么害处，但是如果习以为常就会在大事上也受影响，这就对男孩的前途及人生有较大的负面影响了。

古时候，有一个非常勇敢的士兵，每次打仗都表现得很出色，经常立大功，于是将军提拔他做了副将。刚当上副将的时候他很兴奋，每次行军都走在队伍的后面，高兴地看着这支浩浩荡荡的大军，体验做将军的威风。

有一次出征，他们将敌人打得落花流水，还带回来一支被俘虏的军队。俘虏们看到他走在队伍的后面就笑话说："看啊，他哪里是一个将军，分明就像一个放牛的老汉。"

副将听了以后，觉得他的话有几分道理，一个副将怎么能像放牛的人一样跟在后面呢，于是就骑马走到了队伍的中间，以为这样就比较得体了。可是，俘虏们又嘲笑道："还是个将军呢，躲到队伍里做什么，是害羞呢，还是害怕呢？"

士兵们听了都忍不住笑起来，他觉得很没有面子。心想，副将的确不应该躲在士兵的队伍里，便快速跑到队伍的前面，走在将军的身后，心想，"看你还有什么可说的。"俘虏们看见后骂道："不过就是个副将，还跑到队伍前面耍威风，真是不知羞耻！"

副将一听，马上红了脸，他勒住缰绳，骑在马背上原地不动，不知道该往哪里走。走在前面的将军回过头说："你想怎么走就怎么走，何必那么在意别人的看法呢？"副将仔细琢磨了一下将军的话，忽然觉得自己还是比较喜欢走在后面，因为他可以看到整个军队的气势，然后飞马向军队的后面跑去，任俘虏们怎么说也不理睬，高兴地跟着自己的队伍前行。

故事中的这位副将就犯了和张小亮一样的错误：对别人的看法和意见过于听从，结果导致自己无所适从，甚至差点因此而影响自己的前途。其实，每个人的生命都是有限的，人们不能总是活在别人的眼里，总是让别人对自己做的任何事情都满意。

如今，有些歌星总是很在意歌迷对自己的看法，会因歌迷的意见而改变自己的风格，但这样做的结果是仍然不能让歌迷们满意。到最后，自己原本的风格丢失了，新的角色也没有扮演好，精神压力非常大。这些歌星总是觉得自己被限制了自由，其实，这是他们没有坚持自己的风格，而是过多地在意歌迷的看法，精神上受到了牵制，自己把自己装进了笼子里，当然不会自由，还会影响到事业的发展。

身为男孩，要知道自己的内心里到底想要什么，到底想做什么，只有坚持自己的本色才不会被外界过多地左右。而且，人生在世，作为一个男子汉只有做自己想做的才能够真正实现自己的价值，才能够让自己体会到成功的喜悦。

在东晋时期，著名的诗人陶渊明就是一个坚持自我的人，在人们争相追名逐利的时候，他毅然放弃了仕途，选择归隐田园，守着几亩薄田和几间茅屋过着自己的恬淡日子。虽然很多人都嘲笑他胸无大志，但是他很清楚，他不喜欢钩心斗角的官场，甘愿做一个日出而作、日落而息的农夫，闲暇时就弹几段琴、读几本书、喝几杯酒，做一个逍遥自在的诗人。正是有了在当时社会中这样“不合群”的追求，陶渊明才能放弃在别人眼中十分“可贵”的高官厚禄，而在山野之间自给自足，醉心于文学创作，才能给后世留下那么多的斐然诗篇。

人们可以设想下，如果陶渊明没有坚持自己的主张，他就不可能抛下自己拥有的一切，而潜心学问，更不可能成为一代大诗人。

无独有偶，1994年诺贝尔经济学奖获得者、德国教授莱茵哈德·泽尔腾也十分强调做人要坚守自我，要走自己的路。前几年，莱茵哈德·泽尔腾教授访问了我国的同济大学，并出席“同济大学泽尔腾经济管理研究所”揭牌仪式，还受聘为同济大学的名誉教授。这样一位当世顶尖的大经济学家，在接受采访时，对记者提出的诸多问题都谈了自己的见解，唯独拒绝回答“为年轻人的人生发展提建议”、“为年轻人的研究提建议”等这类问题，被一再追问下，他以“年轻人要走自己的路”来作答。按常理来说，作为一位大师级的人物，他肯定对自己的人生经历有着诸多的感悟，其任何建议对年轻人来说都显得十分宝贵，甚至能帮助年轻人少走很多弯路。但是他却拒绝回答这类问题，这意味着他拒绝给年轻人的发展施加任何影响，他认为年轻人有创造力，作为长辈和导师要放手，鼓励他们找到属于自己的发展道路。

从这个事例中，人们可以看出连诺贝尔奖获得者都认为年轻人应走自己的路，作为男孩是不是更要坚守自己的本心，在个人发展、学习等事情上有自己独立的见解并努力走下去呢?

因此，作为男孩，在生活中，要活给自己看，不要太在意别人的看法。这样生活压力才会减小，精神上也比较自由。当然，走自己的路、活出自我并不意味着就不听取别人的意见。男孩的性格大多比较冲动、执拗，不听劝的话也许会误入歧途，这就需要男孩在有主见的基础上，能参考旁人的建议，善于吸取其中对自己有益的建议，而不是全盘接受，更不是毫无主见地把一切都交给别人打理。

勇于面对失败

有个周日，某初中举办围棋比赛，要求每个班都推荐围棋水平高的同学参加，并且还有机会与省围棋协会的高手交手。在以往，其他比赛时，很多同学都踊跃参加，但是这次比赛不少同学都没有报名，甚至连一些学校里的围棋高手都放弃了。这是什么原因呢?

原来，当同学们听到获胜选手们还可能会与省里的围棋高手们对垒时，纷纷打起了退堂鼓。他们惧怕失败，不相信自己能打败省里的专业高手，更担心因此会在学校里丢脸，干脆就找种种理由不参加了。

这个事例看似有些荒唐，其实在不少男孩中还是存在的。有的人有着自己的优势方面，但是有时会由于各种顾虑而放弃获胜的希望，还有的是因为自己在某些方面不如别人，就不敢与之比较，甚至为此而失去自信。这两种情况都是男孩面对生活和学习中的挑战时，不能接受自己一旦失败后的情况而失去自信的表现。由此及彼，男孩一旦有了这样的想法，也会因自己的某些缺陷而自卑，而这些都很不利于男孩的健康成长。

其实，人生之中不如意之事十有八九。男孩如果因为上述那些事情而对自己失去信心，那么在以后的人生之路中会有更多的磨炼和考验等待着自己，那时自己将如何应对呢？人们都知道冯小刚是我国的著名导演，是娱乐圈的大佬级人物，每天都有无数的人关注他的一言一行。当他的形象遭到了破坏时，他的应对也许对男孩有些启发。

冯小刚在多年前就患有白癜风，这对很重视个人形象的娱乐大亨来说是一个很大的打击。很多人都对他的病情很关心，纷纷替他寻找解决良方，也有一些对冯小刚不满的人正好借此嘲讽他。在众说纷纭之时，冯小刚在微博上做出了回应。原文是这样的：常遇热心人苦口婆心劝我治疗脸上白癜风且免费献出祖传秘方，在此一并叩谢。这病在下就患存了。不是不知好歹，皆因诸事顺遂，仅此小小报应添堵远比身患重疾要了小命强。这是平衡，也让厌恶我的人有的放矢出口恶气。再者即便治愈，我也变不成吕布、黄晓明，顶多就一不用打底色的杜月笙。

冯小刚的这一自嘲式的回应，不仅化解了对手们的嘲讽，更展露了他豁达的胸怀。他能够接受自己所遭遇的一切，以坦然的心态接纳自己的不完美，体现了他不为困难压倒的内心世界的强大。

可见，接纳自己是一个人健康成长并不断发展的前提。试想一下，一个人如果不接纳自己，连自己的问题都不敢正视，那他怎么能引导自己向上呢？更何况，在生活中，不接纳自己的人常会把很多精力用在自我否认和排斥上，带着那么多对自己的不满和失望，甚至否认和拒绝，又怎么可能健康成长呢？而一个人只有真正接纳了自己，才能够不断自我发展和完善。

体操运动员杨威是中国体操队的全能选手，他的体操生涯很辉煌，但也非常坎坷。他经历了很多次世界大赛，有过胜利的喜悦，也体验过失败的痛苦。

2004年的雅典奥运会杨威遭遇了滑铁卢，他带领着被大家称为体操“梦之队”的中国体操男队前往雅典，肩上担负着中国人民的厚望。所有人都盼着这支身经百战的队伍能夺下男团的金牌，但是，赛场上发生的状况让大家很是震惊，队员们的表现都不尽如人意，尽管最后奋力赶超，也仅仅获得了第四名。

男团失败后，杨威的压力非常大，接下来他还要争夺男子体操全能项目的冠军，可是，此时的他已经因团队的失败而深陷痛苦之中，很难振作起来，几番调整之后，他还是决定为自己的冠军一搏。这一次大家又把期望集中到了杨威的身上，他是中国体操队的领头人物，也是大家心目中的全能王。

杨威顶着巨大的压力，稳定地完成了前几项，就在大家为他即将到来的冠军而准备欢呼的时候，杨威在单杠上出现了重大的失误，一只手从单杠上滑落下来，身体刹那间失去了控制，尽管他重新调整了心态，但是整套动作依然完成得很吃力，最后以第七名的成绩告别了金牌。

这次失败给杨威的打击很大，他无法原谅自己，甚至产生了退役的念头，在队友和教练的帮助下，他终于从失败的阴影中走出来，决定再一次为奥运而战。

2008年，杨威又一次带领中国体操男队进入奥运会的赛场，赛场上飘扬的五星红旗让他和队员们激动不已，这一次，他们是作为东道主与其他国家的选手进行角逐，每个人都非常渴望得到金牌，在中国观众的呐喊声中，他们以出色的表现拿下了男团的金牌，而杨威更是以零失误的表演得到了一枚全能金牌，继1996年之后，他终于又将这枚金牌收进了自己的囊中。

在生活中，每个人都会经历很多次失败，如果不能从失败中走出来，就很难进步。男孩更需要接纳自己的失败，给自己改过和变得强大的机会。原谅失败并不是不思进取，而是为了理智地总结经验教训。当男孩因考试不及格而郁郁寡欢时，是很难进入良好的学习状态的，久而久之就会影响学习效率，给下一次不及格埋下隐患。

原谅自己的失败除了能帮助自己消除考试不及格的阴影之外，还能够提升自己的信心，让自己懂得珍惜生活，养成乐观的好心态。

有一位潜艇兵叫罗勃·摩尔，参军之前他在一家税务局工作，表现一直很不好。每次工作上的失败都让他很有挫败感，他无法原谅自己一次又一次的失误。慢慢地，他越来越不自信，也渐渐厌烦了自己的工作，经常发牢骚。有时还把情绪带到家里，动不动就和妻子吵架，生活一团糟。“二战”爆发了，他加入了海军做了一名潜艇兵。有一天早晨，他发现了一支日本舰队正朝着自己潜艇逼近，为了躲避日本舰队，他操作潜水艇紧急下潜，不过，日本海军又接连发射出许多深水炸弹，连续轰炸了12个小时，炸弹一颗一颗地在潜艇周围爆炸，他和战友们都感到非常恐惧。潜艇舱里寂静得可怕，曾经灰暗的生活浮现在他的脑海中。他突然意识到，和生命相比，那些小小的失误都不算什么。日军撤退了，他和战友们都安然无恙，战争结束后，他重新回到了税务局，又做起了以前的工作，即使工作中出现了失误也不再闷闷不乐，而是想办法去解决，渐渐地，他喜欢上了自己的工作，也更加热爱生活。

罗勃·摩尔在生死存亡的关键时刻想起了过去的失败，他明白了失败并不是不可原谅的，所以他接纳了自己以前的失败，并在日后改变了自己的命运。作为男孩，如果还是深陷在失败的痛苦中无法自拔的话，那就给自己一个积极的心理暗示吧，“我是为了下一次的成功而原谅自己的”。普希金曾说，“而那过去了的，将成为美好的回忆”，只有接纳了自己的失败，它才会成为你美好的回忆，才会在日后迎来成功。

给自己找一个榜样和竞争者

孙云鹏是名高一的学生，他的成绩在班上属于中等，无论是什么课程他都认真听讲，也按时完成作业，但总觉得生活和学习中缺少点什么。他曾经仔细想过，但好像自己的一切都很不错，也没有明显需要的东西，这让他很是纳闷："为什么总觉得生活中少点什么，总觉得没有意思呢？"

后来，在一次聊天中，他把自己的感觉和好朋友王磊说了。王磊是班上的学习尖子，同时还对发明创造很感兴趣，时常摆弄出些新奇的小玩意儿。王磊听完好友的诉苦后，沉思了好大一会儿，才慢慢说道："我认为你是缺少心中的偶像，也缺少竞争对手，才让你感觉生活没有意思的！"

"缺少偶像？我也有喜欢的明星啊。"孙云鹏有些不明白。

"我是说你缺少的是偶像，这个偶像是一个伟大的人物，你很敬佩他，很希望自己以后能成为像他那样的人。比如，我就很崇拜爱迪生，也希望日后自己能成为一个发明家。"王磊仔细地解释道。

"哦，原来是这样，你这么一说，我还真感觉自己好像没有这样的榜样呢！"孙云鹏恍然大悟。

"那么，你说的竞争对手又是怎么一回事儿呢？"孙云鹏又问道。

"是这样的，你有了榜样，就会向榜样的成就的方向去努力。但是那毕竟离自己的生活太远，如果你身边再有一个和你水平差不多的人作为'对手'，和你竞争，你就会有压力，进步就会更快啊，当然你也就不会感到生活没意思了。"王磊解释说。

"嗯，你说得有道理。我想想啊，这样吧，我们作为'对手'竞争吧。"孙云鹏笑着说道。

"好啊，咱们一起进步，不论是学习还是其他方面，都比一比哦！"王磊爽快地答应了。

孙云鹏感到自己的生活总缺点什么，后来在好友王磊的提醒下才发现是缺少了榜样的鼓舞和“对手”的压力，才让他感觉到日子平淡。这样的情况在很多中学生，尤其是男孩身上都曾出现过，在没有榜样和压力下，大都是得过且过，而一旦有了参考目标和竞争对手的压力，不少男孩就会迸发出强大的动力，很快就会做出让人刮目相看的成绩来。

可见，在成长中，找到合适的榜样和“对手”对男孩来说是一件大好事呢！

他的事业很不顺利，四十几岁的时候又被老板炒了鱿鱼，经济状况非常糟糕，连房租都已经负担不起了。儿子已经到了上学的年龄，可是他根本没有钱支付孩子的学费，妻子对他完全失去了信心，便领着9岁的孩子离开了他。

家庭破碎之后他一蹶不振，不是去酒吧喝廉价酒就是整天窝在自己租的小房子里，活得如同行尸走肉一般。

一天，他从破旧的小酒吧里出来，不经意间抬头看了看天空，他已经很久没有看过天空了。今天的天空好像被雨水洗过一样，干净、清明，阳光也特别灿烂。

这一切的美好让他暂时忘记了自己的处境，他仰着头，尽情地享受着阳光的爱抚。忽然一丝冷风掠过，他从片刻的美好中清醒过来，又想起了破碎的家庭和窘迫的经济状况，心里非常痛苦，满面愁容。

这时，一个小男孩走过来拉拉他的衣角，仰着头对他说：“叔叔，你长得很像拿破仑，就是那个大英雄。”

他蹲下身问：“孩子，你觉得哪儿最像呢？”

小男孩认真地说：“哪儿都像，简直是一模一样。”

他虽然知道小男孩的话并不可信，但是，他突然意识到自己好像就是拿破仑，心里的痛苦顿时减轻了许多。他冲小男孩笑了笑，说：“也许我真的就是拿破仑呢！”然后带着一丝喜悦离开了。

回到家后，他翻出一本《拿破仑传》来认真阅读，渐渐地，他发现拿破仑的精神慢慢渗进了自己的身体里，他的全身都充满了力量，对生活也有了热情，于是他决定以拿破仑为榜样，要做一番大事业。

从此他开始了自己的奋斗历程，只要遇到困难他就会想，“拿破仑不会放弃，我也不会。”凭着百折不挠的精神，他终于创造出巨大的财富，最后与妻子和孩子团聚了，一家人过着幸福的生活。

因为有了拿破仑这个榜样，这位失意的法国人才会重新振作起来，并且创造出巨大的财富，可见，榜样的力量是巨大的。如果男孩也想像这位法国人一样成为一名成功人士，那就给自己找一个榜样吧，从现在开始就向他学习，让他的精神鼓励自己不断进步。

俗话说“近朱者赤，近墨者黑”，要想成功，就应该多了解一些成功人士的奋斗故事，让他们的精神和事迹感染自己，从而改变自己的思维和行为方式。当自己把一个人当作榜样之后，自己就会从行为和思维上去模仿他，逐渐地，自己会抛却以前的懒惰和随意，变成一个有理想、有追求的人。

学习榜样并不是一种简单的模仿，而要让他们的精神融入自己的体内，否则自己只能学到一些皮毛。就好比一些盲目追星的人，他们总是把学习停留在表面，只注重模仿名人的装束，根本不去体会这些名人成名过程中的艰辛，所以到最后也没有取得什么进步。

竞争对手表面看来是自己的“敌人”，对自己有很大的威胁，但是从长远看来，竞争对手却是自己的朋友，是能够不断激励自己进步的朋友。假如同桌比自己要优秀一些，那么自己一定会产生“危机感”，因为老师和其他同学的注意力都被他吸引了。这时候，如果自己能够正确对待自己的竞争对手，把同桌当作刺激自己不断进步的朋友，并努力提高自己的成绩，那么用不了多久自己就会得到同样的关注。

四川泸州市有两个著名的制酒企业，一个是“郎酒”，一个是“泸州老窖”。很多人都怀疑，一个小小的泸州市怎么会产生两个这么强大的制酒企业呢？当记者问到两个企业的领导人时，他们都不约而同地说了一句话：“是对方让我们变得如此强大。”可见，正确对待竞争对手是促进自己进步的好方法。

有句俗话说“一山不容二虎”，其实，一山必须容二虎。只有一只老虎的山林肯定是死气沉沉的，而且这只老虎也不会有太强的战斗力，因为它没有竞争对手，没有竞争对手就没有压力，就没有想要强大的动力。时刻有竞争对手的“威胁”，才会产生强大自己的意识，并且还能够在与对手PK的过程中培养自己坚强的性格。

选择竞争对手也需要注意一些问题。所谓竞争对手，就是比自己强大，但是又不能强太多的对手。在学习上，竞争对手就是名次比自己靠前的，但距离又不是太远的同学。因为这样才更有利于促进自己进步。对手太强大，那么自己的压力就会过大，而且赶超他的概率也比较小，这样只会打击自己的积极性，让自己更加没有自信。

早立志早规划，人生才不虚度

有一个美国男孩，他出生在纽约的贫民窟，家里很贫穷。父母每天都要拼命地赚钱，根本没有时间管教他，于是，他就和贫民窟的小混混们走在了一起，成天打架斗殴，有时还要做一些小偷小摸的事情，让父母很头疼。

在学校里他也从来不听老师的教导，逃课、捣乱是经常的事情。有一天，他溜出教室，打算翻墙出去找他的混混朋友们，可是刚爬到墙上就被主任抓住了。这个主任在学校里是出了名的火暴脾气，被同学们称为“魔鬼主任”，各个刺头学生都不敢轻易冒犯他。

他站在墙头上吓坏了，哆嗦着双腿。主任厉声说了一句：“跳下来！”他只好从墙上一跃而下，准备任凭“魔鬼主任”处置。主任把他上下打量一番，然后突然大笑起来，说：“你这个小子，反应挺快的，一看就是当州长的料。”小男孩听了很惊讶，就连他的父母也没有说过他能成为州长。他看着笑眯眯的“魔鬼主任”，大声地问：“您确定吗？”主任说：“当然确定，我的话从来都不会出错。”小男孩听了很高兴。

放学后小男孩跑回家，兴奋地对母亲说：“我要成为纽约州的州长了，以后我们不用住在贫民窟了。”母亲疑惑地看着他，问：“孩子，你这是怎么了？”他笑着说：“我要当州长了，妈妈，您说州长是什么样子的？”母亲虽然不知道发生了什么事，但是，孩子能够有当州长的想法毕竟是好的，于是她就笑着回答孩子：“州长都是聪明、有能力又有涵养的人。”

小男孩记住了母亲的话，他励志要成为一个聪明、有能力又有涵养的人。从此，他开始努力学习，改掉自己的坏习惯，一直为成为州长这个目标而努力。终于，皇天不负有心人，在51岁的时候，他被选举为纽约州的第53任州长，他就是罗杰·罗尔斯。

罗杰·罗尔斯虽然出身贫民窟，但是从小就树立了要成为纽约州州长的远大目标，并为此不断努力，终于在51岁的时候如愿以偿。由此可见，树立远大的目标能够成就一个人的事业，改变他的命运。

远大的目标是一个人奋斗的动力，一旦树立了目标他就会好好地把握现在，严格要求自己，不会再迷茫和懒惰。

查理·斯瓦布出生在宾夕法尼亚州的一个小山村，从小过着艰苦的生活，以赶马车为生，生活毫无希望。一次偶然的机会他进入了卡内基钢铁公司，虽然只是一名临时的苦力工，但是从进入公司的第一天起他就给自己树立了一个目标，他要成为卡内基钢铁公司的总经理。为了实现自己的目标，他任劳任怨，从不偷奸耍滑，领导非常欣赏他的工作态度，两年以后就让他加入了公司，成为公司的一名正式员工。当然，这只是查理的第一步，他的最终目标是成为总经理。后来，为了让自己成为一名全能型的员工，他不只做好自己的本职工作，还去其他部门进行学习，如此辛苦奋斗了十几年，终于成功地坐上了总经理的位置。

如果他没有树立远大的目标，只甘心做一个苦力工的话，可能一辈子都会生活在社会的底层，永远也看不到成功的希望。

想要成功就得树立远大的目标，这个目标要有一定的挑战性，不能太简单。但是也不能不符合实际情况，否则会给自己太大的压力。树立目标要有自己的个性，要符合自己的特长和喜好，不能盲目随大溜。如果自己比较适合做商人，那就不要学别人非得成为一名政治家，如果自己是个做艺术家的料，那就不要迎合父母做一名数学家。总而言之，自己树立的目标既要具有挑战性，也要符合自己的特质。

俗语说“有志之人立长志，无志之人常立志”，所以，男孩的目标一定要长远而坚定，不能朝令夕改，否则不会有太大的成就。

想要成功，光有远大的目标还不够，还要有合理的计划。如果把人生当作一次寻宝的历程，那么目标就是要找到的宝藏，而计划却是手中的图纸和指南针。没有图纸和指南针就无法准确地找到宝藏的位置，所以，计划必不可少。

阿诺德·施瓦辛格从小立志要成为一名政界要员，但是，这个目标对一个出生在只有1200人的贫困小镇的孩子来说实在是太遥远了，不过他没有放弃。

为了实现目标，施瓦辛格制订了一个人生计划。他要从小事做起，先强大自己的身体，然后强大自己的内心和财力，最后再向政界进军，逐步实现自己的愿望。

他计划让自己成为一名运动员。一次偶然的机会，他在学校外的小湖边碰到了体操运动联合会的主席库尔，在库尔的帮助下，他走上了健美的道路。他从一开始就安排每天的锻炼时间、每年的锻炼成果以及最终要取得的成绩，而且每一步都走得很顺利，从第一次健美比赛的第六名到获得“欧洲先生”和“宇宙先生”的尊称，施瓦辛格的健美成就无一不在他的计划范围内。

自从“宇宙先生”的大名打响后，施瓦辛格就退出了健美界，转战影视圈，他想通过影视为自己创造更多的财富，赢得更多人的喜爱和支持，而且他也做到了。他塑造的硬汉形象吸引了很多影迷。拥有一定的财富和人气后，施瓦辛格毅然离开了影视圈，几番努力之后，终于在2003年成功地担任了加利福尼亚州的州长，而且政绩卓著，受到加州人民的爱戴。

阿诺德·施瓦辛格的成功正是源于他对自己合理的规划和认真实施，否则他是不会在体育、影视和政界都取得那么大的成就的。对于男孩来说，合理的计划能够充实自己的生活，激励自己不断地进步，宝贵的青春才不会虚度。倘若一个人没有计划，那么他的生活就会太随意，也很容易放松对自己的要求，慢慢地就会变得懒惰、懈怠。一个懒惰而懈怠的人是无法实现目标的。合理的计划还能够帮助验证自己的努力成果，如果实际的成果比计划要好，那么你就可以适当地提高对自己的要求，这样才能刺激自己进步。如若实际的成果不如计划的好，那么就要总结经验教训，或者把要求降低一点，或者改变自己的办事方法，争取在下一个阶段提高效率。

既然计划必不可少，那就要学会给自己制订一个合理的计划。这个计划要符合你自身的具体情况，时间安排不能太紧也不可太松，难度不能太大也不可太小，要综合考虑自己的学习能力、适应能力和身体素质，不要让自己的压力太大，否则会产生厌倦心理，容易半途而废。

为了梦想去实施自己的计划

2012年10月份，网上突然出现了一个新的名词——学霸姐，指的是清华的女博士生马冬晗，她以自己那近乎完美的学习计划和极强的执行力取得了学业上的极好成绩，并且还赢得了同学们以及众多网友们的一致赞赏，并亲昵地称她为“学霸姐”。虽然被称为姐，但马冬晗的年纪并不大，1989年出生的她在同学中还算是年龄较小的，但学习是最好的，而且她还是学生会主席，还常常与同学、室友们聚餐、一起逛街，真正是做到了学习、生活两不误。

在接受《京华时报》记者采访时，马冬晗说自己之所以能取得这么大的成绩，主要是自己的执行力比较强，在制订计划时，她会注重合理性，一旦确定下来就会尽可能地去执行它。当记者问她如何完美地协调自己的计划表和学生会主席的工作以及与同学交往时，她回答说，会根据实际情况调整自己的计划，在事后会补上学习。同时她也很重视与同学的感情，如果在聚餐和学习两者之间选择，她会选择前者。对于计划表，她坦诚也不会一昧地僵硬地去执行，会在实行中根据具体情况做修改，但整体来看自己的计划完成得还是不错的。

作为一个女孩子，马冬晗能做到合理计划并尽力去执行，那么作为男孩，如果认真制订计划并去实施的话，取得的成就也不会比女孩差。但是，为什么很多男孩都有计划，但就是没有取得预定的效果呢？其中最重要的原因就是：要大胆走出计划的第一步才行，而不能只计划不执行。

课间的时候，王强一直坐在座位上发呆，同桌看见后很惊讶，他笑着问："你在想什么？"

王强说："我想参加一次数学奥林匹克比赛，可是越想越觉得不可能。"

同桌疑惑地问："你为什么突然想参加这个比赛呢？"

王强叹了口气，沮丧地说："我昨天给自己制订了一个学习计划，第一个目标就是在一次数学奥林匹克大赛中获奖，完全不可能啊！"

同桌说道："其实很有可能。你看咱们班的李克，以前英语从来没有及过格，可是在上次的英语作文比赛中还获奖了呢！"

王强还是没有自信，垂头丧气地说："我还是不敢想象，怎么也没办法迈出第一步，一想起每天都要面对一堆数字我就头疼。"

同桌拍拍他的肩膀，笑道："其实没有这么困难的，我来帮你。"

王强看着他兴奋的样子，问："真的有这个可能吗？"

同桌肯定地说："当然，一切皆有可能。"

放学后，同桌带着他去学校附近的书店买了几本参考书，他说："数学老师说了，这几本书是最好的，只要把书上的题目都琢磨透彻，保证你能得奖。"

王强听了很兴奋，但是，他刚翻开几页就皱着眉说："这么难的题目，我怎么能学会啊？"

同桌笑道："我跟你一起学，每天监督你，有难题我们就去找老师。"

王强高兴地说："好，有个人做伴就有趣多了。"

在接下来的几个月里，王强在同桌的监督和帮助下解决了很多难题。比赛前一天，王强翻了翻这几本参考书，惊讶地说："我从来没有做过这么多数学题，而且都做出来了！"

同桌也有同感，道："其实我开始也不敢确定自己能陪你坚持这么久，谁知道时间这么快就过去了。"

王强的努力没有白费，他在这次比赛中获得了优秀奖，拿到奖状后，他跑回教室兴奋地对同桌说："我得奖了，这都是你的功劳！"

同桌笑道："这回你明白了吧，只要肯走出第一步，成功的机会是很大的。"王强笑着点点头，非常感激同桌的鼓励和帮助。

王强在同桌的帮助下勇敢地走出了第一步，并且实现了自己的第一个学习目标，心里非常开心。许多男孩都有自己的计划，不论是人生计划还是学习计划，如果不敢走出第一步的话，那就很难成功，其实只要迈出一步，和成功的差距就会缩小一步。

走出计划的第一步是需要勇气的，也许会觉得自己的理想太遥远，所以一直不敢迈出第一步，其实完全不需要有这些顾虑，奥巴马小时候也并不知道自己将来会成为美国总统，所以自己要做的就是大胆地往前走。如果一直无法鼓起勇气，那就多看一些成功人士的奋斗历程，看看他们是怎么走出第一步的。

布鲁金斯学会经常出一些难题来考验学员的推销能力。有一次，策划人员又想出了一个难题，让学员把一把旧式的斧头推销给布什总统。很多学员都觉得不可思议，一位总统怎么会买一把斧头呢，根本就没有什么用处，大家都没有勇气去尝试。可是有一位名叫乔治的学员却不这么认为，他认真地思考了一下布什的情况，发现他有一个农场，而且农场里种着很多树。乔治亲自去农场走了一遭，看到有些树木已经枯死了，他想，布什总统一定会修整这些树木的，只是用什么工具的问题罢了。于是，他就给布什总统写了一封信，向他介绍了农场的情况，然后又分析了用旧式斧头砍树的好处。布什总统看到这封信之后觉得很有道理，直接给他寄去了20美元，买下了他这把一般人都不会买的旧式斧头。

如若乔治像其他学员一样觉得这件事不可能完成的话，那么他就不会成为“最伟大的销售员”之一。

可见，迈出第一步还需要自信，很多走不出第一步的人大都对自己的计划表示怀疑，他们总是觉得一切都不太可能。其实，只要愿意思考和付出，很多事情都是有可能的。

需要男孩们注意的是，在执行计划后，还要根据遇到的情况对计划进行相应的修正，而不能一成不变地去实施。前面“学霸姐”马冬晗的经历就是一个很好的例子。她虽然每周都有计划，但都会根据相应的情况去调整，当然调整的结果是更好地平衡了学习、生活等多方面的情况，更有利于自己的全面发展。因此，男孩无论是在今后的人生道路上还是在眼前的学习过程中，都要适时、合理地调整计划，既能提高自己的效率，又可以更好地实现自己的价值。

计划是指引人们前进的方向标，但是，并不代表人们就要被这个“方向标”所左右。计划一定要有灵活性，俗话说“计划没有变化快”，随着时间的推移，很多情况都会发生变化。人们在执行中不能一切都按照原来的计划走，要对计划进行适度的调整，在保证大方向不变的情况下做些改变，这样才能更好地实现自己的目标。

有时候人们制订的计划并不适合自身条件的发展，或者会影响自己的发展，那么就要抛弃一些不合理的计划，找准自己的发展方向，更好地实现自己的价值。诺基亚公司的领导人曾经计划让公司全面发展，不但立足手机行业，还经营了制药厂、化工厂、造纸厂等。但是，由于战线拉得太长，诺基亚的经营受到了很大的影响。领导人仔细考虑后发现了问题的所在，及时调整计划，放弃了对化工厂、制药厂等的经营，只专注于手机行业，这才让诺基亚快速发展成为全球电子业的巨头之一。所以，计划要根据具体情况进行删改，一定要有利于自身的发展，这并不是放弃，而是有智慧地选择。

第九章

坦诚相见，增进亲子关系

进入青春期的男孩，对待父母的感情是很丰富的，有喜，有怒，有哀，也有乐。但他们是天生的“伪装者”，总是喜欢把自己真实的感情掩盖在平静的外表下，而让父母捉摸不透。而他们自己在习惯了这种伪装后，也不知道和父母之间的关系到底是近还是远，很容易产生这样或那样的亲子问题。

其实，只要男孩摘下自己的伪装，用心去和父母交流、沟通，就能知道，父母有多么地爱你了。

和父母沟通，从聆听开始

王震从小就学习优异，一直都是同学们羡慕的榜样，老师和父母欣慰的对象，也是大家公认的“小百科”，不管谁有问题，都会找王震解决。

在学校里，大家都很喜欢这个笑容腼腆的大男孩，但回到家后，他脸上的笑容就不见了，取而代之的是一副漠然的表情，似乎对家和父母并没有那么深的感情。

王震的妈妈在外面总是夸儿子懂事，当有人问她是怎么教育孩子时，她却答不上来，只是尴尬地笑道：“我们平时工作忙，没时间教育他，都是他自己看书学习，可能是书读得多了，了解的知识也就多了，自然也就懂事了吧。”

其他家长听了王震妈妈的话，纷纷表示要给自己家的孩子多买些书，让他们来看。

但王震的爸爸妈妈其实也是有苦恼的，不仅他们苦恼，王震自己也常感到苦恼。因为，他不知道如何和父母说话，总是一句话听半截，然后就不听了。

这一天，王震的爸爸想关心一下儿子，就问他最近学习怎么样，有没有不懂的问题需要帮忙的。

他正在想如何回答时，就听到爸爸又问：“最近学习下降了吗？”

爸爸以为他不回答，是学习成绩下降了，本来还想安慰儿子一下，却见他刷的一下站了起来，不知道为什么，像是生气了。

“我的成绩才没有下降呢，你别胡说。”

“没关系……”爸爸最后一个“系”字还没说出来，就被王震打断了。

王震说：“爸，你怎么就不相信我呢，我的学习成绩真没下降。”

“我不是不相信你。”爸爸想解释，却发现儿子根本不听他的话，只好闭上嘴，什么也不再说，默默地走出了儿子的房间。

后来，每次爸爸妈妈来找王震聊天的时候，他虽然想好好和他们聊，但总觉得他们话里有话，肯定有其他的目的，所以不等爸爸妈妈把话说完，他就看着爸爸无奈地离去。王震这才后知后觉地发现，自己似乎误解了爸爸，难道他真的不是来责怪自己学习成绩下降的？

渐渐地，王震发现，自己竟然不知道如何和父母沟通了，向同学发牢骚时，同学一句话点醒了他。

同学问：“你真的认真听完父母的话了吗？”

“我……听了吧？”王震小声自问，这才后知后觉地发现，他似乎总是曲解父母的意思，从而打断了他们的话，从来没有认真听完他们的每一句话。

“那……那是因为他们太忙了，根本没时间和我说话。”王震为自己找了个借口，便走开了。

虽然现在社会竞争越来越激烈，很多父母不得不为了家庭和生存在工作中忙得焦头烂额，但这并不代表父母就不想和孩子沟通，也不能作为男孩不聆听父母说话的借口。

很多时候，青春期的男孩都会误解父母话中的真正意思，以为父母是来“找茬”的。而事实上，父母可能只是想来关心一下孩子，和孩子做一些语言上的交流和沟通。

男孩有没有想过，当自己在和父母说话时，如果总是不把父母的话听完，表现出一副厌烦的样子，这样的行为和表现会不会给父母也带来心理上的巨大伤害呢。如果是男孩在和朋友说话时，朋友总是拒绝和自己交流，次数一多，自己是不是就会想要疏远他，不再和他沟通呢？同理，父母也是一个平凡的人，被男孩拒绝的次数多了，就不愿意再和男孩多说心里话，而是用打骂训斥来进行交流。而面对这样的父母，男孩心里可能会更厌烦，更不愿意把他们的话听完。其实，父母的态度，很大程度上是被男孩“逼”出来的。

长期缺乏和父母之间的交流，会影响到亲子之间的关系，对男孩的成长是非常不利的，比如，男孩会出现消极的性格，还有可能影响到男孩的人生价值观。

那么，男孩应该怎么和父母交流呢？交流，就是人和人之间通过话语来彼此了解和理解。而有人说，就得有人听。所以男孩在父母说话的时候，一定要认真地把父母的话听完，不要总是不耐烦地打断父母的话，阻碍和谐的亲子关系发展。

男孩要多抽出一些时间陪在父母身边，试着和父母聊聊天，如果不知道说什么，可以先从聆听开始做起。听听父母在说什么，喜欢说什么，再根据父母的喜好，选择话题，进行愉快的交流。

等到男孩渐渐能和父母愉快地沟通后，男孩就可以试着选一些自己感兴趣的话题和父母一起讨论。在讨论的过程中，不要因为父母某些偏激的话语就“竖”起浑身的“刺儿”，要平静地听完父母的话，不要因为开头不是自己想听的，就打断不听了，没准父母接下来会给自己一些很中肯的建议，为自己的人生路上亮起一盏明灯。

男孩也可以试着和父母做朋友。当男孩把父母看成是自己的朋友时，交谈起来可能就不会那么敏感多疑了。男孩要扮演一个好的“倾听者”，不要因为父母的“唠叨”而觉得不耐烦，试想，如果这是自己的朋友在和自己“唠叨”，在关心自己，自己可能就会更容易接受父母的话了。这样沟通起来会变得更顺畅，男孩的心情也会变好。

其实，说和听都是相互的。当男孩在说话的时候发现父母十分认真地在听，是不是会更想说一些父母爱听的话，愿意和他们聊一聊呢？同样地，如果自己愿意认真听父母的话，父母也会“迎合”自己的心理，说一些自己喜欢听的话的。

别伤了父母的心

刘兵今年13岁，刚刚升入初中，是一个淘气爱玩的男孩。从小，刘兵就是个捣蛋鬼，不仅在学校不听老师的话，总是和老师对着干。就连在家里，他也经常不理睬父母的意思，父母让他往东，他偏要往西。

吃饭的时候，妈妈让刘兵先洗手再吃饭，可刘兵偏不听妈妈的话，伸出手直接抓一把饭菜送进嘴里，嚼得津津有味。妈妈看在一旁，真担心他打球的脏手上沾染太多的细菌，吃坏肚子。

这样的事情屡禁不止，反正他就是喜欢和父母唱反调，越让他做什么，他越不做什么。

“这孩子怎么这么叛逆呢？真是越来越难管了！”爸爸妈妈感叹道。

这一天，一家人正准备吃饭，妈妈让刘兵帮忙把客厅的桌子擦一擦，好摆放饭菜，但刘兵却吐着舌头边扮鬼脸边对妈妈说：“不去不去就不去！”

“你这孩子，又不听话了，那帮妈妈把抹布拿过来，妈妈手里拿着东西，没办法拿。”妈妈只好退了一步，但刘兵依旧不肯听，眨眼的工夫就跑回自己屋玩去了。

妈妈只好自己忙碌起来，心里微微有些受伤，觉得自己总是宠着儿子，儿子却连这点小事也不肯帮忙。

摆好饭菜后，妈妈喊刘兵出来吃饭，刘兵正在房间里看课外书，正看得津津有味，自然不愿意听妈妈的话。

“再不出来饭菜就凉了。”妈妈喊道。

“不吃，我有我的自由，我要看书呢。”刘兵不客气地说道。

“很快就吃好了，吃完了你再继续看。”妈妈说。

最后被磨得没办法了，刘兵才从房间里出来，跑到饭桌前一顿狼吞虎咽。

“吃慢点，小心别噎着。”妈妈担心地说。

“你管我。”刘兵越吃越急，最后塞了满满一嘴的食物重新跑回了房间。

妈妈偷偷抹了抹眼角的泪花，无奈地叹了口气。

当男孩进入青春期后，自我意识初步形成，自然而然地就会进入“反抗期”。这种叛逆和反抗心理，因人而异，有些男孩可能表现得不是很突出，而有些男孩因为生活环境的影响，逆反性可能比较明显，在面对父母或其他人时，常常你说东，他偏往西，就和你对着干。

其实，逆反心理是孩子的天性，只不过在男孩身上更容易体现。它有消极的一面，也有积极的一面。因为，逆反心理表现越强烈的男孩，自我意识就越强，这样的男孩比其他孩子要更勇敢，更有创新精神，将来在社会上更容易做出一番大事来。但消极的一面就是让男孩是非不分、不辨好坏，一味地感情用事，难以接受来自父母的管教和教育，严重影响男孩的成长和生活。一旦男孩不能正确对待自己的逆反心理，就会让自己出现多疑、冷淡、固执等不良性格，对成长十分不利。而且，过分的逆反心理，还会让父母感到难过，心理受伤。

那么，男孩应该如何正确面对自己的逆反心理并纠正它呢？

首先，不能接受来自父母的过度保护。

随着男孩年龄的增长，他的思维和表达能力也跟着提高，对周围的环境有了自己的认知和感受，自我意识渐强，种种变化会使男孩的独立性越来越强。这时候，就应该根据自己的想法亲自做一些力所能及的事情，而不是处处接受父母的照顾，享受着父母的过度保护。否则，久而久之，男孩就会发现，自己完全找不到自我表现的时机，就开始出现逆反心理，渐渐反抗父母和他人。

洪亮喜欢看课外书，每个月的零花钱基本都用来买课外书了。而且，洪亮也很爱惜这些书。看书前都会把手洗干净，看完后还会整齐地摆放好，几乎不愿意在书上留下一个手印、一点褶子。

但这一天，他一回到家，爸爸就来向他借书看。

他犹豫了一下，很不想借给爸爸，虽然爸爸也是个爱书的人。

“万一你弄脏了怎么办，不借。”洪亮小声说。

“弄脏了我再给你买本新的。”

“不行，就是不能借。”洪亮最近总觉得和父母说话很讨厌，忍不住就想顶撞他们。

其次，男孩要了解自己在青春期特有的心理特点，知道逆反心理会对自己造成什么样的伤害，积极面对自己的逆反心理，并学着和父母沟通，纠正自己的不良情绪。但有些男孩不但认识不到自己逆反心理的危害，还以此为荣，让父母十分头疼。使父母对男孩感到伤心、失望，严重影响了亲子关系。

有时候，男孩就是不明白为什么自己要被父母管着，他们渴望自由，觉得自己已经长大了，能不听父母的话，自己为自己做主了。

对此，男孩可以和父母商量一下，自己“当家做主”，做一段时间的“掌权者”，体会管理家庭和父母的艰辛和劳累，这样就能知道为什么父母要管着自己了。

最后，要纠正自己的逆反心理，男孩要学会尊重自己、尊重父母。要虚心向父母学习和请教。父母的人生经历比自己要多得多，对待一些事情会想出很多方法来解决，考虑问题也比自己要全面。很多事情都是值得男孩去学习的。如果想要自己的事情自己做主，男孩就要提高自己的分析和判断能力，不要总是反感父母的管教，和他们对着干，这样做只会让自己难受，让父母伤心。

互相了解，多和父母聊天

刘涛今年15岁了，一直想养一只小狗。他从小就喜欢狗，总觉得毛茸茸的小狗很可爱，而且还很亲近人，比冷漠的爸爸妈妈强多了。

而刘涛的父母却不想让儿子因为宠物影响了正常的学习和生活，就一直不同意让他养狗。

就这样，刘涛对父母的怨气很大。每次一提到养狗的问题，就习惯性地和父母吵起来。

“刘涛，你不是一直很喜欢小狗吗，我叔叔前两天送了我一只，真的十分可爱，他家里还有两只，你要不要？要的话我这两天就帮你要过来一只。”有一天，班上的同学问他。

刘涛当然想要，可他不敢答应下来，就说考虑一下。

回到家后，他就对父母说：“这一次我肯定要养一只狗，不管你们答不答应，我都要养。”

“不行，你怎么会喜欢那种脏东西了，连自己都照顾不好，还想照顾小狗？不准养。”刘涛的爸爸不出意外地拒绝了刘涛的要求。

“我这次不是和你们商量，我是已经决定好了，只是告诉你们一声。”刘涛不免伤心起来，说出口的话也有些重了起来。

这时候，刘涛的妈妈走了过来，无奈地叹了口气，对他说：“不是爸爸妈妈不让你养，只是妈妈……”

“只是你们都不了解我的爱好，一定要打击我，对不对？以后这些事情我再也不和你们说了，你们也别总是来找我聊天了，反正你们也不理解我。”刘涛说完，就跑开了，留下爸爸妈妈连连叹气。

儿子从小就喜欢小猫小狗，他们早就知道，也很高兴儿子能有这份爱心，但是……

“要不然，就让儿子养一段时间？或许我对狗已经不那么过敏了。”妈妈试探地问。

原来，刘涛的妈妈对狗过敏，在刘涛很小的时候，他第一次提出要养狗时，爸爸妈妈就帮他从亲戚家要来了一只小狗，但没想到刘涛的妈妈却对狗过敏，第二天就因为呼吸不畅被送进了医院。

而为了不让儿子担心，他们一直不敢告诉儿子不让他养狗的真正原因。今天刘涛的妈妈本来是想解释清楚的，但儿子根本不听，还说以后不和他们说话了，这让人很难过。

而一直躲在门后偷听的刘涛也愣住了，原来妈妈对狗过敏，而自己竟然一点也不知情，难道他对父母的了解仅仅只有这么一点吗？

这让他挫败感很大，都不知道如何面对父母了。

很多时候，青春期的男孩会抱怨父母根本就不了解自己心里的真实想法，也不是真心愿意和自己亲近的。为了保护自己的自尊心，男孩开始疏远父母，不愿意和父母聊天，更别说是了解父母的事情了。

就像上例中的刘涛一样，父母其实是爱他的，想满足他养狗的愿意，但因为妈妈的特殊体质，而一再地拒绝他。父母看到他失望的样子时，心里其实也是很难过的，但刘涛因为无法控制自己的情绪，而忽略了父母的感情，以为父母很自私，根本不了解他的喜好，更不愿意满足他的意愿。这让父母也感觉很无奈。渐渐地，亲子关系就会受到阻碍，让男孩和父母之间更加不理解，也更加不愿意吐露心声。

男孩应该怎么做，才能和父母做到有效沟通，互相了解呢?

男孩可以多观察父母，寻找父母的爱好，找一个和自己一样的爱好作为切入点，慢慢地和父母进行有效沟通和交流。在生活中，男孩可以让自己和父母忘记家长和孩子的身份，以朋友的身份来讨论共同的爱好话题。比如，同一个偶像、喜欢的花草、爱看的书等。男孩往往都乐于和别人讨论自己感兴趣的事情，就算是和父母一起讨论喜欢的事物，也会感到快乐。而当自己喜欢的东西也是父母喜欢的东西时，这种快乐就会加倍放大，男孩就会觉得父母也不是那么“不近人情”，自然而然地就愿意多和父母亲近，多了解父母，多和父母交流了。

每个人都有自己的秘密和不被人了解的地方，在他人看不到的地方，才会真正地表现出自己的喜怒哀乐。

男孩要学会理解父母的喜怒哀乐，并学着安慰父母。试想，当你自己的喜怒哀乐等心理情绪不能被亲人理解和抚慰时，是不是常常会感觉很委屈、难过，更不愿意将这些情绪展示在他人面前了呢?父母也一样，甚至因为大人的“面子”，可能会比男孩更会掩饰自己的情绪，不让男孩去多了解。

这种时候，男孩可以主动出击，经常和父母分享自己的喜怒哀乐，让父母感觉到自己对他们的爱，也感受到自己对他们的尊重和重视，让父母对自己有更多的了解和更全面的认识，有效地促进亲子间的和谐关系。让彼此互相了解、理解，更加理性地交流。

男孩要多给父母一些解释的机会。就像上例中的刘涛一样，本来妈妈已经打算把事实告诉他了，但他却不给妈妈解释的机会，从而错过了相互理解的大好时机。这对亲子间的关系造成了严重的损害。男孩不能只凭自己的想法就武断地下结论，要听一听父母的解释，了解他们心里的真实想法，再判断是否接受他们的解释。

男孩要多和父母进行语言上的交流，这样才能增进了解，让亲子关系变得和谐美好起来。

学会谅解

李算和同学约好周末出去玩，这天一大早，他就收拾好东西，急冲冲地吃完早饭，想要早点出门。

但是，他刚吃完饭，准备站起来走时，爸爸却板着脸走了过来，问他："昨天晚上是不是你进了书房？"

"对啊，我进去找东西。"李算说。

"你过来。"爸爸带着他往书房走，走到门口时，说："自己看看自己闯了什么祸。"

李算往书房一看，马上愣住了，原来，桌子上的墨水瓶不知道什么时候摔到了地上，整个木地板上都是黑墨汁，有些痕迹已经干掉了。

"不是我弄的，昨天我进来的时候还没有变成这样。"李算赶紧摇头否认。

"怎么？做了错事不敢承认了？害怕了？"

"我又没做错事。"

"还敢顶嘴！"爸爸伸手在李算的屁股上拍了一巴掌，他嘴噘得更高了，眼睛有些酸酸的，想哭。

"李算，你怎么还不出来啊，不是说好了7点出发吗？"这时候，和李算约好的同学等不及了，就上楼敲门。

同学刚进门，就看见李算被他爸爸扯着耳朵教训的场面，尴尬得不知道该怎么办。

"我下楼等你。"

李算感觉十分没面子，噘着嘴，鼓着腮帮子，就是不承认是自己把墨水瓶打碎的。

李算的爸爸也觉得这样也不是办法，就先让李算和同学出去玩了。

结果李算玩得一点也不高兴，对于爸爸冤枉他的行为，他觉得很委屈，很生气。爸爸还当着同学的面打他，让他"颜面尽失"，真是太可恶了。

想着想着，李算竟然想起很多因为父母本身的过错而导致他被教训、被冤枉的事情，心里更怨恨了。

每个人都会犯错，哪怕是身为成年人的父母也不例外。人在犯错的过程中会逐渐成长，变得更加成熟和有魄力，也会学会承担责任和向人道歉。所以，男孩不要强求自己有一个百分百完美的父母，在因为父母的错而受到责骂时，伤心难过之余不要怨恨父母，毕竟他们还是爱你的。男孩要学会谅解父母，体会他们的难处，坦然接受父母身上的小缺点。

不要对犯错的父母产生怨恨的情绪，这只会让亲情在男孩的心里逐渐变得没有地位，影响了亲子间和睦的关系。

那么，男孩应该如何正确看待父母的错误呢？

首先，男孩要学会原谅父母的小错误。父母对儿女的惩罚通常来源于对儿女的爱，但是作为成年人，他们的世界有更多的其他因素，影响了父母的心情和办事风格。有时候，父母只知道一种做事的方法，即便是在面对自己疼爱的儿子时，也只知道按自己的想法处理事情，而忽略了男孩自身的心情。男孩要体谅并原谅父母的“无知”。有时候，父母的不友善和惩罚只是因为他们没有足够的耐心来面对男孩，他们对待孩子的时候，是以他们自己的处事风格作为标准的，而非诚心为难孩子。如果换成是另外一个与孩子毫不相干的人，父母可能也会用这种态度来对待他们。

其次，男孩要明白父母也有犯错的权利，不能因为父母犯了错，就否定他们这个人，甚至是怨恨他们。这是不理智的行为。不过，父母的错误和青春期的男孩并没有任何关系，这只是男孩的爷爷奶奶和姥姥姥爷的教育方式出了错，所谓“种瓜得瓜，种豆得豆”，爱犯错的长辈，自然会“种出”爱犯错的小辈。所以，关于父母的错误，男孩要以这样的心态来原谅他们。男孩也可以借此来宽慰自己，“难怪我平时总爱犯错，原来是受父母行为、习惯的影响啊”。这样的自我解嘲，可以帮助男孩放松心情，缓解对父母的抱怨情绪。

再次，男孩要知道，父母也是一个有血有肉的平常人，作为父母，换个角色，可能就会成为男孩最好的朋友。所以，男孩可以在父母犯错的时候，进行自我暗示，把父母的角色偷偷换一下，把父母当成自己最好的朋友。试想一下，如果是你的朋友犯了错，冤枉了你，你会怎么做呢？我想，肯定不会像对待父母那样，心生抱怨，而是会有更好的解决方法，来和“朋友”沟通。重新定义自己和父母的关系，原谅身为朋友的父母，男孩肯定能感受到不一样的人生。

如果男孩实在是无法谅解父母的错误，或者父母犯的错比较严重，严重到男孩无法原谅他们，这时候怎么办呢?

不知道男孩听没听说过“树洞”这个词。有这样一个故事，讲的是一个心怀秘密的小男孩，把树洞当作自己的倾诉对象，向树洞倾诉自己的烦恼和忧愁。在现在的网络上，“树洞”指的是那些静悄悄的，只为等那些心中有话要说的人来，讲出心中的苦闷和忧虑，然后如神灵启示般地解决他们的问题的地方。比如，网站、论坛等。

男孩可以借鉴“树洞”的方法，把自己对父母的不满意写下来。把心中的烦恼写在纸上可以帮助你整理感情并且搞清楚事情。把痛苦写在纸上也可以达到净化的状态。尽可能清楚而详细地写，把所有的事情都“倒”在纸上。当男孩写完之后，大声地读出来，然后把包在纸里的事情投入火中，烧了它。随着青烟升起，男孩会发现，自己的情感包袱也随之消散。感觉到的是烦恼与灰烬和烟气一同上升，消失，然后全都不见了，包括对父母的怨恨和不谅解。

一起做家务，体会父母的辛苦

赵九的父母一直工作很忙，陪伴在赵九身边的时间很少。为此，赵九感觉心理很不平衡，每次看到其他孩子都有父母陪伴着出去玩时，就羡慕得不得了。

这一天，赵九说：“爸爸，明天你必须得陪我出去玩，要不然，我就再也不理你了，也不认你这个爸爸。”

“可是，爸爸明天要工作，后天是周末，咱们后天再去玩吧。”

“不行，就得明天，反正明天你不陪我，我就不认你这个爸爸了。”赵九认真地说道。

赵九的爸爸实在是很为难，最近他也觉得陪伴儿子的时间比较少，才说服了领导，忙完手里这个项目，就调到一个比较轻闲的职位工作。可儿子怎么偏偏在这个节骨眼上闹脾气呢？！他难道不知道自己工作这么辛苦，都是为了他吗？

赵九确实不知道爸爸妈妈整天工作是为了什么，他只知道，这周，爸爸妈妈又不能陪在他身边了。

青春期的男孩很容易产生失望的情绪，就像故事中的赵九一样，因为父母不能陪在他身边，而感到失望、难过，甚至闹脾气，说出了“不认爸爸”的气话。

因为生活水平的提高，很多男孩在日常生活中只看到了物质方面的享受，而不知道自己之所以生活得这么轻松愉快，是父母如何辛苦换来的。在孩子看来，父母只是早上出门，晚上回家，然后就挣到了钱，比他上学读书轻松多了。但事实却不是这样的。步入社会的辛苦，并不是身为学生的男孩可以深刻体会到的。

如何才能让自己体会工作的辛苦，学会理解父母呢？男孩可以从身边的小事做起，体会劳动的辛苦滋味，再和父母多沟通，通过父母的描述，来理解工作中的父母是多么不易。

小华今年已经14岁了，但他一点也不会照顾自己，偶尔一次想自己洗次袜子，还把水盆打翻，袜子没洗成，衣服倒弄湿了。

而且，小华竟然觉得上班比上学要轻松很多，一直向父母抱怨学习的辛苦，想要跟着父母一起去打工。

“爸爸，我什么时候才能工作啊，学习太枯燥乏味了，我想现在就去上班挣钱，也省得你们天天念叨我就知道乱花钱，不体会挣钱的辛苦。真是的，挣钱有什么辛苦的，不就是坐在办公室里看看文件，批几个字就行了，我肯定能任胜的。”小华说。

“上班可不是这么轻松的事情。”爸爸笑道。

但小华就是缠着爸爸，让爸爸带他去上班。

爸爸最后没办法，就想了个办法，说：“那，从明天开始，你白天上课学习，晚上在家里‘打工’怎么样？”

“在家里打工？怎么打？在家里能做什么啊，又没有办公桌，又……”

“工作并非只有一种，没有办公桌，我们可以做其他的工作啊，比如，你和妈妈一起打扫卫生，做家务，这也是工作的一种。”

“可是……行吧，那我就把家当作工作的单位，看看工作到底有什么难的。”小华最终答应了爸爸。

他认为不就是做做家务活吗，肯定一点也不辛苦。

但第二天，小华刚和妈妈打扫完客厅的卫生，就累得满头大汗，直喊要休息。

“妈妈每天上班都会先把自己的办公室打扫一遍，不比现在轻松，然后还要辛苦地工作一天，你只做了这么一会儿，怎么就喊累呢。”

小华听后，这才知道爸爸妈妈平时上班有多辛苦，直起腰来说道：“妈妈，我一定认真学习，以后努力工作，不再让你们这么辛苦了。”

案例中的小华通过做家务活的方式，体会到了劳动的辛苦，知道父母上班工作是多么的不容易。劳动是我国传统美德，热爱劳动的人性格更开朗，也更容易在竞争激烈的社会中立足。所以，男孩不要报怨学习累，爸爸妈妈不陪自己，要知道，身为社会人的他们比你在学校学习累多了。

俗话说：“山不就我，我便就山。”如果父母没时间陪伴自己，男孩可以利用和父母一起做家务活的机会，多和父母聊聊天，拉近彼此的关系。

男孩要多替父母分担一些家务，建立良好的亲子关系之余，还能锻炼自己的动手能力。不要产生“万事有爸爸妈妈会为我做好”的想法，也不要逃避劳动，让父母为自己担心。

当然，男孩也不必强求自己一定要完成某些家务工作，可以根据自己的兴趣爱好来安排劳动任务。要知道，只有动手能力强的孩子，大脑才发育得更好，更能成为一个聪明的人。

学会感恩，给爸妈洗洗脚

乔林想买一身新衣服，但是乔林家里的生活条件并不好，而他看上的衣服还是品牌的，比较贵，但他就是觉得那件衣服好看，拿在手里爱不释手地反复看着。

这天早晨，他终于向爸爸妈妈开口，说要买那件衣服，理所当然的，爸爸妈妈拒绝了他的要求，但答应了明天带他去商场看一看。

乔林不乐意了，他知道爸爸妈妈口中的商场，肯定是那些平价商场，买到的衣服都难看得很，每次穿着那样的衣服去学校，他都担心会被同学们笑话。

平时，爸爸妈妈也是尽可能地满足儿子的一切需要，他们觉得自己没多少本事，没能让儿子过上富裕的生活，但一些别人都有的东西，爸爸妈妈也都会满足他。

但这一次，实在是那件品牌衣服太贵了，爸爸妈妈觉得很难负担得起。

第二天，妈妈带着乔林去了商场，本来以为儿子会理解家里的难处，听话地买件平价衣服，但乔林却一点也不感恩，十几岁的大小伙子，竟然当街哭闹了起来，让妈妈的脸顿时羞得通红。

感恩是中华民族的传统美德之一。每个人都应怀揣着一颗感恩之心来生活，尤其是在面对父母时，更应学会感恩。父母不仅给了男孩生命，还为了能让孩子过上幸福的生活，起早贪黑地努力挣钱养家，如果这样都不心存感激，那还能感激谁呢?

懂得感恩能让男孩收获快乐。它是一种深刻的自我愉悦的方法，能让男孩学会宽容与博爱，而不是像上例中的乔林那样，无视父母的辛苦，毫无感恩之心，只知道胡搅蛮缠地享受生活。

面对父母时，男孩要始终怀着这样一颗感恩的心，去接受和体谅父母。不知道男孩听过“羊羔跪乳”的故事吗?

从前，一只母羊生了一只小羊羔。羊妈妈非常疼爱小羊，晚上睡觉让它依偎在身边，用身体暖着小羊，让小羊睡得又熟又香。白天吃草，又把小羊带在身边，形影不离，总是时刻保护着小羊不受欺负。

有一次，小羊问羊妈妈："妈妈，您对我这样疼爱，我怎样才能报答您的养育之恩呢？"

羊妈妈笑着回答道："我不要你报答，只要你有这一片孝心就心满意足了。"

小羊听后，扑通一声跪倒在地，用以答谢羊妈妈的一片深情。从此，小羊每次吃奶都是跪着。它知道是妈妈用奶水喂大它的，跪着吃奶是感激妈妈的哺乳之恩。

动物都能做到对父母感恩，人作为高等动物，怎么能连动物都不如呢。男孩要知道，懂得感恩的人，是具有谦虚之德、敬畏之心的人。而如果男孩的心里总是充满对生活及父母的不满和恨意，就会很难生出感恩之心。

男孩要学会忏悔自己的行为，想一想平时在和父母吵架、顶嘴的时候，是不是伤害到了父母，忘记了他们的恩情。如果是，男孩应该及时向父母道歉，不要觉得在家里父母肯定是宠爱自己的，所以就唯我独尊，一切都是父母的错，自己做的从来都是对的。这种极端的想法，会直接导致亲子间的关系疏远，让男孩和父母之间的交流遇到阻碍。

虽说大恩不言谢，但是，面对父母的养育之恩、教育之恩，男孩还是要大胆地说出感激的话来。不过，很多时候男孩都比较腼腆害羞，不知道如何把自己心中的感激之情表达出来。这时候，男孩可以直接用行动来向父母表达自己的感恩之心，比如，给父母洗洗脚。

从男孩出生开始，父母就一把屎一把尿地把男孩养育成人，只是帮父母洗洗脚，有何不可？但说句实话，现在很少有人会主动为父母洗脚。他们总是有各种各样的理由来拒绝向父母表达感恩之情的机会。在《河北日报》的一篇报道中，有这样一段话："不会感恩，不仅使人对善举失去反应，对善良变得麻木，更使人很难体会到幸福与快乐……一个知道感恩的人，能容易得到幸福与满足。也正是因为如此，感恩成了道德良性互动的润滑剂。试想，如果在生活中，我们大家都能常怀一颗感恩之心，在得到别人帮助时衷心地说一声‘谢谢’，在与我们的父母、师长、同事等相处中，都时时刻刻想着对方的好，想着以德报德，甚至能够以德报怨，我们的人际关系、社会氛围是不是会融洽、和谐许多呢？”

所以，男孩一定要学会感恩，不用刻意寻找机会；当看到父母劳累了一天的疲惫身影时，就可以主动地接上一盆洗脚水，为父母洗洗脚，表达自己的感恩之情。

爸妈离婚了，他们还爱我吗

李阅一直是品学兼优的好孩子，不管是在学校还是家里，都深受人喜爱。但是最近，李阅的班主任却发现他精神有点恍惚，学习的时候总是无法集中精神，导致成绩一降再降。

今天上课的时候，班主任又发现李阅在走神，一副无精打采的样子，让回答问题的时候，也不举手，下课也不和同学们一起玩了，总是一副心事重重的样子，甚至有一次，班主任还发现他偷偷躲在角落里掉眼泪。

班主任觉得不能再放任李阅继续颓废下去，就找到了他，问：“你最近遇到什么困难了吗？为什么学习这么不上心，这样下去可不行。”

“没什么事，就是心情不好。”李阅回答道。

班主任却不这样想，她觉得李阅心里肯定有什么事，但不知道如何向别人诉说。

于是，班主任把电话打到了李阅的家里，李阅的妈妈接的电话，听了班主任的询问后，也附和道：“我最近也发现他有些不对劲，饭吃不香，觉睡不好，还经常对着书本唉声叹气，我一直以为是他学习上遇到困难了，可怎么问他，他也不回答。”

班主任和李阅的妈妈都很着急，但李阅怎么也不愿意开口说自己的心事。

没办法，班主任只好找到了李阅的好朋友，让他帮忙关心一下李阅。

同学找到李阅后问："你最近怎么了？精神好像不太好。"

李阅犹豫了一下，终于把自己的心事告诉了朋友。

他说："去年我爸和我妈离婚了，我跟着妈妈住，但是我又不想和爸爸变成陌生人，一直很想去找爸爸，但又怕妈妈伤心难过。当初他们离婚的时候我就说谁也不跟，害怕他们都不爱我，可他们还是离了，我现在真不知道该怎么办，怎么面对他们才能保持以前那种亲密的关系。"

"你现在不是跟着妈妈住么，而且你爸爸也经常来看你，他们肯定是爱你的。"朋友安慰道。

"谁知道呢。"没想到，李阅竟然这样说道，"当初他们离婚的时候总是吵架，说了很多不该说的话，有好几次还提到了我，谁都不想要我，我知道，他们肯定是不爱我了。"说着说着，李阅一个男孩子，竟然掉下了眼泪。

"他们，只是说气话的，你别在意。"朋友不知道怎么劝他才好，而李阅也不需要他来劝自己，摇了摇头，就背起书包往家走。

父母离异，这在如今，已经不是一个新鲜的话题。但父母在闹离婚的过程中，有可能会出现一些过分的言语或动作，刺伤了青春期男孩的心，让他们开始怀疑父母是否还爱自己。不知道如何处理好离婚后的"两个家庭"关系。就像上例中的李阅一样。他被父母离异的事实所打击，心里有很多烦闷的情绪憋着却无法发泄，继而对生活失去了信心，对父母产生了隔阂，不知道如何面对他们，也无法适应改变后的生活，从而影响了学习和正常的生活。

其实，面对父母离异的事实，男孩伤心可以，但一定要适时地缓解心里的烦闷，不要让自己一直处于郁闷之中。这样只会让男孩忽略生活的美好，以及父母对自己的关心，使亲子关系疏远。

男孩可以选择用听音乐的方式来排解心里的不良情绪。如果可能，还可以和父母共同听一段喜欢的音乐，多进行语言上的交流，交换彼此对音乐的意见，拉近亲子间的距离，从而改善亲情关系。男孩在听音乐时，不要去想那些不开心的事情，比如，今天和爸爸吵架了，昨天和妈妈生气了等。这些事情都会影响男孩听音乐时的心情，反而会越听越烦躁，越听越觉得父母不再爱自己了，不想和他们说话、聊天。男孩要多想一些有趣的事情，闭上眼睛，在父母双方或一方的陪伴下，静静地体会音乐的美好，使自己的心情变得舒畅、愉悦。

男孩要明白，生活并非总是一帆风顺的，自己会遇到很多不愉快、不顺心的事情，但不论是什么样的困难，父母肯定是会站在孩子背后默默支持自己的孩子的。不管他们是生活在一起，还是各居一方，这种亲情是无法割断的。男孩要勇敢地面对这些困难，积极地想办法去解决，而不是像上例中的李阅那样，用消极的态度来面对父母离异的事实。

男孩要多和父母进行沟通，了解他们的内心想法，要相信自己，相信父母，要让自己的意志慢慢坚强起来，对未来充满希望。

第十章

男孩的保健法则

青春期的男孩活泼好动，正是长身体的时候，但也正是因为还处于发育阶段，稍不注意，就会影响到身体的健康。比如，看书姿势不对影响了视力、走路姿势不正确变得弯腰驼背、饮食习惯不良从而影响了身体健康、生活不规律让自己变得没有精神……

种种原因，都会影响男孩的身体健康。如何才能避免出现这些不良现象呢？本章就为男孩一一作答，让男孩了解正确的自我保健方法。

保护好自己的视力

刘强最近觉得自己的眼睛越来越不舒服，看黑板上的字总是看不清楚，因此总是把精神集中在黑板上，而忽略了老师的讲课。慢慢地，刘强的成绩出现了大幅度的下滑，这让他心里很着急，但越急，黑板上的字就像在逗他，让他越看不清楚。

“强子，你是不是近视了。”同学的话提醒了刘强，自己现在的种种表现，好像就是近视了。但是他为什么会近视呢？难道是看书写作业的时候趴得太低，影响了自己的视力？

刘强感觉有点郁闷。

现在近视的人群有越来越年幼化的趋势。很多男孩在初中甚至是读小学的时候，就开始出现视力问题了。导致视力衰退的原因有很多，但大部分都与男孩的生活环境和个人体质有很大的关系。比如，日常学习太累、用眼过度、遗传因素等。

男孩应该如何保护好自己的视力呢？

要选择光线充足的空间学习。充足的光线，可以让男孩得到良好的视觉信息，所以男孩在看书和学习的时候，一定要保证学习的空间有充足的光源，保护视力。当然，光线并不是越强越好，太强或太弱的光线都会令视力受到伤害，男孩可以在平常看书的书桌上准备一台护目灯，减少反光，降低对眼睛的伤害。

避免长时间地用眼。有些男孩在做某些事情时精神比较集中，经常一连几个小时都处于用眼状态，让眼睛长时间处在疲劳状态。比如，看书、写字、看电视、玩电脑时，男孩经常几个小时都不让眼睛休息一下，甚至有些男孩习惯晚睡，直到深夜才让眼睛得到休息，这样不仅影响了身体的健康，还使眼睛负担过重，很容易造成假性近视的出现。如果男孩要长时间用眼，应每隔

30～50分钟就让眼睛休息片刻，这样既能让自己放松下来，也能缓解眼睛的疲劳状态。

在看书学习的时候，男孩也不要弯腰驼背或趴在桌子上看书，更不能躺在床上看书。在看书的时候，男孩的眼睛应与书本保持30～35厘米的距离，身体与课桌保持大约10厘米的距离，书本与课桌的角度要保持在30～45度。这是标准的读书学习的姿势，如果太靠近书本或远离书本，都会加重眼睛的负担，不仅会引起颈部肌肉和颈背的疲劳，还会导致视力下降。另外，需要注意的是，男孩在行走的时候，最好不要看书。有的男孩喜欢边走路边看书，甚至是坐车的时候，也喜欢拿本书出来看。但是走路和坐车的时候，身体会产生晃动，眼睛与书本距离无法固定，再加上光线忽明忽暗，反而会加重眼睛的负担，最后导致近视。因此，男孩应避免在走路和坐车的时候看书，不要让自己的眼睛受到伤害。

眼保健操相信男孩都不会感到陌生，通过按摩眼部周围各穴位和肌肉，刺激神经末梢，增加眼部周围组织血液循环，调节眼部的新陈代谢，不仅可以消除眼睛的疲劳，还能增强男孩的视力，达到预防近视的目的。

眼保健操主要是通过按摩来让眼睛缓解疲劳，除了眼保健操，还有很多按摩方法，也能起到保护视力的作用。

一是捂眼法。闭紧双眼默数到8，在此期间可以把手掌半握扣在眼睛上，当心手不要碰到眼球，通过想象黑暗来放松眼睛。然后再放松眼部数到8，最后睁大眼睛，保持8秒钟。以上动作重复多次。

二是转眼法。身体坐直，眼睛平视前方，保持头部不动，全身放松，清除杂念，二目睁开，头颈不动，独转眼球。先将眼睛凝视正下方，缓慢转至左方，再转至凝视正上方，至右方，最后回到凝视正下方，这样，先顺时针转9圈。再让眼睛由凝视下方，转至右方，至上方，至左方，再回到下方，这样，再逆时针方向转 9 圈。总共做4次。每次转动，眼球都应尽可能地达到极限。这种转眼法可以锻炼眼肌，改善营养，使眼灵活自如，炯炯有神。

三是洗眼法。先将脸盆消毒后，倒入温水，调节好水温，把脸放入水里，在水中睁开眼睛，使眼球上下左右各移动9次，然后再顺时针、逆时针旋转9次。刚开始，水进入眼里，眼睛难受无比，但随着眼球的转动，眼睛会慢慢觉得非常舒服。在做这一动作时，若感到呼吸困难，不妨从脸盆中抬起头来，在外深呼吸一下。

男孩也可以在平时多吃一些具有改善视力作用的食物，以食疗法来保护自己的视力。日常生活中，男孩的营养摄取要均衡，偏食或过多摄入糖和蛋白质，会导致身体缺乏锌、钙、铬等微量元素，不利于自己的视力健康。男孩可以多吃一些富含维生素A、C以及含有铬和锌等微量元素的食物。

维生素A与男孩的视力密切相关。如果男孩摄取的维生素A不足，则视紫红质的再生慢而且不完全，暗适应时间延长，严重时还有可能导致夜盲症的产生。干眼症的发生也和维生素A摄取不足有一定的关系。富含维生素A的食物包括各种动物肝脏、鱼肝油、鱼卵、禽蛋、胡萝卜、菠菜、南瓜等。

维生素C可减弱光线与氧气对眼睛晶状体的损害。常吃西红柿、柠檬、猕猴桃、山楂等新鲜蔬菜和水果，可以有效补充人体所需的维生素C。

另外，随着时代的发展，科技越来越发达，电脑、手机、平板电视已经成为千家万户的必备家电。很多男孩从小就接触电脑等，学习之余便趴在电脑等前面，上上网，听听歌，但随着电脑使用时间的加长，男孩经常会感觉眼睛酸涩疲劳、视力模糊。为了避免因长时间使用电脑、手机而影响视力，男孩应减少使用电脑、手机的时间，不要让眼睛过度疲劳。当眼睛有异常现象发生时，一定要及时就医，以免对眼睛造成严重的损害。

多种训练，远离驼背

驼背是一种较为常见的脊柱变形，是胸椎后突所引起的形态改变，一般多发生于老龄人群，但近年来，青少年驼背的现象越来越多。这主要是由男孩长期以不良姿势学习而引起的。

驼背主要是由于背部肌肉薄弱、松弛无力导致的。如果是因为不良姿势引起的驼背，男孩可以借助于形体训练来改善自己的驼背。一般越早矫正，越容易让自己恢复正常的体形。

田林是个“大高个儿”，从小在同龄的伙伴当中就是最高的，读初三的时候，他已经有180厘米了。但这样的身高并没有为田林带来自豪感，反而让他苦不堪言。

因为田林虽高，却很瘦，小时候因为害怕别人嘲笑他的身高，走路的时候总是刻意地弯下腰，久而久之，他竟然形成了“驼”着走路的习惯。

“田罗锅，今天晚上出去打球吗？”同学拍了拍田林驼下去的背，笑问。

田林瞪了他一眼，说：“别叫我田罗锅，以后再叫，我和你急。”

“谁让你是驼背呢，不过你现在的情况还比较乐观，想想办法，矫正一下吧。”同学建议道。

田林也知道自己这个样子是不行的，可他已经“驼”习惯了，真的能矫正过来吗?

在青少年中，大多数的驼背都是由于长期的不良姿势引起的，就像上例中的田林一样。因为从小个子高，在自卑心理的作用下，形成了弯腰走路的习惯，渐渐让自己变成了“驼背”。其实，这种驼背，只要男孩多注意一些，进行一些专业的形体训练，就可以让驼背得到改善。

所谓的形体训练，其实很简单，就是让男孩多做一些舞蹈动作，以专业的形体训练方法，来改善自己的行、走、站、立姿势。具体方法是：站立，脚跟并拢，双脚脚尖向外打开180度，成“一”字形，在舞蹈中，这被称为“一位”。当男孩在这样站立时，会感觉自己比平时更加的挺拔和高大，这是因为，通过双脚的外开，使人体的重心向后移了很多。一般情况下，驼背的男孩身体的重心在前脚，而正常人的重心则是在脚跟，通过转移重心的方法，就可以让男孩轻松达到矫正驼背的目的了。

经过长时间的练习，男孩不仅可以改善自己的驼背，还能让自己的身材得到很好的锻炼，让自己的体形变得更健美。

当男孩在站立的时候，要下颌微收，双手自然下垂，两腿并拢，足尖向前。两肩平齐，双眼直视前方。最好能在镜子前面站立，这样就可以及时矫正自己的不良姿势了。掌握了基本的站姿后，男孩就可以进一步地做些造型动作。背部姿势保持不变，双脚前后错开或轻微扭动腰肢。

青春期的男孩自我调控能力差，很多时候都不会注意到自己错误的姿势，从而让自己变成了“小驼背”。比如在上课和写作业的时候，不仅端坐的时间长，还经常会有低头、窝胸等动作，这让韧带紧缩，后面的肌肉和韧带松弛，时间一长，就会形成脊柱韧带前紧后松的现象，慢慢地使脊柱的前缘被压变窄，形成驼背。可以说驼背同近视一样，是危害青少年健康成长的一大公害。

那是什么让男孩低头、含胸的时间变长了呢？这和学生的双肩背包有很大的关系。如今男孩的双肩背包过于沉重，而男孩如果长期用一种不正常的姿势来背负这些重量，就会引发背部弯曲。由于身上的双肩背包太沉，男孩们不得不弯起腰使劲背着。进入初中后，每个男孩的背包最多可达5千克重，这样的重量让男孩苦不堪言，每天背负着这样的重量来往于家庭和学校，肯定会伤害到背部健康。

懂点医学知识的男孩应该知道，骨骼是人体的支架，脊柱是中轴，由30多节椎骨按规律重叠连接而成。正常情况下，它有4个生理弯曲。颈段凸向前，胸段凸向后，腰段再凸向前，骶尾段再凸向后。脊柱向前弯曲度过大，就是驼背。想要预防驼背，男孩除了要注意自己的行、走、坐、立姿势，还应在锻炼身体的时候避免过度疲劳，注意营养均衡，适当晒太阳，补充钙质。男孩在睡觉的时候，应睡硬板床，不要垫过高的枕头。平时走路时要挺胸抬头，不要七扭八歪的，让身体处于不平衡状态。

下面我们来一起看一下，适合青春期男孩的矫正驼背的运动有哪些。

（1）爬行运动。两手和两脚尖着地，像婴儿一样在地上爬行。距离由短到长，速度由慢到快，进行直线或转圈爬行动作。需要注意的是，在爬行过程中，男孩应学会保护自己的手和膝盖，最好能戴上手套或护膝，避免磨破。

（2）练习太极拳。太极拳处处要求以腰为轴带动四肢，使腰部始终保持自然舒适直竖状态，对驼背有很好的矫正作用。

（3）挺胸转体。自然站立，两手叉腰，抬头挺胸，身体先向左转，后向右转，反复做30～40下。在做这套动作时，男孩要挺胸收腹，用力转动，但也不能用力过猛，以免受伤。

（4）俯卧撑。两手两脚同时触地，将头、颈和身体撑起。练习时曲肘推臂，身体挺直上下运动而不着地，反复15～30次。

（5）贴墙站立。两脚跟靠拢并齐，两腿夹紧膝盖稍用力后挺，臀部肌肉收紧，小腹微收，自然挺胸，两肩要平并稍向后张，两臂自然下垂轻贴身体两侧，脖颈挺直紧贴衣领，下颌微收，头向上顶。练习时使两脚跟、小腿肚、臀部、两肩及头部后侧均紧贴墙壁。

健康生活，不让自己变成“白头翁”

赵丰今年刚读初中，但他却像老年人一样，开始长白发了，而且还一发不可收拾，短短的半年间，已经大半华发变白发了。

这可愁坏了赵丰和他的家里人。赵丰看着爸爸的头发，再瞅瞅妈妈的头发，他们都还没有开始长白头发，为什么自己就变成“白头翁”了呢。

赵丰很发愁，但是他觉得，自己越发愁，头上的白发就会长得越多，这可如何是好呢？

正常情况下，人们在40岁以后才会开始出现白头发，这是因为随着年龄的增长，肾的精气逐渐衰减，导致头发的营养不足，渐渐地开始出现白头发。这属于正常现象，但如果青春期的男孩开始长白头发了，这就有点不正常了。就像上例中的赵丰一样，明明只是初中生，却比爸爸妈妈还“老得快”，提前长出了白头发。

这种现象，医学上称为少年白发，俗称“少白头”。即青少年时期头发就过早地变白，头发呈花白状。

中医认为，青春期男孩产生“少白头”的主要原因是由血热、肾气虚弱、气血衰弱等原因造成的。头发的营养来源于血，如果头发变白或脱落，多半是因为肝血不足，肾气虚弱。如果人体的脏腑机能旺盛，阳气精血充盈，毛发就能得到充分的濡养，从而显得又黑又润，还不易脱失。如果情况恰恰相反，先天不足，后天又缺乏调养，就会导致白发早生，稀疏易折。

为什么现在越来越多的青春期男孩出现“少白头”呢？

这和我们现在越来越快的生活节奏有很大的关系。生活节奏过快，并不只是上班族深感压力，身为学生的青少年也会因为生活节奏加快而精神压力增大，这样就会引起机体内分泌紊乱，导致营养素摄入不均衡，最后产生“少白头”。俗话说“愁一愁，白了少年头。”压力过大、精神紧张、忧愁伤感、焦虑不安等不良情绪都是造成“少白头”的原因。现代医学认为，不良的精神因素，会造成供应毛发营养的血管发生痉挛，使毛乳头、毛球部的色素细胞分泌黑色素的功能发生障碍，影响黑色素颗粒的形成和运送。比如，当男孩在生活中遇到不如意的事情时，如果他忧思过度，导致肝郁气滞，使气血运行失和，使血不能荣养毛发而让头发变白。

另外，“少白头”的发生与头发中的黑色素减少密切相关。人的头发是由毛根、毛干、毛乳头等组成，露在外的一段叫毛干，埋在头皮内的部分叫毛根。毛根顶部的部分膨大如球，其顶部的凹陷部分叫毛乳头。毛乳头能制造很多黑色素，正是由于这些黑色素的作用，使人的头发呈现黑色。如果毛乳头在形成黑色素的过程中发生了障碍，就会影响黑色素的生成，男孩的头发就可能变白。而且，一些男孩喜欢把自己的头发染成黄黄绿绿的颜色，过早使用染发剂，也是导致“少白头”发生的原因之一。市场上的染发剂大多是化学产品。这些染料会对身体造成一定的毒副作用，会阻碍头发的健康生长，导致“少白头”的发生。

在一项实验中，科学家发现，如果黑鼠一直进食缺乏叶酸、泛酸、维生素等食物，就会导致营养失调，最后鼠毛便会变成灰白色。所以，科学家设想，青春期“少白头”现象很可能和营养失调有很大的关系。而且，当人体缺乏黑色素颗粒所需要的铜、钴、铁等元素时，也会出现白发。

如果男孩患有植物神经功能失调、甲状腺功能亢进、肺结核、伤寒、内分泌障碍等疾病，也可能出现白头发。这是因为疾病破坏或干扰了毛乳头、毛球色素细胞的生长发育，使它失去分泌黑色素的能力，阻碍了黑色素颗粒的形成。

还有一些男孩“少白头”则和遗传因素有关。如果父母或家族血统中也有过类似的现象，那么青少年发生“少白头”的可能性就会大大提高。一般来说，如果父母头发白得早，男孩的头发也会白得比同龄人早。

青少年如何才能防治“少白头”呢?

首先，男孩应保持精神乐观，避免过强的精神刺激，因为乐观豁达的情绪对于防止早生白发至关重要。在情绪低落的时候，男孩应学习并运用心理保健和调节方法，劳逸结合，保持心情舒畅，避免产生过重的心理压力。

其次，男孩平时应多食新鲜蔬菜，饮食清淡而多样化，不偏食、不厌食，保持体内营养平衡，达到预防白发的作用。男孩还可以多吃些滋补食品，如核桃、芝麻、木耳等。这些对生发、黑发都十分有好处。

缺乏维生素B是造成“少白头”的一个重要原因。为此应增加这类食物的摄入，如谷类、豆类、干果、动物肝、心、肾以及奶类、蛋类和绿叶蔬菜等。还要注意多摄入富含酪氨酸的食物，因为黑色素形成的基础是酪氨酸，如果酪氨酸缺乏也会造成少白头。富含酪氨酸的食物有：鸡肉、瘦牛肉、瘦猪肉、瘦羊肉、兔肉、鱼肉及坚果类食物等。

因此，“少白头”的患者应经常吃一些益于养发、乌发的食物，如豆制品、新鲜蔬菜、水果、海产品、鸡蛋等。中医认为“发为血之余”，“肾主骨，其华在皮”。主张多吃养血补肾的食品以乌发润发，如核桃、黑芝麻、黑豆、黑枣、黑木耳等。这些食物中都含有丰富的蛋白质及头发生长所需要的微量元素。

黑芝麻具有补益肝肾、滋润五脏、美容乌发等效果，对“少白头”的白发变黑有良好作用。黑芝麻也可以和海带一起煮食，对于因体虚而产生的头发早白具有很好的食疗作用。

枸杞子性甘、平、无毒，是很多人都会选择的补益食物，不管是内食还是煎汤，都对头发早白有一定的治疗作用。

何首乌是很多洗发护发产品中的必用材料，对养发护发有很好的效果，用来熬粥喝，也对男孩“少白头”具有一定的食疗作用。男孩可以每天喝一点何首乌粥，让自己的白发变黑。

健康饮食，茁壮成长

冬冬是一名初中男孩，进入青春期的他身体发育得很快，只半年的时候，身高就超过了妈妈，但他的体重却增加得很少。看起来像个营养不良的“豆芽菜”。

冬冬一直很羡慕同班同学健壮的身体，看看自己的“排骨”身材，沮丧地低下了头。

“你说我平时吃得也不少，怎么就不长肉呢？”冬冬问同学。

同学笑着说道：“是吃得不少，全是零食。”

“不是说零食吃多了容易发胖吗？可我没觉得自己胖起来啊。”

“对于三餐正常的人来说，零食吃多了可能会发胖，但对于你这种只吃零食，不吃正餐的人来说，只能让你变得营养不良，瘦成小竹竿！”同学毫不留情面地说道。

冬冬撇了撇嘴，无法反驳同学说出的事实。

“从明天开始，我肯定不吃零食，多吃饭。”

第二天，冬冬还真的不再吃零食了，一日三餐都吃得很多，但这样做的结果不但没有让他长胖，反而因为急性胃炎住进了医院。

医生说：“这是暴饮暴食导致的，以后别吃那么多东西，胃肠道消化不了的。”

冬冬感觉很郁闷，吃得少了不长肉，吃得多了反而更遭殃，那他到底该怎么吃啊。

冬冬的烦恼，其实也是很多青春期男孩的烦恼。进入青春期后，男孩的身体会发生很多变化。这些变化让男孩体内营养的需求量急剧增加，稍不注意，就会导致营养不良或营养过剩，让瘦子更瘦，胖子更胖，对男孩的健康十分不利。

其实，男孩应该掌握健康饮食的方法，知道哪些饮食习惯是错误的，要如何才能吃出健康，吃出营养。不能一味地为了减肥或增加体重而节食或暴饮暴食。这样做只会让男孩像案例中的冬冬一样，不但吃不出健康，还有可能让自己的胃肠受损，甚至是住进医院。

那么，除了节食和暴饮暴食，哪些饮食习惯也是不可取的呢？

吃过热的食物。由于人的食道壁由黏膜组成，非常娇嫩，只能耐受60℃以内的温度，当男孩进食超过这一温度的食物时，就会导致食道的黏膜被烫伤，让身体受损。过烫食物会使食道壁发生烫伤，而为了及时修补这些损伤，人体内的食道黏膜的上皮细胞就会加快增殖，一旦吃烫食的习惯形成，食道黏膜的损伤往往还没有完全修复就又被烫伤，甚至形成浅表性溃疡，如此反复一段时间后，食道黏膜就会发生巨大的变化，不仅对健康不利，还有可能发展成癌瘤，让男孩悔不当初。所以，男孩不管是在吃饭还是在喝水的时候，一定要确定温度在40℃左右，避免对身体造成损伤。当然，太冷的食物男孩也不应常吃，像冷饮、放凉的饭菜等，太冷的食物同样会刺激食道黏膜，加重消化系统的负担，很容易出现消化不良等反应。

一日三餐不按时吃。很多男孩不习惯吃早餐，午餐和晚餐也是感觉饿了才吃，没有任何规律。这样对身体是很不好的。不定时定量饮食，不仅会影响身体的健康，还会让男孩在学习的时候力不从心，影响学习成绩。另外，有些男孩因为运动量大，喜欢在吃饭前喝大量的水，这样做也是不对的。饭前大量喝水，不仅会加重胃的负担，使人有胀满不适之感，还会因冲淡胃液而影响食欲和消化能力。同时，由于胃酸被稀释，降低了杀菌能力，易感染胃肠道疾病。吃饭的时候男孩也不能蹲着吃饭，因为蹲着吃饭使胃受到压迫，很快感到胀满，影响胃对食物的接纳和消化。而且由于蹲着，全身的重量支撑在两条腿上，使下肢血液回流受到影响，也不利于血液循环的正常运行。吃饭的时候要细嚼慢咽，不能囫囵吞枣。如果男孩吃饭太快，就不能使唾液和食物充分混合以提高食物的消化效率，既不利于人体对营养物质的吸收，又容易打嗝。严重的可因吞咽不当，造成食物团梗塞气管而发生窒息的危险。而且，狼吞虎咽，还会使食物不经嚼碎就入胃，增加胃的负担，是成为胃病的重要诱因之一。需要注意的是，在睡前男孩不应再进食任何食物，因为睡前进食易伤脾胃。睡前吃东西会加重胃肠道的负担，影响胃肠的正常消化功能。同时，由于胃肠的容纳过量，睡下后胃满腹胀，既影响入睡又伤害身体，所以，男孩在睡前不应进食。

乱饮牛奶。青春期的男孩正是长身体的时候，所以家人会为男孩准备一些牛奶，让男孩每天喝上一杯。但是，喝牛奶也是很有讲究的，如果饮用不当，不仅不会增强体质，还有可能影响胃肠道功能，影响消化系统的正常运行。喝牛奶时，不能对牛奶进行长时间的高温处理。牛奶富含蛋白质，还含有极不稳定的磷酸盐，加热时呈胶体状态的蛋白微粒会发生很大的变化，当温度达60～62℃时，就开始出现脱水现象，蛋白微粒由溶胶状态变为凝胶状态，随之会出现沉淀。加热温度达到100℃左右时，牛奶中的乳糖开始焦化呈现褐色，并逐渐分解产生乳酸及少量甲酸，使牛奶味道变酸。如果男孩在煮牛奶时时间过长，就会使牛奶中的维生素流失，导致一些不耐热的营养物质被破坏掉，从而影响其营养价值。所以，男孩在喝牛奶时，只要牛奶一烧沸就要关火，不宜高温久煮。在喝牛奶的时候，男孩也不能空腹饮用。因为胃肠蠕动较快，所以空腹喝牛奶时，会使牛奶中的营养成分还未来得及消化就进入大肠，不能被充分吸收。而牛奶中的氨基酸会在大肠中转化成有毒物质，影响人体健康。最佳的喝牛奶时间是在早餐后1～2小时。

饭后马上吃水果。有一段时间，很多人都会说："饭后一苹果，甜蜜又保健。"但饭后立即吃水果，会导致消化功能紊乱。因为食物进入胃内，要经过1～2小时的消化过程，才能消化掉。饭后吃进的水果会被食物阻滞在胃内，阻碍消化。因此，男孩吃水果，最好在饭前1小时或饭后两小时再吃。

早睡早起身体好

早上，李福是被三个闹铃叫起来的，昨天晚上玩电脑玩到半夜才睡，今天他有点不想起床了。可是今天是周一，他必须得去学校上课，这让他不得不从床上爬了起来，顶着两只黑眼圈洗脸刷牙。

"昨天晚上又熬夜了？妈妈告诉过你多少次了，不能总是熬夜，对身体不好，如果你再不听话，妈妈准备把你的网线掐断，以后别想着半夜上网了。"妈妈一见他这憔悴样心里就来气。

李福不以为然，这话妈妈都说过很多遍了，而且他也知道熬夜对身体不好，但总忍不住想多玩一会儿，到现在也没有感觉身体哪里不舒服，只是白天比较没有精神罢了。

"我知道了，妈妈，以后我会注意的。"他打着哈欠从洗手间走了出来，吃完早餐背起书包就出了门。

但是走在上学的路上，李福总觉得今天地面有点晃，眼前的东西也比较模糊，走着走着，扑通一声摔在了地上。

“李福？你怎么了？”幸好他的同班同学看到了他，吓得赶紧打120，把他送进了医院。

医生诊视后说道：“没大碍，只是睡眠不足，让他好好地睡上一觉就行了。”

就这样，李福躺在医院的病床上，一直睡了一天一夜，才精神饱满地醒了过来。

“你啊，以后坚决不能再熬夜了。”爸爸妈妈严重警告道。

李福终于体会到了熬夜的坏处，在以后的日子里，不管有什么好玩、好看的，他都会准时在10点以前上床睡觉。

熬夜会对身体造成多种损害，如经常疲劳，免疫力下降等。根据免疫学的研究，晚上11时到凌晨3时应该是美容时间，也就是人体的经脉运行到胆、肝的时段。这两个器官如果没有获得充分的休息，就会表现在皮肤上，容易出现粗糙、脸色偏黄、黑斑、青春痘等问题。对于不习惯早睡的人来说，最迟也要在凌晨1时的养肝时间进入熟睡期。而且，长期熬夜会慢慢地出现失眠、健忘、易怒、焦虑不安等症状。就像上例中的李福，因为长时间的熬夜，竟然在路上走着走着就昏睡了过去。真是让人又担心，又无奈。

人们常说：早睡早起身体好。据美国的一项最新研究发现，青春期男孩如果经常熬夜，还会增加患抑郁症的风险，严重时，还会让男孩产生自杀的念头。研究发现，与早睡早起的男孩想比，那些经常熬夜的男孩患抑郁症的风险要高25%左右。而且，睡眠不足还会影响青少年的注意力和学习能力，引起头晕、耳鸣、复视、手抖、动作不准确等症状，若是长期睡眠不足，可导致血脂和胆固醇增高，助长动脉硬化。若是儿童睡眠不足，容易发生语言障碍，影响生长发育，如口吃、个子矮小、呆笨等。

青春期的男孩要保证充足的睡眠时间，但并不代表睡眠时间越长越好。睡眠时间过多，对人不但无益，反而有害。据研究，床上休息时间过长有一种严重消除体能的后果。睡得过多，会使青少年变得懒惰和智力下降。如果男孩3天不活动，体力就会下降5%左右。因此，青少年保持每天8～9小时的睡眠时间就足够了，睡眠时间不能过长，也不宜过短。

男孩不仅要早睡早起，还要注意如何保证提高自己的睡眠质量，比如，不睡软床、睡觉不蒙头等。

随着人们生活水平的提高，钢丝床、沙发床、席梦思床等已成为众多人的入眠之榻。然而，并非所有的人都适合睡这些床。因为软床可使脊柱骨骼正在发育成长的青春期男孩发生脊柱侧弯的情况，青少年很容易因为不良的睡眠姿势而导致驼背的产生。因此，男孩不能睡在过软的床上，最好睡硬板床。

有时候，男孩会在睡觉前喝大量的水，导致半夜被尿憋醒。但很多男孩不愿意在夜里起来，尤其是冬天的时候，晚上特别冷，男孩不愿意从温暖的被窝中钻出来，于是就憋尿。这样的行为对男孩的身体健康极为不利。因为，人的尿液中含有大量的尿素、尿酸等有害物质。尿液在人体内积蓄的时间如果过长，机体便会受到有害物质的侵蚀，因而容易得膀胱炎和尿道炎，酿成尿痛、尿血或漏尿等疾病。因此，冬季睡觉有尿意时，男孩要及时起床小便，不能憋尿。除了不能憋尿，冬天的时候，男孩也不能因为早上冷，就赖床，结果只会越睡越懒，让自己的体质越变越差。人在睡觉时，大脑皮层处于抑制状态，起床后通过呼吸新鲜空气，进行适当的全身活动，可以迅速消除大脑皮层在睡眠时的抑制状态，使全身肌肉关节和内脏器官的活动很快协调一致。如果总是在早上睡懒觉，男孩在白天就会变得无精打采，而且身体的抵抗力和适应能力也会随之减弱，很容易生病。所以，冬天男孩更应早睡早起，这样不仅对身体有利，而且也为男孩一整天的学习提供了有利条件。

在睡觉的时候，男孩不能蒙头大睡。有时候，出于某种原因，男孩会习惯把头蒙在被子里睡觉。这样不仅使人呼吸不畅，感到胸闷、气促，而且使自己呼出的二氧化碳又重复“回收”入肺，从而使体内和脑细胞的含氧量不足，导致睡眠不稳，损害健康。一旦形成了蒙头睡觉的习惯，男孩就会变得面黄肌瘦，还会影响自己的智力和降低抗病能力。睡觉的时候，被子也不能盖得太厚。有些男孩认为冬天天气冷的时候必须得盖厚厚的被子。事实并非如此，盖被过厚，会过于压迫胸部，使男孩在睡眠中呼吸困难，呼吸量减少，做梦增多。起床后，还容易产生头晕、脑涨、多汗的现象。

个人卫生与保健

小寒今年14岁，从小就是个爱干净的男孩子，每天早上他都会认真地把自己从头到脚收拾得干干净净，放学回家第一件事，也是先洗个澡，让自己洗去一身的泥垢。

但是，最近小寒觉得自己的皮肤变得粗糙了很多，而且还经常发炎，这是怎么一回事呢？

不仅如此，没过多久，小寒的脸上还长了粉刺，医生看后竟然说他是不注意个人卫生引起的。

“我每天都会认真地洗脸、洗澡，怎么可能不注意个人卫生呢。”小寒觉得自己很委屈。

医生详细询问了小寒是如何洗脸、洗澡的。

小寒回答道：“用脸盆、肥皂洗脸啊，每次洗澡的时候，我都怕洗不干净，还用力地用搓澡巾搓澡，怎么可能洗不干净。”

医生听后笑道：“问题就出在这里了。”

小寒一下子愣住了，难道真的是他没处理好个人卫生？

故事中的医生为什么会说小寒的粉刺和皮炎是因为洗脸、洗澡不当引起的呢？这是因为，在脸盆中洗脸时，会使水变得越来越浑，最后只是在用脏水清洗脸罢了。所以，男孩在洗脸的时候，最好用流动水来洗，先把手搓洗干净，再用手洗脸。而且，男孩也不应该用肥皂洗脸。虽然肥皂有很强的去污能力，但面部皮肤有大量的皮脂腺和汗腺，每时每刻都在合成一种天然的“高级美容霜”，在皮肤上形成一层看不见的防护膜。它略呈酸性，有强大的杀菌护肤作用。而偏碱性的肥皂不但会破坏了它的保护作用，还会刺激皮脂腺多“产油”，让皮肤变得油腻，脸上自然就会长出粉刺来。

另外，男孩在洗脸的时候应注意，不要用过热的水清洗面部。热水能彻底清除面部的防护膜，所以用热水加肥皂洗脸之后，人的皮肤会感到非常紧绷难受，还会影响皮肤的健康。洗脸后，毛巾用完要及时晾干。久湿不干的毛巾有利于各种微生物滋生，用湿毛巾洗脸擦脸无异于向脸上涂抹各种细菌。因此，男孩应让毛巾经常保持清洁干燥，这样才不会伤害自己的“脸面”。

而小寒得皮炎的主要原因，和他不正确的洗澡方法有很大的关系。有不少的人在洗澡时习惯用力搓擦皮肤，似乎不这样就洗不干净。就像小寒一样，怕洗不干净，而用力搓皮肤。但这样做不仅不会让自己变得干净，还会伤害到皮肤。人的身体表面有一层覆盖全身的上层细胞脱落层，它的厚度仅为0.1毫米，但是它的存在对人体十分重要。因为它呈弱酸性，能有效地阻挡病菌及有害射线，是人体的一道天然防线。这层表皮的更新速度极为缓慢，最快的部位也需10多天，而上臂内侧则需100多天。洗澡时狠搓皮肤会使这层皮质遭到破坏，导致病菌及有害射线乘虚而入，使皮肤受感染，形成皮炎，严重者，还会发展成疖肿或败血症，对健康十分不利。所以，男孩在洗澡的时候，千万不要学小寒那样用力搓皮肤，要轻搓皮肤，以免伤害到我们稚嫩的肌肤。

洗澡的时候，男孩最好使用专门的浴皂或沐浴露，尽量少用碱性大的肥皂。青春期的男孩活泼好动，经常活跃在运动场，但很多男孩会在运动之后立即洗澡，这是不对的行为。美国巨人足球队医生爱伦·莱维博士指出，人在激烈运动时，肌肉内的血流量增加，一旦停止运动，增加的心率和血流量还会持续一段时间。如果这时男孩洗热水澡，就会增加皮肤内的血液流量，血液会过多地进入肌肉和皮肤，导致人体的两大主要器官——心脏和大脑供血不足。轻者头晕眼花，重者还可能增加患上心脏病、高血压的危险性。

同时，当男孩在出汗时，也不能图一时的凉快而洗冷水澡。当人汗流浃背时，不可只图一时的凉快，而马上用冷水洗澡。因热身汗体突然受冷水刺激，体表毛细血管骤然收缩；影响汗腺的排泄和血液循环，体内的热量不能及时大量散发，甚至会发生有关疾病。

当男孩洗完澡后，一定要把头发吹干或自然晾干后再睡觉，不能湿着头发睡觉。很多男孩在晚上洗澡后常常不等头发干了就上床睡觉，甚至在夏天的时候还会开着空调或风扇睡觉。这样做的结果直接导致男孩第二天醒来后头痛乏力或引起感冒。这是因为，一天当中人的阳气在午夜最弱，尤其在夏季，本来人体消耗的能量就大，容易感到疲惫，抵御疾病的能力较低，如果睡前水分滞留在头皮上，就会使头部的阳气遇寒而凝结，导致气滞血瘀或经络阻闭。如果洗完头后马上睡进有空调的房间里，头部又对着冷空气吹，就更是寒湿交加，容易患病，甚至睡到半夜就会感到头皮局部有滞胀麻木感，还伴有隐隐的疼痛感，次日清晨更会头痛难忍。久而久之。还可能引发一种称为“头皮下静脉丛炎”的疾病，给健康带来极大的隐患。所以，男孩一定不能湿着头发睡觉，以免损害身体健康。

除了洗脸和洗澡，男孩还应注意其他方面的个人卫生保健工作。

不少男孩有用盐水漱口的习惯，他们认为盐水能够起到消毒、杀菌的作用，借此达到保持口腔卫生的目的。但长期用盐水漱口，不但不能保持个人卫生，还可能会对身体健康造成损害。有研究表明，不论是用清水、还是用盐水漱口，对暂时减少口腔细菌的数量是有效的，但用盐水漱口20分钟后，口腔内的细菌数量开始恢复，只要一个小时细菌数量便可以恢复到漱口前的水平，而用清水漱口，虽然比用盐水漱口要早10分钟开始恢复细菌数量，但需要的时间却更长。这是因为，盐水将口腔中的细菌斩尽杀绝的同时，也将起着防御危害作用的口腔黏膜破坏了，导致细菌的恢复速度变快，长期如此，便会影响口腔健康。而且，长期用盐水漱口，牙齿表面就容易沉积色素和污垢，容易引发或加重牙龈炎和牙周炎。

应知的日常保健禁忌

李明亮是一名初中男孩，很喜欢运动，每天早晚都会进行体育锻炼，就算是寒冷的冬天，他也会早早地起床，进行晨练。

李明亮以为，这样锻炼下去，自己的身体一定会变得十分健康强壮，但他发现，每次一到冬季，他的身体健康就会下降很多，隔三岔五就会咳嗽一段时间，实在是苦不堪言。

“你跑步的时候，是不是习惯用嘴呼吸？”同学问他。

他想了想，自己确实是习惯张大嘴呼吸，就点了点头。

同学说：“这就对了，冬天天气寒冷，你张着嘴呼吸，冷空气就会从你的口中吸进体内，肯定会引起咳嗽的啊。”

李明亮这才知道自己为什么会冬天咳嗽了，原因是自己在进行保健运动时，没有注意这些日常细节引起的。

有没有男孩像李明亮一样，在冬天跑步的时候习惯张着嘴呼吸呢？如果有，那男孩就要注意了，张着嘴呼吸，可能会让身体受到一定的损害，增加患病的危险性。男孩在冬季进行体育锻炼时，最好不要用嘴呼吸，而应该采用鼻腔或口鼻混合式的呼吸方法。这是因为人体在呼吸的过程中，鼻内的黏膜可以滤清空气，使气管和肺部不受尘埃、病菌的侵害。再加上寒冬气温低，冷空气进入鼻孔后即可得到加温，使人们呼吸起来更顺畅和舒适。但是，如果男孩在进行剧烈运动或负荷量较大时，单纯用鼻腔呼吸可能无法满足身体对氧气的需要，这时就需要用嘴来协助呼吸，最好是采用鼻腔和嘴混合呼吸的方法，但嘴不可张得过大。如果口张得过大，吸入的过冷空气就会刺激咽喉和气管，引起扁桃体炎、气管炎、颌下淋巴结肿大，严重时还会引发肾炎、肺气肿等病症。

有一些男孩喜欢骑自行车锻炼身体，但在骑自行车时，他们往往把车座提得很高，觉得这样的姿势更利于控制车速和保健。但事实截然相反。车座过高，特别是超过车把的水平高度时，男孩的上半身就必然前倾，臀部后翘，使体重主要分布于两个部位，一是握车把的两只手掌，二是大部分体重通过车座前端反作用于会阴部。这样，握车把的两手掌腕部肌肉群因为长时间地承受较重的压力而压迫尺神经，很容易出现双手麻木无力、手臂小指侧皮肤感觉减退的现象，重者还可引起小指和无名指关节活动障碍，以及掌部肌肉轻度萎缩等尺神经麻痹症状。当然，对肩肘关节也有一定的影响。而且，由于车座前端的反作用，再加上座鞍前端长时间与会阴部摩擦，极易导致男孩前列腺充血。在细菌或病毒的诱发下，还可能导致前列腺炎，出现尿道灼痛、尿频或排尿困难等症状，给男孩造成一定的痛苦和不便。所以，男孩在骑车运动时，不能把车座提得太高，当感觉不舒适时，应换一种运动方式，或停骑一段时间，缓解不良症状。

夏季天气炎热，阳光刺眼，很多男孩也习惯把太阳镜当成不可缺少的时尚装饰品，整天戴在眼上。久而久之，就会使视力下降，视物模糊，严重时还会产生头痛、头晕、眼花和不能久视等症状。医学专家将上述症状称为“太阳镜综合征”。这种病症体现为多种不适感觉，如早期在眼睛靠近鼻子周围的部位有明显的麻木感和刺痛感，呼吸时症状更加明显，很像感冒，还有人感到像有小虫子在脸上爬，上颌牙龈麻木，上门齿感觉不适，局部血液循环不畅引起皮肤炎症，眼睛酸胀，视力减退。预防太阳镜综合征，一是要正确选择和合理使用太阳镜。不要选择大框架眼镜。因为此种镜架多是进口的，是根据外国人脸型设计的，而我国成年人双瞳孔的距离多数小于进口的大框架眼镜的光学中心距离，配戴这种眼镜会大大增加眼球调节功能的负担，损害视力。其次，尽可能不戴大型太阳镜。必须戴时要缩短戴镜时间，摘镜后用手掌沿眼框、鼻部两侧按摩10～20次，一旦出现了太阳镜综合征症状时，应停止戴用。

此外，男孩也不能久戴耳机。经常戴耳机会损伤男孩的听力，因为微型录放机、电视机耳机，输出的音量一般在85分贝左右，这样的音量对耳神经有很大的刺激作用，听久了会造成听力减退。而戴耳机后，外耳道被紧紧扣住，高音量直接集中到很薄的耳膜上，听觉神经的紧张，会造成神经系统的紧张，听久了会引起大脑皮层的疲劳、过度兴奋。如果一定要戴耳机听音乐，一定要每隔半个小时就取下耳机让耳朵休息一会儿，不要把音乐的声音开得太大，以免过分刺激耳膜，影响听力。

不可在床头给手机充电。现在不仅成年人是手机的忠实用户，很多青春期的男孩也常人手一部手机。而手机用多了，自然就会涉及充电的问题。很多男孩为了拿取方便，经常会在床头给手机充电，这种充电方式是十分不可取的。如果人在手机充电插座30厘米以内，人体内的免疫功能细胞有可能会因此而数量减少。人体应离手机充电插座30厘米以上，不能放在床边。

另外，男孩上厕所的时候，也不宜长时间看书。上厕所的时候如果男孩看书看报，就会把注意力集中在书上，而忽视了便意。这样做直接导致直肠对粪便的压力刺激失去正常的敏感性，延长了粪团在大肠内停留的时间，时间一长，很容易发生便秘。而且，久蹲或久坐，男孩盆腔会产生瘀血、痔静脉曲张，也会增加患发痔疮的可能性。

第十一章 理解生命，男孩也应爱惜自己

生命，对于青春期的男孩来说，太过于深奥，男孩可能还无法完全理解它。但从男孩呱呱落地开始，就必须要学会爱惜自己的生命，学会保护自己，并接受可能一点也不完美的自己。做一个自尊、自爱、自强的好男儿。但是，现实却是残酷的，越来越多的青少年因为不了解生命的重要性，而误入歧途，甚至还产生了自杀的思想。本章就是教男孩如何走出自杀阴影，做一个博爱，理解生命，懂得自保的新时代男子汉。

提高心理承受力，杜绝自杀思想

在一个平静的午后，突然从一户农家小院传出了一片哭天喊地声和叹息声。路过的村民感到好奇，便走进了小院，这才了解到，这户人家的孩子，一名年仅17岁的男孩刚刚服毒，竟然是要自杀。

昏迷不醒的男孩身旁扔着敌敌畏的空瓶，伤心的母亲手里攥着儿子的遗书，痛哭流涕。

幸好家人及时打了120，经抢救，男孩的命总算是救了回来，但他死灰一样的眼神，却和这个年龄的孩子相差甚远。

“你们为什么要救我，生活太累，太无聊了，死了就解脱了。”病房里，男孩面无表情地说道。

母亲听后，又开始一个劲地抹眼泪，站在一旁一直沉默的父亲忍不住打了男孩一巴掌，浑身颤抖地说出了两个字：“孽子！”

身体渐渐恢复后，男孩被父母带回了家，但男孩一进家门就说：“活着真的太没意思了，你们这次救了我，下一次也能救活我吗？”

“儿子，你别吓妈啊……”母亲听了儿子的话后，吓得蹲坐在地上，忍不住哭了起来。

父亲觉得儿子心理得了病，便趁着男孩休息的时间，去村里打听哪里有治“心病”的医生。

世界上最宝贵的东西，莫过于生命，不管是人类还是动植物，生命都是极其重要的。但青春期的男孩经常因为一些挫折或不如意的事情，对生活感到失望，轻易地就抛弃了自己年轻的生命，让生者伤心。

到底是什么原因，让男孩变得这么厌世轻生呢？一方面，缺乏父母的关心让他们对亲情感到漠然。很多父母由于平时工作压力大，而疏于对孩子的管教，缺乏和孩子之间的沟通，使男孩觉得自己并没有得到父母真正的关注和了解，继而开始讨厌自己的生活。青春期的男孩在思想、情感上都会产生微妙的起伏。面对父母的“冷漠”，男孩不是积极地去想办法密切和父母的关系，而是选择了极端的方式，引发了悲剧的产生。

而且，很多男孩因为从小没吃过苦，经受的困难和挫折较少，所以对挫折和压力的应对能力低下，不知道如何正确处理生活中出现的各种矛盾和问题，也是导致男孩一遇到困难就想逃避，产生厌世心理的主要原因之一。

如今，自杀已经成为青少年第一大死因，据新华社统计，每年，我国都有接近28.7万人死于自杀，是国际平均数的2.3倍。这些惊心动魄的数据时刻提醒人们，解决青少年自杀问题，已经刻不容缓。

在有过自杀行为或者是产生自杀想法的青少年中，很多人都表示出“生活很残酷”、“活着没意思”等消极的想法。他们觉得自己一点也不怕死，经常拿“十八年后又是一条好汉”来自我解嘲。而且青春期的男孩易冲动，当因为某些刺激而产生了厌世的想法后，会在冲动之下就做出令人伤心的举动。

浩浩出身于一个书香世家，父母都是高级知识分子。从小父母就对他寄予厚望，但因为工作忙，父母很少陪在浩浩身边。久而久之，浩浩的性格发生了一些扭曲。

浩浩的学习成绩还不错，但数学一直是弱项。这让父亲很失望，几次都说：“我教过的一年级的小学生都比你的数学成绩好。”于是，每次浩浩一看到那些所谓的父亲的学生时，就会冷哼一声送对方一个白眼。中考时浩浩只考上了普通高中，在学校住宿一个月后，他说什么也不愿意去学校住，就和父母大吵了起来。父母也懒得理他，再后来，浩浩发现只要自己的情绪得到发泄，不好的心情就会变得好一点。比如，生气时把饭倒掉、在墙上乱涂乱画、把妈妈买的东西全砸到墙上等。

这些行为让他得到了发泄，但父母却受不了，觉得他得了“精神病”，一定要把他送到精神病院去。浩浩听后，不知道从哪拿出了一个锋利的刀片，说：“如果你们把我送到精神病院，我就死给你们看。”

说完，还真的在手腕上轻轻划了一道，鲜红的血滴马上从手腕滴落到了地上。父母看得脸色大变，不敢再提这话。但浩浩却发现，这种自残式的痛楚，让他心里变得更舒畅了。

从那以后，浩浩一发不可收拾，旧伤口刚好，他的身上就会出现一个新的伤口，这种自残自虐的方法，让父母痛苦不堪，却不知道如何是好。

男孩应该了解，自杀并不是勇敢的表现，恰恰相反，自杀是一种自我逃避、不负责任、胆怯的愚蠢行为。

当男孩产生了厌世的心理，并想以自残、自杀的方式来“报复”社会，“解脱”自己时，不妨想一想这样做的严重后果。不要极端地以为除了死，就没有其他的方法来让自己从困难中解脱了。男孩要提高自己的心理承受力，合理调整内心的情绪，一旦受到了挫折，应先对自己进行心理安慰，使自己心理达到平衡，也可以用“阿Q精神”来进行自我安慰，消除厌世心理。

人的生命只有一次，男孩一定要珍爱自己的生命，释放自己内心的压力，不要伤害自己，更不能伤害爱你的人的心。

做个博爱的人

歌手关楚耀有首歌叫作《博爱》，歌词为：“你关注他我关注他，一千个关注，凝聚粉丝数字，从没有相识太迟。你一个V我一个V，正身展示，藏着阶级暗示，娱乐圈的花纸。通宵达旦，推着赞，多少苦乐，搭车食晏，平淡里的寂寞，需一搏。写一博分享快乐微薄感觉，小方格里简单两句，围着高速时代开一个序。写一博分担苦痛让那冰霜冷漠都退去，温馨占据，遥距千里得你推。在虚拟里，荧光幕里，冲浪去，你转发这片新国土，江山太优美。繁字简体两备，原是众亲不远离，我不理沙发怎去抢，脱手相让，情愿找新对象，宁愿细心观赏，多欢畅……新一页新一代与电脑甘苦与共的探索，新的寄托，来为地球开拓，蜗居内手机内共我于新式社交中接载，倾心博爱，细光纤刹那精彩，传到深海……”

倾心博爱，正是现在的青少年最缺乏的精神感悟。

何谓博爱，就是广博的爱，是平等的爱，是没有等差的、没有级别的爱。

博爱是一种价值观，男孩应理解“天生我材必有用”的真正含义，树立信心和理想，不用有色眼镜和歧视心理去看待周围的人、事、物，不能在生活和学校里搞“小集团主义”，拉帮结派，欺凌弱小。博爱的男孩不应自私，要懂得奉献精神，将之看作一种崇高的理想和爱。

但是，很多时候，男孩并没有真正地理解和接受博爱精神，对父母、朋友才会爱，对遇到困难的陌生人却十分冷漠，甚至，有些青少年，连自己的亲人也不爱，这样的人，怎么会成长为博爱的人呢？

那么，怎么做才算是博爱呢？其实，博爱很简单，就是爱你所看到的一切人和事物。

感恩节的早上，有一家人正在发愁，他们不知道如何以感恩的心过这一天，因为他们实在是太穷了，穷得连今天的食物都没有着落。

家中的小儿子肚子已经饿得咕咕叫了，但他知道，一旦他开口说饿，爸爸妈妈就会因为吃饭的问题吵起来，他讨厌吵架。正当他觉得自己是那么的无奈和无助时，命运之神敲响了他家的大门……

沉重的敲门声在耳边响起，男孩打开门一看，一个身材高大，满脸笑容的男人手提着一个装满各种美食的大篮子站在那里。

男人说：“这份东西是一位知道你们有需要的人要我送来的，他希望你们知道还是有人在关怀和爱你们的。”

一家人愣住了，他们怎么也想不起来有谁会记得贫穷的他们。爸爸妈妈怎么也不愿意接受这份“大礼”，虽然他们都很饿。

但是男人却说：“我只是个跑腿的，感恩节快乐，你们就当这是一个博爱的人无聊发神经吧。”

一家人这才感激地收下了这些食物，而小男孩也记住了男人那句“博爱的人”，虽然这只是一个小小的关怀，却让他晓得人生始终存在着希望，随时有人在关怀着他们，即使这个人是个对他们来说的“陌生人”。

长大成人后，男孩也像当年那个陌生的男人一样，在感恩节这一天，把食物送到了极为需要它们的家庭，看着孩子们脸上开心的笑和别人感激的泪，已经成长为男人的他觉得十分开心。

在给别人的食物中，他总是会放进去这样一张纸条："我是你们的一位朋友，愿你一家都能过个快乐的感恩节，也希望你们知道有人在默默爱着你们。今后你们若是有能力，就请同样把这样的礼物转送给其他有需要的人，做一个博爱的人。"

"博爱"这两个字出自《无量寿经》中的"尊圣敬善，仁慈博爱"。根据著名语言大师吕叔湘编著的《现代汉语词典》上的解释，博爱，是对全人类的广泛的爱，是一种特殊的、无私的爱，是一种互相关心、互相帮助的爱。

对不认识的人也能伸出援手，即使是昔日的敌人，当他遇到困难时，如果男孩也能帮他一把，那么你就做到了博爱。

除了对人要博爱，男孩还应对动植物博爱。爱惜花草，爱护动物。要知道，动植物也是有生命的，也需要获得人类的关爱和照顾。有人说博爱是舶来品，是西方资产阶级的东西。其实在中国战国时代墨家就有"兼爱"的论述。唐代的韩愈也有过"博爱之谓仁"的说法。男孩应通过自己的行动来传播博爱精神，感动更多的人，加入到博爱的队伍中来。

防止意外发生，学会保护自己

近年来，越来越多的青少年因为各种各样的意外而陷入危险之中，有一些甚至还付出了年轻的生命。这样的代价无疑是巨大的，也是令人震惊的。如果男孩不学会保护自己，防止意外发生，很可能会遇到危险，后果不堪设想。比如，交通事故、意外摔伤、被坏人尾随、遭遇歹徒等。这些事情虽然听起来可能离人们的生活很遥远，男孩也觉得自己不可能这么倒霉就遇到这些意外，但不怕一万，就怕万一，万一不小心遇到了这些意外，男孩面临的可能就会是性命攸关的大问题。

意外，有可能是意外事故，有可能是意外伤害，但不管是哪种意外，都需要青少年提高自我保护能力，避免发生意外。

2010年2月17日，网络上曾公布了一则报道，说的是浙江天台县举行新闻发布会正式通报确认该县5名集体失踪的儿童系意外溺水死亡。这5个孩子最大的13岁，最小的才7岁，却因为结伴出门玩耍之后集体失踪，最后警方从附近的养鱼场蓄水池里找到了他们的尸体。

这样的报道令人们感到心痛的同时却也很后悔，后悔为什么不早一点学会一些自保的知识，提高自保能力。

父母并不能时时刻刻守在男孩的身边，所以男孩为了保证自己的安全，也为了让家人放心，应多学一些自保知识。当然，学会自我保护，并不是一朝一夕的事情，它需要男孩长期的学习和努力，才能懂得如何避免、远离已经遇到的或有可能遇到的各种危险。

男孩的生活经历和人生阅历有限，很多时候可能无法意识到自己是否处于危险之中。所以，平时生活中，男孩应多向父母、前辈请教，了解什么是危险，平时都有可能遇到哪些危险，以及如何才能避免和解决这些危险。比如，在马路上看书，可能会撞到行人，甚至被车撞到；一个人深夜出门可能会遇到坏人等。

当男孩清楚了什么是危险、怎样避免危险后，还不能大意，男孩还要提高自己的反应能力。比如，在参加球赛的时候，有目的地进行训练，学会判断球的来去方向，并很快做出击球、接球、传球等一系列反应，提高自己的灵敏度和反应能力。

生活中的一些小事，男孩也要多加注意，因为如果忽略了这些细节，也可能会遭遇到危险。比如，天气凉了不加衣服导致感冒；天气热了不减衣服导致中暑；吃饭时嬉笑打闹，导致异物进入气管等。男孩不要小看这些看似平凡的“小事”，没准它们将是影响男孩安全与健康的大事，一不小心就有可能酿成大祸。

男孩小智是个“鬼机灵”。一天下午放学后，他正在学校门口等妈妈来接他放学。

本来小智说要自己回家的，但妈妈说要给他一个惊喜，一定要来接他，他只好同意了。等了很久，小智都没有看到妈妈的身影，而天渐渐黑了，学校里的学生和老师也都走得差不多了，小智有些懊恼地说：“什么惊喜要等这么久啊。”

正在这个时候，他却听到有人笑着说：“我就是惊喜啊，你家里人让我来接你回家。”

小智抬头一看，是个中年妇女，他皱了皱眉头说道：“是我妈妈让你来接我的？她搞什么呢，怎么不亲自来？”

“对，是你妈妈让我来接你的，她临时有事，耽误了，还说让我来接你，给你一个大惊喜呢，走吧。”

“惊喜？有事？”小智的妈妈是全职太太，每天在家除了做饭、打扫卫生，就是去健身房练瑜伽，临时有事的概率实在是太小了。

所以他留了一个心眼，说：“哦，那肯定是她工作太忙了，最近我都没怎么看到她，今天让她来接我放学，也是我求了半天她才答应的，没想到又爽约。”

“没办法，你妈妈工作忙嘛，她也很懊悔，所以才让我来接你的，那边是我的车，咱们上车吧，我送你回家。”

“谢谢阿姨。”小智虽然嘴上这样说，但心里却咯噔一下，心想，坏了，可能是遇到坏人了。但现在周围没人，学校的保安不知道去哪里巡逻了，妈妈也不见身影，万一她把自己硬拉上车可怎么办啊。

突然，他看到地上的砖头，灵机一动，心里有了主意。

“阿姨你等一下，看门的老头总是欺负我，我去戏弄他一下，然后咱们马上开车跑。”

“好啊好啊。”中年妇女点头说。

小智拎着砖头往学校里跑，但并没有停在保安室，而是来到校门口的一面大铜钟面前，离得远远的，把砖头用力砸了上去，马上，巨大的声音响起，不一会儿，两三个保安就跑了过来。

“同学，别跑，损坏学校公物，是要受处分的。”

“我不跑，肯定不跑。”小智还真乐呵呵地跑向了保安，等跑到他们身边时，才小声说：“大哥哥，门口那个人我不认识，但她说是我妈妈的朋友，非要带我走，那辆车也是她的，我害怕，所以……”

“原来是这样啊，你可真聪明。”保安哥哥摸了摸他的头，向同事使了个眼色，一块走向了门口的中年妇女，那人见情形不对，马上想钻回车里跑走，却被保安几步追了上去，报警后被警察抓走了。

而这时，小智的妈妈才姗姗来迟，手里还拎着一个大蛋糕，说：“小智，生日快乐，这是妈妈亲自做的蛋糕哦。”

“妈，你今天已经送给我一份‘生日礼物’了。”小智傻笑道。

生活中，青少年会遇到很多突发事件，但很多时候，男孩并不能清楚地辨别它们，也没有独立处理好这些事的能力。每个人都会遇到一些自己无法控制的事情，如果男孩不学一些面对突发事件的应变能力，那就很可能要承受损失或者受到伤害。就像故事中的小智，因为应变能力强，才想到了自救的方法，而使自己脱离了危险。所以，为了将突发事件可能带来的损害降到最低程度，男孩应在平时生活中多重视应变能力的训练，培养自己临危不乱的心理素质，开发自己的聪明才智，让自己远离意外，脱离危险。

模仿性冒险，害人不浅

冒险是指人们不顾危险一定要进行某些活动或运动。因为人们的这种冒险精神，也随之出现了世界十大冒险运动，分别为：徒手攀岩、蹦极、低空跳伞、高空飞越、高速赛车、潜水、登山、野外生存、速降滑雪、忍饥耐寒。

人们明知道这些行为具有一定的危险性，却还是毅然参与其中，其冒险精神是值得青少年学习的，但如果盲目地模仿他人的冒险行为，做出一些无谓的冒险行为，这样反而不能被人们称之为英雄，还会被说一句“愚蠢”。尤其是很多喜欢看科幻片的青少年，在看到电影中的超人、蜘蛛侠等超级英雄时，因为盲目地崇拜而不考虑现实条件，就模仿电影中英雄的行为，做出一些危险的举动来。这样做，很有可能让自己受到伤害，还会让家人和朋友担心。

小林是一名初中男孩，最近他特别喜欢看《超人》和《蜘蛛侠》这样的电影。每次一看到超人在天空中飞、蜘蛛侠飞檐走壁的时候，就会十分向往，也想像这些英雄一样，冒一回险，做一次英雄。

有一天晚上，小林突发奇想，如果自己也学会了蜘蛛侠的“飞檐走壁术”，是不是也会真的变成英雄了？小林觉得蜘蛛侠的行为和徒手攀岩有些像，而他以前也见过别人攀岩，只要有工具，其实是很简单的。

于是小林就找来了一些攀岩用的工具，想来想去，打算先从自己家开始，慢慢学。

晚上，等爸爸妈妈睡着后，小林开始行动了。小林家住的是二楼，他打开窗户，看了看外面的情形，左边有个管道，可以抱着它固定身体。墙壁上也有很多凹陷处，可以作为借力点，只要他小心一点，完全可以像蜘蛛侠那样完成爬楼的“英雄壮举”的。

想好之后，小林就开始往外爬，第一步很顺利，他很快就抱住了外面的管道，但接下来当他想踩在一个凹陷处时，却发现砖与砖之间的凹陷处看似挺深，但完全踩不住。慢慢地，小林觉得自己的体力有点支撑不住了，想顺着管道爬回自己的房间，管道在这个时候却摇晃了起来，顿时，他感到害怕了，急忙大喊大叫，向已经熟睡的父母求救。

父母听到他的呼救声，吓了一跳，急忙把他救了下来，狠狠地批评了他一顿。

但就是这样，也没把小林的“冒险梦”给吓回去，他决定，下次找个保险的地方再爬一次试试。

在现实生活中，像小林这样的男孩大有人在。因为年龄小、知识面窄等原因，无法全面地辨别事情的真假，也无法正确理解电视电影中那些危险的行为。在这些男孩的心里，生命并不是十分重要的，重要的是要具有冒险的精神。但什么是冒险精神，他们又认识不清，以为只要模仿电影中那些英雄们的行为，做个不平凡的自己，就算是冒险了。这种盲目的模仿性冒险行为只会让男孩身陷危险之中，害人害己。

因此，男孩在日常生活中要热爱生活，尊重生命，要以一颗平常心来看待自己身边的人和事，不要模仿影视剧中的危险行为和动作。男孩要知道，影视剧中的冒险行为大多是通过特技做出来的效果，并不是真实的，不具有模仿性。

不要讨厌平凡的自己，平凡才具有真实性，要以一种平常的心态来看待自己，不要靠无谓的冒险来逞英雄。男孩要学会做一个虚心的人，不要依靠冒险行为来表现自己；要学会爱惜自己，不要拿自己的生命开玩笑。

了解生命，接受生命教育

最近，有一个简单却又复杂的问题，一直困扰着王航，这个问题就是：什么是生命？

作为一名虚心求学的初中生，王航当然在课本上学到过关于生命的知识，但是他还是会产生疑惑，难道生命真的只是那些像人类、动物、植物这样活生生存在于现实生活中的事物，才能叫作生命吗？

他问同学："你说，咱们脚底下的土地，有生命吗？"

同学说："土怎么会有生命呢，那不变成神话了，难道你还希望从你脚底下跳出一个土地神？"

"可是我认为世间万物都有生命，不只是局限于人类、动物和植物。比如，我们可以想象，山洪暴发是因为大山对我们破坏行为感到生气，来惩罚我们的；地震是因为大地的愤怒；洪水是因为……"

"别说了，你知道我胆小的，再让你说下去，就连我推着的自行车都要有生命了，没准一会儿就会报复性地让我摔一跤。"

"哈哈，有可能哦。"王航哈哈大笑起来。

但他心里的疑问还是没有得到解答。

这两天，又有一个新的名词出现在了王航的眼前——生命教育。

原来，学校为了让他们学会独立，变得有毅力，重视生命，特意安排了一次生命教育的讲座。

一个问题没弄明白，又出来一个新的问题，生命教育又是什么玩意儿啊？王航很纳闷地想。

在学生的课本上，男孩可能看到的生命解释是这样的：生命泛指有机物和水构成的一个或多个细胞组成的一类具有稳定的物质和能量代谢现象、能回应刺激、能进行自我复制或繁殖的半开放物质系统。

通常情况下，生命个体都会经历从出生、成长到死亡的一系列过程，而生命种群也会随着自然选择发生进化以适应环境。总而言之，生命，就是物质系统。

但是，人们依然很难给生命定出一个最科学的定义。虽然人们能一眼就可以区分出什么东西是有生命的，什么东西是没生命的，但青春期的男孩有时候还是很难理解，为什么会是这样的。就像上例中的王航，为什么连肉眼都看不到的细胞都是具有生命的，而自己踩在脚下的大地、水流，却不具有生命？

我想，这个问题，就连科学家都会很难给出确切的答案，毕竟生命本身就是很奇妙的存在。另外，有一些生物，在某些时候是介于生命和无生命物质之间的。比如，病毒。在有寄主可寄生的时候，病毒会表现出生命现象；但在没有寄主可寄生的时候，不会表现生命现象。而空气中的细菌、病毒，种子，冬眠中的动物等虽然没有新陈代谢和生长发育的生命特征，但是，它们同样属于生命的范畴。

如果一定要从科学的角度给生命下一个定义的话，人们可以说，生命是由核酸、蛋白质等生物大分子所组成的生物体不断进行着物质、信息和能量交换的一种综合运动形式。

在所有的生命中，还有一种智慧较高的生物，人们称之为智慧生命。地球上的智慧生命指的是人类——这个高智慧的灵长类生物，而在地球之外是否有智慧生命，现在仍是一个谜。

人类这种高智慧生物比其他生物都要复杂得多，具有有限性、唯一性，而生命教育，就是让青少年了解到这一点，学会考虑生命个体的存在价值，并在实践中实现生命价值。

每个人的生命都是有意义的，男孩只有尊重和珍惜生命的价值，热爱生命，才能逐渐融入社会这个大团体中，树立积极、健康、正确的生命观。

生命教育有广义和狭义两种定义。狭义的生命教育指的是对生命本身的关注，包括个人与他人的生命，以及存在着的所有自然生命；广义的生命教育是一种全面的教育，它不仅包括对生命的关注，还包括对生存能力的培养和生命价值的提升。

生命教育是1968年美国学者杰·唐纳·化特士首次提出的，到目前为止，生命教育已经走过了近40年的道路，是作为预防青少年自杀的权宜之计被提出并开始广泛宣扬的。让青少年认识生命和珍惜生命成为这一活动的主要内容。目前，生命教育的重要性已经得到广泛的认同，世界各地都开始紧抓青少年的生命教育工作了。

我国是从20世纪90年代开始全面实施素质教育，开展生命教育的。在开始生命教育时，一直遵循着科学性与人文性相结合、发展预防和干预相结合、学校家庭与社会教育资源相结合的原则来进行的。人们认为，生命是物质和精神的统一，既需要科学的研究，也需要人文的解读，应首先提高青少年对生命意义的认识，避免纯理论的知识传授，才能让青少年正确理解什么是生命，如何珍惜生命，积极乐观地接受生命教育。而且，生命教育具有关注每一位青少年健康成长的发展性目标，必须要对青少年可能面对的危机性问题进行科学的预防和干预。比如，毒品、自杀和意外事故等。生命教育并不只是学校的事，也不仅是青少年的事，而是社会这个大集体共同的事情。青少年在了解和接受生命教育时，要善用现有的教育资源，多与父母、学校互动、互补，让自己心理健康地走向现代化，走向未来，走向全世界。

接受不完美的自己，追求幸福人生

男孩进入青春期后，对幸福和人生百态都有了一定的了解，自然也开始向往幸福，希望自己能有一个美好的人生，度过余下的好时光。

但人生并非一直如自己想象般那样完美无缺，也不可能总是一帆风顺。很多男孩在成长过程中会发现，生活很美好，但不美好的却是自己。个子不够高，体形过瘦或过胖，长相平庸，能力低下。这些发现让男孩顿时失去了青春的光彩，开始变得颓废、消极，觉得自己再也无法收获幸福的人生了。

赵郎和其他男孩子不一样，从小就对自己的长相十分在意，进入初中后，他依旧每天都拿着一面小镜子，左照照、右照照，越看自己越觉得长得帅气。当听到别人夸自己帅时，他心里美滋滋的别提多开心了。

可是自从赵郎在网上看到了一个男明星的照片后，就觉得自己这张脸越来越难看了。

“哎呀，你看我这鼻子，有点塌，别提多难看了。”他对同学说，“还有，我右边脸颊比较高，一点都不对称，太影响美观了。”

“你一个男的，这么臭美干吗。”同学忍不住打击他。

但赵郎却仍沉浸在自己的外貌上，“如果我能再帅气一点，再完美一点就好了。”

赵郎看着镜子里自己的脸，一会儿摸摸鼻子，一会儿捏捏脸蛋，越看越觉得比那个明星差远了，真是丑死了。

有了这样的认知后，赵郎开始变得闷闷不乐了。

每天早上起床后做的第一件事还是照镜子，但再也不像以前那样越看越自豪，而是越看越觉得自己长得丑。

“好像……鼻子有点歪，往左偏了一点点……”

“嘴唇也薄厚不一，真是越看越难看，我以前怎么没发现呢，长成这样，可怎么见人啊。”赵郎急得快哭起来了。

“你到底是不是男孩子啊，这么爱美。”到了学校，他向同学哭诉，却被同学笑话。

赵郎说：“谁说男人就不能爱美了，爱美之心人皆有之，你懂不懂。哎，先别说这些，你说我这么不完美，以后可怎么活下去啊？”

“只是这样你就不活了，那我脸上长这么多青春痘，李力身材那么矮小，我们是不是都不要活了？”

“可是……”赵郎还想说什么，却听同学又说道：“你也别‘横挑鼻子竖挑眼’了，好看难看真就那么重要吗？世界上哪有十全十美的人。你鼻子歪点就没脸见人了，那人家缺胳膊少腿儿的该怎么办？人，要接受自己的不完美，这样才能体会到幸福和快乐，有一个美好的人生。”

赵郎觉得同学说得有道理，但他还是忍不住会拿出小镜子，和那个帅气的男明星作比较。

故事中的赵郎是个爱美的男孩子，但却在成长的过程中发现了自己的美一点也“不完美”，这让赵郎在心里产生了较大的震撼，忍不住会想“原来自己并不是像自己想象中的那么完美无缺，这可怎么办呢？”赵郎因此而丧失了自信，甚至觉得自己没法活在这个世界上了。其实，这些问题是每个人都苦恼的一些小瑕疵，就像他同学所说，人无完人，世界上根本没有那么完美的人。男孩要学会接受不完美的自己，这样才能追求幸福的人生。

除了相貌，男孩还会因为自己哪些地方不完美而感到苦恼呢？其一，生理方面不如意。生理方面的某些“不完美”虽然并不代表着残疾，但男孩往往认为，这些不完美比残疾更可怕，更让人感到苦恼。男孩往往会因为没有达到自己心目中的理想标准而“自寻烦恼”。

其二，性格个性等社会能力方面的欠缺。如不善言谈、拘谨、死板等。这些不完美之处让男孩感觉自己低人一等，觉得人生就是一种折磨，一点也不幸福。

其三，家庭条件不如别人。当其他同学炫耀或谈论自己有什么名牌书包、手机、衣服时，男孩就会产生一定的压力，认为自己的生活不如意，并不是自己一直向往的幸福生活。

其四，学习成绩差。尤其是因父母的期望较高而无法达到要求时，男孩就会觉得自己的人生“不完美”，一点也没有幸福的感觉。

其实，这些问题并不是那么的“不完美”，要知道，不完美的人生，才更生动，具有光彩。因此，男孩要针对自己“我是不完美的，真受不了”的不良心理和情绪进行改善，及时摆脱这种困扰。

男孩不要过于求全。面对父母的过高期望，男孩不要产生压力，也不要过于自负，认为自己是无所不能的最完美的人。不要过于求全，也不要总把“不完美”的话放在嘴边，并拿这个“期望”作为目标给自己施加压力。

男孩要接受自己的“不完美”，即使男孩在某一方面做得不到位或有一些缺点，但这并不影响父母对孩子的爱，以及男孩的社交圈子和个人能力。在他人眼中，男孩就是男孩，不管男孩是完美的还是不完美的，他们和男孩做朋友，所接受的就是有优点也有缺乏的男孩。对于男孩的一些小毛病，只要改掉就可以了，不必过于在意，也不要觉得自己长得丑、个儿不高就没人爱，不配得到幸福。人人都有追求幸福的权利，男孩要明白“人无完人”的道理，完美只是人们追求的一个理想目标，而不能完全以此作为对自己的要求标准。这个世上没有绝对完美的事情，人也一样，没有谁的外貌是完美无瑕的，也没有谁是没有缺点的人，圣人、伟人也达不到这种境界。

完美女孩青春期成长手册

董亚兰◎编著

北京工业大学出版社

图书在版编目（CIP）数据

完美女孩青春期成长手册/董亚兰编著．—北京：北京工业大学出版社，2014.5（2021.9重印）

ISBN 978-7-5639-3832-2

Ⅰ.①完… Ⅱ.①董… Ⅲ.①女性-青春期-健康教育-手册 Ⅳ.①G479-62

中国版本图书馆CIP数据核字(2014)第052088号

完美女孩青春期成长手册

编　　著：董亚兰
责任编辑：刘学宽
封面设计：胡椒书衣
出版发行：北京工业大学出版社
（北京市朝阳区平乐园100号　邮编：100124）
010-67391722（传真）　bgdcbs@sina.com
经销单位：全国各地新华书店
承印单位：唐山市铭诚印刷有限公司
开　　本：787 毫米×1092 毫米 1/16
印　　张：14
字　　数：203千字
版　　次：2014年 5 月第 1 版
印　　次：2021年 9 月第 4 次印刷
标准书号：ISBN 978-7-5639-3832-2
定　　价：39.80元

前　言

步入青春期后，女孩的身体会发生一系列明显的变化：嗓音变得更动听了，皮肤更白嫩了，胸部隆了起来，每个月“月经”都会来拜访……这些生理变化让女孩常常是又惊又喜。惊的是对自己身体感到陌生了，面对新情况不知该如何应对，喜的是“女大十八变”，自己越来越漂亮了。

这还只是女孩青春期的一部分烦恼与快乐。更重要的是，在这期间女孩正处在中学阶段，这是其人生中非常重要的时期。学习的优劣直接决定女孩日后是否能考上理想的大学，影响女孩今后的职业乃至家庭。但是，青春期女孩又是“少女怀春”的时候，面对异性她们有了与以往不同的感觉。既想亲近又有些害怕，既喜欢阳光帅气的男孩又对风趣幽默、睿智儒雅的男老师有着懵懂的好感，这让女孩的心思更为复杂。此外，在日渐开放的社会风气和身边不少早恋的例子影响下，女孩也会生出异样的感觉：爱是什么？能谈恋爱吗？……甚至于有的女孩还出现了单相思、同性恋等的迹象。在这些复杂情感的交织下，女孩应该如何妥善处理他们与学习、生活的关系呢，这都成了女孩心中的烦恼。

青春期的女孩是敏感而又自尊的，这时的她们不愿意再与父母分享自己的小秘密，也不会对“闺密”百分百吐露自己的内心世界。由于女孩的阅历较少，处事经验匮乏，常常出现与父母之间有“代沟”，和同学朋友有些隔阂等情况，这些都需要女孩用心去解决。

这段时期，女孩除了要学习外，还要学会一定的独立生活本领，要先学会欣赏自己，做个自信的人。还有，很多女孩都希望自己能成为一个知性美人，这就要求要善于发现生活中的美，也要学会享受和培养生活中的美。

在我国的文化传统中，对女孩的青春期生理教育比较缺位，对青春期性教育更是遮遮掩掩。家庭中，家长对女孩这方面的关心远低于对其学习的关心，性教育就有些缺位了。但是，女孩自己还是应该从多渠道了解性生理和性心理，以揭开其神秘的面纱，让自己能坦然面对身边的一些“尴尬事儿”。

有鉴于此，我们特为青春期女孩们编写了本书，从生理、心理、交际、亲情、学习、财富、美丽、健康等十二个大方面入手，给女孩提供了全面而深入的指导，以帮助女孩轻松、快乐度过青春期这一人生关键阶段。

目　录

第一章　青春期女孩身体的变化

乳房开始发育 …………………………………………3
初潮来临 ……………………………………………6
认识月经 ……………………………………………8
荷尔蒙，让女孩变得更有女人味 ……………………10
不能缺少的雌激素 ……………………………………12
长“小胡子”正常吗 ……………………………………14
青春期的体味变化 ……………………………………16

第二章　走出情感迷雾，做一个快乐女孩

爱情很美好，但早恋很伤人 21
恋爱中的女孩要会保护自己 23
走出单相思的“迷雾” 25
失恋不可怕，可怕的是因此而偏激 27
同性依恋不是同性恋 30
理智对待“恋师情结” 33

第三章　远离不良心理，做个阳光女孩

理性追星 39
别怕生，快乐社交 41
自我肯定，战胜自卑心理 43
学会爱人，不做“自私鬼” 45
别让虚荣心害了自己 47
嫉妒，让女孩的心被蒙蔽 50
拒绝孤僻，做个阳光女孩 52

第四章　学会自我欣赏，做个独立的女孩

做个果断的人，不再优柔寡断 57

独立，从独自生活做起 …………………………………59
笑容，让挫折望而却步 …………………………………61
诚信可以提升女孩的人格魅力 …………………………63
宽容他人的过错，让自己好过一点 ……………………66
谦虚，让女孩更受欢迎 …………………………………68
杜绝脏话，做个文明女孩 ………………………………70
学会分享，大方待人 ……………………………………72

第五章　拒绝“死读书”，学习要有诀窍

勤能补拙，让自己爱上学习 ……………………………77
为学习做个计划 …………………………………………79
学会提问，做个爱思考的女孩 …………………………81
谁说女孩不如男 …………………………………………84
偏科，让好奇心来帮自己 ………………………………86
锻炼自己的毅力，面对学习压力 ………………………89

第六章　学做“女强人”，从小培养自己的财商

节约，让女孩变得更贤惠 ………………………………95
学着记账，不做“月光女孩” …………………………98
理性消费 …………………………………………………101

在银行为自己建个账户 ……104
发现商机，学会做生意 ……107
别做金钱的奴隶 ……110
做“投资高手” ……112
识别骗术，保护自己的财富 ……115

第七章　享受生活，做个有情趣的知性女孩

读书让女孩变得有魅力 ……121
做事不拖拉，做个勤劳女孩 ……123
用美好的心态，看待自己的世界 ……126
要学会一道拿手菜 ……128
养花种草，陶冶情操 ……130
才艺，让女孩变成气质佳人 ……132

第八章　与父母的“代沟”，让沟通来解决

做父母的“贴心公主” ……137
体谅父母，不做“刁蛮丫头” ……138
和父母交心，化解亲子矛盾 ……141
亲身体验父母的辛劳 ……143
学会沟通，和父母融洽相处 ……146

第九章　保护自身安全，远离不良行为

最好不要喝酒 …………………………………………………151
别让黑夜迷失了自己的“眼” ………………………………153
对校园暴力说“再见” ……………………………………155
谨慎泡吧 ……………………………………………………157
不要因为好奇而接触毒品 …………………………………160
意外，随时可能“光顾” …………………………………162

第十章　美容好方法，让女孩变得更动人

了解肤质，用对护肤品 ……………………………………167
提早预防，不在脸上“种”痘 ……………………………169
如何拒绝斑点 ………………………………………………171
如何呵护秀发 ………………………………………………174
轻松着装，更显“玲珑美” ………………………………177
正确使用化妆品 ……………………………………………179
生活中应避免的美丽误区 …………………………………181

第十一章　想有完美身材，就从健康抓起

荤素搭配，让营养均衡起来 ………………………………185

减肥，别把身体减垮了 ……………………………………187
想要健康，多做有氧运动 …………………………………190
培养良好的生活习惯 ………………………………………192
穿出健康，秀出美丽 ………………………………………194
学会调理自己的身体 ………………………………………197

第十二章　女孩健康成长，性教育这一课不能少

要善于化解性冲动的烦恼 …………………………………203
自慰不是罪，但不宜沉迷其中 ……………………………205
别让色情读物毒害了自己 …………………………………207
了解男女不同的生理结构 …………………………………209

第一章 青春期女孩身体的变化

女孩长到十一二岁的时候，可能会发现，自己身上出现了很多变化。胸部开始“鼓”了，“月经”也开始“光顾”了，胳膊和腿上，竟然也开始长出像男孩子一样浓密的汗毛了……

这些变化曾让女孩一度感到恐慌，难道我是生病了吗？非也。女孩有了这些变化，说明女孩长大了，正在一天天变成成熟美丽的女性。但是，在这个变化的过程中，还是有很多事情需要女孩多了解和留意的。只有了解了身体变化的真相，你才能顺利地变为“大姑娘”！

乳房开始发育

婴幼儿时期的女孩，乳房尚未发育，只是一对小小的乳头罢了，但进入青春期之后，女孩最明显的身体特征就是乳房开始发育，胸部不再是平坦的，渐渐“鼓”了起来。这让很多女孩有些惊慌失措：我的身体到底怎么了？

其实，胸部开始“萌芽”是每个女孩从幼童开始迈向成熟女性的必经之路。在女孩10至12岁时，乳房就会悄然生长，开始变大，并伴有轻微的生理疼痛。这些都是很正常的现象，女孩不必为此焦躁不安，要以平常心面对自己身体上的变化。

小英今年刚满11岁，马上就要小学毕业了。本来该是天真烂漫的年龄，但小英最近却愁眉苦脸的，好像在为什么事情发愁。

原来，小英最近总觉得自己的胸部怪怪的，经常会感觉胀胀的。她以为是被蚊虫叮咬了，想揉一揉，却感觉一碰就有些疼，还摸到了一个硬硬的“小疙瘩”。

小英害怕极了，不知道这是怎么回事。

“难道我生了什么病？”小英担心地想。

一开始小英并没有在意，以为自己可能是最近喝水太少，有点上火了。但两三个月之后，小英发现这些症状不仅没有消失，胸部反而有越来越大的趋势，这让她慌了神，害怕得哭了起来。

“我是不是得了什么绝症啊……”有些话她不好意思和父母说，只好向最好的朋友倾诉。

朋友听后哈哈大笑了起来：“你哭什么，这只是你的乳房开始发育了，我半年前就有你这些症状了，别担心，这代表咱们正在慢慢变成大姑娘。”

听了朋友的话，小英这才放下心来，同时又感到惭愧，看来还是自己的知识面太窄，连女孩子自己的事情都不知道。

乳房是在雌激素、孕酮、甲状腺素、泌乳素（PRL）和生长素（GH）的共同作用下开始发育的，具体发育的时间和女孩的身体状况密切相关。乳房发育之初，乳腺增生，乳核逐渐形成，女孩会感觉自己的胸部像是长了一个硬块，按压的时候会产生轻微的疼痛。随着时间的推移，乳腺管和皮下脂肪越积越多，就会使乳房渐渐“鼓”起来，慢慢向半球形发展。而且，这时候女孩的乳晕和乳头颜色也会慢慢加深，向成熟的女性又迈进了一大步。

如果女孩在15至16岁乳房还没有发育，就需要警惕起来了。这可能是女孩的身体在向自己发出信号。女孩应去医院进行详细的检查，确认是否是因为性发育迟缓或卵巢发育不良等原因使乳房停止了发育。

思凡现在正在读初中，已经成长为一名“大姑娘”的她最近有些烦心。为什么呢？因为她现在的乳房比同龄的女孩发育得都要快，普通的内衣已经不能“遮挡”它们了。而且每次上体育课或者是走路太快的话，胸部就会晃动起来，很多男孩子都会嘲笑她。这让思凡既生气又难堪，但又有些无可奈何，只能每天多穿两层内衣，紧紧地“勒”住自己的乳房。

冬天的时候还好，穿再多也不会感觉到难受，但一到夏天，思凡就开始苦恼了，穿多了热，穿少了烦，这该怎么办呢？

这一天，思凡放学回家的路上发现路边新开了一家内衣店，她想进去看看有没有适合自己的内衣，就走进了店里。

但店员见她进来，竟然把她带到了胸罩区，她吓了一大跳，连忙摆手说：“我只要平常穿的小背心就行，这是大人穿的东西，我不能穿的。”

店员笑着看了她的胸部一眼说：“小姑娘，你已经不小了，也该戴胸罩了。”

“可是……”思凡还有些犹豫，害羞地低下了头。

店员亲切地说：“没关系，你不用觉得不好意思，女孩子到了一定年龄穿戴胸罩是很正常的事情，这样对乳房的发育也有好处。我帮你选一件适合你穿戴的，你回家先试一试怎么样？如果感觉不舒服，你可以选择不戴。”

“嗯。”思凡点了点头，忐忑不安地拿着胸罩回了家。

第二天，当她穿着胸罩去上学时，发现自己的乳房并不像以前那样乱“晃”了，班里的男同学也没为此嘲笑过她。她心里开心极了，觉得胸罩真是个好东西。放学回家的路上，又去了昨天的店里选了两件。

青春期的女孩乳房发育越来越成熟，胸前越来越“鼓”，有不少女孩因此而感到害羞和自卑，不知道如何“遮掩”自己发育中的胸部。其实，女孩一过16岁，用软尺从乳房的上底部，经过乳头，向乳房的下底部测量，如果上下的距离已经大于16厘米了，女孩就可以穿戴适合自己的胸罩了。

在选择胸罩时，女孩子一定要注意，可以向妈妈或者身边有经验的大姐姐咨询这方面的注意事项。一般来说，处于青春期，还在生长中的女孩是不能穿紧身内衣的，这对女孩的乳房发育和身体健康都十分不利。

较紧的内衣不仅会压迫心脏和血管，使身体各内脏器官无法正常发育，还会影响呼吸功能，不能使人体保持正常的气体交换。而且，紧身内衣会压迫乳房，使胸部血液无法通畅地循环流通，很可能会引起乳房不适，造成血淤、乳头内陷、乳房发育不良等后果，对女孩的健美和健康都不利。

因此，女孩一定要选择适合自己的内衣，不能为了遮掩胸前的“秘密”而穿戴紧身内衣，从而影响身体的正常发育。另外，睡觉的时候女孩一定要松开或脱掉胸罩后再睡，这样可以有效避免胸部受到持续的紧压而产生不适感，也有利于身体进行正常的呼吸和血液循环。

初潮来临

女孩在步入青春期后，会面临很多生理、心理上的变化，初潮便是变化之一。那么，初潮到底是怎么一回事呢?

初潮又叫作初经，指女孩第一次来月经。一般情况下，女孩胸部开始发育两年后就会发生初潮，这是女孩步入青春期的重要标志之一，也是女孩的身体逐渐成熟的主要变化。

在我国，女孩发生初潮一般是在12至16岁，具体的年龄和女孩的身体状况、饮食习惯以及生活环境、气候密切相关。

月月正在上体育课，马上就该她上场比赛跑步了。她刚要上场，好朋友丽丽却拉住了她，指着她的裤子问："月月，你哪里受伤了？"

"我没受伤啊？"月月扭着脖子往身后看，也吓了一大跳，裤子上红通通的一大片，好像是哪里流血了。

"怎么回事？可我身上一点也不疼啊，就肚子有点胀胀的，不太舒服。"月月连忙拉着丽丽往厕所跑，"你快来帮我看看哪里受伤了。"

丽丽在听到她说肚子胀后，却不好意思地羞红了脸，悄悄问："你是不是'那个'来了？"

"那个？什么东西来了？"月月却没听懂丽丽的话。

丽丽着急地说："就是'那个'啊，月经！"

这时，两个人已经跑到了厕所，月月检查了一下，没发觉自己哪里受伤了，那血是从哪流出来的呢?

突然，她像发现了惊天秘密一样，大喊一声："坏了，我尿血了，丽丽，你说我是不是得了什么绝症？"

丽丽见自己猜测得没错，就连连点头说："对，你是得了绝症！'笨'得没得治的'绝症'！"

“不会吧？”月月害怕了。

但丽丽笑得更开心了，她说：“傻姑娘，你这是来初潮了，再过不久，你每个月都会有这么几天的。”

初潮，是子宫内膜在受到雌激素刺激后开始发育的主要特征。代表女孩卵巢的功能渐渐开始成熟，卵巢皮质中的滤泡开始发育，卵巢开始分泌雌激素，开始影响子宫内膜。

产生初潮后，很多女孩会发现自己生长迅速，食欲增加，并开始长出阴毛、腋毛，而且乳房、外阴的颜色也会逐渐加深，乳晕的面积也开始逐渐增大。

但是，初潮并不代表女孩规律的月经生活就要到来了。有的时候，女孩在经历初潮后，要几个月，甚至一年之后才会出现第二次月经或出血不断，人们称之为子宫“功能性出血”。这是卵巢功能还没有发育健全所造成的。女孩面对这些情况时，不要惊慌，一般在卵巢功能逐渐成熟后，月经就会正常。但是如果子宫“功能性出血”时出血量过大，女孩就应在父母的陪同下去医院进行诊治，在医生的指导下，可适当补充雌激素，以形成正常月经的周期。

偶尔，也会出现初潮比乳房发育早出现或在乳房开始发育后超过三年仍未出现初潮的情况。在医学上，前者被称为“月经早熟症”，后者被称为“原发性无月经症”。大多数“原发性无月经症”的女性和基因异常有关，导致生殖腺机能较差或生殖器官发育不全。还有一部分“原发性无月经症”者是因处女膜闭合造成的。

虽然有些女孩在十七八岁才发生初潮，但当女孩发现自己迟迟不见初潮时，还是应及时到医院进行检查，排除以上这些症状后，再对症下药。

除此以外，当女孩发生初潮后，应该注意哪些事项呢？

首先，应避免剧烈的体育运动。跑步、跳跃等活动都可以引起身体上的不适，会使身体的抵抗力因过度疲劳而下降，很容易诱发感冒等疾病。

其次，女孩要注意保持阴部的干净卫生。女孩应在经期经常清洗阴部，注意阴部的清洁和卫生。因为，女孩在月经期间机体的抵抗力会下降，如果不注意阴部的卫生情况，很容易就会引起细菌感染和发烧，苦不堪言。

再次，要注意多休息，保证充足的睡眠时间。还要注意日常饮食，要保持丰富的营养摄取，让体力逐渐增强，慢慢恢复精力。

最后，也是最重要的一点，在月经期间，女孩要避免接触冷水，也不能用冷水洗头、洗澡，要注意保暖，避免让腹部受凉；也应禁止喝冷饮、吃雪糕，还要注意，在月经期间，女孩绝对不能游泳。

总而言之，初潮的早晚和遗传、身体健康状况、情绪、营养等都有一定的关系，受各方面影响，个体差异可能会很大。女孩不要因初潮过早或过晚而产生不必要的心理负担，也不要因月经不规律而恐慌害怕。要对月经及自己的身体有充分的认识，不要因为身体上的变化而“病”急乱投医，要多向父母及身边的前辈咨询，避免因自己的疏忽和错误影响身体的健康。

认识月经

月经是女性的正常生理周期现象，大约在每个月固定的日子里会发生子宫出血，因此人们把它叫作“月经”。虽然现在人们的思想越来越开放，但女孩对于月经来潮，还是比较羞涩的。不敢向大人询问太多的相关知识，也不敢私自查阅这类的书籍，怕被朋友、同学们笑话。因此，青春期的女孩，经常会在月经期间，发生一些令人难堪的事情。

小田在经历了初潮后，就向妈妈咨询了一些关于月经的问题，但因为比较害羞，她也不敢问得太详细，只知道月经就是每个月都会流一次血。

“做女人真辛苦。”小田总是这样想。

但是初潮后的第二个月，月经并没有如期而至，这是怎么回事呢？

小田开始着急了，忍不住问了邻居家的大姐姐，才知道初潮后并不一定第二个月就会来月经，经常会晚几个月才来第二次的。

就这样，在忐忑不安的心情下，小田终于在三个月后迎来了第二次月经。此时，她已经了解了很多这方面的知识，也知道卫生巾该如何使用了。

但是意外还是发生了。

上课的时候，老师叫她起来回答问题，她立起来的时候动作过猛过快，马上她就感觉裤子里“汹涌”了起来，一片湿腻腻的感觉。

当时正好是夏天，小田感觉自己的裤子马上湿了一片。

回答完老师的问题后，她赶紧坐了下去，但还是被后面眼尖的同学发现了，一下课，同学就开起了她的玩笑，令她羞愧得无地自容。

那么，月经的周期到底是多久？每次持续多长时间？月经量又是多大？该如何选择卫生用品呢？

一般情况下，月经以28天左右为一个周期，一般是从上一次月经的第一天算起，28天后就是第二次月经期开始的时间。不过，因女孩体质、年龄、气候、地区和生活环境的不同，月经周期也会有所不同，前后相差7天都属于正常的范围。每次月经的持续时间是3至7天，持续时间过长或过短，都是不正常的现象。女孩应及时向父母反映自己的身体情况，及早就医诊断。

正常女性的月经血量是30至50毫升，月经量的多少因人而异，一般少于20毫升为月经过少，多于80毫升为月经过多。不过，青春期的女孩因正在发育期，卵巢功能尚未成熟，很多时候月经是无排卵性的，没有排卵就没有黄体，没有黄体就会缺少孕酮，缺少孕酮就会导致子宫内膜只能处于增殖期而不能达到完善的分泌期，使子宫内膜脱落不完全从而影响子宫的收缩，造成经血过多。偶尔的出血量大是正常的现象，但是，长期经量过多，会导致女孩出现面色苍白、乏力、头晕等贫血症状，这时候就要及时就医了。

那么什么是增殖期呢？这是月经周期中，子宫内膜变化的一个时期。月经周期也是下丘脑—垂体—卵巢轴的周期性功能的一种变化，可使子宫内膜发生三个阶段的变化。这三个阶段分别是月经期、增殖期和分泌期。

月经期就是女孩每次月经的行经时间，为期3至7天。增殖期也被称为卵泡期，大约10天，在这一时期，女性卵泡开始生长，分泌的雌激素也愈来愈多，使血液中雌激素水平逐渐升高，逐渐修复月经期受损的子宫内膜。分泌期也称为黄体期，大约14天左右，在这个时期，成熟的卵泡排卵后生成黄体，黄体所分泌的孕激素作用于子宫内膜使已增厚的子宫内膜中血管增生、充血，并使子宫腺体分泌黏液。

每个月，女孩都将经历这些生理上的变化，让女孩的身体逐渐成长，一步步走向成熟。

荷尔蒙，让女孩变得更有女人味

小蔡从小就很瘦，干巴巴的，总让人怀疑她是不是在家里受到了父母的虐待，以至于营养不良了。小蔡的父母为了能让她长得健康一点，费了不少心思，但效果都不佳。

但是自从小蔡升入初中，慢慢变成大姑娘后，她身边的亲朋好友发现，真的是“女大十八变，越变越好看”。

以前瘦得一阵风都能吹跑的小蔡，脸色不仅渐渐红润了，身上也慢慢开始长肉，变得丰满起来。

后来，父母咨询了医生才知道，这是女性荷尔蒙让小蔡发生了改变，她已经慢慢成长为大姑娘了。

但小蔡却不明白荷尔蒙到底是什么东西，为什么会让她发生这么巨大的变化呢?

女孩在进入青春期后，经常会听到一个和自己很有关系的词语，那就是“激素（旧称“荷尔蒙”）”。那么，荷尔蒙到底是什么呢？又对女孩有什么作用呢？

荷尔蒙，即hormone，是来源于希腊文的一个词，指的是激素，也是“激活”的意思。是人体内分泌系统所分泌的所有能调节人体生理平衡的物质的总称。大部分荷尔蒙都有恒定人体新陈代谢的作用，还能使各器官协调工作，促进人体的生长发育，调节生殖系统。

荷尔蒙可以影响一个人的生长、发育和情绪等多方面的表现，还能维持体内各器官系统的均衡协作。一旦人体荷尔蒙失衡，身体就会出现各种问题。尤其是对处于青春期的女孩子，荷尔蒙失调，不仅会影响身体健康，还会使女孩在心理上产生一定的阴影，造成不利影响。

在所有的荷尔蒙当中，对女性影响最大的就是女性荷尔蒙了。什么是女性荷尔蒙呢？简单来说，女性荷尔蒙就是卵巢分泌的雌性激素及黄体素的统称，是孕育新生命及维持母体健康不可缺少的一种荷尔蒙。

而且，荷尔蒙平衡的女孩会变得越来越漂亮，越来越有魅力，身体健康成长。女性荷尔蒙能让女孩的身材逐渐丰满匀称，能使人的皮肤变得细腻光滑，处处洋溢着女性的美和魅力。另外，女性荷尔蒙还是女性生存中所需要的最基本的物质，女性荷尔蒙平衡，能让女孩睡得更香，情绪稳定，还能帮助人体吸收营养、排出废物。它既控制着人的生长、发育、生殖、衰老等一系列人体最基本的生命活动，还会影响女孩的经期和骨骼发育。

由此可见，女性荷尔蒙对女孩的生长发育多么的重要了。

但是，随着年龄的增长，人体体内的荷尔蒙也是随时发生变化的。女性荷尔蒙在女孩20岁时达到顶峰，25岁后又开始急剧下降，这也预示着，25岁以后，女孩的女性荷尔蒙水平很容易失调。

一旦女性荷尔蒙开始失衡，也就意味着女性要慢慢开始衰老了，脸上开始长色斑、皱纹慢慢爬上了脸庞、面部晦暗发黄、身材开始走样、皮肤变差、乳房下垂、记忆力减退等症状开始在女性身上显现。如果女性在出现这些症状时还不注意保养，那么只会提早进入更年期，让身体产生各种各样的疾病。

另外，当女性缺乏荷尔蒙时，还会有如下表现：

失眠多梦。女性经常会感觉到头痛，晚上睡不着觉，经常忧郁不安、容易惊醒，还容易被一些小事惊吓到，严重影响了女性的日常生活。

月经不调。女性开始出现月经紊乱、无规律等现象，甚至还会因月经量过多，而导致失血性贫血。

烦躁易怒。女性经常感觉心慌气急，容易激动、紧张，经常会因为一些小事和周围的朋友或父母争吵，难以控制自己的情绪。

现在，女孩知道荷尔蒙对自己的身体及健康有着多么重要的作用了吧。科学研究发现，当人体荷尔蒙充足时，细胞生长会变得迅速，新陈代谢旺盛，人体内的所有器官都会呈现出生机蓬勃的一面，而且还能保持充足的精力和体力，去面对一天的学习和工作。遇到困难时，也容易保持积极乐观的情绪，整个人都给人一种朝气蓬勃的感觉，随时随地都能让人感觉到女孩的健康和活力。

不能缺少的雌激素

小刘有个妹妹，今年已经十四岁了，却还是不长个，不长肉，连比她年龄小的孩子都已经开始来月经，长胸部了，但小刘的妹妹虽然经历过了初潮，但最近两年却一点成长的变化也没有。

小刘对妹妹说："我在你这个年龄的时候，该来的早就来了，该长的也'长势'喜人。"

妹妹听后羞愧地低下了头，说："我的同学也基本都来月经了，姐，我是不是不正常？"

"怎么会呢，我刚才是在和你开玩笑，你别担心，你现在只是生长发育得比较缓慢，我有个同学，都18岁了，才开始来月经，她都不急，你急什么啊。"

"嗯。"妹妹这才高兴起来。

但小刘却高兴不起来，她知道虽然女孩生长发育和体质、生长环境、遗传等因素有关，但妹妹到底是属于什么情况呢？

后来，小刘才知道，妹妹这种情况，和雌激素分泌少有很大的关系。雌激素到底是什么呢？她又产生了新的疑惑。

雌激素是一种女性激素，主要由卵巢和胎盘产生，肾上腺皮质也可产生少量的雌激素。雌激素主要来源于卵泡内膜细胞和卵泡颗粒细胞。当女孩进入青春期后，卵巢就开始分泌雌激素，在促进阴道、子宫、输卵管和卵巢发育的同时，帮助子宫内膜增生从而产生月经，让女孩的身体逐渐成熟。而且，在雌激素的促使下，还能使皮下脂肪堆积，让女孩的体态逐渐变得丰满和美丽。雌激素还能促使体内钠和水的潴留，帮助骨中钙的沉积，是女孩成长过程中不能缺少的一种激素。

女孩身体中，雌激素的产生也有高低潮。一般情况下，卵泡开始发育时，女孩的身体只会分泌少量的雌激素，在女孩月经的第7天卵泡分泌雌激素的数量会逐渐增加，并在排卵前形成高峰，排卵后又会逐渐减少。排卵后的一两天，黄体也开始分泌雌激素，待黄体成熟时，也就是排卵后的第七天左右，会形成血循环中雌激素的第二个高峰。

雌激素主导着女性第二性征的发育和维持，它不仅能调控女性体内环境的稳定，还能控制女性的生命周期、月经周期、生育能力以及身体形态，这些都离不开雌激素的作用。只有雌激素分泌正常时，女性才会保持美丽和健康。一般情况下，女性在进入青春期后开始分泌雌激素，当35岁之后，由于卵巢功能的减退，雌激素的分泌也会越来越少，这也是为什么女性在35岁之后容易衰老和生病的主要原因。因此，青春期的女孩一定要注意自己身体中雌激素的水平，当雌激素水平降低时，应在医生的指导下适当补充雌激素，这对女孩的身体健康十分重要。

雌激素可促使子宫内膜发育，肌肉变厚，血液循环增加，使子宫收缩力增强。在雌激素的作用下，子宫内膜会发生周期性的增生变化，促使女性形成月经周期，当女孩出现月经推迟、量少等问题时，有可能就是雌激素水平发生了变化，很可能是雌激素分泌过少所致。

而且，雌激素还能让女孩变得逐渐有女人味。当女孩雌激素分泌过少时，不仅会让人产生营养不良、皮肤干巴巴的感觉，还让女孩变得容易长痘痘，身体开始容易疲惫，出现月经不调等症。当女孩出现这些症状时，说明自身的雌激素已经跟不上身体的需要了，必须要靠食物、药物等方式来补充身体所需的雌激素。但女孩在服用雌激素时，一定不能乱用，要在家人及医生的指导下服用。这样才能避免出现伤害身体健康的情况，让女孩在雌激素的作用下，越变越美。

长“小胡子”正常吗

丽丽今年15岁了，伴随着身体的发育，她有了新的苦恼。最近，她发现自己的体毛越来越浓密，不仅胳膊和腿上的体毛开始变黑变长，就连嘴唇上方都隐约长出了“小胡子”。

这些变化，让她总是羞于见人，不管春夏秋冬，都穿着长袖衣裤，从不敢把自己的胳膊和双腿露出来。

但胳膊、腿上的汗毛可以用衣服遮挡，脸上的“小胡子”却是没办法挡住的。

这可怎么办?

有一天，她看到爸爸在刮胡子，心里有了主意，趁爸爸妈妈不在的时候，她偷偷地拿起爸爸的刮胡刀，忐忑不安地把自己的“小胡子”刮掉了。

看着自己干净的脸，丽丽终于开心地笑了。

但她笑了没两天却发现，之前刮干净的“小胡子”又长出来了，而且还变得更粗更黑了。

她伤心地哇哇大哭起来，难道以后要像爸爸一样，每天都要刮胡子吗?

很多女孩在进入青春期后会发现，自己身体的“内部”不仅发生了变化，“外表”也一点点地有了明显的变化，其中一条就是身体的一些部位开始长毛了。

汗毛变得浓密、腋毛渐渐增多，甚至连嘴唇上方，也长出了浅浅的“小胡子”。难道女孩也会像男人一样长毛吗？这让很多女孩十分苦恼。她们不知道自己为什么像男人一样长毛。因为在她们的认知中，女孩子都该是皮肤光滑白嫩，只有浅浅的绒毛的。

那么，女孩长毛是正常的吗？

一般情况下，体毛的浓密程度和遗传因素以及体内的雄激素分泌程度有关。如果女孩的四肢汗毛较多，或腋毛较多，这主要是受遗传因素所致，不会对身体产生大的影响，女孩也不用对此过于焦虑。

但是，如果女孩在不应该长毛的部位却长出毛发，甚至又长又粗又黑，而且在唇周、下颌、前胸中线、大腿内侧、乳晕周围也有不同程度的毛发分布时，女孩就要注意了。这可能和内分泌失调有密切关系。

按理说，女孩的皮肤应该白净细腻，身上毛发较轻，但据统计，正常女性中约有30%的人嘴唇上方有颜色较浅的“小胡子”，30%的人手臂毛发比较粗黑，小腿有较黑汗毛的女性更是高达70%。有时候，处于青春期的女孩因为体内激素分泌平衡，使雄性激素水平偏高，故而刺激了毛囊，促使毛发开始生长，但当激素分泌逐渐稳定之后，这种多毛的现象就会消失。而且，随着年龄的增长，人体的体毛也会慢慢减少，这都是很正常的现象。

另外，很多女孩发愁的不仅仅只是胳膊、腿上的汗毛，还对自己私密处的阴毛感到好奇和苦恼。

当女孩的乳房开始发育后，私处也会随之开始长毛，一般呈现倒三角形，称之为阴毛。阴毛的多少、分布以及颜色，因人而异。当女孩乳房发育成熟，阴毛长出，曲线逐渐变得健美时，才算是完成了青春期的发育，迈进了一个新的阶段——成熟的女性。

那么，阴毛到底有什么作用呢？

在原始时代，人类还没有穿裤子的习惯，那时候，阴毛起到了保护阴道，避免异物和病菌的入侵的作用。但是在现代生活中，浓密的阴毛却对女性生殖健康很不利。因为，在衣物的遮盖下，外阴始终处在温热、潮湿环境，这就让一些致病菌有了衍生的机会，稍不留意，就会感染疾病。

因此，女孩在发育成熟后，应该更加注意个人卫生，保持私处的干净，养成勤洗私处、勤换内衣内裤的好习惯。

当然，女孩也可以选择一些去毛产品，对身体上较密的毛发进行除毛工作。在选择去毛产品时，女孩一定要多加注意。因为，现在并没有一种脱毛剂的效果是令人完全满意的。而且，这些脱毛剂通常是短效的，去过一次之后，不久还会再长出来。还有一些女孩觉得拔毛的效果不错，以为这样毛发就不会再长出来了。但事实并非如此，拔毛不仅不能制止毛发的生长，还容易引起继发性感染，很容易就会在身体上留下疤痕或色素沉着，对爱美的女孩来说，这可是“致命伤”。

因此，女孩想要脱毛时，一定要三思而后行。如果女孩选择暂时去毛的方法，就一定要选择好的脱毛产品，还要请有经验的朋友教自己如何使用，因为如果使用不当的话，脱毛不成，反而有可能会加重毛发生长的。另外还有一种永久去毛的方法，那就是激光去毛。但这种方法可能会对皮肤造成创伤，危险性比较大。女孩如果选择这种方法去毛，一定要选择正规医院，千万不要相信街头广告和小诊所的谎言，以免使身体受损。

青春期的体味变化

小梦最近在为一些事情而发愁。这两天，她来月经的日子到了，因为天气渐渐变热了，所以小梦总觉得自己身上会有股怪怪的味道。这让她有些不敢待在人堆里，就连上课的时候，都尽量把自己缩在墙边，就怕周围的同学闻到她身上的怪味后笑话她。

每次去厕所换卫生巾时，小梦都会自我嫌弃一把。自己身上有这么难闻的味道，她的同学和朋友们竟然没有指出来，也没有嫌弃她，她们真是太好了。

怀着忐忑不安的心情，小梦度过了五天的时间，当她月经期一过，她才彻底放心了下来，但一想到下个月自己还要散发出那么奇怪的味道来“熏”同学和朋友，她就有些自卑。

于是，她就悄悄地去问自己的同桌：“前两天，你有没有闻到我身上有奇怪的味道？”

“没有啊，难道你喷香水了？”同桌笑着问。

小梦不好意思地把事情的原委讲给了同桌听，同桌听后摇头说：“我一点奇怪的味道也没闻到，其实你完全不用在意这种事情，谁的身上没有点味道呢，偷偷告诉你，其实，我有狐臭的。”

“啊？哪有，我怎么一点闻不到。”小梦难以置信地看着她。

同桌小声说：“因为我喷了香水啊，但是我也总害怕别人会闻到，一到夏天我就不敢和别人靠得太近。”

小梦这才知道，并不是只有自己在为身上的怪味道而苦恼。有体味的人，大有人在。

人们经常能在婴儿身上闻到一股甜甜的奶香味，在男人身上闻到臭臭的汗酸味，那么青春期的女孩子身上，到底有没有味道呢？又会是什么样的味道呢？

有人曾说，女性身上有股淡淡的香味，这是真的吗？其实，女性的体味主要来自于她们身体某些部位所分泌的物质的味道，比如，腋下和阴部。而且，随着女性体内荷尔蒙的变化，女性身上的味道还会发生一些变化，并不是固定的一种味道。这是为什么呢？

虽然人类的体味大多是来自于皮肤，但女性的味道要比男性的淡得多。这是因为女性荷尔蒙有抑制皮肤氧化的作用，受到荷尔蒙的影响，女性的体味会比男人淡很多。另外，女性在生活中会使用大量带有香味的沐浴露和化妆品，时间一长，这些香味就会对人体产生一定的影响，使女性的味道发生改变。

但是，处于青春期的女孩使用这些香味产品的机会很少，因此对自己的体味十分在意。她们会担心自己的腋下会散发出狐臭，引起朋友的反感，还担心自己经期的味道会让他人闻到，让自己感到难堪。

女孩大可不必有这些顾虑，因为能闻到自己私处味道的，通常只有你自己，除非你长时间不换内衣，一块卫生巾用一天。

有研究发现，女性从幼时到青春期再到成年，体味是不停变化的。幼年时期，女性和男性的体味区别不大，到了青春期后，因为荷尔蒙的影响，女孩产生了月经，体味也就发生了变化。研究发现，女性在处于卵泡期时，身上散发出来的体味最淡也最让人着迷，而女性月经期的味道最强，对人的吸引力也最差。

其实，每个人都有体味，有味道是很正常的现象。比如，一些女性因为头皮的汗腺密度较高，分泌皮脂比较旺盛，因此很容易就会产生一些汗臭味。另外，当女孩足汗较多时，也容易引起脚气和臭脚，有些皮肤病也会让女性产生特殊的味道。而且，当女孩体内的雄性激素水平较高时，身体的味道也会比较大，等到激素水平恢复正常水平后，味道也会随之减轻的。

有时候，女孩身体的味道和生理周期有关。当女孩来月经时，一定要注意及时更换卫生用品，同时要穿透气性好、纯棉质的内衣，保持身体的清洁和卫生。如果女孩感觉自己的私处味道特别重，还伴有瘙痒、白带增多等现象时，也有可能是妇科疾病在作怪，应及时前往医院就医诊治。

第二章
走出情感迷雾，做一个快乐女孩

哪个少年不多情，哪个少女不怀春？每个青春期中的女孩都会有不少的心事，大多与情感有关。有的是单相思某位优秀男生；有的是处在失恋的苦闷之中；有的对同性恋很好奇；还有的喜欢上了自己的老师……面对这些棘手的难题，女孩该如何应对呢？在本章中，会就这些疑难情感问题一一分析，并提出相应的解决方法，供女孩参考。

爱情很美好，但早恋很伤人

前不久，媒体报道了一则因早恋而引起的悲剧。广州市某中学女生××因早恋遭到家人的强烈反对，当时正值期末考试，压力倍增的××在与家人争吵后从高层住宅中跳下身亡。

在××出事前半月，她和男同学手拉手逛街时被母亲发现，当时母亲就大发雷霆，大声批评了××后就生拉硬扯地将其拖回家中，并关了两天“禁闭”。此后几天，母亲不仅见面就数落她，还逼她把精力用在学习上，一定要在期末考试中拿到班上的前几名。苦不堪言的××一有争辩，就被父母更严厉的批评所压制。在学校，她曾对要好的同学诉苦，父母管得太严厉了，而且听不进去她的辩解。后来，有一天晚上，母亲又因此事而教训××，激烈争吵后，××推开窗户跳了下去……

近年来，中学生自杀事件不少，特别是当早恋被父母知道以及学习压力加大时，有的中学生就会采取自杀这种偏激的方式来应对。据统计，在青少年自杀人群中女孩子占了大多数，可见女孩子更应警惕早恋带来的危害。

在中学时期，由于年龄、阅历等的限制，女孩子对爱情缺少必要的思考判断能力，更多的是跟着感觉走。当她们感觉到男生的优秀及特长时，往往会产生爱慕之心。这时如果把握不住自己，女孩就会走进情感误区，出现早恋的情况。

女生的早恋，有这样几个特点：一是朦胧性。女生不懂得什么是真正的爱，有时是把对某个异性的好感当成了爱，这是一种“虚假”的爱。二是单纯性地为了谈恋爱而谈恋爱。这种感情比较纯洁，但是这也可以说是缺点，因为女孩的幼稚无知，缺乏生活经验，她们天真的幻想往往会在现实生活面前碰壁。三是不稳定性。女孩在生理和心理正处于一个急剧变化的过程中，她们的理想、志趣、爱好、性格等往往会发生变化，从而引起爱情的变化，而每一种变化都可能影响到爱情的巩固和发展。因此，早恋成功，能够永结同心者甚少，白头偕老的往往不是早恋的结果。

有位作家说过，早恋是一朵带刺的玫瑰，我们常常被它的芬芳所吸引。然而，一旦情不自禁地触摸，又常常被无情地刺伤。在现实生活中，早恋给女孩带来以下危害。

早恋容易使女孩分散注意力，影响正常的学习和生活。中学阶段，正是女生精力旺盛、思想活跃、记忆力强的时候。她们对新事物极为敏感，处于学习知识、提高能力的最佳时期。如果过早恋爱，就会分散学习精力，浪费大好时光，极可能葬送女孩的前途。

早恋影响女孩的心理的健康。处在青春期的女孩，虽然生理逐渐走向成熟，但还未完全成熟，如果过早地把精力放在谈情说爱上，就会因各方面的阻力造成性格上的缺陷和情绪上的紊乱。这是因为学校、家庭、社会对女生早恋大多持否定态度，发生早恋的学生总是东躲西藏，长期处于“偷偷摸摸”的状态，精神高度紧张；而且，女孩子根本没有能力承担社会责任，更不可能承担爱情的社会责任。因此，女孩子无法很好地掌控自己的感情，最终只能破坏纯真而美好的感情，给双方带来痛苦。

早恋容易使女生“越轨”。青春期的女孩往往容易冲动，自我控制能力差，在热恋中往往会过早地发生性关系。更严重的是有的女生怀孕后，既不敢让家长、老师知道，也不愿让同学知道，而去求助于一些不正规的小诊所堕胎，最终影响到身体健康，甚至终身不孕。

女孩知道了早恋的危害后，应该如何对待才能有效地保护自己呢？对此，有专家提出了正确处理与异性的关系、参加集体活动、巧妙摆脱早恋困扰三招。

首先，正确处理早恋和男女生正常交往的关系。在中学阶段，女生关注异性同学，并希望了解他们、与他们交往，这是一种正常的心理现象，并不是一件多么丢人的事，更与道德好坏没有关系。大多数女孩都“喜欢”过一个自己很欣赏的异性，关键是女孩如何处理与他们的关系。不能以为异性对你友好就是爱上你了，也不能轻易向异性表达爱慕之情。

其次，参加集体活动。女孩要多参加集体活动，既可以丰富自己的生活，又能避免与男孩单独相处，能有效分散对男孩的注意力，淡化对其的感觉，减轻自己的烦恼。

最后，当女孩子已经早恋时，可以采取转移的方法应对。比如将注意力转移到学习或其他自己感兴趣的地方，以代替爱情的投入；也可以逐渐与男孩疏远关系，或者向对方表明现在是学习的时候，希望以后再谈感情，以理智的态度应对对方的追求。

恋爱中的女孩要会保护自己

刘艳是高一女生，她性格文静，与人为善，学习又好，很受同学喜欢。在高一下半学期，在邻班一男生的追求下她陷入了早恋中，经常和这位男生约会，后来还常常去男生在学校附近租住的民房玩耍。起初，刘艳虽然在和男生谈恋爱，但是还是有限度的，对男生的动手动脚往往会拒绝，但并没有恼怒。

时间久了，在男生的爱情攻势下，她逐渐接受了男生的拥抱、亲吻、爱抚，最后上了床。初尝禁果后，两人更是情难自抑，常常在一起偷偷享受片刻的欢愉。不久之后，麻烦找上门了——刘艳怀孕了。两人害怕双方家长及学校知道，就偷偷去私人诊所做了人流手术。让刘艳想不到的是，她付出了身体的代价，换来的是男朋友的移情别恋。为此，刘艳整个人都变得沉默寡言，学习成绩也一落千丈。

最后，得知情况的家人让她休学了一年并转学到了外地学校。经过家人的耐心开导，刘艳才渐渐抚平了心中伤痛，并重新鼓起勇气开始学习，终于考上了理想的大学，开始了新的人生……

从上面的故事中，人们可以看出青春期女孩常出现的问题：在陷入爱河时不懂得保护自己，最后难免受伤，而女孩的心理又比较脆弱，一旦在感情上受到伤害，就会在很长时间内影响学习和生活。这对于处在中学——这个人生重要时刻的女孩来说，受到影响很可能就是终身的。因此，女孩在中学期应避免早恋，但是如果已经处在恋爱之中，女孩应该如何保护自己呢？

女孩子在恋爱中要有度的把握，哪怕爱得再深，你们可以拥抱、接吻，但必须保住自己的底线。在很多女孩子看来，把自己的一切都给了男友才能留住他的心，但往往避免不了分手的最后结局，而女孩子却落得身心俱伤。其实，女孩不知道的是，真正的爱情是纯洁而神圣的。当男友在恋爱不久就向女孩提出性的要求时，女孩就应该明白：原来他爱的是性而不是自己，而真正负责的男孩是会尊重女友的想法的，不会随便解开女友的衣服。还有些单纯的女孩，会以为男友讨厌说“不”的女孩，因此对男友的要求几乎百依百顺，结果却得不到男友的珍惜。

在与男友的相处中，女孩应在以下几个方面把握自己，以免受到伤害。

其一，在约会中，女孩不宜去男友的住处或其他较为隐蔽、昏暗的地方。这既能避免男友在激情时越线，对女孩提出非分要求，也能保护双方的人身安全，那些隐蔽、光线不明亮的地方，是小情侣们的约会好去处，也是受到抢劫、人身伤害的高发地段。因此，女孩可将约会地点定在公共场合。

其二，当男友用带色情的笑话来打趣，或津津有味地谈起这方面的“八卦”时，女孩要格外注意：这其实是男友在试探女孩，看看女孩的心理承受限度在哪里，以方便进一步地对女孩骚扰或提要求。对此，女孩可谨慎对待，既不能表现出很喜欢听的样子，也不宜翻脸呵斥男友，但要让男友知道女孩不喜欢听这些无聊的笑话就行了。这样往往能打消男友想在身体接触上的企图。

其三，要有坚定的立场。女孩在恋爱中，要明白自己对性有着完全的决定权，说“不”是自己的权利，而不是要听从男友的摆布。生活中，那些没有坚守原则的女孩常常是最容易吃亏的。因此，女孩可以很严肃地给男友提出自己的要求：我很爱你，我很清白，但是我想在结婚时把纯洁的身体交给你，希望你能够理解和支持！

其四，做个守诺负责的女孩。在和男友的相处中，女孩要做到信守诺言，处事认真负责。比如约会不迟到、不任性，有责任心，能对男友的不当行为提出规劝。这样的女孩也会得到男友的尊重和理解，更有利于相处。

其五，赞扬男友的品德。女孩应多赞扬男友的优秀的一面，特别是他有担当、有情义、负责任等，鼓励男友积极向上的精神。另外，女孩还可以多支持男友从事体育运动，以消耗其青春期过剩的精力。

其六，不能耽误学习。女孩可以和男友坦诚地交流，希望双方都能以学业为重，恋爱不能耽误学习，以取得男友的理解和支持。

走出单相思的“迷雾”

进入中学后，有的女孩在不知不觉中对某个异性产生了好感，但是又因害羞等原因不去表达，只是在心里想着“我知道自己喜欢他就好了”、“就这样默默地注视他就是一种幸福”，这个异性可能是博学而文雅的男老师，也可能是一位男生。这时，女孩要注意，可能已经陷入了单相思的状态了。

王洁是高一的学生，她的学习在班上是前10名以内。家长和老师都对她很关照，性格内向的她也一直把精力放在学习上，希望能考上一所理想的大学。有一天，下午放学回家，王洁在路上骑自行车时，因躲避对面逆行的电动三轮车而摔倒在路边，虽然三轮车没有撞到她，却一溜烟儿跑了，王洁摔倒在路边，手臂和小腿都有些擦破了皮，疼得她直掉眼泪。这时，一个同校的男生路过看到，就主动把她送到附近的小诊所，待医生看过说她没事后，就悄悄走了。

王洁很感谢这个男生，但第二天在学校没有找到这个男生，半个月过去了，王洁的心中依然有这个男生的影子。后来，她偶然间见到那个男生和同学在打球，却因害羞而不敢去向他致谢。但她知道，自己喜欢上这个男生了。此后的一段时间，王洁的心里经常想到这个男生。她心里想："只要我能看到他的影子就行了，就很快乐。"

虽然这样安慰自己，但是王洁的心里还是很痛苦，喜欢一个人又不敢去表白，更怕周围的同学知道后嘲笑，她不知道应该怎么做才好。

事例中的王洁既不敢表白，又怕周围同学知道，更不知道那个帮助过她的男生是否也喜欢她。这说明王洁已经陷入了单相思的状态中，可能她不知道，这在青春期少女中是一种常见的现象。这是因为，这个年龄段的女孩心理还没有成熟，往往容易对身边的同学、熟人，特别是帮助过她们的异性产生好感乃至爱恋，甚至有的女生还会把对方的一些礼貌、友善当作爱情的迹象，以至于暗恋对方。

单相思往往让青春期女孩处在甜蜜的痛苦中，过度的单相思对女孩的学习、心理的成长都十分不利。那么，女孩该如何看待这一现象，以及如何解决呢？

心理学家研究后发现，单相思分为两种，一种是女孩心中只是思念一位异性，但这位男孩并不知道女孩在喜欢他，甚至都不认识这个女孩；第二种是女孩认为对方也喜欢她，其实并非这样，对方和女孩只是同学、朋友间的相处，因礼貌等对女孩的关照会被女孩误认为爱的表现。女孩因此喜欢上对方，但女孩因种种原因没有表达，只是默默地喜欢，因对方的一个和善的眼神、一句问候的话语而感动。

那么，女孩子为什么会"单恋"一个人呢？很多女孩在心里都会对自己的意中人有一些想象，比如喜欢高个子的帅气男生，或者喜欢瘦瘦的文静的男生，等等。当女孩在学校或其他场合发现有符合自己"标准"的男生后，就会对其产生好感甚至爱恋。还有的女孩是胆子比较小，有些懦弱和害羞，虽然喜欢对方，但是怕别人知道自己的心思，更怕遭到别人的嘲笑，于是就默默地喜欢对方，最终在人生中留下一段酸涩的回忆。

需要女孩注意的是，一旦自己出现以下情况，就很可能是处在单相思的阶段了。一是女孩的注意力和精力发生了转移，从以前专注于学习，转为很关心某位异性，其言行举止都很吸引女孩。如果有几天女孩没有看到他，就会坐卧不安，直到再次看到他时心里才会平静下来。二是女孩的心中常常涌起幸福感，认为自己处在幸福的时刻，只要能够看到对方，就会很满足、很快乐，但是在对方面前，女孩往往手足无措，甚至有自卑感。

对女孩来说，单相思是很折磨人的事情。心理专家建议女孩不要因自己的单相思而产生过多的心理负担，应把注意力放在如何应对这种情况上。一般来说，有这么几个方法能帮女孩有效摆脱这种情感的困扰。

一是女孩要仔细思考，分清楚自己面对的是友谊还是爱情。在日常生活中，不少女孩会将这两者混淆。因此，只要她们仔细分析的话，就会发现大多是自己产生了误解。有了这个判断，女孩就不会再在误会中继续“爱”下去了。

二是女孩要坚强些，果断放弃这虚无的爱恋。当女孩发现自己陷入了单相思的境遇时，就要果断地对自己的感情说“不”，勇敢斩断“情丝”，而不是对感情放任自流。

三是女孩可以借用“闺密”等同龄人的帮助。当女孩自己总是控制不住单相思时，可选择贴心的好友，向其倾诉，听取她的建议。在感情问题上，人们往往是“当局者迷、旁观者清”，也许好友会对女孩暗恋的异性有更客观的了解，也能给女孩提出中肯的建议。在好友的帮助下，相信女孩很快就能走出情感的迷雾。

失恋不可怕，可怕的是因此而偏激

处在中学时代的女孩，正是身心快速发育的时候。在社会上一些不良风气的影响以及青春期对爱情的憧憬下，有的女孩子会瞒着家人悄悄地恋爱。但是，这个年龄段的爱情往往是不稳定和苦涩的。恋爱中的女孩子大都是在体验爱情的美好之后，没过多长时间就会由于各种原因面临分手的局面。这时的女孩才会明白到失恋的痛苦，有的女孩还会因此而做出一些不理智的举动，让自己及家人受到更深的伤害。

前不久，在佛山本地的网站上出现了一组骇人的图片，都是被刀划伤的胳膊的照片，很是触目惊心。原来，这是佛山当地一个少女在失恋后，用刀在自己的手臂上划伤的。手臂上还写有字迹，鲜血淋漓。这组照片是女孩存在自己QQ空间的，但被网友看到后上传到的论坛。这个女孩在QQ空间里写了是因为男朋友要和她分手，她在痛苦之下就用刀划伤自己。她还写道："都是自己的错，请男友原谅我。"她用自残这种方式表示自己对男友深深的爱，希望能够继续爱的旅程。但是，最后少女仍未挽回自己的恋情。

少女的故事在网上传开后，引起了很多网友的议论，大都在劝导女孩不要再用这种不理智的方式伤害自己。

人们可以看出，在这个年龄阶段不少女孩都会经历失恋。这对她们来说有一定的打击，而她们在处理此类问题时，可能会采取一些极端的方式。上面这个事例中的少女就是其中的典型，其价值观出现了一定偏差。

据心理专家介绍，处在青春期的女孩比较感性而且脆弱。她们一旦陷入情网就投入得比较深。因此，当感情失败后，女孩常常无法独自承担失恋的痛苦，但她们又不主动向外界发泄自己的感情，长期发展就可能引发心理疾病。生活中，因失恋而导致出现心理问题的女孩不在少数，她们的通常表现就是自虐，如自残、绝食、失眠，有些甚至会自杀。

为什么这个时期的女孩容易受到失恋的打击呢？

青春期女孩虽然生理上逐渐成熟，对感情的渴望加深，但由于其年龄的局限，她们的心理承受能力还很差。因此当遇到较大的情感刺激时，就会心理上承受不了，情绪失控，做出一些不理智甚至极端的事情来。

据人民网报道，2012年5月，东兰县一名17岁少女因为失恋吞药自杀，其网友发现后报警求助，该县公安局东院派出所借助公安内网信息，准确判断，仅用15分钟就找到该少女，将其送往医院救治，挽救了一条生命。

5月8日13时35分，东院派出所接到一个来自河池市金城江区的报警电话，那报警的青年男子称，该所辖区内少女莫小华（化名）可能正在吞药自杀，请求民警前往救助。报警青年称，他与莫小华是网友，但不知她具体住址，当日13时30分，他在QQ上看到莫的留言："我现在一无所有了，我现在就躺在家中静静离开这个世界。"他觉得情况不妙，立刻给莫小华打去电话，从其模糊言语中，他感觉到她已经出事了，于是立刻报了警。

东院派出所民警得知这一情况后，迅速通过广西人口信息库查询，发现在该辖区内共有11个"莫小华"，经过进一步对年龄、体貌特征等筛选，最终确认家住东兰镇某社区的莫小华就是自杀的少女。民警迅速驱车赶至其家中，将因服用过量安眠药已昏迷不醒的莫小华送至医院进行救治。由于发现并抢救及时,该少女脱离了生命危险。

在上面这个事例中，幸亏少女的网友发现了异常，并迅速报警，警察通过技术手段查找到女孩的住址，将其及时送到医院，挽救了她的生命。这位失恋的女孩，做出了多么不理智的事情啊！仅仅因为感情上的一次失败，就自寻短见，这是一种非常不负责任的方式，不仅伤害了自己，更伤害了生她养她的父母。

那么，青春期少女在遇到失恋的打击时，应该如何摆脱心中的痛苦，走出感情阴影呢？

心理学专家建议，女孩可用逆向思维的视角看待这个问题。其实，失恋首先是一种幸运，其次才是不幸。失恋证明他不是你这一生真正要相伴的人，你应该庆幸早日与其分手，否则，分手的时间越晚，对女孩的伤害会更深。因此，女孩应笑对失恋，以积极乐观的精神面对人生。在生活中，女孩可以用以下几个方法排解失恋带来的痛苦。

失恋不失志。女孩在失恋后不能一蹶不振，不能变得对身边的任何事情都毫不关心，而是要把眼光放长远，要振奋起来，为学习、为理想而付出努力，不要把注意力都放在眼前的感情苦恼上。

失恋不失德。失恋后，女孩不能因痛苦而失去理智，更不能做出过激的傻事。自残、自杀、酗酒闹事、离家出走等都是很愚蠢的事情。要知道，这些行为不但解除不了女孩的痛苦，反而会加重失恋的痛苦，更会因不当行为而惹来不必要的麻烦，陡增烦恼。而且，女孩的痛苦不但是自己的，还是父母等家人的。在其情绪低落、心情苦闷时，关爱她的父母也会很心疼，更为其担心。而过激行为只会让父母更加的难过，所以，哪怕是为了父母，女孩也要理智对待失恋，尽量做到失恋不失德。

做些其他有趣的事情，转移注意力。在失恋的时期，女孩可以学画画、多听听歌、和朋友逛逛街、看电影，甚至出去旅游等，都是不错的排解不良情绪的好方法。只要注意力有所转移，女孩就会发现“心情不是那么糟糕了”，“还有其他有意思的事情能吸引自己”，有利于女孩重新平复心情，更客观地看待感情波折。

同性依恋不是同性恋

在青春期女孩群体中，尤其是高中女生中，如果说早恋是不能说的“公开的秘密”的话，而另一个词则更成为禁忌，那就是“同性恋”。一些认为自己是同性恋的女孩更是小心翼翼地隐藏自己的秘密。因为她们知道，对早恋同学们并不反感，对同性恋则认为是“不可理喻”、“变态”了。如果被父母知道了，那后果更可怕的：不是被打骂就是挖苦，这严重伤害了她们的自尊。

9月初的一天，高中生小莉下晚自习回家，因为顺路，就坐同学王梅梅的自行车回家。出校门没有多久，在路过一段阴暗的路时，小莉的妈妈喊住了她。

“小莉，下车，不能跟男孩子一起走。”小莉妈妈喊道。

小莉下车后，给妈妈解释：“妈妈，她是女生，我们班的王梅梅同学，和我顺路，就带我一起走了。”

“哦，是妈妈误会了，对不起啊，王梅梅同学，阿姨向你道歉。”小莉妈妈听后连忙道歉。

“没事没事，阿姨，您客气了。”王梅梅连连摆手，然后就先回家了。

回到家后，小莉妈妈总觉得有些奇怪，但又说不出什么，就没说什么，安排女儿休息了。

过了几个月，小莉妈妈发现女儿和王梅梅越来越亲密，已经有些超出了女生“闺密”的程度了，而且王梅梅同学的衣着打扮也越来越男性化。

后来，在偷看女儿的日记后，小莉妈妈才发现女儿早恋了，而且是很前卫的同性恋——喜欢上了王梅梅，还把这称之为爱。这个消息让她很受打击，更是愤怒。于是，狠狠训斥了女儿一顿，并禁止她再和王梅梅来往，但引发了母女的“战争”。

“你这个孩子！怎么会喜欢上女生呢？太丢人了！我和爸爸养你容易吗？怎么对得起我们？”小莉妈妈边大骂边掉眼泪。

“我怎么不能喜欢女生了？你们不让我和男生来往，说是预防早恋，我和女生在一起你们也管啊？”一向温柔的小莉也发飙了，和妈妈顶撞起来。

最后，还是在父亲的劝导下，母女间的战争才算暂时作罢。但是，小莉的心里也有些疑惑，自己真的是同性恋吗？为什么会喜欢女生呢？

对此，心理学专家认为，在中学时期，女生之间出现交往过于密切的情况是有原因的。大的环境是，现在社会比较开放，各种文化思想都涌进了国内，尤其是国外影视剧中各种关于同性恋的作品，有很多通过网络等方式传播开来，有的还在一段时期内形成了一种“潮流”，这对出于好奇心强、喜欢模仿尝试的青少年来说，影响不可谓不大。另外，现在女孩成长的家庭环境对其也有影响，主要在于很多父母为了让女儿不至于早恋，就禁止她们和男生往来，结果女孩只能选择与同性交往，时间久了就会出现这种情况。还有的女孩是单亲家庭，在缺少安全感的环境下成长，就很希望能从同学中找到类似的感觉，而有的女生也能给她们这种慰藉，自然就产生这种“感情”了。

那么，现在的女孩子之间真的出现了这么多的同性恋吗？这种感情是对还是错呢？

据心理学专家介绍，中学时期的女孩出现的“同性恋”情况大多是“伪同性恋”，不是真正的同性恋。准确地说，应该是同性交往很密切的同性依恋。这是因为人在进入青春期后会有一段短时间的异性“疏远期”，其表现就是不愿意接近异性，而对同性则有着更多的信任和依赖，对于女孩子来说，更是如此。随着年龄的增加，她们在这方面就会变得低调起来。而且，很多中学生由于生活和学习的环境较为单一，常常感到孤独和寂寞，但仍期望能有人与其有感情的交流，自然很容易就将这种心理转向身边的同性好友。

这种同性间的依恋是很正常的，没有对错之分，但需要注意的是应在公共场合注意个人形象，不宜过于张扬，以免引来外界的误会。

对于女孩来说，发现自己有“同性恋”或类似的倾向时，应该如何应对呢？

首先，要树立正确的观念，不要自卑，更不能因此而颓废。在如今的社会，文明越来越进步，人们对同性恋比以往更加宽容。1973年，美国心理协会就不再认为同性恋是一种精神疾病，并将其从精神病手册中取消；2001年4月《中国精神障碍分类与诊断标准》第三版，不再把同性恋统划为病态心理。可见，即使是同性恋，也不是“变态”，也在逐渐获得人们的认可，更何况女孩大多是“伪同性恋”呢？

其次，多观察多思考，了解社会对男性、女性的区别与约束，然后接受自己的性别。女孩还可多与朋友交流，赢得朋友的帮助，并多与男生特别是品学兼优的男生沟通，以逐渐摆脱性别角色和取向方面的苦恼。

理智对待“恋师情结”

美琪是高一的学生，她的语文成绩很好。在上半学期开学不久，美琪所在班的语文老师因病请假休养，学校安排了新来的硕士毕业生张老师来讲课。张老师去年才文学硕士毕业，他个子高高的，戴副眼镜，一副文质彬彬的样子。但是，在课堂上张老师讲课很有激情，常常是妙语连珠且幽默风趣，让同学们听得津津有味。在课下，张老师对语文成绩较差的同学，很耐心地辅导。张老师讲第一堂课的时候，就吸引了美琪。她看着张老师不凡的谈吐，儒雅的气质，眼神渐渐变得迷离。张老师和她心目中的白马王子的形象渐渐重合。张老师一道不经意的眼神扫过美琪，她就会感到脸红、心跳加速，有种幸福的感觉。

随着时间的推移，美琪的语文成绩不但没有提高，反而有所下降。每当张老师为她讲解难点时，美琪就会手足无措，不敢看他。老师的认真讲解她没有听进去多少，脑子里都是“老师好帅气，我很喜欢他”，“很喜欢老师在身边的感觉”。美琪成绩下滑，引起了父母的担忧，但不知道原因何在，在批评她的同时父母也加深了对她的关注。美琪也为自己成绩下降而自责。离高考越来越近，却割舍不下对张老师的爱慕，又不敢去表白，这让她常常心绪不宁。美琪也常常问自己：到底该怎么办才好呢?

美琪的故事具有很广泛的代表性。现实中，有很多女孩在中学阶段都会喜欢甚至爱慕过自己的老师。有的女孩会将自己的爱意埋在心中，有的则会大胆地向老师表白，但是无论采取哪种行为，女孩得到的结果都是一样的——老师不会接受女孩的爱，让女孩幻想的美丽的爱情往往成为泡影。其实，女孩的这种爱恋也常被人称为“恋师情结”。它并不是什么罪恶的事情，也不是什么肮脏的想法，社会对女孩的这种情怀也比较宽容和理解，但是男老师是不能接受女孩的这种爱的表白的，更不能与女孩谈恋爱。这是因为女孩尚未成年，心理还不成熟，在成长中会对美好的人和事抱以好感甚至一时的爱慕，但是老师是成年人，不能因女孩的不成熟而做出欺骗其感情的事情，这是违背师德和法律的。

从心理学角度分析，女生的“恋师情结”是一种对完美精神人格的单纯向往。处在青春期的女孩内心深处希望能与异性结识，了解异性，因此，自然对幽默、睿智而又善于体贴关怀学生的男性老师生出爱慕之情。有“恋师情结”的女孩大多心理比较封闭，轻易不会将自己内心的想法向别人透露，即使父母是女孩最亲近的人，她也不会对其讲心里话。这是因为，在传统观念的影响下，女孩认为一旦自己对老师的爱慕被周围人们知道后，会被指责、批评。她们更感把情感埋藏起来。

女孩的这种情结往往是单恋性的，与单相思有些类似，只是其爱恋的对象是男老师，其情感更难为周围人所接受。在各种因素下，女孩不能将自己的真实想法向爱慕的老师表达，而只能沉醉在美好的爱恋幻想中，时间长了，自然会在女孩内心造成焦虑、患得患失、不甘心等负面情绪，对其学习和生活造成不良影响。

那么，在现实中女孩应该如何克服这种不成熟的“恋师情结”呢？

第一，女孩要明白，虽然自己爱慕的老师看起来知识很渊博、处世幽默风趣又很睿智，但他是自己的老师，甚至是上一代的人，不但在年龄上有很大的差距，而且老师大都有自己的情感世界，有自己的爱人和家庭，是不可能接受自己的感情，更不可能与自己有什么结果的。

第二，女孩还要想到，虽然老师在学生面前的表现接近完美，这只是其一方面，老师从事的是教书育人的神圣职业，学校要求他们有良好的仪表和师德。但是，每个人都是多面的，老师的其他方面女孩并不了解，也许他有的地方是女孩很讨厌的，还会在很多事情上双方都有不同的观点和看法，最后走到一起的可能性几乎不存在。

第三，女孩要告诉自己：喜欢上老师并不可耻，这是很正常的现象，但是不能因此而陷入单方面的迷恋无法自拔。要知道，女孩的美好生活才刚开始，在以后的日子里，还会有更优秀的男士出现在自己的面前，最适合女孩的爱人在等待着与其在未来的某个时刻相遇。

第四，女孩要正确看待自己的感情，明白自己对老师的喜爱只是自己成长中的一个美丽风景，而人生旅途不能为此而停止。更重要的是，女孩要善于将自己的爱恋转化为学习上的正能量，将老师作为自己学习上的榜样，化感情为动力，争取在学业上达到甚至超越老师的境界和水平。

第三章

远离不良心理，做个阳光女孩

似乎为了和男孩有所区别，女孩从一出生，就比男孩文静，很少哭闹，让人省心。但是文静过度，也会产生很多问题。因为害羞不敢和人打交道；因为自卑不敢挺胸抬头；因为嫉妒扭曲了美丽的脸；因为……花季少女应该怎么做，才能远离这些不良心理，做个快乐的女孩呢？在本章中一起来看一看吧。

理性追星

追星一族，顾名思义，就是追逐明星的人。这些人大多都是青少年，其中，以青春期女孩居多。追星是女孩从儿童向成人成长过程中的生理心理过程的一种反映。进入青春期后，女孩开始迈进成人的世界，也正是长身体、长知识和树立远大理想的时期。这个时候，女孩那种急切地想要长大成人的心情，会让她们产生一定的无措和茫然，偶尔还会对生活产生一些消极的情绪。而明星的出现，恰好使她们眼前一亮。女孩从明星的身上看到了自我实现的希望，她们追随着明星、崇拜他们并渴求他们，甚至有时候，还会把自己的希望和理想寄托在明星身上。

但是，有些女孩追星很盲目，疯狂地想要接近自己心中的偶像，以至于做出一些过分的事情。

疯狂追星女孩杨××自1994年迷上刘德华后，父母为达成女儿心愿倾家荡产不说，为了给女儿筹募去见刘德华的旅费，杨××的父母甚至想到了卖肾，而杨××本人在如愿见到刘德华后，却仍不满足。她不想只与偶像留影纪念，还想更多地和自己的偶像接触。而杨××的这种疯狂行为，直接导致其父在香港跳海自杀。但其父留下的遗愿竟是希望刘德华再见女儿一面，这真是一出旷世大悲剧，但也时刻警醒着人们，追星要理智。

类似的事情比比皆是，比如，18岁少女爱韩剧难以自拔，打工自助赴韩国追寻偶像Rain；十几岁女孩因母亲没有买到偶像周杰伦的CD而割腕自杀；一名16岁的中学生因为没钱亲眼见到偶像赵薇而服毒……

小棉是一名初中女孩，从小到大她一直都很聪明，直到跟着同学一起追星后，她不仅穿起了流行的歌星时装，也扎了耳洞，戴上了那些流行的装饰，动不动还冒出一两句明星口头禅，心思渐渐地全放在了追星上，一点学习的念头都没有了。

老师问她不好好学习，将来考不上高中，读不了大学该怎么办时，小棉理直气壮地说："我的偶像也没读过大学，现在不是也有这么高的人气吗？"

老师听后连连摇头，看着本来聪明好学的学生渐渐被追星冲昏了头脑，学习成绩一落千丈，老师只能干着急。

现在，很多明星空有一张漂亮的脸蛋或是姣好的身材，以此作为卖点，吸引青春女孩的目光。这些明星都有一技之长，导致女孩被他们吸引。她们从思想、行为和外表等方面，开始模仿和学习自己的偶像，希望也能变成偶像那样的人，并不把学习看成是人生中最重要的事情。

女孩追星，已经成为一种普遍的潮流，在同学和朋友当中，如果你没有偶像，不追星，有时候连共同话题都没有。这也是很多女孩选择追星的主要原因——为了培养和朋友间的共同话题。很多女孩为了不被看作"落伍"，不被视为"异端"，只能在不知不觉中加入到追星大潮中。

还有一些女孩追星就是为了追时髦，赶时尚。在她们看来，只要有星可追就足够了，不管这些事情有没有道理，会造成哪些不良影响。她们已经习惯把明星当成是心灵的寄托了。

那么，追星一定是不好的事情吗？其实不然。女孩想要在心中有个偶像，找个榜样是件好事，只要不过分，学习偶像的好，追星，还是对女孩的成长有一些好处的。

比如我国著名的歌星蔡国庆，他从小就崇拜歌唱演员，希望自己长大了也到舞台上唱歌。偶然一次听李谷一的演唱，一下子佩服得五体投地：原来歌可以这么唱，像谈天一样直唱到人的心里去。于是，少年蔡国庆立志要像李谷一老师那样去唱歌，像李谷一老师那样把歌唱到每一个听众的心里去。年复一年，日复一日，蔡国庆学习着、探索着、琢磨着自己究竟怎样唱才能像李谷一老师那样深受欢迎。最后，蔡国庆终于成功了。如今，他不仅唱红了中国，也唱出了国门，成为第一位赴日本灌制个人音带的中国通俗歌手。

由此可见，只要不盲目追星，学会从自己的偶像身上吸取积极乐观的人生经验，追星也会成为一件好事，让自己有所收获。

别怕生，快乐社交

自古至今，凡是女孩子，总是比较怕生害羞，虽然看起来十分文静，但如果过分害羞，就属于心理问题了，很不利于女孩在社会上与他人交往。

小芋虽然已经读初中了，但仍像小时候一样腼腆、害羞，也很怕生。在学校里，她很少和同学说话，上课的时候，老师提问也不敢主动发言，害怕自己回答不出来，会受到老师的批评。有时候，老师点了她的名，她站起来后也是支支吾吾回答不清楚，不仅声音小，还总是低着头。

在家里或外出游玩，小芋也表现得很害羞，总不敢和别人说话，就算是同龄的孩子，她也不好意思打招呼。有人拉她一起去玩，她还扭扭捏捏，不知如何是好。

有一次，小芋班上组织去游乐场玩，小芋来晚了，老师早就带着全班同学先进去了，只留下两名班干部等她。班干部并没有为她的迟到而生气，反而还担心地问她是不是遇到了什么事。

小芋却只是轻轻摇了下头，然后就开始低着头走路了。

看到这种情形，两名班干部也无可奈何起来，这位同学也太害羞了，总是不喜欢说话，以后怎么能建立起良好的人际关系呢？

女孩小的时候容易害羞怕生，是正常现象，也是一种比较常见的现象，但如果像故事中的小芋那样，已经是名初中生了，还不敢和同学交往，这就有些不正常了。害羞的女孩通常表现为逃避社交场合，不善与人沟通交往，在陌生人面前或公共场所里不敢表达自己的想法、情感，容易出现紧张不安甚至恐惧的心理。长期如此，女孩不仅会变得更加内向、胆小，还可能变得没有主见，会渐渐影响到女孩的社交活动和学习、生活，严重的时候，这类女孩还有可能患上社交恐惧症。

那么，女孩想过自己为什么会害怕和人交往吗？这里面的原因是多种多样的。有一些是受家庭环境的影响，有一些则是和遗传因素有关系。

女孩如果从婴儿时期开始就对外界比较敏感、胆小、怕生，这可能是母亲怀胎时身体与心理压力过重造成的。同时，女孩的父母如果也是性格内向的人，这种基因就会影响到女孩，让女孩遗传到他们的这种性格特点。女孩在长期受到父母这种比较“沉默”的性格影响后，也就会渐渐变得不爱说话，甚至不敢在众人面前说话。

另外，如果女孩小的时候曾受到过惊吓或者有过不愉快的经历，因为心理方面的创伤，也会让女孩变得缺乏自信心，失去与人交往的勇气。而没有自信心的女孩，往往也会选择以逃避、退缩等方式来掩饰社会交往技巧不佳、容易害怕、羞愧等弱点。

还有就是女孩生活的环境中，可能缺少和同龄人沟通、交往的机会。如果女孩长期面对的只有成人的世界，女孩就会觉得自己处在一个孤立、被隔离的环境中，无形之中就会缺乏与同龄人交流互动的机会。

因此，女孩一定要多参与社会生活、增加和他人交往的机会，如果女孩生性内向、胆小，比较容易害羞，也不必强求自己必须马上变得开朗，可以先从适应新环境做起，循序渐进地改变害羞、怕生的性格。

另外，女孩不要总待在家里，要走出家门，主动结交朋友。女孩不能在认识到自己的不良行为后，还任之发展。要自我鼓励，多走出家门看一看，多接触性格活泼、开朗的人，慢慢变得大胆开朗起来。比如，节假日的时候，女孩可以去公园、体育场所游玩和锻炼，增加与人交往的机会，慢慢地适应与他人一起进行各项活动的生活。等适应了这些小场所的社交活动后，再逐渐扩大人际交往的范围，减少心理的紧张感。

女孩最亲近的人就是父母了，想要变得开朗，抛弃害羞的自己，也可以试着多和父母交流沟通。从熟悉身边人做起，慢慢改变自己的性格。

女孩也可以利用神奇的潜意识来克服害羞的毛病。如果你总是对自己说："我所想的最终都会变成现实，我不害怕，我敢和人说话……"这样，在女孩的潜意识里，就树立了正确的信念。女孩每天都可以尝试大声地重复："每天我都会变得更加勇敢！"用这样的潜意识来进行自我催眠，想象自己在社交场合变得大胆，敢于同任何人交谈，大声地说出自己的想法。

自我肯定，战胜自卑心理

自卑是一种自我否定、软弱的复杂情感。主要是低估自己的能力，觉得自己各方面不如人，可以说这是一种性格的缺陷。主要的表现在于对自己的能力、品质评价过低，还会有一些特殊的情绪体现，如害羞、不安、内疚、忧郁、失望等。

当女孩产生自卑感时，会变得轻视自己，认为自己永远比不上别人，也认为别人总是在低估自己的能力。女孩长时间的自卑，不但会造成心理上的不健康，还会导致生理上出现问题，严重危害女孩的身心健康。比如，情绪低沉、郁郁寡欢、害怕别人看不起自己、自责、缺乏自信、优柔寡断等。这种性格的女孩即使长大成人后，也会毫无竞争意识，抓不住放在眼前的机会，可能永远都无法体会到成功所带来的快乐。而且，女孩如果自卑感过于强烈，还会使身体受到一定损害。比如，免疫系统功能下降，出现头痛、乏力、焦虑、反应迟钝、记忆力减退等各种病症。

小依升入初中后，开始觉得学习有压力了，同学们的学习都很好，她每次都是死命读书，才勉强保住了一个比较中等的名次。

为此，小依总觉得自己很笨，有一次，小依竟然考了个不及格。

妈妈一打开成绩单，就把她骂了一顿。面对妈妈的训斥，小依也不想为自己争辩，低着头走进了自己房间。

从那以后，小依的成绩一落千丈，而爸爸妈妈的态度又严重伤害了她的自尊心，让她觉得自己越来越不敢在人前说话，好像变得更自卑了。

一个成人都能被自卑感弄得心灰意冷，以至达到万念俱灰、百事皆休的地步，更何况是故事中小依这样的小女孩。在面对压力时，女孩经常会无法承受，最后这种压力就变成了自卑。通常情况下，自卑的女孩都喜欢拿自己的缺点和别人的优点相比，总是觉得自己处处不如别人，看不到自己的价值，长此以往，就会产生一种悲观厌世的情绪。因为找不到自己的价值所在，所以容易对生活失去希望，严重自卑的人甚至会产生轻生的念头。如果女孩长期无法摆脱这种情绪，其身心发展及交往能力将受到严重的束缚，聪明才智也得不到正常的发挥。

还有些女孩之所以会自卑，是因为在学习和做事中很少得到家长和老师的赞扬，长期无法体会到成功的喜悦，会使女孩的自信心受到压抑，自卑心理也就日趋严重了。

其实，自卑并不可怕，女孩千万不要被自己的自卑心理所打败。只要掌握了一些方法，是完全可以克服自己的自卑心理的。

首先，要学会正确认识自己，不要总拿自己的缺点和别人的优点比。每一个女孩都有自己的长处和优势，同时也有自己的短处和劣势。如果用其所短，而舍其所长，就连天才也会丧失信心，自暴自弃；相反，一个人若能扬长避短，强化自己的长处，就是有残疾的人也能充满信心，享受成功的快乐。因此，女孩要善于发现自己的长处和优势，并将它们发挥出来，逐渐克服自己的自卑心理。

其次，当女孩在面对失败的时候，一定要及时归纳自己失败的原因，不能因为自己的一次失败，就怀疑自己的能力。殊不知失败的原因很可能是多方面的，不一定是能力不足造成的。女孩在做事情的时候，一定要学会自我鼓励。要相信自己能干好，要肯定自己的行为和决定，并把不利因素考虑全面，这样即使失败了，也会由于事先在心理上做了准备而不至于造成心理上的负担。

再次，自卑的女孩心理一般都比较敏感和脆弱，经不起挫折的打击。因此，女孩要学会自我满足，知道什么叫作知足常乐。在学习上，目标不要定得太高，要一点一点激励自己，提高自己的自信心。

最后，女孩在与他人做比较时，应选择与自己各方面相类似的人或事做比较。不要拿自己和世界伟人做比较，如此大的悬殊，不管你怎么比，都不可能比赢的。所以，女孩要选择适当的参照物，避免出现“人比人，气死人”的情况，要学会扬长避短，为自己的心理减压。

学会爱人，不做“自私鬼”

因为父母的宠爱和娇惯，很多女孩都变成了“自私鬼”，不仅在朋友、同学间显得小气，就连对待父母，也很自私。

在网上，就有这样一位被女儿的自私行为“刺伤”的母亲。

一个炎热的盛夏，女儿闹着要吃西瓜，妈妈在街上转了很长时间，终于买回一个大西瓜，切开西瓜，情不自禁地先尝了一口，却听到女儿大声指责道：“谁让你吃，给我吐出来！”

妈妈怔在那儿，两行热泪止不住地流了下来。

女儿可能是“不忍”看妈妈掉泪，随即又说道：“算了，下不为例！”

如果你是上面故事中的女儿，会不会也指责妈妈先尝了一口瓜呢？任何一个还有良心的孩子都不会做出这种事情来的。

但是，现在就是有这么自私的女孩，从不顾及他人的感受，只要自己得到了想要的东西就行，别人如何她才管不着呢。

晚上很多人都在小区里散步，在小区的中心，有一个健身区域，里面有不少健身器材。小米每天晚上都会来这里锻炼一会儿身体。

这对女孩来说，是一个很不错的习惯，但今天小米下楼有点晚，来到健身区时，已经没有空着的器械了。

她左看看，右看看，发现自己经常使用的器械上站着一个小女孩，就连忙走了过去，也不说话，用力一推，就把小女孩推下了器械，自己站上去运动了起来。

“你怎么这么自私，我还在玩呢。”小女孩拍拍摔疼的屁股说。

小米瞪了她一眼，说：“这是我一直用的，我想用，我就用。”

“真自私，这又不是你家的东西。”

“那也不是你家的啊。”小米说。

小女孩还想说什么，却被旁边的大姐姐拉走了。

大姐姐对小女孩说：“来，你玩这个吧，别和她吵了，她是这里出了名的‘自私鬼’，以后见了她躲远点，别理她。”

“哼，我还不理你呢。”小米把大姐姐的话听得一清二楚，虽然表面看起来一脸的不在乎，但心里却十分难受，难道她真的很自私吗？

刚刚步入青春期的女孩其实还在受幼儿时期的影响，在她们看来一切都是“我的”，不会考虑别人的权利和利益。这些女孩还没有从“自我中心”中解脱出来。她们不知道别人也和自己有同等的权利，办事说话，从来只会为自己争利益，不会进行自我克制，显得过于“随心所欲”，在人群中就显得自私自利了很多。

女孩的自私，受家庭因素影响很大。如果女孩长期生活在急功近利的环境下，变得自私也是在所难免的。毕竟女孩在幼年时期的思维能力有限，很难理解事物之间的相互关系，只会以我为中心去认识事物，一旦这种思维方式定型，女孩就会变得自私。

如果女孩想变得不自私，首先要学的，就是如何分担和共享。其次，要学会爱人。爱人，有时候只是对身边的人多一份关心和爱护的行为。女孩要懂得共享为乐、独享为耻的道理。要建立群体思想，从小就学会关心身边的人，把自己爱吃、爱玩的分享给他人，让自己的气量变大，学会宽厚待人，学会体贴他人。

女孩要树立正确的物质观念，要多帮父母做些力所能及的家务活，体会父母的艰辛，吃东西的时候，要先等父母就座动筷后自己再动手，还可以帮父母夹菜递饭，不让自己养成吃“独食”的习惯，渐渐形成与人分享、关心他人的习惯。

当女孩受到别人的帮助时要懂得感激，要向别人道谢。看见需要帮助的人时，也要主动去帮助他们，体会助人的乐趣。不要让父母替你包办一切事情，要学会自己的事情自己做，养成爱劳动的好习惯。在劳动中体会到生活的乐趣，热爱生活，学会爱人，远离自私自利的自己。

别让虚荣心害了自己

什么是虚荣和虚荣心？就是别人有一块钱，自己只有一角钱，却 非要装作自己有100元，要把别人比下去。虚荣心，说到底，就是人 类一种普遍的心理状态，古今中外，男女老少，或多或少都会有虚荣 心，只是表现的强烈程度不同罢了。

其实，虚荣心也是一个人自尊心的过分表现，是一种追求虚荣的 性格缺陷。虚荣心表现在行为上，主要是盲目攀比、好大喜功、过分 看重别人的评价、自我表现欲太强等。这些心理和行为，都对女孩的 成长十分不利。

下课了，女孩子们又聚在一起。上一次课间她们就一直在讨 论谁的衣服比较时尚，这一次，她们又开始议论谁的午餐吃得更 有营养。

刚开始她们还大声地谈论，后来竟然开始贬低某些同学的饭 菜了。于是女孩们的声音越来越小，最后干脆头挨着头地说起了 悄悄话。

有人说某个同学每天只带萝卜青菜来上学，家里肯定穷得揭 不开锅了。还有人说某个同学的饭盒总是脏兮兮的，一看就是地 摊上的廉价货。

其实，她们中有很多人就经常吃素菜，用的就是父母从地摊 上买回来的饭盒。

真是一群虚荣心很强的女孩！

女孩爱慕虚荣在如今已经是一个很普遍的现象了，但普遍并不代 表正确。实际上，爱慕虚荣是一种不健康的心理。爱慕虚荣简单地说 就是爱面子，总是希望自己能够成为别人羡慕的对象。有人说，爱慕 虚荣也是对荣誉的追求，和荣誉感相差无几，其实，爱慕虚荣与人们 常说的荣誉感是有很大区别的。荣誉感是一种正常的心理追求，能够 激励人们努力和进步，而爱慕虚荣却是一种不健康的心理现象，只能 让人们一步步后退。有荣誉感的女孩能够正确地认识自我、接受他人 的批评，而虚荣心强的女孩却只看到自己的荣誉和利益，听不进他人 的劝导，对自己的真实情况也缺乏了解，有时候，还会为了达到一定 的目的，采取一些极端的手段，最终造成害人害己的悲惨结局。

虚荣心强的女孩一般都有比较强的依赖性，独立性不够。而且，她们的自尊心比别人都要强，但自信心又不够，所以对某些事物过于 敏感。她们十分在意别人对自己的评价，总是希望通过快捷的方式获 取自己想要的东西。

虚荣心强的女孩一般表现为不择手段，努力使自己比别人强，强 过之后，在与别人的差距中获得快乐与满足。当无法让自己比别人强 时，就会感到痛苦，生活得非常累。

曾经有这样一篇报道，说一位女士，为了在人前有面子，每个月 省吃俭用，攒了大半年的工资，竟然去高档专卖店买一个名牌挎包。 听起来有些不可思议，但就是有很多女孩宁愿吃糠咽菜，也要在人前 装得高贵。甚至，有些女孩为了过上表面奢华、虚荣的生活，不惜傍 大款……想想都令人痛惜。

爱慕虚荣是可以克服的。女孩在和同学、朋友相处的过程中， 要适当放弃自己的私心，把自己融入集体中，多为集体的利益和荣誉 考虑，这样可以慢慢地改掉自己爱慕虚荣的毛病。其实，端正自己的 荣誉观是最主要的。荣誉是激励人们前进的目标，但绝对不是唯一的 追求。不要把荣誉看得过于重要，应该享受追求荣誉时的奋斗过程， 这一过程才是人们最大的收获。有的人追求的不是理想，而是理想实 现后的荣耀。他们渴望被别人羡慕，却很难脚踏实地去实践，因此只 能投机取巧，以此来博得他人的夸奖。其实，他人的夸赞不过是个漂亮的面具，摘下面具后他们依旧一无所获。所以，追求理想要脚踏 实地，要一步一个脚印地去实践，否则就有可能变得爱慕虚荣、华而 不实。

而且，女孩在克服自己的虚荣心时，必须分清自尊心和虚荣心的 界限。正确认识自己的优点、缺点，做一个诚实可信的人，并培养自己求实的优秀品质。

女孩不要高估自己的能力，也不要只喜欢听表扬，对批评恨之入骨；更不能不懂装懂，打肿脸充胖子，喜欢班门弄斧。要实事求是， 家境贫寒就不要摆阔气赶时髦，要多找自身的优缺点，并正确看待它 们。这样才能逐渐和虚荣心说“再见”，做一个快乐的女孩。

嫉妒，让女孩的心被蒙蔽

嫉妒是指人们为竞争一定的权益，对相应的幸运者或潜在的幸运者怀有的一种冷漠、贬低、排斥，甚至是敌视的心理状态。女孩间的嫉妒心理，多由攀比而起。因为攀比，对自己的生活感到失望，感受到挫折感，最后演变为对生活的不满和怨恨。

在心理学中，嫉妒是一种比较复杂的心理。它包括焦虑、恐惧、悲哀、猜疑、羞耻、自咎、消沉、憎恶、敌意、怨恨、报复等众多不愉快的心理状态。比如，有人比她漂亮，身材好，女孩要嫉妒；有人地位比她高，女孩要嫉妒；有人一出生就有花不完的钱，女孩也会嫉妒。

那么嫉妒到底是怎么一回事呢？为什么女孩会有这么多原因对他人产生嫉妒心呢?

有关专家通过观察发现，嫉妒心理是具有等级性的。只有处于同一竞争领域的两个竞争者才会有嫉妒心理和嫉妒行为。当女孩学习成绩好，经常考第一，这时候突然转来一个优等生，和她抢第一名。女孩的嫉妒心就会随之产生。由此可见，人只会嫉妒与自己处于同一竞争领域，并且表现比自己强的人。比如，周瑜和诸葛亮。周瑜嫉妒诸葛亮，发出“既生瑜，何生亮”的感慨。这是因为诸葛亮和他同处一个领域并且能力比他强。

青青是个能歌善舞、聪明伶俐的女孩。在学校里，她不仅学习成绩好，人缘一直也不错，一直深受同学和老师的喜欢。

但是最近，班里转来个新学生，不仅长得比她漂亮，成绩还很突出，好几次都把她的第一名给抢走了。更可气的是，这个新学生很受同学的喜欢，原来和她亲近的人都跑去和新同学交朋友了。这让她感觉深受打击。

每天看到新同学，青青就像看到了仇人，话语间好像对班里新转来的这名女同学充满了敌意。直到有个同学说："你嫉妒心真强。"

她才惊醒，不知道自己怎么变成现在这个样子了。

女孩往往比较情绪化，自控能力也比较差，常常会根据外界事物对自己的利弊做出最直接的情绪反应。像事例中的青青，因为在自己生活的圈子里长期处于中心地位，独占了来自别人的宠爱，当身边出现另外一个比自己更优秀的女孩，她就会感受到威胁。于是，为了保住自己受表扬的优越者的地位，她可能会以冷言冷语、背后说别人坏话或哭闹、发脾气等方式宣泄自己心中的郁闷，嫉妒心更强的女孩还可能会做出一些攻击性行为。

嫉妒心是一种不健康心理。喜欢嫉妒别人的女孩，长大后走入社会，可能会因别人取得了自己没有取得的成绩而苦恼，严重者甚至会因仇视别人而无法融入社会。

女孩的嫉妒心还有可能是因为自己的优越感被破坏后，产生的心理反应。为什么这么说呢？因为如果女孩之前没有优越感的话，在被人超越或遇到挫折后，只会表现为自卑和羡慕，而不会对超越自己的人有任何的嫉妒心理。

另外，嫉妒也分为理性嫉妒和非理性嫉妒。比如，女孩的父母突然对邻居家的孩子表现出了关心，女孩就会担心父母会突然不爱自己，而对邻居产生嫉妒心理，这就属于一种合乎理性的嫉妒。

而非理性嫉妒是指那些采取非常极端的手法去对待嫉妒对象的心理。要知道，这些极端的手法非但无益于问题的解决，而且会加速女孩失去原本就有的东西。

那么，女孩应该如何摆脱这种不健康的嫉妒心理呢？

首先，女孩要正确看待身边的人和物，要做一个心胸宽广的人。看到同学取得了成功时，女孩应当表示祝贺，并找出自己的不足之处，扬长避短，以求得自身的进步和发展。其次，女孩要树立正确的人生观和价值观，保持积极健康的心态，不要让你的心被嫉妒所蒙蔽，这样才能克服自己的嫉妒心理。

拒绝孤僻，做个阳光女孩

有些女孩性格内向，但还表现得比较正常，但有些女孩就内向得过头了，孤僻，难以相处。什么是孤僻呢？女孩应该了解，孤僻和孤独其实并不一样。孤独是指孤单寂寞的心态，通常渴望与人交往，也不存在厌烦他人、对他人有戒备的心理，在与人交际时一切如常，绝不会有做作使人感到不舒服的表现；而孤僻则是一种人格的缺陷，自视甚高，常摆出一副瞧不起人的样子，但内心却十分害怕被人刺伤，不愿与他人交往，有时还会做出一些怪僻、奇特和做作的行为，常会给人一种神经质的感觉。

孤僻的女孩常表现为独往独来，对他人怀有厌烦、戒备和鄙视的心理。不管对人还是对事，都是一副漠不关心的样子，在与人交往中，也自视甚高，看不起他人。有时，还会让人觉得有点神经质。

性格孤僻的女孩大多是受后天影响而形成的。因为受到各种主客观环境的负面影响，导致心理长时间处于压抑状态后扭曲所致。

> 小赵是一名性格内向、文静的女孩，在班里的成绩还算不错，一直保持前10名的位置。但是同学们都不太敢和她交往。原来，小赵很少跟其他同学交流，沉默寡言的她似乎跟“青春活泼”这些本属于女孩的特质毫无关系。而且每次有人和她说话，她总是像看白痴一样看着同学，这让同学们觉得很不舒服。
>
> 每到放学的时候，班里的同学三五成群地结伴回家，只有小赵独自离开，显得很不合群。

性格孤僻的女孩必然无法拥有健全的人际关系，而自古以来但凡有所成就的人都拥有良好的人际关系。女孩在发觉自己有孤僻的倾向时，要及时向家人和父母沟通。自我封闭的女孩因为自身的优点无法得到体现，无法展现自己的价值，因而在未来的生活中取得成功的可能性会更低。把自己封闭起来的女孩，大部分都带有自卑倾向，于是 陷入恶性循环。其实自卑是自己给自己套上的“套子”，勇敢尝试的 女孩不会因为失败被人嘲笑。

性格孤僻的女孩一般都缺乏必要的社会交际技能和方法。在人际 交往中遭到拒绝或打击而造成性格孤僻，不合群，怕自己受到伤害， 就先贬低他人，逐渐把自己封闭了起来。但是越不与人接触，社会交 往能力就越得不到锻炼，结果就越孤僻，那么，女孩应该如改变服自 己孤僻的性格呢？

女孩应正确认识孤僻的危害，敞开闭锁的心扉，摆脱孤僻，而且 还要正确地认识自己，不要总想着自己的优点、长处，只看到别人的 缺点、短处，从而把自己紧紧地包裹起来，保护着脆弱的自尊心。女 孩可以多看一些有关交往的书，学习和人交往的技巧。同时多参加健 康、良好的交往活动。

另外，女孩还要克服自我封闭的习惯。有句俗语说：“思想有多 宽，舞台就有多宽。”任何成功的人都是走在风头浪尖的人，如果把 才华藏着掖着，又怎么能在生活的舞台上散发光芒！

勇于展示自我，从另一方面来说是一种积极的心态。在这种状 态下女孩能更好地吸收别人的优点，增加自己的知识。在不断展示自 我的过程中，女孩的能力会得到提高，为将来的生活打下坚固的 基础。

自我封闭的女孩，内心体验到的是更多的痛苦。因为无法得到 理解，自己的才华也缺少展示的舞台，就像是一株可有可无的狗尾巴 草。要知道，吸引他人的注意力，得到大众的认可，才能获得存在 感，试想有哪个女孩愿意做一粒尘埃，不愿做一颗钻石呢？

所以，做一名阳光心态的女孩，要拒绝这种不健康心理。生活 中，女孩应多结识新朋友，了解更多的新事物，要大胆融入社会和群 体之中，拥有正常的社交生活，才能彻底摆脱孤僻的性格。

第四章 学会自我欣赏，做个独立的女孩

女孩要学会独立，要先学会欣赏自己，做个自信的人。但是这句话说起来简单，做起来却不是那么容易的。欣赏自己，该怎么欣赏？觉得自己处处都高人一等，完全可以俯视众生了？不，这不是自我欣赏，而是狂妄自大。本章，就是告诉女孩如何认识自己，并学会欣赏自己，学会诚信、学会宽容、学会谦虚……当女孩学会了这些，自然也就会变得自信，渐渐独立起来。

做个果断的人，不再优柔寡断

俗话说：鱼与熊掌不可兼得。很多女孩在面对鱼和熊掌该选择哪一方的问题时，总是拿不定主意，显得优柔寡断，无法果断地作出决定。这样的女孩在生活中会遇到很多问题，没有办法独立自主地生活。

庆庆是一名13岁的女孩，她既乖巧，又懂事，可以说是人见人爱。但是，堪称完美的庆庆却有个“致命”的缺点——优柔寡断，遇事总拿不定主意。

小的时候还没什么，随着庆庆年龄的增长，优柔寡断的性格让她在学习和生活上吃了不少的苦。

有一次，同学约她去公园，她本来很想去，但是妈妈想带她出去买东西，这下庆庆可犯难了，她既想去公园和同学玩，又想跟着妈妈去买新衣服，可到底该如何选择呢？没办法，她先跟同学打电话说要去公园，但待了一会儿，又反悔了，赶紧告诉同学不去了，要和妈妈一起买衣服。但几分钟之后，她又改变主意了，就问同学还去不去公园，结果妈妈又不开心了。最后，她既没去成公园，也没买成衣服，非常不开心。

除了日常生活，在学习上庆庆也因为自己的性格一直无法提高成绩。究其原因，是她对自己的答案没有把握，明明是正确的答案，她琢磨来琢磨去，就觉得可能另一个答案是正确的，于是改正，刚改完，又觉得还是之前的答案是正确的，又改……改来改去，她自己都不知道该选择哪个答案才好了。而且很多时候，一些原本正确的答案反倒被她改成错的了，成绩就这样一点点下降了起来。

优柔寡断的性格对女孩的生活和学习都会造成不良的影响，而且，现在像上例中的庆庆这样的女孩已经越来越多了。这些女孩从小就缺乏果断行事的处事风格。她们时常因自己的犹豫不决、瞻前顾后等毛病而错失许多成功的机会。

那么，女孩性格犹豫、不果断，是什么原因造成的呢？这可能和女孩从小就过分依赖他人有关。尤其是被父母从小宠到大的女孩，从小就习惯了父母帮自己拿主意。哪怕是买一支笔她们都要问父母，久而久之，就形成了优柔寡断的行事风格。而且，女孩处事不够果断，还有可能是由不自信或者不分主次造成的。就像上例中的庆庆一样，答题过程中总是举棋不定，这其实就是不自信的表现。一个人如果不够自信，那么他就无法肯定自己的做法是否正确，甚至怀疑自己的能力，因此做事情时就缺乏勇气，徒有想法、不敢实践。而不分主次就像庆庆在选择是去玩还是去买衣服的表现时一样。如果庆庆不需要买新衣服的话，就可以去和同学玩，如果买衣服比较重要，当然是要和妈妈一起去买衣服。所以，庆庆没有弄清两件事的主次关系，没弄明白到底哪件事对她来说更重要。

因此，女孩如果想要改掉自己优柔寡断的性格，想让自己变得果断坚强，就要提高自己的自信心，努力独立完成自己的事情。当然，自信和独立都不是一朝一夕就能够锻炼出来的，需要从小事做起，并长期坚持。女孩无论是在生活中还是学习上，都应该勇敢地自己作决定，并做一件自己想做却一直不敢做的事情。有的女孩，本来能歌善舞，每次都想报名参加学校组织的娱乐活动，但因为害怕表现不好，因此犹犹豫豫，直到最终失去勇气，再也没有参加过类似的活动，长大后也不会有这样的勇气的。所以，女孩做事要果断一些，不断给自己一些锻炼和表现的机会，培养自己的自信心。

另外，女孩要分清果断和武断的区别。果断是在清楚事情的原委以及后果之后，坚决地做出正确的选择，这样对自己的成长才会有所帮助。而武断却是没有依据地胡乱作出决定，这样做，只会陷入失败的泥潭。

有时候，如果女孩在做事的时候连续遭到失败或打击，也会对自己失去信心，变得做事优柔寡断。一旦有过这样经历的女孩在将来再 次遇到同一件事情的时候，就会不自觉地暗示自己“我不行”。这种 消极的暗示让女孩失去信心，不敢果断地下定决心再去尝试。因此， 女孩要敢于面对自己的缺点、敢于面对失败，要懂得自我鼓励，给自 己打气加油，在遇到困难的时候不要忘记给自己信心。

独立，从独自生活做起

独立，并不意味着女孩只要会做事，敢做事就行了。更多的时候，独立，是体现在女孩的生存能力上的。有些女孩虽然比较自强，也对自己和生活充满了自信心，但却缺乏独立生活的能力，一离开父母就不知道该如何照顾自己。这样的女孩虽然有自己的主见，但在日常生活中也容易出现各种各样的问题。

小蕊在家里被父母照顾习惯了，因此当得知新学校是一所寄宿学校后，怎么都不愿意去。

爸爸妈妈问她为什么不愿意去。

她开玩笑似的说：“离了你们，我怎么活啊……”

“那以后呢，你长大成人了，难道还要妈妈一直跟着你，照顾你？”妈妈问。

“当然。”小蕊大声说。

虽然小蕊嘴上这样说，但心里也是有些担心的，难道自己真的要接受父母一辈子的照顾？那自己和废人有什么区别呢？不行，绝对不能这样。

于是，她下定决心，要好好度过自己的寄宿生活，锻炼一下自己的自理能力。

一个星期后小蕊回家了，她一进门就抱着妈妈说："妈，我好想你，在那儿没有人给我洗衣服、收拾床铺，我每天都有好多事情要做，好累啊，但是，我也学到了很多东西。以后我再也不依靠你们了，我一定要独立一点，不能总黏着你们。"

女孩的独立性，很多时候是被父母的宠爱抹杀的。就像上例中的小蕊，因为父母从小照顾她，所以当得知自己要读寄宿学校时，感到了不安。现实生活中，很多女孩也是如此。在父母的宠爱下，她们就像温室里的花朵，经不起狂风暴雨，也受不了烈日寒冬，一遇到困难就只会依靠父母，离开父母后就不懂得照顾自己。不会洗衣做饭，更不敢独自生活。虽然住在温室里很舒服，但时间一长，女孩的独立意识就会越来越弱，最后只能让自己变得软弱、不坚强。

有些时候，女孩会认为自立自强应该是男人的事情，女孩就应该时刻被家人保护着。女孩的这种想法真是大错特错了。

从前，有个书生进京赶考，考试前，他跪在菩萨的塑像前，虔诚地说："菩萨，保佑我高中吧。"

刚说完，他就看见另一个人也过来向菩萨祷告，请求菩萨的保佑，书生一看，这个人竟然就是观世音菩萨自己。

他觉得非常奇怪，就问："菩萨，你怎么跪在自己的塑像前啊？"

菩萨语重心长地说："求人不如求己，一切都应该靠自己。"

书生听后，顿时醒悟，更加发愤苦读，终于高中了状元。

上面的故事虽说有些离奇，但却具有深刻的教育意义。就像菩萨所说"求人不如求己"，女孩应该有独立意识，要提高自己的自理能力，只有这样才可以在充满竞争的社会占有一席之地。

女孩要有独立性，也就是说遇事要有主见，要有成熟的动机，不能完全依赖他人处理事情，要积极主动地完成自己的事情，做一个勇敢、自信、认真、专注、有责任感和不怕困难的女孩。这些，也是女孩应接受的生存教育。生存教育的根本在于培养独立性，包括独立意识和独立能力，重点培养女孩的自理生活能力。

因此，女孩在提高独立意识、培养自理能力时，要从学会照顾自己的生活做起。女孩在家里的时候不要过分依赖父母，自己的房间要学会自己整理。父母有事出门时也要主动挑起看家护院的担子，只有女孩有足够的能力照顾好家里的一切，父母才不会操心，才会放心地让女孩去独立生活。

另外，女孩在培养自己的独立意识时，可以先独自生活一段时间。比如，住校一段时间。在学校里，老师和同学只会给予女孩有限的帮助，大部分事情还是要依靠女孩自己去完成。所以，住校对培养女孩的独立性十分有好处。

而且，女孩在生活和学习中，要学会独立思考，不要过分依赖他人的指导、建议。在这个靠能力和奋斗精神吃饭的时代，每个人都要有较强的独立意识，才能成为一个独立性强、有可能收获成功的女强者。

笑容，让挫折望而却步

很多女孩在现实生活中经受不住挫折的打击，一遇到困难就开始逃避，无法面对。那么，到底什么是挫折呢？为什么女孩总是喜欢逃避挫折呢？

根据心理学的解释，挫折就是指人们在进行有目的的活动时，遇到的那些自己无法克服或自以为无法克服的障碍而产生的紧张状态与情绪反应。

一般情况下，女孩经受的困难和阻碍越大，所感受到的挫折也就越严重，挫折反应也会变得越强烈。当女孩在遭受严重挫折后，会表现出抑郁、消极等不良情绪，还有可能因此而导致血压升高、心跳加快等不良症状。

小语总是很害怕面对困难，不论遇到什么事都会往不好的方面想，加大自己对困难的害怕程度。

前两天学校进行了期中考试，考完后她就一直魂不守舍，总觉得自己考砸了，心情很郁闷，吃不下饭、睡不好觉，就怕成绩单发下来。结果成绩单发下来后，果然如她所想，成绩很差。她就想——以后干脆别学了，反正也学不好。

同学觉得她的想法实在是太夸张了，只好安慰她，而小语却趴在桌子上哭了起来，越想心里越难受，觉得自己连成绩都提高不上去，其他的事情更做不好了。

对于还是学生的女孩来说，考试失利是很正常的事情，而且现在考试成绩已经不是评判一个学生素质高低的唯一标准了。上例中的小语却因为一两次的考试失败就否定了自己的价值，这是很不可取的做法。人生事十有八九是不如意的，如果每次遇到困难都这么悲观，经不起挫折，那她这一生一定不会体会到成功的快乐。

在女孩成长的过程中，乐观开朗的心态是很重要的。女孩要经常笑，即使面对挫折，也要以笑面对。要知道，笑容可以让困难低头，让挫折望而却步。而且，作为一个乐观开朗的女孩，欢声笑语不仅能感染周围的人，使他们获得快乐，也能让他们在自己身上找到希望，积极地面对日常生活中的一切艰难险阻。

人们都知道，不论是谁，都喜欢和性格开朗的人做朋友，如果女孩性格沉闷，经常哭哭啼啼、愁眉苦脸，那么周围的人也会受到女孩的影响，时间一长，也会变得心情烦闷，渐渐地，朋友们就不喜欢和这个女孩来往了。

想让自己的人生充满快乐，那就要培养自己乐观向上的生活态度，笑对生活中的挫折。当有不开心的事发生时，女孩要学会排遣自己内心的烦闷，努力让自己的心情好起来。多培养自己的兴趣爱好，比如唱歌、跳舞等，这些活动都能有效地帮助女孩转移注意力，帮女孩消除不良情绪。

另外，女孩还要多和不同年龄段的人交谈、做朋友。尤其是当女孩情绪低落的时候，要多和性格开朗的朋友相处，让对方的乐观心态逐渐感染自己。性格悲观，无法面对挫折，有很大一部分原因是因为自己没有朋友陪伴，遇到困难时总是感觉孤独无助。如果能够交到几个相处融洽的知心好友，就可以向她们倾诉自己的苦闷，心里的不痛快都说出来了，心情自然也就好了。

女孩每天出门以前，可以对着镜子里的自己笑一笑，提醒自己，要笑对人生。闲暇时，可以多看一些笑话或者喜剧，学一学乐观人士的生活方式。而且，女孩还要坚持自己的信念，找到自己生存的精神支柱，相信自己比别人强。经常对自己说：我是坚强的！女孩要相信自己能走出困境、相信明天会变得更好，也要相信时间会医治好你曾经受过的创伤。女孩要把每个困难当作一次磨炼自己的机会，在困难中成长，笑着走出一片新天地。

诚信可以提升女孩的人格魅力

诚信是一个道德范畴，是人们日常行为的诚实和正式交流的信用的合称。从古至今，人们都讲待人处事要真诚、老实、讲信誉，要言必信、行必果。诚信是一种人人必备的优良品格。一个人讲诚信，就代表了他是一个讲文明的人。讲诚信的女孩，更会处处受欢迎，在其他人的眼中，诚信女孩，有着吸引人的人格魅力。

小兰家里很穷，为了贴补家用，放学后就去市场卖花。这一天，下着大雨，小兰的花都要被雨打蔫了，也没人来买她的花。

正在绝望的时候，一位妇人走过来，说要买花，但是妇人没有零钱。

小兰怕生意泡汤，赶紧说：“我去给您换零钱，您等一下，一定要等着我。”

结果妇人在原地等了很长时间，可是小兰依旧没有回来。就在她以为自己遇到的这个女孩是个骗子时，突然看见小兰从远处向这边跑了过来。腿上还有一大片淤泥，一看就是不小心摔倒了。

“太太，您的钱。”小兰把一大把沾着泥水的零钱递给妇人。

妇人却说：“孩子，你的花我全要了，这些钱你拿着吧。”

旧社会，大街上经常出现像小兰一样的卖花女和卖报童。在生活的压迫下，她们对钱和食物充满了渴望，很少不会见钱眼开。但是，小兰却出淤泥而不染，即使摔伤了腿，也及时地把零钱送到老妇人的手中，这种遵守诚信的精神的确可贵。

所以说，诚信是立身之本。女孩在与人交往的过程中，诚信是必不可缺的，这个世界离不开诚信。女孩应想一想，如果世界失去诚信会变成什么样呢？领导人会欺瞒民众、商人会坑害消费者、老师会欺骗学生、家长会教坏孩子、朋友之间互相伤害、恋人之间虚情假意……人们将生活在一片“乌烟瘴气”之中。

古人云：“己所不欲，勿施于人。”如果女孩不想被别人欺骗、不想生活在“礼崩乐坏”的环境中，那就要自己做到诚实守信，自己讲诚信了，对方才会对自己诚信。

曾子的妻子要去市集，儿子哭闹着要跟着去。曾妻便哄儿子说：“你就留在家里玩，等我回来后，我就杀猪炖肉给你吃。”

当妻子从集市回来，看见曾子准备杀猪。妻子连忙阻止说：“我只是跟孩子说着玩的。”

曾子却说：“不能跟小孩子开玩笑。孩子年纪幼小，不懂知识，会模仿父母的行为，听从父母的教导。今天你欺骗他，就等于教他学你那样骗人。母亲欺骗自己的孩子，孩子就不会相信自己的母亲。”

于是，曾子坚持杀了那头猪。

曾子杀猪的故事十分有名。这个故事告诉人们，做人要讲诚实、守信用，这样才能够让自己心中坦荡、问心无愧。俗话说，说一句谎话就要用八句谎话去圆，到最后，你自己都不知道该怎么去圆这个谎。其实，每撒一句谎你都会非常紧张，有时还会出现脸红、心跳加速、出虚汗等现象，因为你既害怕对方察觉，又对自己的行为感到羞愧，心里很不是滋味。而说谎的行为，在某种程度上，也是失信于人的表现。所以女孩如果不想失信于人，先从不说谎做起。

现在为什么有这么多人容易失信于他人呢？这是因为，在急功近利、物欲横流的社会，虽然人们利用科技创造了大量的物质财富，但到最后，自己反倒被这些物质财富所奴役。为了多赚那么点钱，让自己的道德价值观念开始失落。人们为了一己私利而不择手段，损人利己，将道德规范、承诺信誉、合约法律置之度外，做出种种自私自利、失信于人的行为。这些行为，都是不可取的。女孩应该杜绝这些行为，做一个诚实可信的人。

宋庆龄从小就是一个守信的人。一次，父亲要带她去一个朋友家里做客，她非常高兴，因为父亲的这个朋友家里养了很多鸽子，而宋庆龄特别喜欢鸽子。当他们要出门的时候，宋庆龄突然想起来她答应过隔壁的女孩，今天要帮她补习功课。为了不失信于人，她放弃了和父亲一起去看鸽子的机会，乖乖地给隔壁的女孩补习了一天的功课。晚上，父亲提着一个鸟笼子回来了，宋庆龄跑去一看，里面有两只鸽子。原来，爸爸的朋友听说了她不去做客的原因，特意送两只鸽子给她作为奖励。

因为诚信，宋庆龄一直很受尊重。当然，没有人愿意和不守信用的人打交道，只有讲诚信的人才会得到他人的尊敬和信任。

所以，女孩在与人交往时，也要向宋庆龄学习，营造一种和谐的关系，以诚相待、以信相交。只有肝胆相照的朋友，才是“腹心之友”。女孩应将人际交往建立在道义的基础上，结君子之交。当女孩处处都以诚信为本时，就会具有独特的人格魅力，吸引大家的目光，让他人愿意同你做朋友，愿意做你推心置腹的好友。

宽容他人的过错，让自己好过一点

宽容，即原谅他人。人活在世上，难免会遇到一些不顺心、不如意的事情。如果朋友错怪自己，如果他人不尊重自己，女孩是不是一定要为自己争这口气，把对方“修理”一顿才行呢？答案当然是否定的。

如果女孩学会宽容他人，对他人的过错一笑了之，不斤斤计较，那么冒犯自己的人反而会觉得对不起自己，会主动来向自己道歉，并祈求自己的谅解的。

宽容他人，也是尊重自己的表现。宽容别人的小过失，不仅能让自己赢得美誉，还能收获一份友情。

小米脾气比较大，动不动就发火。很多同学都不喜欢和她来往，只有小珍一直和她形影不离。两个人从小就是好朋友，小珍也一直很理解小米，知道她只是脾气比较坏，心还是善良的。

有一天，小珍去小米家做客，小珍不小心把小米最爱的玩具摔到了地上，小米马上生起气来，说：“你怎么这么不小心啊，这是我最喜欢的玩具，摔坏了，你赔得起吗？”

“你可真是……”小米也知道自己的话有些过分了，怕自己会说出更伤人的话，便把话都咽了回去，然后跑回了自己的卧室。

小珍也很难过，伤心地哭起来，但她知道小米只是太生气了，并不是真的不理她，而她伤心难过，是因为她摔坏了朋友最喜欢的东西。

过了一会儿，小米的气消了，她回到客厅，看见小珍一个人坐在沙发上看书，便走到她的旁边坐下，不好意思地说：“对不起啊，刚才我又发火了。”

小珍笑着说："我知道你不是故意的，所以一直在这儿等你出来呢。"

小米开心地说："能和你做朋友，真是太好了。谢谢你肯原谅我。"

小珍也开心地笑了起来。

宽容一个人的过错，能让自己的心情变得愉悦。但是现在很多女孩都是独生子女，在家里娇生惯养，难免会有点小性子。不是蛮横任性就是爱发脾气，让身边的朋友很是苦恼。比如故事中的小米，她就是个典型的火暴脾气，因为爱生气的原因，让不少同学都对她"望而却步"，只有小珍愿意和她做朋友。这让她感受到了友情。即使如此，小米还是忍不住和朋友发脾气，但是小珍一直都在宽恕她的小性子，是小珍的宽容让她们的友情得以维持。

由此可见，朋友之间的交往，互相宽容、互相谅解是很重要的。如果女孩和自己的朋友因为某些事吵架了，这时候，女孩和朋友的关系就好比是水面上结的一层冰，踩上去，随时都会有碎裂的可能。一旦这层冰碎裂，女孩和朋友的关系可能就无法恢复如初了。而宽恕恰巧是能够安全融化这层冰的"火焰"。只要有一个人肯宽恕对方，那么再大的矛盾也能够瞬间消逝。反之，如果谁也不愿意服软，那么这层冰就会越结越厚，矛盾也就越闹越大，到最后双方只能不欢而散。

学会宽容，不但能够给朋友一次改正的机会，还可以培养自己宽阔的心胸，让自己变得更加善解人意，让朋友们喜欢和自己交往。要知道，当女孩和朋友发生不愉快的时候，难过的并不是只有女孩自己，对方也会很难过，特别是做错的一方，心里本来就非常愧疚。所以，要宽恕爱使性子的朋友，既能给她带来好心情，又可以维持相互之间珍贵的友谊。

当朋友无故发脾气的时候，女孩尽量不要和对方斗嘴，等对方把发泄的话都说完后，女孩再冷静地分析两人的矛盾，并宽容对方的过错。当然，也不能一味地纵容朋友的错误，应该时常提醒对方，让对方学会克制自己的情绪，并且帮助对方改掉自己爱使性子的坏习惯，只有这样才能彻底解决问题。

谦虚，让女孩更受欢迎

从古至今，获得美誉的名人或伟人，都有这样一个特点，那就是谦虚。谦虚使人进步，让人愿意聆听他人的劝说和经验，谦虚也能让女孩变得和善，使女孩在朋友圈中更受欢迎。

试想，当女孩和朋友相处时夸奖朋友今天的衣服漂亮，朋友马上说："当然漂亮，我花了大价钱买来的。"而当女孩夸奖另外一个朋友的衣服漂亮时，那个朋友却说："你今天穿得比我漂亮多了。"这两种回答，女孩爱听哪个？很显然，没有人会选择第一个回答的。第一个回答让人心生厌恶，让人看到了一个骄傲自大的人，而第二个回答，却让人感觉亲切，让人们不由得发出感慨：这才是真正的朋友该说的话啊。

不管女孩当天的衣服是真漂亮还是假漂亮，当听到夸奖时，谦虚一把，并不是坏处，还能为自己挣回不少印象分呢。

钱钱每次期末考试成绩都在班里名列前茅，而且还会拉小提琴，在同学们的心目中，一个学习又好、才艺又好的女孩是无可挑剔的。大家都喜欢和她来往。其实，钱钱的好人缘不只是建立在出类拔萃的学习成绩和才艺上，大家对她的喜爱，更多的是因为她为人谦虚、从不会瞧不起班上的任何人。

一次，几个朋友去她家里玩儿，当大家看到满墙的"三好学生"奖状、桌子上摞了一打儿各种小提琴比赛荣誉证书时都惊叹不已。

有人说："你太厉害了，有这么多奖状！"

还有人十分羡慕，但钱钱却谦虚地说："我的这些奖状和证书的确没什么大不了的，只要大家努力，都可以拿到。"

大家听后，都争着要钱钱教自己拉小提琴，大家开心地度过了美好的一天。

在与人交往的过程中，态度谦虚是很重要的。比如上例中的钱钱，她虽然很能干，但一点不自大，也不会看不起“无能”的同学们，依旧和大家玩在一起，乐在一起，这让她获得了好人缘。

毛主席也曾说过：“谦虚使人进步，骄傲使人落后。”

这句话女孩一定不会陌生，但是，女孩有没有认真思考过，为什么谦虚能够使人进步呢？面对他人的夸奖，如果顺着杆子往上爬，就会越爬越高，最后有一种飘在云端的感觉，虽然非常舒服，但是却很危险。相反，倘若谦虚对待，就能够清楚地认识到自己的优势和不足，既为目前的成绩感到高兴，又为自己的不足感到担忧，于是，这种紧张感就会刺激和激励女孩不断努力、不断进步。

谦虚是一种正确的处事态度，也是一种美好的品德修养。和一些骄傲、自大的人相比，谦虚的人总是显得更有涵养、有素质。想要做一个有涵养的女孩，就应该学着谦虚地对待他人的夸奖。

不过，谦虚也要讲究一定的方式方法，不能总是简单应付对方。当对方衷心地赞美自己时，自己应该说点或做点什么来表示自己的感谢，并表达出自己的谦虚之意。比如，当一个成绩比较落后的同学夸奖自己成绩优异时，自己应该谦虚地认识到自己的缺陷，然后夸奖对方的优点，这样做，不但能够使自己不断进步，还可以增加对方的自信心，在帮助他人的同时，也帮助了自己。

李清照是宋朝著名的女词人。她在填词创作和填词理论研究上都取得了很大的成就，这一点连很多优秀的男性词人都不能及。

当时赵明诚夸赞她说：“你的成就恐怕我这一生都赶不上了。”

她却答道：“词学博大精深，我看到的不过是一角，先生的学识和博闻才是值得我敬佩的。”

赵明诚听了很高兴，便更加努力地探究学问，最后成为一名出色的金石学家、文物收藏鉴赏家和文字研究家。

俗话说，过分的谦虚就是虚伪，所以，谦虚不能过度，要适当地承认自己的成就。谦虚也不是对自己进行自我否定，面对他人的夸奖，女孩既要保持清醒的头脑、认识到自己的缺点，还要把握住进步的机会，不要谦虚地说“我不行”、“我做不到”，应该说“我可以尝试一下”、“我会尽力的”等含有激励性的语言。

杜绝脏话，做个文明女孩

如今的社会，人们走在大街小巷，乘坐公交、地铁时，经常能听到一些人聊天说话时很不讲究，满口的粗话、脏话，令人为之侧目。

有这样一句话叫：良言一句三冬暖，恶语伤人六月寒。很多时候，一些争执事件就是因为一句粗话、脏话而引起的。而现在，有些女孩也开始学说脏话，她们觉得这样很有“范儿”。这是为什么呢?

其一，环境因素导致的。女孩如果长期生活在充斥着污言秽语的环境中，就很容易沾染一些不雅的习气。因此，为自己营造一个良好的生活环境，是十分重要的。

其二，有一些女孩明知道说脏话不好，却因为想要突出自己的个性，而把出口成“脏”当成了一种可以吸引别人注意力的时尚。这就有些过分了。

只有谈吐文雅、礼貌待人的女孩，才会被他人所称赞，个性自然也会彰显出来。而出口成脏，只会加深别人对自己的不良印象，完全是不可取的行为。

小野从小就很“野”，虽然是个女孩子，但就像个假小子一样，说话、做事的方式都很像个男孩，同学们都叫她“男人婆”。

早上小野在校门口被路上的垃圾滑倒了，她破口大骂道：“他妈的，谁扔的垃圾，绊了老娘一跤！妈的，谁这么缺德，让老娘知道了，非修理他不可！”

“你要修理谁啊？”说话的是年级主任。

小野吓了一大跳，赶紧爬起来，扭头就要往自己的教室跑，却还是被年级主任叫住，狠狠地批评了一顿。

小野心中暗想：奶奶的，今天老娘真点背。

女孩本应该举止优雅，说话柔声细语的，但现在因为环境的影响，很多女孩都养成了出口成脏的坏习惯。如今，人们一走到各个中小学，就会发现，像故事中的小野一样说脏话、爆粗口的女孩比比皆是。她们觉得说脏话是很正常的事情，并不觉得自己犯了什么错。而且，在学校里，如果女孩不会几句脏话，反而要被人耻笑，甚至被人欺负。由此可见，教育系统确实出现了一些不可忽视的问题，但归根结底，还是女孩自己不自爱、不自重所导致的。

女孩要知道，说脏话并不是人类与生俱来的本能，而是后天习得的“本事”。虽然现在无论是生活中还是荧屏上，说脏话的现象都十分普遍，但女孩却不能“跟风”，不能见什么学什么。

女孩要让自己的环境充满爱和善良，不能长期处在一个不文明的生长环境中，这样女孩子的谈吐自然文雅不起来。女孩要学会净化自己的生活环境，杜绝学习那些脏话，做个文明女孩。

除了环境因素，人为什么要说脏话呢？这可能和人的情绪有关。事实证明，人们在愤怒、痛苦和烦躁的时候说脏话的频率会明显增高。有的人甚至在高兴、兴奋的时候也会蹦出一连串的脏话。还有一些人，在养成了说脏话的习惯后，就连和别人正常聊天的情况下也是脏话连篇，而且还意识不到自己的错误。仿佛不说脏话，才是不正常的。

但是，说脏话是很不文明的行为，是低素质的表现，不管男孩女孩，都不应该说脏话。有时候，女孩为了强调男女平等，非要为女孩争夺说脏话的权利，其实，这是没有必要的。不让女孩说脏话并不是对女孩的禁锢，而是希望女孩能够更加有涵养、有气质。人们评价和美女聊天的时候，常会用“口齿留香”这样一个充满美感的词。对于不说脏话的女孩，大家都会尊重她、赞美她。反之，则会批评她。比如一些荧屏上的美女明星，凡是在镜头前爆过粗口的，都受到了大众的严厉批评。

因此，女孩在说话聊天时，还是不要爆粗口的好。如果情绪比较激动，一定要下意识地放缓语速，整理好自己的思绪后，再开口说话。并且，女孩要时常提醒自己，不要说脏话，更不要学脏话。在结交朋友时，女孩一定要远离那些总爱说脏话的人，如果自己的朋友说脏话，一定要及时劝说，让她改正这个毛病，做个文明的女孩。

学会分享，大方待人

分享是一件令人愉快的事情，当女孩有烦恼的时候，把自己心中的苦闷讲给朋友听，把自己的不愉快与朋友分担，就会发现，有些事，一说出来，就没有想象中那么令人难受了。而当自己遇到好玩好笑的事情时，讲给朋友听，就会发现，朋友和自己一样，乐得哈哈大笑，这就是分享的快乐。

但是现实生活中，有很多女孩不爱分享，她们不想把属于自己的东西贴上“公众”的标签，坚信“众乐乐不如独乐乐”。

小田新买了一本课外书，十分好看。

这一天，她把书拿到了学校去看，结果被同桌发现了，同桌看了两眼，也想看，就对她说：“等你看完了，让我看一看吧。”

小田有点犹豫，就说：“我已经答应先借给班长了，等班长看完再说吧。”

“那好吧。”同桌无奈地说道。

但是第二天，她的谎言就被揭穿了。

同桌讽刺道：“不想借就直接说不借，干吗说班长借走了？人家根本没向你借过书。”

“我……我就是不想借给你！”小田自知理亏，恼羞成怒地回答道。

从那以后，同学们都知道了小田是个小气鬼，再也没人愿意和她来往了。

女孩要知道，和朋友分享好东西，这是一种豁达的表现，也是一种善良的人格，还是一种智慧的体现。这里所说的分享，不一定是某件物品、某种食物，还可以是一种情绪，比如快乐和忧愁。当女孩的成绩取得进步或者收到一份心仪的生日礼物时，心情一定很激动，这时候，就可以选择和朋友共同分享这种喜悦之情，分享之后，自己的快乐会加倍地增多。当女孩把快乐传递给大家时，大家会被女孩的好心情感染，就算当时有烦心事也会跟着女孩一起高兴。当然，分享快乐也要适度，过分分享自己的快乐就是炫耀。不要让朋友们觉得你是在炫耀，那样只会让朋友变得反感，不愿再与女孩“分享”。

分享，也是一种大方的表现。有好东西时，女孩拿出来和大家一起分享，不仅能够活跃气氛、增进友谊，还能为自己的形象加分。比如在上完一节沉闷的自习课后，你把自己看到的一个笑话讲给大家听，大家哈哈一笑，学习压力很快就得到了缓解，以后当你有不开心的事情时，这些朋友就会主动来安慰你，帮你分担忧愁。另外，一本励志的书、一部好看的电影都可以和朋友们一起分享，大家互相讨论，交换意见，不但增长了见识，还沟通了感情。

在学习上，分享能够促进大家一起进步。如果你有了新的解题思路或者新鲜的观点，拿出来展示一下，既可以给其他的同学一些启发，也能够促进自己进步。

有一次，豆豆在做数学题时，找到了一种新的解题方法，她非常高兴地和同学们分享了自己的方法。但是有个同学却指出了她的错误，豆豆再演算时发现，同学说的果然是对的。虽然她这次分享没有获得同学们的“认可”，但她还是觉得，幸好自己没有小气地把新方法藏在心里，否则就不会发现自己的错误了。

从豆豆的经历不难看出，分享真的是一件好事。既有利于大家互相学习、查漏补缺、共同进步，还有利于自己的学习成长。

有时候，女孩会因为害羞而不敢和朋友分享自己的心情和事情。但是，害羞、忸怩的性格对女孩的成长并没有好处。如果女孩想让大家喜欢你，就要主动展示自己，把自己的优点亮出来。这样才可以交到更多的朋友。倘若自己一直躲在自己的小角落里，不去和同学们接触，大家就无法注意到自己，那么无论你有多么善良、友好，多么想和同学们分享自己的快乐和忧愁，也不会被同学们所认可和接受的。

第五章

拒绝“死读书”，学习要有诀窍

对于青春期的女孩来说，最重要的事情，还是读书学习。但是怎么学才能学出效率，却是女孩十分关注的大问题。女孩经常会有这样的困扰：我明明已经很用功了，但成绩就是提高不上去，怎么办？我怎么学都不如男生学得好，是不是女生天生比男生笨？我觉得学习压力好大，不想学了，怎么办？

怎么办？学习，很简单的两个字，但里面所包含的意义却很多。会不会学，懂不懂为学习做计划，都会直接影响学习效率和成绩。

勤能补拙，让自己爱上学习

人们在做任何事的时候，不会总是充满精神，精力充沛地面对的。有时候，人们会产生一定的倦怠心理，不想学习，不想听课，甚至连吃饭都会认为是一件麻烦的事情。如果女孩在学习过程中觉得累了、倦了，不再想学了，该怎么办呢?

小秋最近觉得学习越来越累，总有学不完的知识，做不完的题，这让她十分苦恼。她总是做题做到一半就把笔一扔，不再想学了。

但是不学习功课就会落后，想到这儿，她又重拾笔杆，奋笔疾书起来。但刚写了不到10分钟，她又不想写了，不想学了。

“烦死了，为什么每天都有这么多功课要做。”

小秋真想找出一个好方法，能让自己静下心来学习。后来，她想到一个方法，把“勤奋学习”四个大字写在了课本的扉页。

同桌看到后，问她：“这样管用吗，真的能激励自己勤奋起来吗？”

小秋无奈地说：“试一试吧，不试，总不会知道结果的。”

同桌听后，点了点头，也学她，在课本上写下了“勤奋学习”四个大字。

当女孩不想学习、不愿学习时，把“勤奋学习”写在课本的扉页上，这既是对自己的鼓励，也是对自己的监督。每天翻开课本，都会看到这几个字，当自己想要偷懒、应付老师布置的作业时，“勤奋”二字就会扮演“学习督察官”的身份督促自己赶快完成学习任务，让自己放弃偷懒的念头，并让自己能静下心来认真、刻苦地学习。但是，这种做法只是起到一个监督和提醒的作用，如果自己只是把“勤奋学习”四个字写在书上而不去履行的话，这几个字也只能被当成摆设和空话，永远不会对自己有作用的。

俗语说，天道酬勤。如果女孩想要变成一个成绩出色的女孩，那就要勤奋刻苦，多付出才会有多收获。勤能补拙，不管女孩有没有学习的才能，只要能勤奋好学，总会有所收获的。

晋代有个著名的女书法家，她的名字叫卫铄，世称卫夫人。卫夫人师从钟繇，她的小楷颇具钟繇的风骨，被当时很多书生争相模拟。卫夫人也是“书圣”王羲之的书法启蒙老师，在书法创作上给了王羲之很大的启发。卫夫人在书法界可谓是独树一帜，丝毫不让须眉，这与她勤奋刻苦地练习是分不开的。

卫夫人每天都要花很长的时间练习书法，有时一坐就是好几个小时，写累了便把笔砚拿到院子中的水池里清洗，顺便玩玩水、逗逗鱼，就算是休闲娱乐了。过了一段时间，有个客人到她们家的院子里赏景，看见这个水池后，他惊讶地对卫夫人的父亲卫展说：“老世兄，你们家还有个墨池吗？”

卫展听了诧异道：“这是从何说起？只有一个普通的水池罢了。”

客人问道：“那为什么池里的水是黑色的？”

卫展看了也觉得奇怪，这时，旁边的一个小丫鬟说：“小姐经常在池子里洗她的笔砚，时间长了就把水池洗成墨池了。”

客人听后是大加赞赏，对卫展说：“您的女儿如此勤奋，将来肯定会成为大书法家。”卫夫人也并没有辜负他的赞赏，果然通过自己的努力成为一位优秀的书法家。

能把清澈的水池洗成墨池，可想卫夫人有多么勤奋了。其实不只是卫夫人，历数古今中外的名人、学者，凡是取得一定成就的，无一不是经过勤奋、刻苦的学习过程。爱迪生说，“天才就是99%的汗水加上1%的灵感”。汗水就是付出，就是勤奋。机遇和灵感的确是一个人成功的关键，但是，机遇总是会留给有准备的人。如果没有经过刻苦地学习和钻研，居里夫人不会发现镭，贝尔也不能发明出电话。因此，女孩不能只远远地瞻仰这些名人的风采，还要在注意他们耀眼光芒的同时多关注他们在平时的付出。比如，杂技演员之所以能够做出高难度的动作并且保证万无一失，靠的就是勤奋苦练。如果他们不多进行练习，那么只会把表演搞砸，不可能给人们带来那么出色的表演。人们常说“台上一分钟，台下十年功”，就是这个道理。女孩要多看一些勤奋苦读、刻苦钻研的名人故事，让他们的精神时刻激励自己，提醒自己不要偷懒。当自己产生懈怠情绪，不愿意再学习时，可以适当让自己放松一下，等心情平静后，再继续学习。女孩还应多交几个勤奋好学的朋友，互帮互助，共同面对学习上的困难和难题，这样一来，女孩也会减少对学习的抵触心理了。

为学习做个计划

如今，很多女孩都比较喜欢“懒人”生活。这种“懒”不仅体现在女孩生活的懒散上，还体现在女孩的时间观念上。有的女孩时间观念不强，写作业的时候磨磨蹭蹭，让时间在不经意间流走。等到快要睡觉时，才想起来自己的作业还没有完成，后悔之余，还得熬夜赶作业，一点计划也没有。有些女孩可能就要问了，学习还要做什么计划啊，想学就学，该学的时候，自然就会学了。事实上，学习更要有计划，要合理地利用好时间，应让自己的每一分钟，都过得有意义。

网上曾经有过这样一则报道，说的是清华学霸姐妹的成长历程，她们就是非常会利用自己的时间，为了提高学习效率，还专门制作了学习时间表。就是依靠这个时间表，姐妹俩通过自己的努力，双双考入了清华大学。

马冬晗和马冬昕是一对双胞胎姐妹，高中毕业后两人均以优异的成绩考入了清华大学。在校的四年里，她们不但努力学习，还积极参加学校组织的各种活动，在很多方面都是出类拔萃的角色。就在2011年，两个人还一起获得了清华大学的专业特等奖学金，这是很多清华学子梦寐以求的荣誉。

姐姐马冬晗在领奖时透露，之所以取得这样的成绩，是因为她们给自己制定了比较合理的学习时间表。她把自己的时间表拿出来和大家一起分享，当大家看到大屏幕上密密麻麻的作息安排时，没有一个人不瞠目结舌。

马冬晗的作息表精确到了分钟，“早上6点起床”，然后“锻炼身体”，“7点准时进入自习室”，每一节课怎么听，注意什么细节，以及中午吃饭的时间等，没有一个小时是被遗漏的。

有些细心的同学发现，她没有给自己安排洗澡的时间，就笑着说：“难道你每天都不洗澡吗？”

马冬晗笑道：“基本上每天都洗，所以又花费了我半个小时的时间。”马冬晗说，她基本上会严格按照时间表来安排自己的学习和生活，但是，如果出现了特殊情况，比如学校临时组织同学们参加社会活动，这样原计划就不可能实施了。

姐妹两个都很活跃，经常参加学校组织的各种活动，为了能够更好地把时间利用起来，她们针对不同的情况制定了相应的时间表。参加活动时、应对期末考试时、平常学习时，每种情况都一张时间表与之相对应，既不耽误学习，也丰富了课余生活。四年来，这对姐妹花的生活可谓是有滋有味。

马冬晗和马冬昕姐妹俩就是给自己制定了合理的学习时间表，并严格按照时间表来安排自己的生活，最后两个人都取得了优异的成绩。这对一些自制力不太强的女孩而言，是一个十分有激励性的好例子。时间表既能帮助女孩对学习进行计划，合理地安排作息时间，也是提醒女孩努力学习、珍惜时间的监督员。有了合理的学习时间表后，女孩既不会因为浪费太多的时间而自责，也不会因为学习太紧张而倍感疲倦，对提高成绩、合理生活是很有帮助的。想要提高自己的学习成绩和学习效率，那就采取上例中姐妹花的办法，给自己制定一个合理的学习时间表，让自己的生活更有目的性、学习更有计划性。

但学习不是让女孩把所有的时间都排得满满的，而是要有针对性地学习，还要注意劳逸结合，一味地苦读还不如巧妙地学习更有效果呢。

学习时间表对女孩的学习是很重要的，但前提是，女孩要能做出最适合自己的学习计划安排。打仗要讲究天时、地利、人和，制定学习时间表也是需要遵“天时”。

何谓“天时”？也就是一天的时间、时刻。每一天都可以分为三个阶段：早、中、晚三个时段。而“一天之计在于晨”，因此，早晨的学习任务是很重要的。人们的大脑在早晨会非常清醒，休息了一晚上，精力比较充沛，对知识的消化能力也相对较强。这时候女孩可以给自己安排一些比较难的学习任务。比如，背诵课文和英语单词等。中午的安排不是如何学习，而应是如何休息。学习了一上午，女孩应该适时地让自己的大脑休息一下，为下午的“奋斗”养好精神。而晚上的时间比较安静，所以晚上也是学习的好时间，女孩可以根据自己的情况，复习一天的功课，预习新知识。

需要注意的是，上学期间的时间表和假期的时间表要有区分。因为在假期里减少了上课的时间，女孩会有更多的时间用来学习。但学习安排也不能过于紧凑，太松散和太紧张都会让女孩的学习计划受到阻碍。应张弛有度，劳逸结合，根据自己的具体情况而定，适合自己的才是最好的。

学会提问，做个爱思考的女孩

有些女孩很害怕提问题，当老师问她“今天的课有哪些不懂的”时，她摇头，表示都听懂了。但一到考试的时候，却什么也不懂了。不懂为什么不问呢？因为这些女孩不会提问，不知道如何把自己心中不懂的内容问出来。还有一些女孩担心如果别人都听懂了，就自己不懂，那多丢面子。所以就不懂装懂，似懂非懂了。

提问题，说简单也简单，就是问个为什么，说难也很难，因为女孩可能不知道要如何把这个为什么问出来。但是因为害怕而不敢提问却是不行的。因为当女孩心中产生疑问时，只有提出来，才能学习到新的知识，才能让自己提高。

卡罗琳·赫舍尔是德国著名的女天文学家。她一生共发现了8颗彗星，而且还对很多星云进行了研究和记录，对世界天文学的发展作出了巨大的贡献。卡罗琳在天文学上所取得的成就来源于她多思、爱思的学习习惯。

卡罗琳从小就喜欢思考，她从来都不会简单地接受老师所给的答案，而是经常问自己："答案为什么是这个？"凭着这种刨根问底的精神，她总是能够找到解题的原理，而且有时还会指出老师的错误。因此在很多老师的眼中，她并不是一个听话的乖乖女。一次，老师在课堂上讲："彗星的运行轨道是椭圆形的。"

卡罗琳不太明白，就举手问老师："为什么是椭圆形，而不是其他形状呢？"

老师听了摇摇头，尴尬地说："我也不知道。"

卡罗琳心想："这个结论一定是有依据的，我应该试着自己找到答案。"后来，经过努力地学习和钻研，她发现，彗星的运行轨道不但有椭圆形的，还有抛物线形和双曲线形的。虽然她不是第一个发现这个现象的人，但这一次的学习却让她对彗星有了更进一步的了解。

所以说，女孩要善于发现问题，并将自己的疑问问出来。但是，有的女孩从来不会怀疑老师的答案，基本上老师说什么她就听什么。虽然这样的女孩也能取得较好的成绩，但却渐渐失去了主动思考的机会和能力，在以后的成长道路上，很难有突破性的进步。

这也是很多女孩学不好物理、化学等理科课程的原因。凡是在科学研究上有一定成就的人，无一例外都是善于思考和研究的人。卡罗琳如此，牛顿也是如此。所以，如果女孩想要在学习上取得优异的成绩，不能只听老师讲，还要听懂老师的问题，并学会问为什么。女孩要多问自己，答案为什么是这个，为什么就不能是其他答案呢？是不是真的没有其他的答案了，如果有，我能找出来吗？这一系列的思考和发问，不仅能够提高女孩的思考能力和探究能力，还能让女孩逐渐进步，在思想上赶超别人。多问几个为什么还可以刺激女孩的学习热情，让女孩对学习充满兴趣，帮助女孩提高学习成绩。

刚升入初中时，小简的成绩很一般，每次做题的速度也很慢，连老师看到她做题，都连连摇头，觉得这个女孩肯定考不上好的高中了。

但到初三的时候，小简的成绩却进步得飞快，最后竟然考上了市里的重点高中，老师和同学们都感到很惊讶。

但小简最好的朋友却一点也不惊讶。原来小简是一个非常喜欢思考和钻研的女孩，以前做题很慢是因为她把时间都用在了思考上。

小简经常会问自己：“答案为什么是这个呢？”然后就不断地思考和演算，总要把问题弄个“水落石出”才罢休。这种“刨根问底”式的学习方法虽然让她的成绩进步很慢，但却激励她对学习产生了浓厚的兴趣。在求学的过程中，深入探究已经成为她的乐趣，凭着这份好学的热情，她终于取得了突破性的进步，最后以全市第一名的成绩考入了市里最好的高中。

学会提问，如何提，有什么技巧？这些问题其实都不是最重要的事情，只要女孩愿意去发问，能发现问题，经常问自己“为什么”就可以了。这样不但能够刺激自己去思考、去探究，还可以提高自己的学习热情和学习成绩，让自己变得更加自信、更会学习。女孩在看书时不要“尽信书”，遇到不理解的问题一定要“求甚解”，多思多问，这样才能真正达到读书学习的目的。

谁说女孩不如男

父母都希望望子成龙，望女成凤。但同是对孩子的期望，男孩女孩、龙凤之间，却总让人感觉女孩永远是低男孩一等的。有时候，当女孩为自己的学习成绩发愁时，还会听到人们说：“一个女孩子不用学习那么好，反正以后也做不成大事。”

在这种影响下，女孩渐渐产生了自己无论怎么学习，也不如男孩聪明的感觉，渐渐地，就失去了学习的激情了。

但是，女孩真的不如男孩聪明吗？古往今来，在众多的名人伟人中，还是不乏聪明、优秀的女性的。比如，居里夫人、宋庆龄、冰心等。女孩一定要对自己有自信，不要单从成绩看自己的成败，要从各方面了解自己的优缺点，做个自信、聪明、好学的女孩。

小天和小芯是一对双胞胎兄妹，两个人一同接受教育，一起上下学，吃穿住行也几乎一模一样，但和小芯比起来，小天的学习成绩则好很多，是班里的佼佼者，而身为妹妹的小芯只是班里最平常的一名学生。

但是两个人的父母却觉得这种现象很正常，妈妈说：“小天是男孩子，聪明是应该的，你是女孩，笨一点没事。”

“但是，为什么女孩就要比男孩笨呢？”小芯怎么也想不通，为什么单凭每次的考试成绩，爸爸妈妈就判定她比哥哥笨呢？

但爸爸妈妈还是觉得儿子以后肯定是清华、北大的才子，会成为他们的骄傲，而女儿的学习成绩这么差，以后只能嫁个好人家了。

一开始，小芯还觉得委屈，为自己争辩几句。她一直觉得，学习好并不代表什么。你看哥哥学习好，还不是每天都要做那么多作业和练习题，而她虽然学习差，但因为没有了过高的期望，学习的压力很小，还能空出时间来做其他事情，比如画画、跳舞，她觉得自己很有艺术天分。所以，她很不认同爸爸妈妈的成绩决定成败论。

但爸爸妈妈说多了后，小芯也慢慢地接受了家人的这种“设定”。不管是学习上还是日常生活中，只要遇到难以弄明白的问题，就会丢给哥哥，她则乐得逍遥。

期末考试结束后开家长会，老师和父母谈论兄妹俩的学习成绩。

爸爸却说：“反正我女儿比较笨，再怎么努力也难成大事，以后有她哥哥帮忙就行了。”

“小天的确是个很聪明的孩子，但是小芯也不笨啊，她虽然不擅长学习，但在其他方面却有着超于常人的表现。”老师却说，“而且，谁说学习成绩不好就一定不会收获成功？谁说女孩就一定比男孩笨？只要通过自己的努力，女孩也一样能收获成功的。”

“真的吗，老师？我也能在某些方面做出成绩吗？”小芯难以置信地问。

“当然可以。”老师连连点头，“你很有艺术细胞，哪次学校的文艺节目能缺了你？而且你的动手能力也不错，还很擅长画画，这些都是你的优点，并不一定要学习成绩好才能成为优秀的人。如果你愿意在其他方面努力一把，老师相信，你肯定也能成为不亚于哥哥的优秀人才。”

听了老师的话后，小芯下定决心，一定要找到专属于她的优秀之处，将来获得成功。

“刘大哥讲话理太偏，谁说女子享清闲。男子打仗到边关，女子纺织在家园。白天去种地，夜晚来纺棉。不分昼夜辛勤把活干，将士们才能有这吃和穿。你要不相信哪，请往这身上看，咱们的鞋和袜，还有衣和衫，这千针万线都是她们连哪。许多女英雄，也把功劳建，为国杀敌，是代代出英贤，这女子们，哪一点儿不如男！”这是一段戏曲唱词，从中可以说明：女孩虽然没有男孩强劲的力气和体魄，但却丝毫不输男孩的聪明才智。女孩的心思更细腻，思维更敏捷，并不是只有会学习、成绩好，才代表着聪明才智。

女孩不能因为成绩差而为自己过早地贴上“失败”的标签，学校的考试主要考查的是孩子的逻辑思维能力以及对所学知识的吸收程度，而一个人的成功还需要很多其他方面的因素，如人际沟通能力、领导管理能力、艺术创作能力、动手能力等，这些却很难在考试中体现出来。所以，以成绩论聪明并非科学的方法，女孩要学会正确看待自己的成绩，肯定自己的聪明才智，提高自己的自信心，保持自己的上进心，不要在意周围人的态度和指责，做好自己就行。

而且，有时候女孩的成绩不好，并不是女孩没有用功，不聪明，有可能是用的学习方法不当造成的。对待这种情况，女孩应试着分析考试成绩不理想的原因，多向老师咨询，了解自己的优缺点，找到最适合自己的学习方法。

偏科，让好奇心来帮自己

“我就是不爱学数学，听都听不懂，根本就是天书嘛。”

“我不想学语文，写作文好难啊。”

“我不想学英文，中国人就不应该学那些‘鸟’语！”

很多时候，女孩围坐在一起，不是在谈论今天买了什么新衣服，用了什么化妆品，而是正儿八经地讨论自己学习上的事情，比如，偏科。

偏科，这几乎是每个人在成长过程中都会经历的事情。而且，每个人的喜好和个性不同，也造就了他们不同的思维方式。有些人喜欢缜密地思考，对机械、方程式比较感兴趣；而有些人情感细腻，可能对文科类的知识比较拿手。就是因为这些思想上的差异，让学生有了偏科的烦恼，女孩也不例外。

一般情况下，女孩的情感都比较细腻、敏感，喜欢文艺类的东西，所以可能就对数学、物理、化学这些总和数字、公式打交道的科目比较头疼。

女孩在读高中，甚至更早的时候，可能就已经有过分文、理科的经历了，这也是学校考虑到了不同学生的不同学习侧重点，而进行的比较科学化的举动。

所以，当女孩发现自己偏科时，千万不要心急，因为偏科对每个人都是很正常的现象，也几乎会发生在每一个人身上。

但是，如果偏科太严重，女孩就不得不重视了。

为什么人在学习的过程中会偏科呢？除了人与人的兴趣差异外，没有好奇心，也是造成女孩偏科的主要原因。

曾经有媒体报道：2007年底我国首次探月工程圆满成功后，某学校组织学生们观看相关的电视专题报道，当时记者采访了这些学生。

记者随机采访其中一位小学生：“假如你登上了月球，你会做什么？”

这名学生回答说：“我会好好学习。”

很中肯的回答，却也很古板。这样的回答不禁让人们感叹，如今的孩子到底在想什么呢？他们的好奇心和想象力都跑到哪里去了？如果是一个极富有好奇心和想象力的孩子来回答这个问题，他可能会说：“我想知道月球上有没有外星人，他们是怎么生活的，能不能听懂我们的话，我真想和他们合个影，请他们签个名！”

瞧瞧，这样的回答，多么有生气，富有想象力。

女孩要知道，很多伟大的科学家、发明家，就是因为好奇心重，从小爱“胡思乱想”，才最终获得了成功，取得了较大的成就。

查德·费曼是诺贝尔物理学奖得主。他天生好奇，从小就爱琢磨周围的事物，称自己为“科学顽童”。

21岁的时候，他在自己家里设立了一个小小的实验室，只要好奇心“发作”，他就会在自己小小的实验室里做各种各样的实验、发明。比如，做马达、光电管等，他还喜欢用显微镜观察各种有趣的动植物，观察它们的“百变”姿态。

有一次，查德·费曼对蚂蚁产生了兴趣。蚂蚁是怎么觅食的？它们能互相通信吗？又是怎么通报食物来源？对这一系列问题产生好奇心的查德·费曼为了得到答案，便把蚂蚁“搬”进了他的实验室，在那段时间里几乎废寝忘食，在他的小实验室里待了很长时间。

他将一些糖放在实验室的角落，然后把蚂蚁放出来，观察它们需要多长时间才能找到那些糖，找到之后会如何让同伴知晓。这个过程中，费曼还会拿彩色笔画下蚂蚁爬行的路线，因为他很好奇，蚂蚁爬行的路线究竟是直的还是弯的。最终，他通过自己的努力，找到了所有问题的答案。

正是由于有着强烈的好奇心和为满足好奇心的实践活动，让费曼拥有了创造性思维和想象力，最终帮他在科学领域取得了巨大的成就。一个没有好奇心的人就没有想象力和创造力，而想象力和创造力又是世界上一切发明创造的主要来源，也是女孩智慧的嫩芽。强烈的好奇心不仅能增强女孩对世界的求知欲，也能促进女孩创造性思维和想象力的形成。

当女孩对数学科目束手无策时，可以想象，这些数字都是一个个小工匠，只要女孩正确演算，就能指挥它们建成高楼大厦。女孩会不会突然觉得，数学很有趣，而想去研究它，学习它呢?

如果女孩对作文不拿手，每次一写作文就词穷。那女孩就可以在自己的脑海里想象一下，一座高楼正耸立在自己的面前，高入云端，很宏伟，很壮观，而通过自己的文字描述，却能让每个人都看到自己所看到的这一幕。女孩难道不为此感到好奇和激动吗？为什么文字有这么大的能量，为什么当女孩把它描述出来的时候，自己那么高兴?

如果每次遇到自己不想学的科目和不擅长的科目时，女孩应尽量让自己对这个科目产生一定的好奇心，并展开自己的想象力，对这个科目进行理解和分析。渐渐地，女孩就会喜欢上这些科目，因为它们都是那么的有趣，每次想象，都能给自己带来新的震撼，把自己带入一个全新的世界中。

另外，女孩还要肯定自己的能力，不要因为老师讲的知识枯燥难懂而放弃努力，遇到不懂的内容，及时记下来，并向老师请教，努力把不懂的问题搞明白。

锻炼自己的毅力，面对学习压力

青春期的学生，什么时候压力最大？答案当然是学习的时候压力最大。老师讲的内容太多，太深奥；总有做不完的家庭作业；三天一小考，五天一大考……这些都压得女孩喘不过气来，总想变着法地逃课、逃学，就是为了让自己喘口气。

但是，学习上的压力，依靠逃避的方法真的能解决吗？问题还摆在那，压力还在，你只不过是暂时让自己躲进了“龟壳”里，等钻出来的时候，还是会被学习压力“压垮”的。

苑儿是一名高三的女孩，因为高考临近，她最近的学习压力很大。这让她最近的情绪有些不太正常，经常无缘无故地发脾气，烦躁不安，怎么也静不下心来学习？

而且，这次模拟考试，苑儿的成绩不太理想，一回到家里，她就把自己关在了房间里，把头闷在被子里，不停地想：学习好累，我能不能不学了。

然后又想到明天虽然是周末，但是还有一大堆的作业和补习班等着自己，她的头立马疼了起来，一股自我厌恶感油然而生。

随着女孩年龄的增长，知识量的增加，要学的东西也会变得越来越多，尤其是马上就要迎接高考的高三女孩，在学习的过程中，尤其是经过努力学习成绩仍不理想的时候，很有可能就会产生厌学的想法。女孩在面对巨大的升学压力时，会因为学习压力而变得苦恼。然而，愈是苦恼，成绩就愈是下滑，逐渐形成恶性循环，厌学，想逃避，一大堆的消极情绪就会由此产生。

甚至有时候，女孩还会将自己心中的厌恶之情付诸行动，用逃课、逃学等方式，来表达自己的不满，并借机释放学习上的各种压力。

林梅是一个品学兼优的初中女孩，但是最近她的学习压力太大，总不想在学校待着，一看到学校就头疼。

这一天，上课铃响起，林梅却没有急急忙忙地往教室跑，而是向相反的方向走进了学校的操场，看着操场四周高大的杨树，足球场绿油油的青草，她的心里顿时舒服了很多，好像之前的压力瞬间烟消云散，整个人也轻松了很多。

但是，她的这种行为，却引来了老师的严厉批评。

林梅心里更讨厌上学了，第二天干脆逃学了，一整天都没有出现在学校，在外面的街道上漫无目的乱逛了一天。

上例中林梅的这种逃课行为其实是一种典型的心理疲倦行为，她本来是个品学兼优的好学生，但因为对学习的认知产生了一定的偏差，从而开始讨厌学校，从一开始有了逃课的行为，发现能为自己释放很多压力，才有了第二天的逃学行为。学生为什么会逃课呢?

大致来说，学生产生厌学情绪有两种原因。一种是完全被动地学习，只是出于老师和家长的逼迫完成学习任务，根本不理解学习的意义，这样的女孩认为即使不学习也可以很好地生活。另一种是消极学习，这样的女孩在主观意识上是想要学习的，但是觉得学习很累、很辛苦，一想到要花费大量的时间和精力来学习，就开始害怕，因此产生了厌学情绪。

其实，女孩大可不必因为这两种原因而产生厌学心理。学习上的压力还是有其他方法来释放的。比如，锻炼自己的毅力。

学习毕竟不是一件轻松的事。女孩要对学习有一个正确的认知，并在日常生活中锻炼自己的毅力，增加自己的心理承受能力，让自己在面对学习这件艰苦的事情时不再畏惧和逃避。

另外，当女孩感到学习压力过大时，还可以找朋友或同龄人倾诉。把自己心里的苦闷告诉朋友，让朋友帮自己排解忧虑情绪，恢复自信和学习的动力，用积极的心态面对接下来的学习生涯。女孩要多了解一些名人伟人，或者是身边其他成功人士的奋斗史，用他们的事例来激励自己，用他们的成功经验，来解决自己学习上的难题。

当女孩觉得自己实在是学不下去、不想学、不想去学校的时候，还可以和父母沟通，取得他们的理解和帮助。毕竟父母的人生经验比女孩要丰富得多，他们的宝贵意见没准就能为女孩指明前进的道路呢。

第六章

学做“女强人”，从小培养自己的财商

在以前，经商做生意都是男人的事情，但是现在，越来越多的女性开创了自己的公司。做起生意来，女人一点不比男人逊色。但是，很多“女强人”从小都很重视自己财商的培养，勤俭节约，树立了自己的财富观和人生价值观。那么，女孩应该如何向这些“女强人”学习呢？让自己拥有一定的经济头脑，是重要的条件之一。

节约，让女孩变得更贤惠

如今人们的生活水平越来越高了，因为家庭比较富裕，再加上有些父母比较喜欢"富养女"，所以，让很多女孩在成长的过程中逐渐变得奢侈、浪费，不懂得珍惜和节约的道理。比如，很多女孩对家里一些常见的废旧物品很看不上眼，认为它们是没用的东西，根本不会想到要回收再利用。一有了新的东西，就会把平常使用过的旧东西扔到一边，甚至是当垃圾扔掉。

之所以会发生这些现象，有时候是因为女孩还没有树立节俭的意识，不知道废旧物品其实还可以再利用的，而另一部分原因，就是女孩明知道这些东西还可以再利用，却觉得"旧的不去，新的不来"，在这种心理的作用下，产生了错误的生活态度。

小青最喜欢用新东西，她觉得只有新的才是干净和卫生的。这一天，小青发现自己的裤子破了个小洞，虽然只是破在膝盖的地方，补一补还能穿，但她觉得这件裤子已经脏了、旧了，肯定就不能穿出去了。

于是，小青让妈妈给她买两条新裤子回来。

下午放学回家后，她一眼就看见了自己的新裤子，旁边还有一条很时髦的短裤，夏天穿肯定很凉快。

小青问妈妈为什么要给她买短裤。

妈妈笑着说："那是你的旧裤子改的，好看吧。"

"嗯。原来旧东西还能变成新东西啊。"小青恍然大悟，从那以后，总是想方设法地从身边找一些旧物"变新"的方法，别提多开心了。

很快夏天就来了，小青穿着自己的短裤去同学家玩，刚一进去，就冷得打了个哆嗦。

“天啊，你们家怎么这么冷，空调不费电啊？”小青说。

同学笑了笑，回答道：“可是不开空调会很热的，不过空调开的时间长了，我的脸和喉咙总是干干的，很不舒服。”

“我教你个节约的好方法吧，既不用浪费电，又不会让脸蛋变干。”

“什么方法？”

“用冰块！”

在小青的示范下，同学终于可以不用空调也能凉爽地待在房间了。而且，有时候口渴了，妈妈不让她吃雪糕，她还能偷吃两个冰块解解馋，惬意极了。

俗话说“由俭入奢易，由奢入俭难”。女孩要从小培养节俭节约的习惯，远离奢侈和浪费的行为。在培养自己的理财观念时，女孩要从小事做起，从小就养成节约的好习惯。一些旧书本自己不用了，可以送给学弟、学妹们用；一些旧纸箱、旧杂志和空饮料瓶之类的可回收垃圾，可以把它们分好类后卖到废品回收站去。这样不仅处理了废品，还能赚到零花钱，何乐而不为呢？而且，在对废品进行整理和分类的时候，还可以让自己的体力得到锻炼，还能培养自己的思维能力。哪些是可回收垃圾，哪些是不可回收的废品，这些通过女孩自己的实际操作，就会一清二楚，比老师或父母只用理论知识讲解时要透彻很多。

香铃的T恤旧了，还扯破了一个大口子，就把它随手扔到了垃圾框里，想下楼的时候直接把它扔掉。

结果晚上她把这件事给忘记了，直到睡觉前泡脚的时候，找不到擦脚布了，才想起自己的T恤很吸水，完全可以拿来当擦脚布。

于是，她把旧T恤剪裁好，用来擦脚果然和想象中一样，很舒服。

后来，她又在网上找到了很多用旧衣服制作家庭小用品的方法，开心地把很多实在穿不了的旧衣服做成了抹布和针线包，用起来都很棒。

爸爸妈妈见女儿从小就这么节俭，夸奖道：“女儿，我们太为你感到自豪了。”

香铃不好意思地笑了起来。

生活中很多旧东西都是很有使用价值的。比如上例中的香铃，把旧T恤拿来做了擦脚布，还把其他不用的东西做成了抹布之类的生活用品。这些旧东西只要稍微改造一下就完全可以派上大用场了。女孩千万不要小看这些旧衣服和破袜子，懂得利用它们，可以学会在社会生活中的一些理财技能，也会让自己充满智慧。当女孩发现有些物品可能自己用不到时，就可以发挥自己的想象力，看看还能不能“废物利用”，比如把废旧的报纸折成纸花，装扮自己的家居等。这些不仅可以让女孩的生活变得多姿多彩，还可以让女孩的思维更开阔。

无论女孩的家庭多么的富有，女孩都不要小看这些日常“废品”，只有从点滴做起才能培养自己正确的财富理念，才能让自己树立起正确的财富观，在未来的成长道路上取得大的成功。

那么，除了旧衣服、旧报纸，日常生活中还有哪些需要节约的地方呢？其实有很多，比如节水、节电等。

现在，人们洗澡的时候都喜欢用淋浴，女孩在淋浴时，就可以先在脚边放一个水盆，用来接冲洗身体的水。这样一来，接到盆里的水就可以用来拖地和冲马桶。在洗澡的过程中，要把总阀门关得小一点，让笼头出来的水小一点，不要让水哗哗地流出来。而且，平时女孩也可以用淘米的水洗菜，用洗菜的水搓抹布、拖地板、冲马桶等。

如何节电呢？很简单，女孩要建议父母多使用节能灯，并减少厨房和卫生间的长明灯，不在房间时，不要一直开着电灯或电视，要养成随手关灯的好习惯。夏季天气热开空调时，要把空调设置在合理的温度。这样既可以感觉到凉爽，还能减少空调对身体的伤害，还能节约电。另外，女孩在开冰箱时，一定要减少电冰箱开门次数和开门的时间。看电视时，电视机音量不宜过大。女孩在帮父母做饭时，要先把米浸泡10分钟后再煮，这样既可以做出香喷喷的米饭，还可以省电。

生活中还有很多需要节约的地方，女孩可以自己慢慢去发现、去行动，做一个会节省、懂节约的贤惠好女孩。

学着记账，不做“月光女孩”

因为家庭环境的影响，很多女孩在步入青春期后渐渐养成了大手大脚花钱的坏习惯。但父母所给的零花钱就那么多，花完了就只得再向父母伸手要钱，但父母并不是每次都会满足自己的要求的。如果女孩花钱太快太多，也是会令自己产生“金融危机”的。那么，女孩该怎么做，才能让自己不再成为“月光女孩”，培养自己的财富观和价值观呢?

在这个时代，父母赚钱越来越难，女孩其实也想为父母省点钱，不向父母要那么多的零花钱。但女孩又控制不住自己的购买欲望，上下学的路上、周末和同学们逛街的时候，总会想买点什么。这该怎么办?

女孩们不妨准备一个自己的账本，每天都把自己的花销记在账本上，做一个精打细算的女孩，并逐渐纠正过度消费的不良习惯。

童童今年已经16岁了，作为一个“大姑娘”，童童不仅每个月都能从父母手里拿到一笔零花钱，还能自己决定如何使用这笔零花钱。

这让童童瞬间有了长大的感觉，但是她却是个“糊涂虫”，自己买过什么东西转眼就忘。经常每到月中，她的零花钱就花得差不多了，再向父母要，父母说已经给过她零花钱了，除非是学习上的花销，否则不再给她多余的零用钱。

童童为此真的很头疼。

这一天，童童刚拿到了这个月的零花钱，就去书店挑选自己一直想看的一本书，可回到家后，她才发现，自己上个月已经买过这本书了，一下子又多出一本，实在是太浪费了。

“我怎么就这么不记事呢！”童童十分懊恼。

后来，听同学说可以靠记账来增加自己的记性，童童就开始学着记账。

每天下午放学回家后，她都会认真地记录下自己这一天买过些什么，花了多少钱，为什么要买这些东西。童童经常随身携带着这个记账本，每次买东西的时候都会翻开账本看一看，这样东西以前自己是不是买过，再计算一下自己这个月零花钱的余额，有没有能力来买这件东西。

渐渐地，童童发现，自己真的不再糊涂了，也学会了合理地使用零花钱，再也不是以前的“月光女孩”了。

人们记账的目的是什么呢？是认清自己的收支情况，了解自己的消费习惯及其对未来生活的影响。青春期的孩子虽然还不能像大人那样上班挣钱，但从父母那得到的零花钱、压岁钱等，也是一笔可观的收入。如果女孩不能根据实际情况及时调整自己的消费行为，避免过度消费的不良习惯，那么也只能加入“月光一族”，做个“月光女孩”了。

记账，不仅可以了解女孩的收支情况，还可以慢慢地培养女孩的财商，让女孩学会如何合理地规划和消费手里的金钱。当女孩在掌握了零花钱的收支规律后，就可以根据实际情况来调整自己的消费行为了。这是女孩培养自己财富观、财商的有效方法之一。

那么，女孩该如何学习记账呢？如果只是把自己每天的花销胡乱地写在一个本子上，我相信女孩自己看的时候，都会觉得头疼眼花看不懂。其实，记账也是有技巧的。

女孩可以选择用表格的方式来记账。归纳出自己每个月一般都是在哪些方面花钱的，然后再根据这些项目，进行分类和制作表格。以后每次记账的时候，就可以直接把当天的花销数目写在表格里，清楚明了，又便于核对。比如，服装、学生用品、卫生用品、小饰品、饮食、交通等。

每个月爸爸妈妈都会给小小一笔零花钱，让她用这笔钱来买自己需要的学习用品和生活用品。但小小却发现，自己总是买回来一堆没用的东西，导致钱花得特别快，月底的时候，还得从压岁钱里拿一点来用。

小小觉得，自己不能再这样无计划地花钱了。于是她开始记账，先记了一周，然后看看自己这一周都买了些什么。结果小小发现，自己竟然在同一天买了三条只戴过一次的小手链，还买了两块手帕，其中一块自己比较喜欢，一直放在书包里，但另一块她连放在哪了都不知道。

"我怎么会买了这么多没用的东西呢？"小小苦恼地叹了口气。

如果女孩发现自己当月的服装一项消费比较多，那么下个月，就要尽可能消减这方面的花销。如果发现本月各项支出中有不合理的地方，就可以及时进行调整，有目的、有规划地花钱了。所以，女孩不仅要学会每天记账，还要每隔一段时间进行一次总结。比如，一星期做一次总计，计算出自己这一星期的总收支，根据计算出的结果，女孩就会清楚地了解到自己这一段时间都收到了多少来自父母的零用钱，又把这些零用钱用在了哪些方面，是否超额等情况。如果发现消费支出超出或即将超出父母所给的零用钱的金额，女孩一定要学会克制自己，为自己下一星期的消费做一个详细的计划和安排，避免再次过度消费。

不仅如此，记账还能改善女孩的不良消费习惯。有时候，女孩子买东西完全是一时兴起。当看到某样东西时，觉得喜欢，就买回来了，但买完后才发现，这样东西自己完全用不上，最后只能被扔到角落里，可能连它的存在，女孩都会遗忘。但如果女孩学会了记账，就可以清楚地知道自己每天都把零用钱花在了什么地方，哪些是应该买的，哪些是完全可以避免的。慢慢地，女孩就会养成合理消费的思维，根据账本做科学、合理并符合自身条件的消费行为。

理性消费

超市里总是摆满了琳琅满目的商品，可能是性格和性别的原因，女孩特别喜欢在这些产品中挑来挑去，想选一件最适合自己、最物美价廉的物品。

但因为年龄的关系，女孩的生活阅历和经验并不足，因此经常会被商品的表面信息所蒙蔽，最后挑选的商品并不是自己最需要的。

沫沫想要跟妈妈学做饭，就和妈妈一起去超市选购食材，在冷冻速食区沫沫发现了一件奇怪的事情。

她问妈妈：“妈妈，为什么这两袋虾仁看起来一模一样，价格却不一样呢？”

妈妈说：“因为这不是一个厂家生产的。”

“不同的厂家价格就不一样吗？”

“还有包装也不一样啊，你看这袋包装很精美，就贵一些；而旁边这袋包装比较粗糙，自然就会便宜了。”

“是吗？”沫沫想，原来现在说的卖东西不是在卖东西，而是在卖包装一点没错。从这两袋虾仁就完全可以看出来了。

沫沫回到家里之后，就在网上搜索了很多关于包装和价格的新闻，发现还真是这样的道理，包装越好，产品越贵。

而且，她还从网上看到一个有趣的小故事。故事中说有姐妹两个人挖出了一块金子，妹妹拿着金块想便宜出售，结果别人都认为她的金子掺了假，不愿意购买。后来，姐姐想了个办法，先是在附近租了一间装修豪华的店铺，然后把金子做成金饰，摆在店里卖，当初说金子掺了假的人却高价把金首饰买走了。

沫沫看完这个故事后，感慨地说道：“我以后购物的时候一定要擦亮眼睛，不能只被产品的表面所吸引。”

同样的东西因为包装不同，才产生了不同的价格，这是现在很多厂家惯用的商业营销手段。在现在的社会中，为了吸引过多的顾客购买，厂商往往会在包装上下功夫。比如，以价格战来吸引消费者的厂家会以简包装的方式推出产品；而精美包装的产品，往往是用来吸引那些高收入人群的。但事实上，他们的产品质量相差无几，区别就在包装的好坏上。

因此，女孩在选择自己需要的产品时，一定要学会举一反三，多向父母咨询相关知识，再把这些知识运用到实际生活中，学会合理的购物，选择自己真正需要的物美价廉的产品。

除了在超市购物时女孩要注意别被产品的包装所骗，女孩还应正确认识产品的广告。有些广告做得天花乱坠，把自己的产品吹上了天，但实际效果如何，只有用后才知道。而大部分广告都存在夸张的成分，其实这些产品并没有广告中说得那么好。

但是，很多女孩就喜欢那些广告中的名牌产品，非广告中的产品不买。这就有些不对了。

豆豆想买牙膏，但她不喜欢用爸爸妈妈一直从超市买的普通牙膏。于是，她就主动对爸爸妈妈说："妈妈，今天让我去买牙膏吧。"

"行啊。"妈妈很高兴她能主动分担家务。

豆豆一进超市就直奔自己心仪的牙膏而去，她记得这款牙膏做的广告很吸引人，虽然价格有点贵，但"值得拥有"。

于是，当天晚上，豆豆满怀着期望打开了新牙膏，但刚打开，她就觉得这种牙膏的味道有点怪，自己并不是很喜欢。

"但好歹是名牌产品啊。"豆豆宽慰自己，慢慢刷起了牙。

可是几天以后，豆豆并没有觉得这款牙膏和以前使用的牙膏有什么不一样，只能起到个清洁口腔的作用。这让她感觉失望透了。

现在，广告对人的影响已经越来越大，不仅是故事中像豆豆这样的女孩子，就连很多成人都禁不住广告的诱惑，而购买了并不是十分适合自己的产品。在一项调查中有人发现，如果把相同的食物放在不同的包装袋里，其中一袋是知名品牌的包装袋，让孩子们来吃的时候，大部分孩子都会说知名品牌的食物更好吃。但其实两种食物是完全一样的味道。由此可见，广告对人们的影响有多大。

因此，女孩在购物时，要避免受到广告的诱惑，挑选真正适合自己的产品，要学会正确地看待广告，不要被广告所左右。

另外，女孩在购物时还要学会如何砍价。在一些百货商场，商户所出售的衣服、百货等产品的价格其实含有很大的“水分”。如果女孩只顾自己喜好，而不问价格就直接付款走人，那么你可能就是个“冤大头”。女孩要通过父母或朋友，了解到产品的价格范围，在买东西时要做到心中有谱，不要被商家牵着鼻子走。不管买什么东西，女孩都不能表现得太迫切，要表现出买不买无所谓的态度，这样才能让卖家报出底价。如果女孩见到一件商品，马上就喜形于色，表现出强烈的购买欲望，那么商家肯定会狠狠“宰”女孩的。没办法，谁让女孩表现出很喜欢，就是想要这件商品的姿态呢。所以，女孩在买东西时，不妨和亲朋好友一起去，一起和卖家讲价，买到真正物美价廉的商品。

如果砍价的过程中，商家就是不肯让步怎么办呢？这时候，女孩就要学着挑商品的毛病了。比如质量、生产日期、花色、做工缺陷等，都可以成为女孩砍价的筹码，如果实在找不出毛病，也可以从“你这里没有我喜欢的颜色”或“款式老旧些”等方面进行砍价，直到说动商家，让他做出让步。

有时候，商家会做一些打折活动，女孩在挑选的时候，既要看到打折商品给自己带来的实惠和便利，也要注意识别其中隐藏的购物“陷阱”。

虽然打折商品能为自己省下不少钱，但有些打折商品是不能购买的。比如面包、果汁等与健康密切相关的食用类产品，就不宜购买打折品。因为这些打折商品大都是因为保质期即将到了，商家才开始甩卖的。这些食品存在一定的健康隐患，女孩最好不要购买。

还有不能一看到打折商品，就觉得便宜要买。还要看这些东西是否符合自己的需求，如果不是必须用的商品，即使再便宜也不宜购买。

而且，很多时候，打折品都是虚高标价后再进行打折。比如，原本这件商品卖6元钱，打折的时候，商家先把产品涨到8元钱，再做出八折的活动，实际要付6.4元钱。这就比原来的价格还要高出4角钱，实在是很不划算。所以，女孩在购物时，一定要认清这些“陷阱”，学会购物，买到真正需要的东西。

在银行为自己建个账户

青春期的女孩已经对金钱有了最基本的了解，也已经开始从父母手里拿到零用钱了。虽然女孩平时总觉得有很多想买的东西，但在进行了合理的规划后，相信很多女孩都会发现，自己手里渐渐有了余钱，钱花不完，该怎么办？最近有一条新闻相信很多人都记忆犹新。一位老太太辛辛苦苦攒了一辈子的钱，结果全被虫子咬坏了。去银行兑换，也只兑换回了部分金额，可谓是损失惨重。

所以，女孩从小就要养成储蓄的好习惯，“小钱”放在存钱罐里，等“小钱”变成了“大钱”，就要在父母的帮助下，把钱存到银行里了。

果果每年都会收到大笔的压岁钱，这些钱父母都交给了她，让她自己去处理。而且，除此之外，每个月果果还会收到一笔零用钱，除了购买学习用品，她基本都拿这些钱买小饰品和小零食了。

但果果买东西很有分寸，不该买的东西坚决不买。这样一来，果果发现，自己手里的钱越积越多。

“这些钱我该怎么办呢？”果果思前想后，决定买一个大点的存钱罐，为了不让自己乱花这些钱，她要好好地把钱存进存钱罐里。

但是几个月后，果果发现，存钱罐也已经快装不下了。这可如何是好呢？

存钱，是一个好习惯，可以培养女孩正确理财的观念，也是女孩锻炼自己财商的起点。在女孩年龄还比较小的时候，因为手里的压岁钱有限，可以选择用存钱罐存放自己花不完的零用钱，早早地接受“控制花钱的欲望”的训练，但随着年龄的增长，女孩手里的零花钱会越来越多，当存钱罐也无法装下这些钱时，女孩该怎么办呢？

这时候，女孩首先要了解，什么是理财和理财教育。理财教育不仅是一种财产管理分配的教育,在很大程度上还是人格、品德和诚信的教育。在国外，孩子从小就会接受正规、专业的理财教育。外国的孩子从小就会精打细算，也能早早地学会理性消费。用不完的钱除了放在存钱罐里，还有一部分会被存入银行。现在，很多银行都开始为16岁以下的孩子开设特别账户了。虽然作为未成年人，女孩并不具备完全的行为能力，不能单独到银行处理个人事务，但是女孩可以请求父母陪同自己前往银行，协助自己开立银行账户。

银行规定，监护人可以携带本人身份证件和孩子的户口本(或身份证)到银行营业网点申请办理相关业务，选择一种适合自己的储蓄方式，进行个人储蓄。

后来，果果发现爸爸妈妈每隔一段时间，就会去银行一次。她知道爸爸妈妈把家里用不完的钱全存进了银行，等到需要的时候再取出来。而且，也不用担心钱币会因为存放不当而发生意外。

有一次，果果见妈妈拿了银行卡又要去银行，就偷偷跟在了妈妈身后，想去银行看一看，到底钱是怎么存进去的。

但是让果果感到失望的是，未成年人不能在银行存取款。

回到家的果果就开始搜索关于银行的信息，很惊奇地发现了银行的来历。

很早以前，商人赚到钱后，会把钱存放在国王的金库里，这样他们的金子就会得到国王的保护。但是这些商人却忘记了一件事情——金库是属于国王的，如果国王要使用自己金库里的黄金，商人们是阻止不了的。

后来，商人的国家发生了战争，为了筹借军费，国王便征用了商人的黄金，虽然最后国王把这些黄金还给了商人，但商人觉得再把钱放在国王那里已经不安全了。于是他们开始寻找新的存放黄金的方法，这时候，一个金匠站了出来，说："商人们啊，你们可以把钱放在我这里，我写下凭证给你们，怎么样？"

商人很信任这个金匠，就同意了金匠的意见，从那以后，商人们凭借着手里的凭证，开始在金匠那里存钱、取钱。后来，商人又发现，其实他们根本不需要把钱从金匠那里取出来，直接用金匠的凭证和其他商人交易就可以了。这样，渐渐的银行就产生了。

"那是不是我不做商人，就不能在银行存钱呢？"果果又开始发愁了。

女孩在了解了银行的基本作用后，还应进一步认识不同的银行功能。比如，工商银行、农业银行、建设银行、邮政储蓄、中国人民银行等，这些银行有什么区别呢？为什么会有这么多的银行？女孩都可以多了解一些相关知识。

通过了解女孩们可以知道，"中央银行"是一国最高金融当局，是一国货币金融的最高权力机构。它是由一般商业银行发展而来的，既具备了银行的基本特征，又具有特殊性。而"商业银行"就和"中央银行"不同，它是以金融资产和负债业务为主要经营对象的综合性、多功能的金融企业，是能够提供存贷业务的金融机构。另外，女孩还应认识和记住这些银行的不同标志，深入了解这些常见的银行。

而且，想要在银行存钱，女孩还应了解银行的基本情况和操作流程。否则，就会出现上例中果果这样的疑问，以为不做商人就不能在银行存钱。女孩如果想把自己的钱存到银行，就必须通过父母的帮助才能达到这一目的。女孩可以在事前向父母说明情况，并查询办理业务时需要带齐哪些证件，然后在前往银行办理业务的路上，可以向父母再进行详细的询问，把自己心中的疑惑讲出来。彻底搞明白银行到底是怎么回事。这样，女孩才能对银行有个全面的感性认识。

办了银行卡，女孩还得学习如何使用它。当父母把办理好的账户交到女孩手里时，女孩一定要妥善保管好自己的银行卡，并牢记密码。在父母的陪同下，去银行大厅里的自助服务区，认识并了解存取款ATM机的各种功能。比如，自动取款机、自动存取款机、存折登录机等，让自己逐渐学会这些操作，并多了解一些常见的金融骗子手法，学会保护自己的财产安全。

除了现实生活中的银行，女孩还要学习一下网上银行的相关知识。避免受到网络骗子的骚扰，如果没有需要，还是不要开通网上银行比较好。

发现商机，学会做生意

相信很多女孩都听说过美国卖柠檬水女孩的故事吧。美国一个7岁的小女孩打算在街头出售自制的柠檬水，却被当地卫生监督员驱逐出了市场。这件事在美国引起了强烈反响，很多人都反对卫生监督员的驱逐行为，认为他们这是在打击孩子的创业精神和财商培养。

国外很多地方的孩子都特别重视自己财商方面的培养，从小就有和小伙伴或家人共同出售柠檬水的经历。他们觉得，这是培养财商的必经之路，只有学会了卖柠檬水，才能学会做生意。

但是，女孩在培养自己财商、学做生意的时候要知道，生意并不是那么好做的。要做成一件“生意”，你首先需要做的是了解商机、发现商机。

小倩打开电视想看看有什么好看的节目。换了几个台，她发现并没有自己喜欢的节目，但作业已经写完了，功课也温习好了，现在该做些什么事呢?

“随便找个节目看看吧。”小倩就闭着眼睛换了一个台，发现是一档财经节目。节目里讲的是一位商人如何从穷小子变成大富翁的传奇故事。

“听说，您一开始只是在报纸上看到了一条信息，从这条信息里您发现了商机，并一步步付诸行动，经历了很多次失败和成功，才走上了今天的致富之路。这是真的吗？”主持人问。

“是的。”商人点头回答道，“我时刻都在关注着各种信息，并从这些信息中，找出有用的东西并加以利用，这才是我获得成功的秘诀。”

“这个人好厉害，别人都没有发现的机会，被他抓到了。”小倩一边惊讶，一边疑惑地想，“信息真的有这么重要吗？”

正巧，主持人也向商人问了这样的问题，商人说：“信息当然很重要。如果我们不去关注信息，怎么可能知道外面的世界都发生了什么事情。就拿天气预报来说吧，如果今天天气预报说从明天开始要连下一个星期的雨，那么你会想到什么？”

“带好雨伞。”

“如果是我，我看到的就会是钱。”商人说。

“钱？”主持人瞪大了眼睛，小倩更加吃惊了。

难道这个商人想卖雨伞？她暗想。

但很明显，小倩高估了自己的财商，也低估了商人的能力。

商人说：“天气变化会对交通产生很大的影响。如果下雨，瓜果蔬菜的运输会很不便利，因此，蔬菜的价格有可能上涨。如果我提前知道了天气的变化，那么我肯定就会开始倒卖蔬菜来赚钱了。”

小倩看着电视，感叹道：“生活中，还真是处处有商机啊，没想到这样一条不起眼的信息，也能被利用起来。我以后也一定要多看、多听、多了解，锻炼自己的商业头脑！”

女孩要知道，想要做成一件事情，必须要知己知彼才行。做生意也一样，如果不提前了解身边的情报和信息，就没办法发现商机，也就无法做成生意了。所以，女孩只有了解和掌握了有用的信息，才能学会在日常生活中抓住各种商机，在学会做生意的同时，培养自己敏锐的观察力和洞悉能力，为未来在商战中获得主动权打下坚实的基础。

那么，女孩平时应该如何收集有用的商业信息呢？

多和人聊天。有时候，女孩在和别人聊天的时候，一些乍听之下可能一点用处都没有的信息，回味几遍，没准就是自己需要的那一条商业信息。而且，有时候女孩还会通过聊天了解很多自己不知道的事情。有时候，自己左思右想都想不明白的问题，在和朋友聊天之后，却豁然开朗，突然明白自己要怎么做了。这就是在和他人聊天的时候，“捕获”到了有用的信息。

另外，报纸和新闻中也经常有很多有用的信息。女孩要多读报纸，多看新闻，先学会了解信息，再慢慢地学会对收集到的信息进行分析，并做出优劣判断，择优选用。当然，并不是所有的信息都是准确无误的。有些信息中充满的不是商机，而是陷阱。女孩在收集信息的时候，要知道自己需要的是什么，哪些信息对自己是有用的，不要盲目信从，要学会判断信息的真假。

在学会收集信息并加以利用后，女孩就可以尝试着自己做一些小生意，比如，自己当老板，或帮家人或亲朋好友出售商品。

小冷的父母在小区门口开了家小卖部，小区里的人经常来这里买东西，但是小冷从没有想过在这里帮忙，因为她觉得买卖东西是件很不费脑子的无聊事，完全让人提不起兴致来。

有一次，小冷的父母要出门办事，但一会儿还有一位常客要来拿放在店里的东西，又不能把商店的门给关了。所以妈妈就让小冷帮忙瞅一下商店，并告诉她，不用卖东西，只要等那位熟人来了，把东西拿走就行。

小冷点点头，答应了下来，在店里无聊地等着熟人上门取东西。

但过了好久，那位熟人都没来，倒是来了几个小区的常客。有要零食的，有要水果的，还有要买手机充值卡的。这可愁坏了小冷，幸好每件商品前都有标价，大家拿了东西直接付款就行。

一开始，小冷还觉得有些担心和害怕，万一收款中遇到什么事情可怎么办？但接连来的几个人都是熟客，聊天中小冷渐渐体会到了做生意的乐趣。

有位阿姨和她开了几句玩笑，叫她大老板，她虽然有些不好意思，但心里却美滋滋的，乐开了花。

从那以后，父母再有什么事，小冷都会主动要求帮忙看摊。

她说："以后，我还要自己创业，搞自己的大公司呢。"

女孩自己创业当老板，听起来很荒唐，但却是培养自己财商的好方法。当然，女孩在乎的并不是最后自己到底能挣到多少钱，而是在当老板、挣钱的过程中，学到了什么。

女孩自己当老板，不仅能培养自己的财商，还能锻炼自己的口才和社交能力。女孩在面对陌生人时都是比较腼腆的，但在大庭广众下卖东西，就要和人交流，而且更多的是和陌生人说话，这对女孩来说是个很大的挑战。一旦女孩渐渐熟悉了与人交流，性格也会变得逐渐开朗起来。

另外，创业对小女孩来说可能听起来有点夸张，其实，这里所指的创业，也只是帮做生意的父母照顾一下生意或自己学着摆摆摊。既能挣到零花钱，又能提高自己的能力，对增加女孩的生活阅历、培养女孩的财商十分有利。而且，女孩还可以约自己的朋友一起和自己"创业"，共同体会成长的快乐。

别做金钱的奴隶

曾经有这样一句话，在世间流传了很久——金钱不代表一切，但没有金钱就没有一切。这句话虽说有一定的道理，但女孩也不能迷失在金钱的世界里，不能成为金钱的"奴隶"。虽然钱可以用来购买商品，但却买不到情感、快乐和幸福。人类之所以能生存到现在，精神起着很重要的作用。因此，女孩要知道：有钱，并不代表能买到一个人发自内心的富足感、幸福感。

兰兰家的生活一直很幸福，但是她却一直对父母接济那些穷亲戚的行为十分不解。

“难道他们就没长手脚，不会挣钱吗？”兰兰暗想。

但是父母却说：“一个人有骨气、有爱心，就等于拥有了一大笔财富。而且生活中还有许多东西是比钱更重要的。像安全、幸福等，这些都是拿钱买不到的。所以，你没必要这么看重金钱。”

兰兰并不这样认为。每次爸爸要借钱给那些亲戚时，她都觉得好像自己一下子损失了多少财富一样。

有一次，妈妈下班回来说：“今天公司的小李手机丢了，我帮他找到了，结果他非要给我感谢费，我没要。”

“为什么不要，这是人家主动给的啊，难道我们接受了就是不道德的吗？”兰兰很不理解，为此还和父母吵了一架。

类似的事情还发生了很多次，有一些还是和同学之间闹矛盾。次数一多，同学就开始嘲讽她：“真是钻到钱眼里了。”

兰兰并不觉得钻到钱眼里有什么不好的，反而以此为荣。

她说：“长大后，我要挣很多的钱，你们就在一边眼红吧。”

“我们才不眼红呢，你以为有钱人那么好当啊。做梦去吧。”同学嘲笑道。

很多家财万贯的富翁生活虽然过得极其奢华，令人艳羡，但他们却经常说自己很穷，穷得只剩下钱，生活过得一点也不快乐。反而那些生活条件艰苦的人的日子却过得很充实，因为他们内心并不空虚。

莎士比亚说：“金子，黄黄的，发光的，宝贵的金子！只要一点点儿，就可以使黑的变成白的，丑的变成美的，错的变成对的，卑贱的变成尊贵的，老人变成少年，懦夫变成勇士……”

而事实也确实如此，有句俗语说，“有钱能使鬼推磨”，不正是对万恶金钱的真实写照吗？但是，当所有繁华褪去，有什么能比读一本书，品一杯茶来得更平平淡淡却又让人如此享受呢？所以，面对金钱，女孩一定要学会抗拒，不能被金钱所诱惑，过分地追求物质生活。

要知道一味地崇尚金钱是错误的，只有心灵和头脑丰富起来的人生才能更好地去拥有金钱，活得更有意义。而且，女孩要成为思想上的智者而不是金钱的奴隶。

那么，如何做才能避免过分看重金钱呢?

女孩要时常提醒自己，不能用金钱衡量一切。不要对身边的每一件事物都“标价”，也不要认为任何东西都可以用钱来度量。要告诉自己，很多东西是用钱买不到换不来的。比如，父母的爱、朋友间的友谊、情侣间的爱情等。这些精神层面的东西才是人生真正的财富。

所以，女孩应该学会珍惜身边这些精神层面的东西，多接触一些人和事，深刻理解金钱并不是人生最重要的东西。

日常生活中，女孩要多培养自己的爱心，通过捐款、捐物等帮助别人的行为来获得精神上的满足。让自己体会到帮助他人的快乐，不再过分看重金钱，把更多的精力放在学业和生活，以及其他更有意义的事情上。

做“投资高手”

女孩在培养自己的财商意识时，还要多学习一些经济和投资方面的知识。比如，如何投资、如何炒股、什么是成本、什么是市场……这些知识。女孩在步入社会之前，对这些都应有一定的了解，并有自己的见解。

每年，小文都能收到很多的压岁钱，而她根本不能把这些压岁钱花光，她又不想把这些钱浪费掉。这可怎么办呢?

本来，小文想把钱存到银行，但她觉得去银行办理业务很麻烦，就向爸爸妈妈询问。

“我能不能搞点小投资呢？”

“投资？你怎么会懂这个呢？”爸爸有些好奇。

小文说：“我真的懂，你看，爸爸你不是做生意吗？我把这些花不掉的压岁钱先投资到你的生意里，你再按比例给我分红。这样我就既不用担心自己会把钱乱花出去，也能慢慢积赚更多的财富啦。”

爸爸很吃惊地看着女儿，没想到女儿竟然会有这种商业头脑，前途不可限量！

“投资”是什么？投资就是指牺牲或放弃现在可用于消费的价值以获取未来更大价值的一种经济活动，也就是把人们现在手里的钱投放出去，并期待这些钱能为自己创造更多的财富。通俗点讲，投资就是：可以把一定量的钱存入银行，或者买入股票或基金，或者是自己做老板，开个店，摆个摊等，可以为自己带来或多或少的利润的一种行为。

除以此外，投资还有很多种，除了上面提到过的买股票、基金，买字画，参股小店这几种方式外，还有投资债券、外汇、期货，购买房地产、金银珠宝、邮票等。但是，每种投资方式的优劣，只有女孩自己真正去操作，才能对理财了解得更全面更深入，明白“让钱生钱”的投资理念，培养自己正确的财富观，提高自己的财商。

上面说到，投资也包括股票，但是到底什么是股票呢？这种投资方法如何呢？

股票距今已经有将近400年的历史了，它是伴随着股份公司的出现而出现的。当企业经营规模扩大与资本需求不足时，产生的一种以向社会募集资金的方式。持有股票的人就是这个公司的股东。他能参加公司的股东大会、投票表决、参与公司的重大决策，还能收取股息或分享红利等。而拥有这个公司的股票越多，股东的权力和收益也就越大，但风险也越大，一旦公司经营不善，股东就会损失很多钱。

当女孩了解了这些知识后，就可以在父母的帮助下，用父母的名义去证券交易所开户了。具体步骤为：

其一，携带身份证到证券公司开户，这样你才有一个买卖下单的窗口。

其二，证券公司要求开户人到一家指定银行开户，这是为了方便代扣(买股)代收(卖股)股款。

其三，在第一步骤中找一位认真一点的接单营业员，这个人将来必须对你提供所有的市场资讯。

其四，向父母借一笔小钱存入户头，至少能让女孩买几只股票体验一下。

女孩可以向父母或身边有经验的人详细了解炒股的一般操作方法，了解这种投资的基本规则，让父母进行示范，自己在一旁观看，有不懂的地方要马上提出来，逐渐对股票市场有一个较为正确和全面的认识。

小鸾在父母的帮助下很快就学会了炒股，也了解了很多股票方面的知识，父母为了让她熟练地学习炒股，为她安装了一款模拟炒股的软件。于是，小鸾每天都会看一下股市，然后决定要买哪几只股。

小鸾以为，只要自己想买哪只股，就可以买哪只股，想买多少股，就可以买多少股时，突然有一天，却发现，并不是这样的，每只股票都有不同的价格，也就是说，想要赚钱，就先得投入一些成本。

但小鸾的账户一开始只有很少的钱，并不能让她买齐所有自己想要的股票。这可怎么办呢?

突然，她想起一个词——“节约成本”！

小鸾想，如果我精打细算，把每只股票所需要的成本计算出来，按照自己的计算结果来买股票，不就会买得更多，赚得更多了吗?

故事中的女孩小鸾用模拟炒股软件进行炒股的练习是一个很好的方法，既不用真的损失钱财，也能学到有用的知识。但是，小鸾却没有考虑到成本，即使是玩模拟软件，系统也会给出一定的出资额，女孩在练习的时候，如果不考虑成本就买股票，很可能会买了这只，再想买其他股票就不行了。

因此，女孩平时花钱时要多培养自己的成本意识，不能只顾着自己喜欢什么就买什么，要经常思考，自己手头的一点零钱是否都要花出去，买什么更划算，怎么样才能让钱生钱等。

在学习炒股的过程中，有些心细的女孩可能会发现，同一只股票在不同的时期，会有不同的价格。那么这忽高忽低的价格是谁在控制呢？答案是——市场。

为什么水果在旺季价格下降，而房价却在旺季价格上升呢？这个问题不知道女孩们有没有思考过。女孩在学习经济知识时，还要多参与到现实的经济活动中，要学会多思考，了解市场行情和走向，这样才能让自己的财商越来越高。

水果为什么在旺季会降价？因为旺季是水果的丰收季，其供应量大大增加，但人们的需求量的增幅并没有赶上供应量的增幅，这时销售者们就要展开竞争，通过降价来吸引消费者。而楼房在旺季价格会上升，是因为旺季消费者需求量会增加所致的。

女孩只有了解了这些经济知识，读懂市场这只“无形之手”，才能真正地学会如何经商，才能在未来进行商业活动时减少自己的亏损，提升自己的赢利额度。

识别骗术，保护自己的财富

小莲在爸爸妈妈的帮助下，新办了一张银行卡。她每天都把卡随身携带着，就等着用钱的时候去一次银行，取一次钱。

但是这一天，一早醒来的小莲发现自己的银行卡不见了。她急得掉下了眼泪，妈妈走过来，帮她找了好久，才发现她把银行卡随手塞进了书包里。

“以后注意着点，一定要学会保护自己的财产。”妈妈说。

小莲赶紧点头，高兴地上学去了。

下午放学的时候，小莲想起要去书店买两本习题集，正好妈妈给的零花钱用完了，她想就去银行取一次钱，也当一回“大人”。

谁知道她刚输好密码要取钱的时候，身后猛地撞过一个女人。女人迅速地把手伸到ATM机的按键上，点了取消后，把卡送到小莲手里，不好意思地对她说：“真不好意思，我急着取钱，让我先来吧。”

小莲愣了一下，觉得帮助人是自己的义务，就点点头同意了。她往后退了两步，看着女人取完钱，又取出卡后就走了。但当再轮到她取钱时，她突然发现，自己的银行卡被调包了。

她急得又一次哭了起来，给爸爸妈妈打电话，爸爸无奈地说：“哎，你怎么这么不小心呢。我先帮你去银行挂失，看看能不能赶在小偷之前把钱锁住，要是实在不行，就当花钱买个教训，以后取钱的时候，一定要小心啊。”

女孩应学会如何安全地使用取款机。到自动取款机上取款时，不仅要防止吞卡事件的发生，还要小心有人在你的身后窥视密码，或者发生类似于小莲这样的事件，遇到“偷盗犯”。当女孩在取款的时候，遇到吞卡等取款机不能正常工作情况时，不能慌乱，更不能向陌生人求助，告诉对方密码，而是应马上与银行联系，请银行的工作人员帮自己处理。如果遇到小莲这样的事情，女孩除了要和银行联系，还要及时告知父母，必要时可以报警，追回自己的财物。

出门在外时，女孩不能因劳累疲乏而忽视了对自己钱物的保管。要尽量把物品集中放在可以经常照看得到的地方，使物品随时在自己的视线内；也不要将物品交给不熟悉的人看管。

如果要随身携带财物，女孩可以选择穿裤袋较深的裤子，最好比较紧，这样才不易取出也不容易发生意外掉落的事件。另外，女孩不应觉得好看、可爱，就在钱包、手机等物品上挂上挂饰，这样会让小偷注意到裤袋有钱包或者手机一类的财物，让他有机可乘，抓住挂饰将钱包等物品偷走。还有，女孩的钱包里不要放太多现金，银行卡如果没有必要，也不要天天带在身上，而且，银行卡和身份证也不要放在一起，银行卡上也不能标志出密码。

女孩放钱时，最好化整为零，至少应分在两处。在乘坐公共交通工具时，女孩要把衣服或口袋的扣子扣紧，不能一直“抱住”放钱的地方，这样很容易会被小偷盯上。

这一天，小凡走在路上，看到一个人在卖“古董”字画，一听是家传宝贝，只卖200块，转手就能卖上万元时，她就心动了。

小凡赶紧问：“你说的是真的吗？”

那人答道：“当然，我从来不会骗人。”

早上，妈妈刚给了小凡这个月的零花钱，只是只有100元，她就问：“能不能便宜点？”“这可是我的传家宝。小女孩，你有多少钱？”

“我只有100，你就便宜卖给我吧。”

这时，一个同学从小凡身边走过，劝她：“你别上当，这肯定是骗人的。”

“你懂什么，这东西一看就是有年代的了，肯定是真的，别阻挡我发财的机会。”

同学灰溜溜地走了，那人表现得很为难，思考了一会儿才说：“小姑娘，要不是我和家人走散了，急用钱买回家的车票，我才不会这么便宜出手呢，100元，卖给你了。”

就这样，小凡把100元交到了那人手里，美滋滋地抱着“传家宝”回家了。

结果，她当然没有挣到“大钱”，回家不久，妈妈就告诉她：“傻孩子，你这是上当受骗了。”

当妈妈把那件传家宝摔碎时，小凡一看，果然如妈妈所说，她被骗了，那哪是什么传家宝，就是一个土疙瘩，可能连一块钱也不值。

当遇到丢包诈骗、廉价卖东西和电话等诈骗行为时，女孩一定要谨慎处理，不要同陌生人搭讪，要随时保持对周围人的警惕心。

下面一起来了解一下这些诈骗手段，看看骗子们到底都使用哪些花招。

丢包诈骗。骗子把纸张切成与人民币大小一致的一沓长方块，只在最上面放上人民币，并用橡皮筋捆牢，瞅准下手目标后，在其附近故意丢失，一旦有人将其拾起，他们就以“见面分一半”为由，套取捡拾者身上的现金。

求路费，贱卖“传家宝”。这是骗子利用人们贪小便宜的心理而廉价卖东西的常用手段。通常都会打出求路费、求救助等诈骗广告。或者是骗子将高档手机、游戏机等孩子喜欢的东西廉价出卖给他们。其实这些东西都是假货，就是利用了女孩的单纯，引诱女孩上当后，骗取其钱财。

另外，骗子常用的诈骗手段还有电话诈骗。先通过电话聊天取得女孩的信任，在骗取了女孩父母的联系方式后，就会通过电话以各种谎言向家长骗钱。比如，我是学校的老师，你的孩子生病了，急需用钱等。

女孩应熟知这些骗子骗人的手法，练就一双“法眼”，学会保护自己的财物，让骗子的骗术在自己的面前毫无作用。

另外，在面对是保证人身安全和财物安全的选择时，女孩一定要先舍弃财物，保护自身安全要紧，就当是破财免灾了。千万不能为了有限的财物，而让身体受到伤害。

第七章

享受生活，做个有情趣的知性女孩

女孩，要做一个知性美人，生活中要有情趣，要有情调，要善于发现生活的美，也要学会享受和培养生活中的美。怎么学呢？方法有很多。读书可以，勤劳可以，种花种草可以，学习厨艺也可以……只要女孩善于摸索和观察，生活中任何一件事，都能让自己变得知性，有情趣。

读书让女孩变得有魅力

自古，都有读万卷书的说法。在古代这句话指的是考生读书，进京赶考，期盼能金榜题名。而现在，人们大多用这句话激励自己努力读书，希望自己能做一个才识过人的人，并让自己的所学，能在生活中体现。

读书可以使女孩增长知识，学习到别人的经验教训，然后再把这些知识和经验合理地利用，用以体现自身的价值。在杜甫的《奉赠韦左丞丈二十二韵》中，也曾提道："读书破万卷，下笔如有神。"这些都是读书对于青少年的好处。尤其是女孩，多读书，能让自己的知识面更宽更广，也会让自己变得更加有魅力。比如，我国现代的著名作家——张爱玲女士。

张爱玲是中国现代著名的作家，她创作的小说、散文和读书笔记等受到广大读者的喜爱。张爱玲出身名门，从小就酷爱读书，除了写作的时间外，她的眼睛很少离开书，晚上睡觉之前也要翻上几页。直到晚年，她的床头依然放着几本她钟爱的《红楼梦》、《西厢记》等。虽然张爱玲的小说作品大都是都市情感系列，但她读书的范围却不仅仅局限于此。

张爱玲从小就爱读书，是个博学的大才女。从小，她就在父亲的要求下，读遍了四书五经和《史记》，但是这些书无法满足她的阅读欲望，因此，张爱玲总会偷偷跑到父亲的书房里找书看。

有一次，她无意中翻到了一本讲植物的旧书，书的封皮已经发黄、破碎，甚至连书名都认不出来了，她只看到了一个"花"字。女孩天生就与花有一种特殊的缘分，她一看见这个字就对这本书产生了浓厚的兴趣，便翻开认真读起来，连吃饭的时间都忘记了。张爱玲就是如此的爱书、爱看书。

张爱玲上大学时也经常泡在图书馆里。她无书不读，有文学的、社会学的、心理学的、哲学的，甚至还有物理的、化学的、工程学的、设计学的等等，凡是图书馆有的书，她大致都浏览过，当时班里的同学都叫她“读书狂”。

作为作家，如果没有广博的学识，她的文字就会显得苍白无力，纵使情感真挚，也总会让读者觉得缺乏内涵。张爱玲的作品虽然更偏重表达感情，但她也会描绘社会形态和异地风情，有时还会对一些科学知识进行讲述，读起来非常的丰富有趣。和同时代的女作家相比，张爱玲所表达的思想也更深刻、更超前。她所取得的成就在很大程度上要归功于多读书、广读书的好习惯。

由此可见，读书对女孩的影响是多么巨大。如果张爱玲不是“读书狂”，那么她写出来的作品也就不会被读者所喜爱了。其实，很多历史名人都有广读书的习惯，这个习惯促使他们一步步走向了成功，并名留千古。

这里不是让女孩真的把所看到的书全读一遍。一般情况下，女孩都是比较喜欢看文学类和艺术类的书，对科学类的书反而不太感兴趣。女孩可以不用勉强自己，先从自己喜好的书开始读起，等养成读书的好习惯后，再逐渐扩大阅读范围，找一些科学类或其他类型的书籍来看。有的女孩在上学期间从来没有看过一本课外的科学类的书，哪怕是一些科幻小说。其实这种做法是不太可取的。十几岁的女孩，首先是一名学生，应该逐渐扩大自己的知识面，不要盲目地拒绝看某种类型的书，其实如果你肯花一点时间认真地看一看，说不定你会突然“爱上它”。

而且，广读书还能够激发女孩学习热情，帮助女孩找到学习方法、提高学习成绩。一本课外书就是有这样的魔力，当女孩用心去阅读时，总能从中发现一些自己感兴趣的东西。特别是完成作业后，如果女孩觉得再看课本上的知识会感觉疲惫，这时候就可以拿起一本课外书，随便翻一翻，不但能起到休闲的作用，还能增长见识、丰富自己的生活。

女孩如果想养成广读书、爱读书的良好习惯，可以把书放在触手可及的地方，无论是窗台上、茶几上还是厕所里，无论女孩走到哪儿都会看到书，渐渐地，也就变得爱看书了。

古人看书都讲究“三上”，即枕上、马上、厕上，凡是可以看书的地方他们都不会放过。因此，女孩读书不一定非要在学校里、书房里，只要给自己营造一个良好的看书氛围，让自己随时随地都能看书、能学习就行了。

出门在外的时候，女孩也可以随身携带一两本课外读物，旅途无聊时随便翻一翻、看一看，不但打发了时间，还能学到不少知识。如果女孩觉得总是拿着一本纸书看太累，还可以下载一些电子读物。现在的电子产品如此发达，到处都有网络，网上也有很多种电子读物。女孩可以挑选自己喜欢的，下载到手机或者电脑里，这样一来，随时随地，都可以看到自己喜欢的书了。

做事不拖拉，做个勤劳女孩

勤劳是一种美德，是人们生存的必要条件，也是发家致富的铺路石，更是女孩事业有成的重要保证。通过辛勤的劳动，女孩不仅可以获得物质上的财富，还能收获精神上的满足。而且，女孩勤劳能干，也能为父母减轻不少负担。

周末的时候，小雪起得特别早，因为最近爸爸妈妈工作忙，没空收拾房间，家里变得乱糟糟的，小雪就想偷偷把家里收拾一下，减轻父母的负担。

小雪迅速从床上爬起来，叠好被子后，就开始动手干了起来。先把扔在桌子上、沙发上的东西都分类放好，然后又把桌子、柜子、椅子都擦干净，最后拿着扫帚、拖把做最后的清洁工作。

做完这些工作后，小雪还为爸爸妈妈准备了“丰富”的早餐——水煮蛋。

爸爸妈妈醒来后，吓了一跳，差点还以为自己住错了房子呢。

故事中的小雪主动帮助家里做了清洁工作，为父母减轻了不少负担。其实，做家务是每一个家庭成员的责任，但是，如今的女孩却“横针不动、竖线不拿”，很少有为父母分担家务的意识。其实，女孩主动帮父母做点家务，不但能够减轻父母的负担，还可以养成爱做家务、爱干净的好习惯。要知道，一个家庭并不只是父母的，女孩不能把所有的责任都推到父母身上，应主动承担一些家务，体会到做主人的感觉。

而且，家务劳动还能锻炼女孩的实践动手能力。女孩要感受做家务的整个过程，并积极锻炼自己的动手能力。如果女孩觉得自己上学读书已经够累了，根本没有时间帮助父母做家务活，那就做一些力所能及的小事。比如，起床后叠好自己的被子，自己的房间自己收拾等，既能提高自己的能力，还可以保护自己的小空间。

除了勤做家务，女孩还应养成做事不拖拉的好习惯。

赵巧有一个坏习惯，做事爱拖拉，总是磨磨蹭蹭的，本来三天就能完成的任务，她往往要拖到五天才能交差。

有一次，老师让她做一次黑板报设计，她满口答应了下来，但两天了，她也没有把设计方案交到老师的手里。

明天就是交任务的时间了，但这天放学后，赵巧还是和往常一样，写完作业后就一直在看电视，一点紧张意识也没有。

直到晚上快睡的时候，赵巧才想起来黑板报的设计还没完成，明天要交给老师了，该怎么办呢？没办法，她只好连夜赶工，终于在凌晨的时候把任务完成了。

第二天，赵巧把做好的设计送到老师手中时，老师看了看，笑道：“昨天晚上熬夜完成的吧？”

“您会算命吗？”赵巧好奇地问。

老师笑道："我不会算命，我只是知道你做事很拖拉。"赵巧听了羞愧地低下头。

勤劳，并不是女孩只要干了活，就算是辛勤劳作了。如果女孩今天该做的工作拖到明天才去做，那明天的工作要拖到什么时候呢？所以说，拖拉的女孩，一点也不勤快。但是，在现实生活中，做事拖拉已经渐渐成了一种非常"流行"的现象，无论在哪里，像故事中赵巧这样的人不在少数，而且以女孩居多。

做事拖拉是个很不好的习惯，不但影响办事效率，浪费感情，浪费时间。调查研究表明，"拖拉一族"大都出现在中学学生这一群体中。当女孩一放假她们就把书包扔到一边，要么出去玩、要么睡懒觉，极尽可能地放松自己，等到要上学的前一晚才开始赶作业。把两天的任务都堆到了一晚上来完成，压力当然会很大，从而又会产生焦虑心理，对身体健康很不利。

虽然做事拖拉表面看来只是一种坏习惯，但这却是一种心理疾病，即"心病"。美国心理学家约瑟夫·R. 法拉利称它为"慢性拖拉症"。是病就应该有治疗的方法，想要治好"拖拉症"，那就要对症下"药"，而且必须坚持"治疗"，否则会有复发的可能。怎么治疗拖拉症呢？心病，当然还得靠心药医。

如果女孩的拖拉是因为压力过大、想要逃避的话，那就建议女孩先静下心来，调整好心态，然后把所有的任务分成几个小部分，化整为零，各个击破。这样不但能够减轻自己的负担，还能保证按时完成任务。如果女孩是因为懒惰而拖拉的话，那就要注意提高自控力，强迫自己去及时去完成任务。比如，女孩在写作业的时候可以给自己划定合理的时间范围，并强迫自己在规定的时限内完成，慢慢改掉办事拖拉的坏习惯。女孩还要每天提醒自己"今日事今日毕"，自觉地完成今天的事情，不要把所有的事都推到明天，否则明天会非常疲惫。

用美好的心态，看待自己的世界

无论什么时候，一个人的心态都是很重要的。当女孩用消极悲观的心情来看待周围的人事物时，所看到的只能是灰色沉闷的天空，死气沉沉的事物，没有一样东西是美好的。如果女孩摆正自己的心态，用美好的眼光看生活，就会发现，原来世界是如此的美好，到处充满了绚丽的色彩，到处都有欢声笑语。这样一来，女孩也会被这样的世界所感动，变得开心起来。

小倩长得很漂亮，可是她却很少笑，经常愁眉不展，这让朋友很费解。

今天，小倩又紧锁着眉头，一副闷闷不乐的样子，好朋友京京过来问她："小倩，你是不是有什么不开心的事？"

"你看，外面马上要下雨了，我担心我的衣服会被淋湿，这是我最喜欢的一件衣服呢。"小倩担心地说。

京京听后一愣，接着哈哈大笑道："你就是在为这么点小事发愁吗？今年夏天这么热，好久都没有下过一场雨了，要是真的会下雨，那可是一件天大的好事，你别这么闷闷不乐的了，和我们一起聊天吧！"

小倩只好和她一起加入到同学们的讨论中。

放学回家的时候，小倩看见有辆汽车差点撞到了老人家，她又不开心了，开始抱怨交警不称职、社会不安定。

"小倩，你还真是忧国忧民啊。难道你没有发现，事后那个车主赶紧下车向老人道歉了吗？还有警察叔叔也很快就赶来处理了这件事，只要你愿意，你看到的事情应该都是很美好的。"京京劝她多看事情美好的一面，不要总是让自己的情绪陷在灰暗之中。

小倩问：“为什么我总是看不到生活中的美呢？”

京京把手伸到她的眼前，问：“你看到了什么？”

“一只手。”

“还有呢？”

“没有了。”

京京说：“你没发现我今天戴了一枚漂亮的戒指吗？”

小倩这才注意到，京京今天戴着一枚十分可爱的戒指，虽然是塑料做的，但在雨后，却闪着晶莹的光。这就是生活中的美好之处吗？小倩心想。

在日常生活中，很多女孩都像故事中的小倩一样，总是看不到事情的美好之处。她们总觉得自己看到的事情不够美好，也因此而愁眉不展。其实，“生活中不是缺少美，而是缺少发现美的眼睛”。而和小倩相反，故事中的京京就有一双发现美的眼睛，这双眼睛让她看到了雨后的清新和湿润，也让她体会到了人间的温情，和小倩相比，她总是过得那么开心和幸福。

其实，如果不善于发现生活中美好的人想让她马上就找到那些美好之处，这是不太可能的，有时还需要女孩进行一些学习和锻炼才行。因此，在生活中，女孩要注意培养自己的审美意识，会审美了才更容易发现美。晚唐时期，很多诗人不再赞美花草、吟哦云月，而是把视角转移到生活中的一些小角落，写蜘蛛、写蚊子等。这些事物原本都不够美好，可是诗人们却长了一双善于发现美的眼睛。在他们的描述下，这些蜘蛛、蚊子等都变得活灵活现、非常可爱，这就是会审美、会发现美。

女孩应经常出去走走，努力发现生活中的美，多注意外面的各种变化，这会让女孩变得更容易发现生活中的美丽事物。发现美，不但能够愉悦女孩的心情，还可以培养女孩乐观向上的心态，让女孩更加热爱生活、热爱生命。美存在于生活中的每一个角落，但是很多人却看不见它，因为大家不去观察和体会。春天柳树发芽的时候，有的人会惊讶地说：“哟，春天来了，真好！”而有的人却始终没有发现这一现象，等到夏天来了，他才怀疑地说：“春天已经过去了吗？”这就是生活中的遗憾。因此，女孩要加强自己审美能力的锻炼，多看一些艺术类的书或影视作品，从这些作品中体会到生活的美，慢慢培养自己发现美的能力。

女孩如果想在生活中捕捉到更多的美，那就要眼观六路、耳听八方，无论是在上学的路上还是回家的途中，都应该把眼睛睁大一点、把耳朵竖直一点，四处看看、听听，说不定能找到很多美丽的细节。

要学会一道拿手菜

虽说现在女性已经“解放”了，有了更多的属于自己的权利，也在社会上拥有了更多得到地位和名利的机会。但是作为女性，女孩总有嫁人独自生活的那一天，到时候如果自己连个拿手菜都不会做，岂不是要被人笑掉大牙了？

有的女孩可能会说，到时候多挣钱，顾个保姆或者在外面吃饭不就行了。但是女孩如果不会做饭，就不会体会到自己做出美食并享受的那种自豪感和成就感了。而且，现在世界各地都在提倡卫生饮食，经常在外吃饭已经变成了一种损害健康的行为。因此，为了能随时随地享受到美食，女孩还是要学学做饭，至少，也要学会一道招牌菜。

英英是个很爱吃的女孩，而且总爱吃好吃的，做的饭菜不香、不合口她都不会吃。

“既然这么爱美食，为什么不自己学做饭呢？”英英问自己，得出的结论就是，她要学做饭。

平时妈妈做的饭最好吃，英英决定向妈妈请教做饭的诀窍。

“今天咱们做什么菜？”晚饭的时候，英英走进了厨房。

妈妈正在忙，说：“蒜薹炒肉。”

“太好了，我最喜欢了。我能跟着学做菜吗？”

“当然可以，你先帮妈妈把蒜薹切了吧。”妈妈吩咐道。

“好，可是怎么切呢？”英英拿着洗好的蒜薹无从下手。

“切成大概三厘米长的小节，尽量均匀一些，这样炒出来的菜比较好看。”妈妈说。

听了妈妈的话，雪静很认真地估计了三厘米的长度，然后把蒜薹切成均匀的小节，盛在一个盘子里。

“妈妈，我切好了，您看看合不合格？”

妈妈夸奖道：“不错，值得表扬！再帮妈妈切点葱，注意别切到手。”

“好，交给我吧。”英英迅速把几根葱剥干净，然后用清水洗过，切成一厘米左右的小节，盛在佐料盘里。

有了英英的帮忙，妈妈这顿饭很快就做好了。吃饭的时候，父母对蒜薹炒肉一直赞不绝口，直夸英英有做厨师的天赋。

英英听了，心里美滋滋的，在以后的日子里，她还学会了自己创造新菜品，味道都堪比大饭店。英英自豪极了。

上例中的英英因为自己爱吃美食，所以就决定和妈妈一起下一次厨，在做饭的过程中，不但减轻了妈妈的负担，还得到了夸奖，为此英英在开心的同时，还觉得很自豪。由此可以看出，女孩应该经常和妈妈一起下下厨，在给妈妈当帮手的同时，增长自己的厨艺，在看着父母做饭的时候，女孩耳濡目染，慢慢地，自己也就学会做饭了。

现在的女孩大多会受到父母的宠爱，总喜欢衣来伸手、饭来张口，连基本的家务都做不好，更别提主动学做饭了。但是，学会做饭，会让女孩受到身边人的赞美，让女孩的自信心增强不少。比如，当女孩和同学一起去郊游或者野炊时，同学当中没有一个人会做饭，而女孩却能够站出来在同学面前露一手，让大家吃一顿美味的饭菜时，相信同学们一定会对女孩竖起大拇指。在受到同学们的夸奖后，女孩会觉得非常自信，而自信又能让女孩变得更美丽，更有成就感。

而且，经常下厨，除了能够让女孩学会最基本的做饭技能，还可以培养女孩爱劳动的好习惯。做饭不仅仅是一项任务，还是一种乐趣。前羽毛球世界冠军魏轶力就非常喜欢和妈妈一起下厨。虽然平时训练很辛苦，但是她总是抽时间帮妈妈做饭，在她的意识里，做饭是一件很有趣的事情。学会做饭以后，女孩还可以自己搭配菜样，既营养又健康，吃着也非常开心。而且，学习做饭的时间长了，女孩还可以像上例中的英英一样，自己“研发”菜谱，来为家中的饭桌增添色彩。这既能尝到美食，又能收获自信，何乐而不为呢。

另外，女孩在学会做饭后，还能根据自己的需要做出营养的饭菜。比如，现在很多女孩都喜欢保持苗条的身材，但是又不爱运动，总是靠减少食量来保持体形，对健康是很不利的。其实，做饭，也是一项简单的“运动”方式，如果女孩不喜欢跑步，也不爱游泳，那就可以在厨房里忙活忙活，走动走动，不但可以给家人准备一顿美味的饭菜，还可以帮助自己保持苗条的身材，可谓是一举两得。女孩还可以多看一些食谱和介绍美食的书籍，这样一来，既扩展了自己的知识面，又能提高自己的厨艺，女孩一定会对此感兴趣的。

养花种草，陶冶情操

享受生活，女孩还应做一个有情趣的人。情趣如何培养呢？女孩应先学会陶冶自己的情操，比如，养盆花、种棵草，多和小动物接触等。这些行为不仅可以让女孩发现生活中的小情趣，还能培养女孩的爱心，让女孩爱上生活，享受生活。

彩彩想种花，妈妈觉得很诧异，因为彩彩人如其名，一看到漂亮的植物就会跑过去把它们采回家，怎么可能会主动要求种花养花呢？

“对啊，我要种一棵属于自己的花。”彩彩说。

彩彩做事向来没什么耐心，也不懂得照顾别人。妈妈并不看好她，虽然嘴上很支持，可是心里却暗暗地为彩彩所说的花叫屈。

彩彩知道阳台上有花盆，就跑到阳台把花盆里的土翻开一些，播下花种，再盖上一层薄薄的土，然后舀来一瓢水，一边浇一边说：“花儿花儿快长大，开出美丽的花朵来。”

接下来的几天里，彩彩一直非常关注花盆里的动态，早上看、晚上也看，恨不能让花盆里马上窜起高高的绿叶、长出艳丽的花朵。几天之后，终于有一棵小嫩芽破土而出，彩彩高兴极了。为了让自己的花能够茁壮成长，彩彩经常往家附近的花店跑，向老板请教一些养花的秘方，还买了很多相关的书籍来看。

有一天，全家人一起看天气预报，当听到主持人说“今夜会出现大幅降温”时，彩彩赶紧跑到阳台上把花盆搬进来。

妈妈好奇地问：“你这是做什么？”

“今天晚上温度会下降，但是这种花不能在低于15℃的气温下生长，如果不搬进来，它会生病的。”彩彩说。

“你怎么知道的？”妈妈问。

“我问过花店的老板了，还看了很多关于种植花朵的书。”

妈妈感到很欣慰，女儿终于懂得照顾“别人”了。

之后的日子里，在彩彩的悉心照顾下，花盆里的花不仅长出了碧绿的叶，还开出了艳丽的花，非常漂亮。

现实生活中，人们经常在公园里、马路边看到一些“爱护花草树木”的警示牌。这些警示牌既是一种提醒，也是一种讽刺，讽刺那些不爱护花草树木的人。

想要变得爱护花草，那就学上例中的彩彩，亲自种一盆花，并认真地照顾它。看着它一点一点、慢慢地成长，女孩的心境会发生很大的变化。在种花、养花的过程中，女孩会了解到，其实每一朵花、每一株草、每一棵树的成长经历都是很坎坷的。它们要经受无数风雨的打击，就像人要承受很多病痛和灾难的折磨一样。当女孩感受到花草和人一样都具有生命的时候，就不会忍心再去伤害它们了。

种花除了能够让女孩养成爱护花草树木的好习惯之外，还可以修身养性，提升女孩的气质，陶冶女孩的情操。种花需要耐心和智慧。每一种花的生长期是不同的，有的长、有的短，如果缺乏耐心，不能安静地等待一些成长缓慢的花自在地发芽、长叶、开花的话，那么就可能对花照顾不足，从而导致它的死亡。相反，如果耐心地等待、细心地栽培，说不定可以奇迹般地培养出一株“千岁兰”。

因此，女孩在闲暇时光，可以选一种自己喜欢的花来养育。亲自播下花种，悉心照顾它们，看着它们慢慢破土、长叶、开花。女孩也会变得开心起来的。而且，种花也是一门学问，如果女孩在种花的时候，不去思考，以为只要把种子埋进土里就万事大吉了，那么很可能花刚长出芽，就要死亡了。女孩要知道，在养花的时候，什么时候浇水，什么时候施肥，什么时候换土等，都是很有讲究的。女孩需要根据具体情况对花枝进行修剪，给花叶治病。

总而言之，种花也是需要学习的。而且在学习的过程中，女孩不但懂得了一些必要的种植技巧，还能养成淡然、泰然的心境。另外，花朵不仅能陶冶情操，很多植物还具有净化空气的作用，比如吊兰、芦荟等。女孩如果能在家里种上几盆这些植物，不仅清新养眼，还能为自己创建一个良好的生活环境。

除了花草，女孩还可以尝试养一些动物，比如，猫、狗。这些动物都和人比较亲近，也很通人性，经常和动物相处，也能让女孩的生活变得多姿多彩。

才艺，让女孩变成气质佳人

女孩不仅要年轻漂亮，还要多才多艺。仔细观察身边的女人，女孩会发现，经过艺术熏陶的女孩就是比一般人有气质，就好像那种高贵的气质是与生俱来的一样，一点不做作，不掺假。其实，很多时候，女孩的气质，完全是靠艺术烘托出来的。

2005年，随着淘宝网的走红，一个名为“香港米兰站”的网店迅速吸引了大家的眼球。它在短短的三个月内被点击了15万次，货品的拍卖总值也超过了60万元，成为“淘宝上最牛的店铺”。它的主人达贝妮也被大家誉为“淘宝的传奇”。

虽然身为视频搜索引擎的CEO，但达贝妮看起来并不强势，脸上永远挂着甜美的笑容，气质优雅，穿着也很有品位，整个人散发着艺术家的气质。其实，这和她从小就学芭蕾舞有很大的关系。

达贝妮从四岁就开始学习芭蕾舞，很有跳舞的天赋，经常参加各种文艺演出，《天鹅之死》、《吉赛尔》都是她的拿手好戏。老师和同学们都以为她会成为一名舞蹈演员，但是，她并没有把舞蹈当作一生的事业，芭蕾舞只是点缀了她的生活。达贝妮学习很刻苦，从小就是班里的尖子生，高考时更是以优异的成绩考入了上海交通大学。上学期间她一直没有放弃过芭蕾舞，因为芭蕾舞丰富了她的生活，给她带来快乐。

芭蕾舞不但塑造了她美丽的外表，还提高了她的修养。2003年，22岁的她带着对美的向往参加了中国小姐风采大赛，她的多才多艺和优雅的气质给大家留下了深刻的印象，还入围了上海分赛的前20名，很有希望争夺冠军，但是，她觉得这场比赛商业色彩太浓，和她所追求的美丽相差太远，就毅然退出了比赛，放弃这次一举成名的机会。

在大家的心目中，达贝妮一直是个“智慧、美丽、财富俱全的80后美女”，她也在为成为一名更有能力的CEO而努力着。

气质和艺术，有时候仅仅隔着一层纸，捅破了这层纸，气质和艺术就会“相遇”，让女孩从中受益。艺术应该是女孩的必修课，无论是学习舞蹈、音乐还是绘画，都能够提高女孩的修养，使女孩散发出或优雅，或恬静，或自信的气质。比如从“中国好声音”走出来的盲人歌手张玉霞，她经常说“当我唱歌的时候，我就是一个发光体”。是音乐给了她自信，虽然她的眼前是一片漆黑，但她在唱歌的时候心里是光明的，她的生活也因此而变得多姿多彩。

艺术在很大程度上丰富了女孩的生活，现在，很多女孩宁愿把时间浪费在毫无营养的泡沫剧上，也不愿意用来学习艺术。这对女孩来说，是一项巨大的损失。很多女孩经常会产生这样的疑惑——为什么我不像某某那样有气质，看起来充满才情呢？答案是，因为不懂艺术，也不愿意学习艺术。要知道，学习艺术不仅能提升女孩的气质，还能有助于大脑的开发，激发想象力，对女孩的学习和生活都有很大的帮助。

所以，女孩要有一些兴趣和爱好，根据自己的兴趣爱好，来学一点艺术。比如，女孩喜欢唱歌跳舞，那就学学舞蹈，还能塑造自己的体形。如果女孩比较文静，喜欢墨香，那么可以练练书法，让自己做一个知性美人。当然，这里所说的学习艺术并不是要潜心研究艺术，而是把它当作生活中的一种点缀，是用来增添生活的乐趣的。学习文化课要讲究方法，学习艺术也是同样的。如果真的体会不到艺术中的真谛，那就先放一放，出去走走，艺术是源于生活的，也许大街上的某个场景会激发出女孩的悟性也说不定。

第八章

与父母的“代沟”，让沟通来解决

突然有一天，进入青春期的女孩会发现，不知道从什么时候起，自己与父母之间竟然产生了“代沟”。这让亲子间的沟通出现了很大的问题。女孩不再体谅父母，不愿意再听父母说话，而父母也无法理解女儿，不知道为什么小时候乖巧可爱的女儿长大了会变得“冷漠无情”。其实，这只是女孩没有掌握好与父母沟通的方法。

沟通，并不是只把话说出来就可以了，还要说出技巧，说出含量，说出自己的心声和父母无私的爱。这才算是有效的沟通。

做父母的“贴心公主”

在现实生活中，父母和孩子之间经常会有这样或那样的矛盾，人们俗称为“代沟”。尤其是女孩的心思比较细，在面对父母时显得更加小心谨慎，就怕自己被父母抓到“把柄”，挨训受批评。

其实，女孩不必对父母这么防备。不是有句话说“女孩是父母的贴心小棉袄”吗？只要女孩平时多关心一下父母，并把自己的关心付诸行动，做父母的“贴心公主”，那么一切“代沟”都会被抚平的。

妈妈工作了一天，回到家后一边做饭一边揉自己的肩膀，女孩小可看到后担心地道：“妈妈，您的肩膀疼吗？”

“有点酸痛，工作的时候太卖力了，有点累。”妈妈笑着回答道。

但小可却从妈妈的笑容中看出了深深的疲惫，连忙说：“那我给您按摩按摩吧，也许会变得舒服一点的。”

“不用，妈妈休息一下就好了，你去写作业吧。”妈妈害怕耽误小可的学习，但小可却坚持让妈妈放下手中的家务，把她拉到了客厅的沙发上，等妈妈坐好后，她握起拳头，轻轻地捶打在妈妈的肩上，一边捶还一边问：“妈妈，好点了吗？”

“嗯，好多了，真舒服！”妈妈真的觉得肩膀的重量一下子变轻了好多。她觉得，女儿的按摩还真起到了作用，而且，也可能是女儿的这份孝心让她忘记了身体的疲惫也说不定。

“以后我天天给您按摩好不好，这样您的肩膀就不会疼了。”小可还学着按摩师的样子用手指使劲儿地按揉，看起来还挺专业。

过了一会儿，爸爸回来了，正好看见小可在给妈妈做按摩，就嫉妒地说："我的肩膀也很疼，怎么没人给我按摩一下？"

平时小可最害怕和爸爸说话，因为爸爸总是很严肃，但现在爸爸竟然和她开起了玩笑，她怯怯地说："爸爸你坐好，我也给您做个按摩吧。"

小可特别开心，她很高兴自己能为父母做点什么，而且，通过按摩，她和爸爸的关系也融洽了很多。她发现，原来爸爸并不是那么严肃可怕的。

大多数女孩都是在父母的溺爱中长大的，性格不是很独立，什么事都要依靠父母才能做好，哪怕是洗衣服、叠被子这样的小事。她们习惯了父母的照顾，却不懂得关心父母、孝顺父母。其实，每个人都有一颗孝顺父母的心，只是一直没有付诸行动而已。

女孩要学会孝顺父母，而且孝顺应该趁早付诸行动，不要总是说"等我有钱了要好好孝顺父母"这样的话。孝顺父母应该从现在做起，从小事做起。女孩可以为父母洗一次脚、做一次按摩、做一顿饭，尽量多给父母一点爱。这些都能让父母随时都能感受到女孩的孝心，强化彼此间的亲情。

女孩要多关心父母的身体，孝顺父母也要有智慧、讲方法，多和父母沟通，了解父母的需求，也让父母了解自己的心事，帮父母排解烦恼的同时，也能让自己变得独立友爱，这种关心是互相的。当然，孝顺不是盲目听从，父母的话应该听，但不是每一句都要听。如果父母的观点出现了错误，女孩也应该指出来，不能盲目地服从父母的一切安排，要做一个独立自强的好女孩。

体谅父母，不做"刁蛮丫头"

日常生活中，人们经常可以看到一些孩子向父母撒娇，疼爱孩子的父母会觉得，爱撒娇是好事，说明孩子可爱，黏父母。但是，青春期的一些女孩却撒娇过了头，经常对父母耍脾气，使性子，日常生活中显得过分刁蛮任性，一点也不可爱。

小茵看上了一套名牌衣服，就回家和妈妈说，让妈妈周末带自己去买衣服，但没有说要买什么样的衣服。

妈妈自然很高兴能和女儿一起出去购物。

第二天，小茵早早就起来了，还对妈妈说：“今天我来当小跟班，妈妈买的东西，全由我来拿。”

乐得妈妈哈哈大笑。

但一到商场，妈妈就笑不出来了，她对小茵说：“女儿，这套衣服这么贵，而且你正在长身体，今天穿着好看，没准明天就不能穿了，咱们还是买旁边那家的衣服吧，好看又实惠。”

小茵马上不高兴了，嘟着嘴说：“不就是几百元嘛，一点都不贵，妈妈太小气了。”

“这不是小气，这是精打细算，会过日子，以后你长大了，也得这样。”妈妈继续劝女儿。

但小茵就是不听，开始撒起娇来，一开始还和妈妈商量，渐渐地，她就没了耐性，任性起来。

见妈妈就是不给她买，小茵干脆一把抢过妈妈的钱包，拿了衣服就去收银台结账，但收银员却只是微笑着拒绝了小茵。小茵顿时觉得没了面子，扔下衣服就跑回了家。

妈妈一边向店员道歉，一边追着女儿往家跑。

现在的女孩大多都是独生子女，在父母的宠爱下，学会了撒娇和任性，尤其是遇到自己想要的东西，但父母不同意买时，女孩就会变成无理取闹的“刁蛮丫头”，只知道和父母耍脾气，任性闹事。这样的女孩已经习惯了以自我为中心，不论说什么、做什么，别人都要依从她，否则就要赖、闹脾气。而父母的一再迁就，让女孩变得更加娇惯和任性。她们不懂得体谅父母，总是埋怨父母不理解自己，却没想过，是否是因为自己的原因，在自己和父母之间隔上了一堵墙，才让父母和自己的关系越来越远，感情越来越淡。

那么，女孩应该如何学会体谅父母，不再做“刁蛮丫头”呢？想要学会体谅父母，女孩应先从交朋友、体谅同学做起。因为朋友和同学能与女孩产生共同的话题和情绪，也更能互相理解。如果女孩学会了关心朋友，体谅同学，自然也就会渐渐地开始理解父母的苦衷。

在学校里，经常出现一些女孩小帮派，在“刁蛮公主”们的带领下，她们三个一群、五个一伙的，没事就凑在一起搞点“小破坏”，或者欺负性格软弱的同学，或者上课给老师捣乱，任性妄为，屡教不改。其实，“刁蛮公主”并不是真的坏女孩，她们只是性格太自我，总是希望所有人都围着自己转，害怕被忽视、被孤立。

盼盼以前家境很好，父母对她一向很娇惯，慢慢地就把她宠得很任性。在家里，她唯我独尊，在学校里，她也是中心人物。女孩都喜欢围着她转，她说一没有人敢说二。但是后来，盼盼家里经济状况不是很好，她不管是在学校还是家里，地位都一落千丈。从前依附她的那些女孩都瞧不起她，其他的“刁蛮公主”也开始欺负她了。这让她感到十分伤心难过，认为世界上根本没有真正的友情，人和人之间全是骗人的，虚伪的。

其实，如果不是盼盼以前太任性，总欺负弱势的同学，那么，大家也不会变得这么“虚伪”，也会真心地和她交往的。正因为她之前不体谅他人、任性蛮横的行为，才使她在家庭出现困难的时候，受到了孤立和欺负。因此，女孩在与人交往的过程中，要放下自己的“公主”架子，平等地和大家往来，这样才更有利于与同学建立真挚的友谊，让自己学会体谅他人。

放下“公主”架子，不但能够让女孩更好地融入到集体当中，还可以锻炼女孩的实践能力。“公主”总是喜欢依靠他人来完成任务，不论多小的事情都要分配别人来做，因此自己的实践能力就得不到锻炼。在当今社会，“公主”不能只会点兵派将，还要加强锻炼自己的实践能力，不但要让自己有气魄，还要让自己有能力。

日常生活中，这些“刁蛮公主”还应多听听父母的话，多为父母和同学考虑，从做个懂事的女孩做起，学着理解和帮助周围的人。

和父母交心，化解亲子矛盾

随着年龄的增长，很多女孩会发现，自己和父母之间已经无话可说，无话可谈。自己说的父母“听不懂”，父母说的，自己“听不明白”。因此，亲子间逐渐形成了一些矛盾。如果不及时化解这些矛盾，还有可能让女孩对父母产生怨恨的心理。

其实，女孩完全不必对父母有怨恨情绪，要知道，这个世界上，永远不会伤害你的，只有父母。

瑶瑶一直觉得父母越来越不讲理了，不让自己穿奇怪的衣服也就罢了，还管自己化什么妆。

每次因为这些事情她都会和父母大吵一顿。这一天也是这样，她刚进家门，妈妈就开始说她不学好，气得她“嘭”的一声把自己房间的门关上。

妈妈来敲门，瑶瑶还在生气。

她说：“敲什么敲，反正你们根本就不理解我，一点也不为我考虑。”

妈妈却说：“我只是想问问你，吃过晚饭我要去理头发，你要不要跟着一起去。”

瑶瑶这才打开了房门，点了点头。

原来，妈妈最近也在为女儿的事发愁，她不想和女儿做“敌人”，她想让女儿和她成为朋友。

其实，瑶瑶也是这样想的，她想让父母多理解自己，并不想总和他们对着干。

于是，这一次，妈妈并没有对女儿的事情指手画脚，她想要理什么头发，就理什么样。相反，瑶瑶见自己选什么样的发型妈妈都不反对了，反而有些拿不定主意，开始不停地向妈妈询问，到底哪种发型更适合她。

母女两个一边做头发，一边交谈平时的养生心得，就像一对好朋友一样，之前发生的所有不快，如过眼云烟般慢慢消散了。

青春期的女孩会渐渐发现，父母越来越不能理解自己了，对一些理所当然的事情父母却总能搬出让人无法理解的理由，然后试图说服自己。这样只会让父母和女儿之间产生矛盾，互相不理解。但上例中的瑶瑶和妈妈互相交了心，化解了矛盾，就会像一对“好朋友”一样的友好交谈。

女孩在成长过程中与家长发生矛盾的主要原因是，互相的兴趣和对事情的理解不一样，所以对事情的看法也不同。因此，女孩可以尝试与父母成为朋友，把生活中遇到的烦恼彻底地讲给父母听。很多时候父母的意见能减少女孩的烦恼，毕竟大人的阅历要比自己丰富，看事情也会更全面。

因此，女孩应试着和父母多聊天，多讲自己的想法，多理解父母的意见，做一个善解人意的好女孩。要和父母做好朋友，而不是互相防备着的“敌人”。比如，女孩可以在晚饭后跟家人散步的时候，聊一些爸爸妈妈喜欢的事情，了解他们喜欢什么，对事情的看法是什么样的。多跟父母交流可以读懂父母的心思，学会站在他们的角度思考问题，互相理解之后矛盾自然就减少了。

女孩在尝试跟父母交朋友时，要学着理解和宽容。总有那么一些关于青春的烦恼，作为父母可能不太理解，在他们看来可能完全是小事情，但在女孩心里，却显得很重要。这是因为人生经历和心境不同，自然会产生不一样的想法。女孩要理解父母，不要以为父母和自己过不去，因此对父母有意见。在埋怨父母不体贴自己的同时女孩也要检讨自己一番，对那些让自己烦恼的事情深究一番，多问问自己：“这件事对我真的那么重要吗？”“它能给我带来什么？”尝试着接受父母的建议，也许会发现，很多时候父母的意见是正确的。

所以，当女孩和父母发生矛盾，意见有冲突时，不要急着哭闹，要试着和父母聊一聊，多沟通、多交流、多交心，这样才能逐渐化解矛盾，让自己成为一个善解人意的好女孩。

亲身体验父母的辛劳

现在的孩子大多是独生子女，尤其是女孩，深受父母的宠爱和呵护。要星星给星星，要月亮给月亮，慢慢地，女孩可能就会觉得不管什么事情父母都会依着自己的，所以也就不用那么辛苦地生活了。但是父母的辛苦，女孩们体会过吗？父母那么用心地爱着孩子，如果女孩一点也不为父母考虑的话，那父母该多伤心。因此，女孩不妨趁着寒暑假的时候，到社会上体验一下打工的辛苦，这样一来，既能体谅父母的不容易，也能使自己变得更成熟。

萌萌每个月都会向父母索要一笔零花钱，这些钱她有些用来买学习用品了，有些却乱花掉了。妈妈让她学会有计划地花钱，她还不乐意。

萌萌说：“挣钱这么容易，我干吗替你们省钱。”

妈妈听后，无奈地叹了口气，却没和她解释太多。

暑假的时候，萌萌的同学问她：“想不想去打工？”

“打工？打什么工？”萌萌总听父母唠叨，心里也不舒服，就想自己出去挣钱花，让父母知道她有多能干。

同学说：“我爸爸的便利店里需要两个帮手，但都是些轻松的工作，如果请个长工太不划算了，我就和爸爸商量，去店里当他的店员，到时候他给我发工资。如果你想去的话，也可以来陪我啊。”

萌萌觉得很不错，而且她和这个同学关系最好，每天都有说不完的话，能和她在一个地方的工作，还能聊聊天，何乐而不为呢。

于是，萌萌就答应了下来。

当天晚上就把这件事情告诉了爸爸妈妈。

爸爸妈妈也认识同学的父母，也很支持她这样做，但是心里还是有些担心。

爸爸问：“你想好了？打工可是很辛苦的。”

“能有什么辛苦的，不就是过去帮忙卖卖东西，收收钱嘛，太轻松了。”

“那行吧，你去吧。但是你不能半途而废。”爸爸说。

萌萌点了点了点头，第二天就开始“上班”了。

但是才干了两天，她就有些受不了了。

天气这么热，她却要在外面卖东西，虽然有遮阳伞，但也受不了啊。但想到已经答应了爸爸不能半途而废，她只好咬牙坚持了下来。

好不容易熬了一个月，当萌萌终于拿到了当月的“工资”时，激动得哭了出来，回家后就抱着妈妈说：“妈妈，你们上班真是太辛苦了。”

有时候，孩子会以帮父母做些力所能及的家务活来赚钱，但这和成年人打工的意义是不一样的。女孩只有走出家门，到社会中好好体会一下“工作”的含义，才会体会到工作的辛苦，才能培养自己的财商，才能有机会发现生活中的一些“商机”。因此，走出家门，去找一份工作，打一份工，对女孩来说，是十分有必要的。

为什么这么说呢？因为，打工不仅可以锻炼女孩的个性，让她在生活中变得坚强、有意志，还能锻炼自己的口才和社交能力，又能培养自己的商业头脑，培养自己的商业意识，可谓是一举多得。更重要的是，打工，可以让女孩体会到父母在外工作的辛劳，学会体谅和理解父母。

在国外，孩子从小就会走出家门去挣钱。

曾经有这样一位母亲，她对女儿说，你必须要出去打工，但是你在打工中每挣到一分钱，我就会同样赠送你一分钱，直到你成年为止。女儿一听还有这么好的事情，就很努力地在学习之余打工挣钱，当她成年后，她已经积累了不少的财富了。而且，因为女孩有着丰富的工作经验，大学一毕业，就收到了很多大公司抛来的“橄榄枝”。

由此可见，走出家门打工是件多么有意义的事情。现在，不仅国外，我国的很多家庭也开始重视起孩子的能力培养和财商教育来。为了让孩子能体会到打工挣钱的辛劳，父母和社会各个阶层都积极配合，为孩子创造了很多打工的机会。这让女孩们出外打工有了很多安全保障。

上例中的萌萌因为有了亲身体验，所以才会对生活和社会的认知比一般的学生深刻了很多，也能体会到父母平时上班的辛苦，不再那么理所当然地向父母伸手要零花钱了。所以说，在上学期间打点零工对女孩的成长是很有利的。

现在，很多女孩在学习之余就待在家里，要么看电视，要么睡懒觉。长期如此，不仅对女孩的身体健康不利，也会影响到女孩的社交生活。而打工却能让女孩提前接触到社会，加深对社会认识和了解，让女孩对社会有一个真实的认知。要知道，书本上的知识也是从社会实践中提炼出来的，如果女孩不走出家门，对社会毫无体验，那么书本上的内容对女孩来说也会是十分空洞和乏味的。

女孩适当打工对提高自己的认知能力有所帮助，但是也要注意一些问题，尤其是女孩的人身安全问题。现在经常有这样的报道，女孩一个人出外打工，结果被人贩子拐卖，最后酿成悲剧。因此，女孩如果因为年龄的关系，不能去正规的公司打工，可以像上例中的萌萌那样，选择给亲戚、朋友打工。年轻的女孩因为对社会的情况不太了解，所以很容易被一些不法分子钻了空子，利用“学生妹”的单纯来作案，所以千万不能掉以轻心。在选择打工场所时，最好有父母的陪同和确认，以保证女孩的人身安全。

当然，打工只是为了丰富女孩的生活和体验社会环境，打工绝不是为了生存，所以，女孩在打工的时候，要分清主次，应把学习放在第一位，不能因为打工而影响自己的学业。

学会沟通，和父母融洽相处

“可怜天下父母心”，这句话说得一点不假。在女孩的成长过程中，最疼爱，最照顾女孩的人是父母。同学朋友再好，也比不上父母对女孩的宠和爱，但有的女孩在长大的过程中，却变得越来越和父母“生分”了。有了自己的小秘密，不仅不再信任父母，有时还怨恨父母，时时处处防着父母，甚至怕父母“伤害”到自己。

欣欣从小就喜欢小动物，但她小时候提过几次要想只猫或狗，爸爸妈妈总是说：“猫狗那么脏，费时又费力，你连自己都照顾不好，能照顾好它吗？”

但看到她拉下的小脸时，又连忙说：“行了行了，以后让你养，等你长大后，随便你想养几只都行，不过到时候你自己要照顾它的吃喝拉撒，爸爸妈妈可不帮你。”

“嗯，我知道，谢谢妈妈。”每次欣欣都会向妈妈感谢，但每次也都感到很失望。长大，什么时候她才算是长大了呢？连只动物都不让她养，爸爸妈妈也太不理解自己，太不爱自己了。

欣欣15岁生日的时候，又想起了这件事，想开口请父母答应自己养宠物，但又觉得没趣，万一父母又以她还小，不会照顾它们而拒绝自己呢？还不如不说。

但晚上，欣欣却迎来了这15年来最好的生日礼物——一只小猫。

“爸爸妈妈，谢谢你们，你们对我太好了，我爱你们！”欣欣激动地说。

“以前不让你养，并不是不爱你，而是你确实连自己都照顾不好，怎么能养好宠物呢，但现在你已经长成大姑娘了，还会帮爸爸妈妈做很多家务活，已经是个可以依靠的人了，所以，爸爸妈妈当然会满足你的愿意。”爸爸说。

“嗯，我现在才知道，原来最爱自己的，一直都是你们。”想起她爱吃什么，爱穿什么，爱玩什么，父母一直都十分清楚，欣欣的心里，甜滋滋的。

很多时候，女孩只会抱怨父母不理解自己，一点也不觉得父母是出于爱和信赖，才对自己要求那么严格的。因此，渐渐地，女孩不愿意再和父母亲近，也不愿把心里的想法让父母知道，其实这种状况完全是由女孩自己造成的。女孩在和父母交流沟通的时候，真的把父母的话完全听进去并理解透彻了吗？很多时候，女孩会在父母一开始拒绝自己的时候，就对父母产生了敌意，不去再听父母还讲了哪些内容，只能听到父母拒绝的声音。

长期如此，女孩自然会戴着有色眼镜来看待父母。但父母对孩子的态度却始终没变，一直是爱着孩子的。因此，女孩要对父母敞开心扉，信任父母，试着和父母做朋友，平心静气地告诉父母自己内心的想法，再听听父母的意见。不要在一听到父母开口拒绝时，就“万念俱灰”，要问清楚，父母为什么拒绝，耐心地听完父母的解释，当女孩了解了原因后，没准就会觉得父母说的是对的，有些事，确实应该像父母说的那样做。

女孩要多和父母进行交流和沟通，如果觉得刻意地没话找话说会有些尴尬，可以试着和父母培养共同的爱好，以此为切入点，拉近自己和父母的关系。

君君在学校是个活泼开朗的女孩，但一回到家里立马就“蔫”了下来，因为她总是不知道要和爸爸妈妈说些什么。在学校的时候，她有很多话想和同学朋友讲。

“为什么我和爸爸妈妈就没有共同的话题呢？”君君问自己最好的朋友小乐。

小乐说：“因为咱们之间有很多共同的爱好，而你和你爸爸妈妈之间却没有啊。”

“比如呢？”

“比如，咱们都喜欢唱歌，都喜欢同一个歌星，每次一谈起她，就像打开了话匣子，止都止不住，但你和你爸爸有吗？没有吧。”

“确实没有。”

“所以，你不妨看看你的爸爸妈妈都有哪些爱好，培养和他们一样的爱好，然后从中找话题，一定会改善你们之间的关系的。”

君君觉得这个方法不错，就照着小乐说的去做了。通过一周的观察，君君发现爸爸爱养鱼，妈妈爱养花，他们经常坐在一起，交换这方面的信息，君君也开始了解这些知识，最后发现养花养草是件十分有趣的事情，就主动和妈妈谈论起了花草的种植方法。

妈妈一听，女儿竟然还懂这些知识，高兴得也和她聊了起来，很快，大半天的时间就过去了，但母女俩还是意犹未尽。妈妈拉着君君的手往阳台走，说：“以前和你讲这些，你说没兴趣，现在既然你感兴趣了，我一定要把我的宝贝们全介绍给你。”

君君不好意思地羞红了脸，心中暗想：“等晚上爸爸下班回家后，再和他谈一谈养鱼的问题吧，一定也会十分融洽的。”

有时候，并不是父母故意冷落孩子，而是孩子对父母所说的事情不感兴趣，而冷落了父母。久而久之，女孩和父母之间自然会产生隔阂，觉得和父母越来越没话说了。但如果女孩像上例中君君一样，学着了解父母的兴趣爱好，并从中入手，参与到父母的讨论中，那么，女孩一定能惊喜地发现，自己和父母竟然也有说不完的贴心话。

培养共同的爱好和兴趣，就有这么神奇的效果。试问，当别人在讨论你喜欢的事情时，你是不是也会感到特别开心呢？这就好像找到了一个“志同道合”的朋友，以朋友的身份相处，肯定会比以父母和孩子的身份相处更轻松和有趣。

第九章

保护自身安全，远离不良行为

受社会一些不良习气的影响，一些女孩染上了吸烟、喝酒、打架、长期泡吧等不良行为。这些不良行为也给女孩带来了很多不良的后果，有时还会让她们付出生命的代价，令人十分心痛。本章要告诉女孩如何远离不良行为，实行自我保护。

最好不要喝酒

如今，有些女孩子觉得学会喝酒比较酷。虽然说酒对身体的伤害比烟小，而且小酒怡情，但是对于处在成长期的女孩来说，能不喝酒，最好还是不要喝。

有研究表明，女性比男性更容易因为喝酒而患上酒精肝。据研究发现，女性如果每天喝酒20克以上，经过三五年，就会轻易形成脂肪肝。而男性只有在每天饮酒超过40克时，才有发生脂肪肝的危险。这种男女差异，到底是为什么呢？

原来，人体内存在一种叫作“酒精脱氢酶”的酶，它有分解酒精的作用。但是，这种酶的活性很低，而女性体内的“酒精脱氢酶”又比男性少，所以，女性饮酒后体内的酒精分解量低、代谢慢，在体内存留时间也比男性长，因此才会对人体造成比较严重的损害。

处于青春期的女孩身体还在成长期，各个器官，尤其是消化系统还很娇嫩，不能过多地承受刺激性物质。酒具有刺激性，女孩一旦不顾身体而饮酒过量，就会让酒精对肝、胃等器官造成严重伤害，降低身体的免疫能力，引发疾病。喝酒为什么会降低人的免疫力呢？这是因为酒后毛细血管扩张，散热增加，抵抗力随之也就下降了。这时候如果不注意保暖和饮食卫生，很容易就会患上感冒、肺炎等疾病。

小兰升入高中后，开始了寄宿生活，平时在学校不是学习就是在宿舍睡觉，小兰总觉得生活一点意思也没有。

有一天，舍友悄悄从包里拿出了一瓶酒，神秘兮兮地说：“敢不敢喝两口？”

“喝酒？不行，未成年人不能喝酒。”小兰连忙摆手。

舍友说：“怕什么，只喝一点点，反正咱们每天都只能待在学校里，一点意思也没有，咱们得自己为自己找点乐子嘛。”

“可是……”

“别可是了，快拿两个碗来，趁其他人还没回来，咱们赶紧喝一点。”舍友说。

小兰从来没有喝过酒，第一次喝，只觉得嗓子眼直冒火。但习惯了之后，她觉得这种感觉太爽了。

于是，从那之后，她就经常和舍友偷偷跑出学校喝点小酒。

渐渐地，小兰觉得，自己的学习成绩，似乎下降了很多，而且背诵课文也不如以前那么快了。

“难道是我的记忆力下降了？”小兰有些纳闷。

饮酒过量还会伤害女孩的大脑，使女孩的记忆力下降，直接影响女孩的学习成绩。有的女孩可能会说，既然如此，就少喝一点，不是说“小酒怡情”吗？但实际上，女性比男性更容易喝醉，可能只是一小口，就有可能让女孩醉得不省人事。原来，女性体内含水量比男性少。一般情况下，男性体内的含水量为65%，而女性只有55%，而酒精在被血液吸收后会带走人体细胞中的水分，因此，在喝了相同数量的酒后，女性体内的酒精浓度会比男性高得多，更容易喝醉，也更容易损伤肝脏。

另外，女孩都很爱美，每天都会随身携带一面小镜子，一有机会就会看看自己是不是又变漂亮了。但是，如果女孩喝酒，那么，很遗憾，你将与美丽“绝缘”。

这是因为，酒是皮肤大敌。酒属于刺激性的饮品，长期饮酒会使皮肤变差，不仅越来越粗糙，还可能长出粉刺或痘痘，让女孩苦不堪言。如果女孩的皮肤本来就不太好，容易长痤疮，那就一定不要喝酒，否则只会令你更加没“面子”。

女孩喝酒还容易使脂肪堆积，渐渐长出小肚子，失去原本苗条玲珑的好身材。因此，为了自己的身体健康和青春美丽，女孩还是少喝或不喝酒为妙。

别让黑夜迷失了自己的“眼”

现在，有不少女孩上了初中、高中，就觉得自己已经长大了，不需要事事都向父母报告了。而且，女孩也觉得应该自己来支配时间，不能总听父母的安排。于是，就出现了很多不按时回家、打手机关机、发短信不回等令父母着急的情况。而且，很多时候女孩还是无意识中做出这些事情的。她们觉得，自己只是稍微晚了那么一点回家，有什么大不了的，为什么其他同学或朋友就可以晚回家或者不回家，而自己就要天天向父母报告呢？在这种心理的驱使下，女孩反而更喜欢夜不归宿了。

其实，夜不归宿是一个老问题。很多年轻的女孩因为各种各样的原因，而选择游荡在外，不按时回家。女孩觉得现在晚上灯光那么亮，人也不比白天的少，并没有那么多危险的事情，但事实却不是这样的。有不少女孩夜不归宿，最后受到了伤害。这种例子数不胜数。

小梅是个爱玩的女孩子，每天都会和同学们玩到晚上10点多，她才会回家。父母每天都让她早点回来，她都会说：“我都是和同学们在一起，她们都不回，我要是早回来，太不合群了。”

一天晚上，小梅和同学们约好了去看流星雨。但是流星雨出现的时间比较晚，要晚上10点才会出现，为此小梅犹豫了很久要不要去。但想到同学们都会去，她也就放下了心，想着四五个人在一起，总不会出意外吧。

但是，谁知道当天晚上有两个同学生病了没来，还有两个人嫌太晚，没有出来。只有平时和她最要好的同学陪她出来了。

“要不，咱们也回去吧，太晚了。”同学说。

小梅却觉得如果就这样回去太没面子了，就摇头说："怕什么，这里这么多人，难道还怕被人卖了啊。"

同学笑了笑，但还是说："真抱歉，我得回去了，太晚了。"

"你胆子真小，那我自己看，明天羡慕死你们。"

送走了同学，小梅正准备拿出望远镜望向天空的时候，一个身穿警服的"警察"走了过来，对她说："这么晚怎么还不回家？拿出身份证检查。"

小梅出出门并没有带身份证，就不安地说："我没带，我只是来看流星雨的，并不是做坏事。"

"这大街上都是看流星雨的人，谁知道你是不是来乘机作案的，现在小女孩出来偷东西的越来越多，我们得巡逻检查。""警察"一本正经地说道。

"可是我没带身份证……"

"那你跟我回警局一趟，或者去你家里，把身份证拿来让我们看一看。"说着，"警察"就开始推她，想把她推进旁边的一辆轿车里。

"警察"一边推她一边说："快点，我们还要回来继续巡逻呢。"

"这不是警车。"小梅看到车子的时候，疑惑了，心里也开始扑腾扑腾跳起来，心想，自己不会是遇到坏人了吧。

"警察都在巡逻，哪里有那么多警车，你快点上车，别耽误我们公事。""警察"不停催促她。小梅马上感觉事情有些不对劲儿，她想逃跑。可刚抬脚，就被人抓住了。原来车上还有一个男人。

男人说："小姑娘，没身份证可跑不了哦。"

小梅马上大声呼救，但她不知何时已经被男人带到了黑暗的巷子里，四周静悄悄的，根本一个人也没有。

"警察来了！"突然，空旷的巷子口传来一声呼喊，两个男人吓了一跳，松开小梅就跑了。

这时候，从巷口走过来一个大妈，对小梅说："孩子，这么晚了怎么还不回家，晚上坏人多，赶紧回去吧。"

“嗯，大妈，谢谢您……”小梅又感激，又害怕，呜呜地哭了起来。

从那以后，她再也不敢太晚回家了，每天一放学就早早地回到家，帮爸爸妈妈做饭收拾房间。

如果上例中的小梅不是遇到了好心的大妈，后果将不堪设想。从这个案例中，女孩也应该了解到，晚上最好不要独自外出，更不能夜不归宿，否则，不仅父母会吃不好饭，睡不好觉，还会为女孩的人身安全担忧。而且，势单力薄的女孩很难在没有外力帮助的情况下对付那些早有准备的坏人的。

如果事出有因，一定要在晚上外出的话，女孩也要做一些准备工作，为自己的人身安全负责。女孩要多了解和学习如何防范和对付坏人的方法，多看一些相关的案例，知道坏人惯用的作案手法都有哪些，外出时，一定要保持警惕心，一遇到陌生人前来搭讪，或者是值得怀疑的人时，一定要多留意，千万不能上当受骗。

另外，女孩不要太相信自己对他人的第一印象，有时候那些看起来很和蔼可亲的人却是真正欺骗你的人。虽然害人之心不可有，但防人之心也不能完全没有。女孩不要随便对陌生人说真话，更不能透露自己的家庭住址和个人信息，以免被坏人利用。

当女孩遇到那些用引诱或胁迫的方式让自己跟他走的人时，一定不能跟他走，要尽量往人多的地方跑，并边跑边呼救，当自己的呼喊吸引了路人的注意时，一定要请他们帮自己报警。这时候，坏人可能会感到害怕而逃走。

对校园暴力说“再见”

近年来，关于校园暴力的报道越来越多，而且在这些事件中，竟然以女孩间的争斗更为突出。校园暴力，就是指那些发生在学校及其周边地区，由学生引起的伤害性事件。

曾经，有这样一则报道，说是班上的一位女生丢了一笔钱，便怀疑是同班的另一位女生偷的，就让她交出偷走的钱。但那名女生并不承认自己偷了钱。结果，丢钱的女生就叫了几个朋友过来，一起对她进行辱骂，还不停地打她耳光、踢她、踹她……受尽折磨的女生最后没办法，只好承认是自己偷了钱，并答应双倍偿还。虽然女生要求被打的女同学不能把这件事说出去，但因为女同学受伤严重，最后还是被家人发现了，并报了警。而等待她们的，则是严肃的处理，还赔偿了不少医疗费和精神损失费等。

为什么这些女生也变得如此“暴力”，不惜做出伤害同学的事情呢？有专家分析，之所以学生会出现的打架、斗殴等行为，很多时候是因为其心理原因造成的。

在学习读书的过程中，很容易出现焦虑、自责、恐惧等不良情绪，这些情况严重影响了女孩的学习和生活。有的学生长期欺负同学，就是因为心理压力过重，在经过长时间的心理分析和辅导后，才能学会平等待人，健康成长起来。

除了女孩自己的心理原因外，客观环境的影响也是原因之一。

一些影视作品、音像制品、青春读物、电子游戏中，人们到处都可以看到充满暴力的场面。女孩在看过这些东西后，不但不能学到任何东西，还会为自己增添很多苦恼。正在读书的女孩很难正确理解这些电子产品中代表“正义”的暴力行为。她们会认为，只有“以暴制暴”，才能充满魅力，让自己变成英雄，所以就会渐渐变得崇拜和欣赏这些暴力行为，以至于自己最后也展开了暴力行动。

女孩暴力相向的目标，也经常是女孩。这是为什么呢？

有研究分析，这可能是因为女孩间紧密的关系容易引起他人的嫉妒所导致的。她们往往有一个最好的朋友，一个最最好的朋友，一个最最最好的朋友。在她们是朋友的时候，她们互相倾诉秘密，但紧密的关系很容易导致嫉妒。

那么，女孩该如何禁止这些暴力事件的发生呢?

首先，女孩应提高自身道德修养。生活在学校这个大集体中只有互相谦让才能融洽相处，女孩的一言一行不能只想到自己，还要学会尊重和体谅他人。

其次，要多站在对方的角度去思考问题。如果给别人造成了不便，要及时说声“对不起”，如果听到一些关于自己的怨言，女孩应奉行“沉默是金”的原则，忍一时风平浪静，退一步海阔天空。

最后，女孩要知道，同学之间并没有什么根本的利害冲突，彼此退一步，不激化矛盾，是能和好如初的。对于个别极为蛮横的学生或有时遇到双方都无法解决的矛盾时，应积极请求父母或老师从中进行调解。不管最后结果如何，女孩都不应使用暴力的方法解决矛盾。

女孩不要以为对人施暴是在保护自己。很多女孩会觉得“你不当打人者就要当挨打的人，与其被打还不如打人”。但是这种想法是错误的。自己受了气，就把气撒在同学身上，或者是一时看不顺眼就打斗起来，这可太有损女孩的贤淑形象了。

谨慎泡吧

随着经济的发展以及人们对生活的追求，人们越来越注重自己的休闲时光，十来岁的小女孩也不例外，经常会选择一些能让自己放松的形式，来缓解生活及学业上的压力。比如，泡吧。

现在，酒吧俨然已经成为一种文化。以前泡酒吧的人中以男性为主，但近两年来，女性泡吧者越来越多。而且，女孩去酒吧还很容易引起他人的关注。比如，男性或者是心怀不轨的人。在男性的眼中，泡酒吧的女孩就是他们的猎物，只要他们愿意，就可以手到擒来。但是，很多泡吧的女孩都还没有成年，是不适合踏入酒吧这种成人的社交场合的。

小园是一名高中生，平时喜欢泡在酒吧里消磨时间，用来缓解学习上的压力。

这天晚上，她又像往常一样去了常去的酒吧，一直聊天喝酒，到了深夜两点多才有了困意，起身想要回家。

这时候，一名男子举着酒杯走过来和她搭讪。小园想反正都已经晚了，再多聊一会儿应该也没事，就坐下来，和男子聊了起来。

男人告诉她，自己姓刘，是外地人，现在正在本市做生意，是个小老板，特别喜欢交朋友，希望能和她成为朋友。

“我还认识一个朋友，他是KTV的经理。我们去他那里可以打折哦。”小刘说。

在小刘的怂恿下，小园就和男子一块去了那家KTV。

自称小刘的那位经理朋友表现得非常热心，不仅免费让她使用一间大包厢，还怕她和小刘独处会尴尬，就又喊来了一些男女，让她们一起唱歌。

很快，一群年轻人就玩儿到一起了。这时，小刘叫了几杯饮料，大家边喝边唱，十分尽兴。但唱了没一会儿，小园突然觉得身体很不舒服，像要喘不过气一样。

她突然意识到不对劲，肯定是有人在饮料里动了手脚。于是，她赶紧借口上厕所然后掏出手机报了警。

很快，警察就赶来了，这才救下了已经快要失去意识的小园。

先不说女孩去酒吧到底是为了消遣还是为了喝酒，但是上例中小园这种和陌生人交谈，并跟他走的行为，是十分不可取的。尤其是小园一个人独自泡吧的时候，更容易被坏人盯上，发生危险。毕竟酒吧是一个环境复杂的地方，龙蛇混杂，发生什么事都是有可能的。

不少女孩去酒吧可能是为了和好朋友聚会，也可能是去解闷，但假如女孩是一个人去酒吧，那女孩很容易就会成为酒吧里一些“危险分子”眼中的“猎物”。这些男人就会像上例中的小刘一样注意到女孩，然后别有用心的和女孩搭讪，等到女孩对他完全没有戒心后，他就会以吃喝玩乐等名义，让女孩跟他一起走。只要女孩一踏入他的“地盘”，可能就不会像小园那样容易脱身了。

因此，女孩一定不要单独去酒吧消遣，如果是和朋友聚会，一定要选择比较正规的场所。毕竟，酒吧里的人员很杂，在正规的地方安全更能得到保障。

而且，女孩不要随便和陌生人搭话，也别随便接别人的话。如果女孩是第一次去酒吧，千万别喝酒，也别喝陌生人递过来的任何饮料。千万不要抱有“事情怎么可能发生在我的身上”的想法，否则就会像案例中的小园一样，遇到麻烦了。

有时候，在酒吧向女孩搭讪的人，可能不是男人，而是一些想和女孩做好姐妹的女性。女孩在遇到这些女性时，一定要多长个心眼，千万不要盲目地信任她们，这些人，可能比男性还要“恐怖”。如果女孩认识了这些在酒吧里所谓的姐妹，那样只能让女孩离危险越来越近。

女孩可能觉得酒吧女郎都很妖艳且富有魅力，为了变成那样的人，而去泡吧。而且还喜欢在酒吧里通过夸张的言行来得到别人的关注和表扬，从而排遣内心的寂寞，建立起一种自信。但是，女孩的这种行为却是幼稚的。虽然女孩可能会成为男人眼中奇异的风景，变成猎艳者眼中的猎物，但女孩绝对无法变成一个充满人格魅力的女性。

如果女孩真的很想体会一下泡吧的感受，该如何保护自己呢？

首先，不要独处。不要让自己置身于比较显眼的位置，也不要独自坐在黑暗的角落里。这些位置都容易引起别有用心的男士的注意，让他们发现并来与自己搭讪。

其次，如果女孩遇到了一个看起来比较绅士的男性，交流也比较融洽，并没有出现过于纠缠的事情，女孩也一定不要松懈。当这样的男性提出要送你回家时，不管他是真绅士，还是假绅士，女孩都应断然拒绝。仅靠一次谈话是无法把一个人的本质看清楚的，如果女孩觉得和他交谈能令自己放松下来，可以互留联系方式，这样一来，交往的主动权就落到了女孩的手上。

最后，女孩一个人在酒吧时，一定要注意不要待得太晚，给自己一两个小时的放松时间是可以的，但不要放纵自己。最好能在10点以前离开酒吧.如果还想再多玩一会儿，也尽量不要超过十一二点，因为深夜回家不仅会打扰到家人的休息，也会让自己的睡眠时间缩减，不利于女孩第二天进行学习和其他活动。

不要因为好奇而接触毒品

虽然社会的物质文明和精神文明的发展不断提高，但仍然有一些丑恶的现象存在，比如，吸毒。

目前的趋势是吸毒者越来越年轻化了，很多十五六岁的小女孩，脸上稚气未脱，却已经有了多年的吸毒史。女孩吸毒的原因很多。有的和家庭环境有着很大的关系；有的是因为好奇才开始吸毒的；有的是为了解闷；还有一些女孩，是受朋友的骗，相信吸毒可以减肥，才走上这条错误的道路的。

据了解，在某派出所审理的吸毒案件中，有接近三分之一是女性吸毒者，而且，这个比例还在逐年增加，令人十分心痛。

朵朵今年刚开始读高中，十六七岁的她正值青春年少时，但有一天，她却从同学手里接到了一包白色的粉末。

“这是什么？”朵朵问同学。

同学看了她一眼说：“毒品都不认识？这是好东西，能减肥。”

“减肥？真的吗？”朵朵问。

原来，朵朵一直想要保持苗条的身材，但她是那种喝水都会长肉的体质，因此一直在寻找好的减肥方法。

但她还是有些胆怯，对同学说："这可是毒品，万一上瘾了怎么办？"

"不会的，你每天只吸一点点，肯定不会上瘾。"同学说。

朵朵抱着怀疑的态度，试了试，发现并没有出现什么不良后果，而且一开始，真的是她想吸就吸，不想吸的时候也完全没有瘾。

最重要的是，朵朵真的变得越来越瘦了。但是她却发现，自己的食量减少了很多。以前能吃一碗饭，现在只要一小口，就吃不下去了。

一年以后，朵朵虽然"减肥"成功，但她却再也离不开毒品了。以前并没有任何瘾的她，现在毒瘾很大，她可以三天不吃饭，但不能一天不吸毒。

日常生活中，最常见的毒品有海洛因、摇头丸和冰毒。摇头丸就像一般的小药丸，有着各种各样的颜色，还刻着一些图案，每次服用只要超过四五颗，就有可能置人于死地。冰毒的样子就像它的名字，外表就像冰雪一样，让人觉得它是那么的"冰清玉洁"，但它的危害比摇头丸大多了。人只要服用2至3毫克，就可能毙命。可见，毒品就像老虎一样凶猛，随时随地，都能要人的命。

由于全球都在严厉地打击毒品交易，这让毒品"来之不易"，一下子也就拥有了"天价"。一旦被毒品拷上枷锁的人为了吸毒，还有可能走上贩毒的道路，一生都会身陷毒品的"噩梦"之中，无法自拔。

不要以为这是危言耸听，毒品就是这样的"诱人"，也是这样的害人。哪怕女孩只是沾上一点点，就很难戒掉。毒品，是一种具有药物依赖性的物品。它能让人的精神体会到一种刺激状态，一旦女孩感受到了毒品所带来的刺激，就会对这种幻觉产生渴望，导致成瘾。当女孩吸毒成瘾后，毒品就会捆绑住女孩的大脑，女孩只能不停地吸下去，就像掉进了无底洞，把自己所有的时间、金钱，甚至是生命都投到毒品之中。

不少女孩儿一开始吸毒并不是有意的，大多数都是听朋友说。"只吸一点，不会有事的"，却不知道只吸一点就走上了不归路。而且，当女孩在"享受着”毒品的时候，女孩的父母不仅伤心难过，为了帮女孩戒毒，也会将他们的生命时光都放在女孩身上，最后很有可能导致家破人亡。

一旦染上毒瘾，除了难戒除，还容易引发偷窃、贩毒等一系列次生危害。很多吸毒的女孩为了准备充足的资金去买毒品，就会铤而走险，开始偷钱、偷东西，用这些赃物换取毒品。而且，吸毒同时贩毒的例子也不少见。不少吸毒的女孩为了生存，不得不“以毒养毒”，吸食毒品的同时也去贩毒，最后把自己和别人都送进了监狱。

还有不少女孩把毒品看成是一种时尚的消费品，或者是提神的兴奋剂。但她们一旦吸食了毒品，就会完全被毒品控制，逐渐丧失对生活的激情和学习的动力，就会产生强烈的自卑感。

除了以上这些，吸毒对女孩还有哪些危害呢？以冰毒为例，冰毒是一种新型的毒品。在女孩刚开始吸食冰毒时，和正常人一样，但实际上冰毒已经对女孩的中枢神经造成损害了。随着吸食的时间的加长，量的加大，冰毒对女孩的危害也就越来越明显、越来越严重。常见的表现为：情绪激动、易怒、妄想、偏执狂、出现幻觉甚至产生杀人的倾向。如果这个时候女孩继续吸食冰毒，就会出现一种极度衰竭和抑郁状态，甚至产生自杀心理。身体方面，女孩吸食冰毒会导致心血管疾病的发生。比如头痛、心悸、心律不齐、心绞痛、厌食、恶心等，严重时还可产生惊厥、脑出血，甚至是昏迷致死。

所以，女孩，一定要远离毒品，不交毒友。千万不要相信“只是试一点点，不会成瘾的”这样的鬼话。

意外，随时可能“光顾”

俗话说“人在江湖漂，哪有不挨刀”。在日常生活中，各种各样的意外，随时都有可能“光顾”女孩。比如，交通事故、意外摔伤等。

据不完全统计，近年来，交通死亡人数一直处于上升趋势，除了机动车驾驶员违章驾驶导致的车祸外，还有相当一部分是学生不遵守交通规则乱穿马路所导致的。

下面来看一看，现实生活中，到底有多少类似的真实事例。

某日报有过这样一篇报道：《杭州下沙女生下公交时意外受伤，抢救无效死亡》。

报道中说："在下沙学源街，杭州师范大学大四女生小陆从公交359路车上下车时发生意外受伤，当晚经抢救无效死亡。"

"当时天正下雨，车上的乘客很少，公交车的反光镜比较模糊，所以事发时的具体情况司机也不清楚。而受害女生小陆是杭州师范大学人文学院对外汉语专业大四学生，萧山人。据了解，她性格活泼开朗，很爱笑，最近这段时间大家都在忙着找工作，她已经通过了一家公司的笔试，前天回学校是为了准备第二场面试。那天，雾蒙蒙的，一直在下雨，车里乘客不多，进入下沙后乘客更少。公交车在下沙学源街文海路站停靠后小陆下车，惨剧就在那一刻发生……虽然事故发生后，小陆马上被送往医院，但她还是永远地离开了我们。后来，据医院的工作人员说，死者身上出血点较多，并有多处骨折。"

《19岁姑娘溜冰意外摔伤颅脑，左侧偏瘫部分失忆》这是某新闻网站上曾出现过的一篇报道。报道称：19岁的女孩因为溜冰摔倒，最后摔成了重型颅脑损伤，导致左侧肢体偏瘫，记忆力也变得残缺不全。作为家里的长女，女孩早早地就参加了工作，在和几个同事一起溜冰时发生了意外，摔倒在地。虽然她马上被同事送进了医院，但当时她已昏迷，头皮破裂出血，瞳孔散大，情况非常危急。经抢救，女孩的生命虽然保住了，但伤势严重，不仅颅脑受到严重损伤，还出现脑挫裂伤、左侧肢体偏瘫等症状。

类似的事件还有很多，这里就不再一一列举了。

那么，当遇到意外伤害时，女孩应该怎么办呢？

冷静！遇到意外伤害时，保持冷静的头脑，做出最准确的判断，是很重要的。其实不只是在外面，在家里，女孩也有可能遇到很多意外伤害。比如，摔伤、割伤、烫伤等，甚至还有坠楼事件等。现在人们居住的楼层越来越高，而且大多是落地窗，有时候稍不留意，就有可能发生坠楼事件。前两年发生的2岁小孩子坠楼的事情不就是最真实的写照吗？虽然最后孩子被“最美妈妈”接住了，但“最美妈妈”因为冲坠的力量，双臂都骨折了。真是伤己又害人。

在遇到这些意外时，女孩该如何保持冷静，掌握应急措施呢？

女孩都喜欢跟着父母进厨房帮忙，如果不小心油溅到眼睛里了，怎么办？女孩应迅速用流动的水冲洗10分钟，然后用干净的敷料覆盖伤眼，再赶紧前往医院进行诊治。

食物中毒后怎么处理呢？女孩在发生食物中毒事件时，不要进行人为催吐，要请身边的人搜集信息确定中毒原因，保留证据前往医院就医，并把这些证据交到医生手里，请医生做出判断。

发生溺水事件应该怎样抢救？保持落水者头低脚高的位置，注意保暖，防止低体温。如果意识清醒，可以向救助的人索要热饮。

在家里煤气中毒了怎么办？女孩应保证自身安全，一发现煤气泄漏，立即通风换气，在有意识的时候，打电话联系亲朋好友或医院，立即请求他们将自己送往医院进行救治。

被鱼刺卡到怎么办？不只是女孩，大部分人都经历过被鱼刺卡到的意外。这时候，一定不要心急，如喉部被鱼刺扎到，且位置较深，不要采用喝醋或吞咽馒头等行为试图将刺咽下去，殊不知这样很可能引发梗塞、喉部刺伤、食道刺伤等进一步伤害。女孩一定要保持冷静，首先请家人或朋友观察鱼刺的位置，避免过度活动并及时前往医院进行治疗。

总而言之，女孩在日常生活中，一定要注意保护好自己，不要因为一时的疏忽大意，而令自己的人身安全受到伤害。过马路时，一定要自觉遵守交通法规，服从交通民警管理，听从指挥。参加户外活动时，一定要注意活动的强度，不要做剧烈的活动，以免发生危险。

第十章 美容好方法，让女孩变得更动人

人们平时在看到漂亮的女孩时，经常会用很多美好的词语来形容她们。青春期的女孩正值大好年华，年轻漂亮，朝气蓬勃，但也有自己的青春小烦恼。

“爱美之心人皆有之。”女孩在进入青春期后，爱美之心便开始萌芽。明明是想让自己的皮肤看起来更白皙粉嫩，但在使用了一些不适合自己的化妆品后，却发现小痘痘一夜之间爬上了自己的脸，这可愁苦了小女孩。怎么办？当然是多了解一些能使自己美丽的小方法，让女孩能在保证身体健康的同时，呵护娇嫩的容颜。

了解肤质，用对护肤品

人的皮肤并非完全一样的，和体质一样，每个人也都有不同的肤质。一般情况下，人的肤质可分为中性皮肤、干性皮肤、油性皮肤以及敏感性皮肤。

中性皮肤表现为毛孔小，皮肤不是太油，也不是太干，很少有瑕疵。干性皮肤经常会出现片状干燥，偶尔有红肿和瘙痒的现象。油性皮肤和干性皮肤相反，每天都“油光可鉴”，而且还容易产生黑头、粉刺等皮肤问题。敏感型皮肤最让女孩头疼，因为这类皮肤几乎对所有含有香料或防腐剂的护肤品都会产生不良反应，表现为发红或刺痛，严重的时候还会让女孩像“毁容”一样，面目全非。

皮肤是人体的第一道保护屏障，女孩只有了解了自己的肤质，才能选择正确且适合自己的护肤品，不至于让皮肤受损。如果女孩选择的护肤品不适合自己，就好比是“雪上加霜”，不但解救不了皮肤问题，反而会产生很多的副作用。

升入高中后，茉莉也和其他女孩子一样，开始萌发出爱美之心来。

有一天，茉莉约了几个好友一起去购物，今天，她们的目标是为自己选择一款合适的化妆品。

女孩都喜欢购物，似乎那些柜台里的物品都在呼唤“快来带我走吧！快带我回家！”茉莉也不例外，很快就被柜台里摆放的各种化妆品吸引住了。她详细地询问专柜小姐各种不同的化妆品对皮肤有什么作用，看来是真打算在护肤上下一番狠功夫了。

专柜小姐也乐意接待茉莉这样的顾客，因为容易引导，也容易推销产品。她被专柜小姐的“专业”度折服，觉得自己急需保养皮肤，不然就等着变成“黄花菜”了。最后，在导购小姐强烈的推荐下，茉莉购买了一套美容用品。拿着这些“宝贝”茉莉乐滋滋地回家了。

刚开始，这些化妆品确实让茉莉看起来变漂亮了很多，茉莉每天都会扫点腮红，画个眼线，把自己打扮得漂漂亮亮的。但没过多久，茉莉发现自己脸上开始长痘痘了，最后演变成“一波未平一波又起”，脸上的痘痘此起彼伏，这可吓坏了茉莉。

从那以后，茉莉不敢再往脸上抹化妆品，连那套没用多少的控油乳液也不敢用了。意外的是，当她停止使用化妆品时，脸上的痘痘竟然奇迹般地消失了。

后来，茉莉才知道，自己的皮肤并不适合用控油产品，她本身就是干性皮肤，用控油产品不但不能保护皮肤，而且会破坏皮肤的酸碱性，从而产生副作用。而那些腮红之类的化妆品也是长痘痘的“罪魁祸首”。由于毛细孔被堵塞，皮肤自然要抗议了！茉莉这才意识到，乱用护肤品，是一件多么可怕的事情。

其实，女孩的皮肤如果没有出现比较严重的类似于痘痘之类的问题，是不需要保养品的，只需简单的护肤品，在秋冬季节天气比较干燥的时候涂抹一些保湿面霜就可以了。如果一定要购买护肤品，一定要先了解自己的肤质，再选购适合自己使用的护肤品。

每个女孩的皮肤都不一样，适合别人的不一定适合自己。女孩在购买护肤品时要有针对性，不能将价格作为护肤品的购买标准，但是也不能使用价格低廉、没有品质保证的产品。还有一些女孩是过敏性皮肤。这类女孩在选择护肤品时要特别注意，因为很容易引起过敏反应，对皮肤造成伤害。

如果女孩喜欢用美妆产品，那么用后一定要记得卸妆。可以用温和的清水或和专用的卸妆液卸妆，否则会刺激皮肤，产生不良反应。这是因为青春期女孩身体的皮脂分泌旺盛，化妆品会阻碍皮肤的自由呼吸，若是不卸妆或不清洗干净，皮肤会因为无法呼吸就会产生各种问题。

那么，不同的肤质到底该注意哪些问题呢？

如果女孩是中性皮肤，在选购护肤品时，不需要选择那些具有特殊功能的化妆品，只需要坚持每日的清洗和滋润就可以了。

如果女孩的皮肤属于干性皮肤，就应避免使用泡沫型的洁面乳，因为这类产品一般都有去油的作用，在洁面后，可以适当使用一些护肤霜和润肤剂，最好是具有天然保湿因子的产品。

如果女孩是油性皮肤，那么一定要注意保持毛孔的畅通，选择好的洁面产品，保持皮肤的清爽和清洁是很重要的。另外，还可以每周进行一至两次的角质处理，及时清理死皮细胞。

敏感型皮肤的女孩在选择护肤品时，最好选择温和、没有气味的产品。避免任何额外的清香产品，可能会给皮肤带来的发红发痒现象出现。

另外，女孩还要注意防止皮肤晒伤。有时候，夏季太阳的“毒火”会灼伤健康的皮肤，日晒后会出现发热变红、皮肤紧绷、角质层增厚、毛孔扩大、脱水等情况，严重时，还有可能出现脱皮、红肿和皮疹等。因此，女孩在夏季出门时，一定要进行防晒，除了随身携带遮阳伞，必要时还可以涂抹一些防晒霜，但一定要注意选购正规厂家生产的防晒产品，以免防晒不成反伤肤。

提早预防，不在脸上“种”痘

青春痘一直是女孩的“大敌”。很多女孩在青春期都会遭到“痘痘”的侵袭，这让她们既“脸面无光”，又饱受心理上的煎熬。但就是对这些“侵略者”束手无措。

有时候，女孩还会“手贱”的一见痘痘就又挤又抠的，结果反而在脸上留下无法消除的疤痕，为自己增添了很多烦恼。

那么，青春痘到底是什么呢？女孩为什么会长痘呢？

痘痘古称“面疮”，多长在面颊、额、鼻和下颌部。中医上讲“肝性条达”，指肝气要像春天里的树木一样，所有树枝向外伸展，这棵树才会长得茂盛。那么，如果体内肝气郁滞，人首先就会出现情绪波动，主要表现为心情郁闷、烦躁易怒等，这些情绪又会引发肝火。之后，火气会循着肝胆经冲上头部，而额头两侧是肝胆经主管的部位，所以痘痘很容易长在这儿。另外，还有两个部位很容易长痘痘，那就是脸颊和前额，这是由于胃火旺造成的。“火性炎上”，胃火沿着胃经上传到脸颊、前额，就会容易长痘了。

长痘后，女孩可以用按摩的方法来祛痘。比如，额头两边长痘痘，人也莫名其妙发脾气，这时，除了太冲穴这个肝脏原气流注的地方可以直接调整肝郁，气海穴也能派上用场了。气海也就是气功里所讲的“丹田”，是人生发真气的地方，能全面培补人体的正气，因此它也被称为“性命之祖”。正因为气海穴能调整人体正气，所以它也能协助太冲穴消除肝气郁滞，驱除因肝气郁结而长出的痘痘。而当脸颊、前额长痘痘时，改善皮肤的方法还有按摩内庭穴，它就在我们脚背第二第三趾缝间的凹陷处。内庭穴是足阳明胃经的荥穴，《黄帝内经》有“荥主身热”的说法，所以按摩内庭，可以泻胃火。早上 7 点到 9 点按摩，祛痘效果更佳。

长了痘的女孩，不用着急上火，也不用无奈地听之任之。按摩配合生活的调理，痘痘就会远离女孩。平时少吃肥厚油腻的食物，比如油炸食品和肉类，要多吃富含维生素的蔬菜水果。多喝温的白开水，促进人体排毒。好的作息习惯也能够帮助女孩远离痘痘。此外，保持愉悦的心情，让肝胆和脾胃运行顺畅，痘痘就会不见了。

除了按摩祛痘，女孩在发现自己长痘后，千万不要用手挤压，正确的做法是保持皮肤的清洁，不要频繁用手触摸脸部皮肤。否则，很容易在脸上留下痘痕，严重的时候还会留下像“麻子”一样的坑印，十分影响美观。这是因为，女孩在挤压痘痘时，没有对手和皮肤进行严格的消毒措施，而且女孩的手法也不专业，很容易在挤压痘痘的时候伤及真皮层，留下痘痕，成为一生的遗憾。尤其是女孩面部三角区部位长的痘痘，一定不能挤压，因为错误的挤压方法会使细菌进入颅内，导致颅内感染，既影响女孩的美丽容颜，又损害身体健康，实在是不妥当。

如果女孩不想为痘痘发愁，也可以提早预防。

首先要注意饮食，平时不能吃辣的，要选择一些清淡点儿的食物。

其次要注意皮肤的清洁，选择适合油性皮肤使用的洗面奶洗脸，洗脸的时候，应用双手指腹轻轻按摩面部，两三分钟就可以了。这样做的目的是对皮肤进行深度清洁，彻底清除皮肤上的灰尘和油垢。洗脸的时候，最好使用温水，这样能帮助毛孔扩大，把油垢洗出来。

再次，爱长痘痘的女孩应避免使用油性或粉质的化妆品，如果女孩喜欢化妆，也不能化浓妆，在睡前，女孩还要进行卸妆，不在脸上涂抹晚霜等护肤品，使夜间的皮肤轻松、畅通，充分呼吸。

最后，长痘痘以后，女孩不要总是用手触摸痘痘，因为手上的细菌和头发上的赃物极易感染皮肤，加重痘痘的情况。

总而言之，痘痘并不可怕，女孩只要用对了方法，一样能把它扼杀在摇篮里。

如何拒绝斑点

雀斑是由皮肤内层的色素所引起的，一旦形成就会很难除去。一般情况下，雀斑很容易和黄褐斑、痤疮混淆。在古代，因雀斑“状若芝麻四散，如雀卵之色”而得名。现代中医学认为，雀斑是一种色素障碍性皮肤病。主要是因先天遗传、后天不足、肾虚水亏所致。另外，经研究发现，雀斑的发展和日晒也有着密切的关系。夏季阳光充足，则雀斑颜色加深，冬天反之。而且，雀斑多见于女性，在儿童期就会出现，青春期尤其明显。这也就是为什么青春期的女孩会对脸上的小斑点感到苦恼的主要原因了。

所以在阳光猛烈的夏日到来之前，青春期的女孩就应该好好保护一下自己的脸部皮肤了，时刻要注意不要让面部在阳光下暴晒，也要在脸上擦点护肤霜或防晒霜，防止皮肤干燥，雀斑加重。另外，有雀斑的女孩在日常生活中还要注意随时补充充足的维生素C，多吃新鲜水果和蔬菜，经常喝些蜂蜜水。

很多时候，人们会把雀斑和黄褐斑以及痤疮混淆，那么，三者到底有什么区别呢？

雀斑主要是淡褐色、黄褐色斑点，椭圆状、表面光滑，多发于皮肤暴露部位，多见于面部，比如，鼻、两颊等部位。另外，人体手背和躯干上部也比较常见，一般呈现对称式分布。

黄褐斑是因肝脾肾病变引起。多是黄褐、淡褐色斑点，形状犹如蝶翼状，表面光滑，无鳞屑。多发于面颊和鼻梁。

痤疮是因脾胃有热引起的，表现为零星的小丘疹。挤压后可看到黑体白脂栓。

女孩应先确认自己身体上的斑点是否属于雀斑，再对症下药，解决这个难题。

夏天很热，女孩小北每天上学都要忍受似火烈日的炙烤。最近几天，她一直闷闷不乐，每次照镜子的时候都唉声叹气，好像遇到了很不开心的事情。

朋友问她：“你最近遇到什么烦心事了？”

小北叹了口气说：“太烦了，你看，我的脸上长雀斑了。”

同学一看，小北的脸上果然长起了雀斑，但症状还很轻，如果不仔细看，是看不出来的。

小北说：“我不是一直都喜欢到户外玩嘛，前两天太阳那么毒我也不怕，还是出去到处玩，结果，没想到竟然就长斑了。”

同学笑道：“你这是自作自受，那么炎热的天气，你还出去玩，紫外线肯定会伤到皮肤的啊。”

“紫外线伤皮肤和长斑有什么联系？”小北不明白了。

“当然有关系。”同学问，“你知道黑色素吗？”

小北点了点头，同学接着说：“黑色素的主要作用之一就是保护我们的皮肤不受紫外线的伤害，当黑色素在保护我们的皮肤的时候，它们就会在我们最敏感的部位聚集起来，聚集得多了自然就会显现出来了，就会成为一个个斑点了。”

小北恍然大悟，看来以后阳光过于强烈的时候，她还是少出去“晒太阳”比较好。

日常生活中，很多女孩在青春期就会发现自己脸上竟然长出了雀斑，这让她们十分困扰，往往花费无数的精力和成本却效果不佳。其实，女孩只要每天坚持按摩血海穴便可以轻松达到祛斑的效果了。血海穴是脾经产生的血聚集的地方，按揉它可以改善皮肤血液循环，让肌肤充分吸收营养，从而减少或消除雀斑。需要注意的是，也就是上午 9 点到11点，是脾经运行最旺盛的时间，在这个时间内按摩，效果会更佳。另外，在闲暇时间，还可以通过按摩膀胱经来调理气血，达到淡化雀斑的效果。

雀斑是季节性的，夏季颜色加深，冬季则相应的会变浅。女孩在防治雀斑时，可以根据这一点，不同的季节用不同的防治方法来达到祛斑的效果。在夏季，女孩要预防雀斑的新生，这是因为夏天紫外线强烈，黑色素会更加活跃，此外，天气炎热，人们的肝火比较旺，也容易引起雀斑的产生。女孩出门的时候一定要做好防晒工作，防晒霜是不可缺少的，还要戴上帽子或者利用遮阳伞，为自己的皮肤保驾护航。

鸡蛋也是很好的天然美容产品，对于祛斑也有很好的功效。临睡前，女性朋友可以将一颗鲜鸡蛋的蛋白和一小汤匙蜂蜜搅匀，然后用干净软刷子将此膜刷在脸上，其间可以进行按摩，刺激皮肤细胞，促进血液循环。等到膜干后用清水洗净就可以了。长期坚持下去，能使皮肤光滑细腻，扫除面部的斑点，美白肌肤。

而且，中国自古以来就有“一白遮百丑”的说法，所以爱美的女性们对美白肌肤的追求从来没有停歇过。古代是各种胭脂水粉，现代则是林林总总的遮瑕膏、粉底液之列的粉饰系列堆放在每个成年女性的梳妆台上。

中医认为，皮肤、五官、容颜、爪甲、毛发，都是整体的一部分。皮肤是内脏的镜子，是人体气血盛衰的外在表现。五脏六腑、气血津、液精、经络、六淫七邪等致病因素，都对美容有直接影响。而最容易影响肤色的脏腑当属肝、脾、肾。

所以美白就像是治病，治标不如治本。如果想仅仅通过注意防晒、远离紫外线等方式而不注重从身体内部进行调理，几乎是不可能达到理想美白效果的。只有把内在肤质调理好，肌肤才能展现真正由内而外的自然美白光彩。

如果肾气不足，会出现肤色暗沉等症状，最重要的不是往脸上抹多厚的美白精华霜，而是需要通过健脾来补足肾气。可以多吃黑芝麻糊、桂圆、淮山药等常见食材。

如果面色惨白或萎黄，则属于血虚，这样可以从补血下手，可以吃熟地黄、黄芪、人参等药材，也可以通过常吃红烧鳗鱼来补血，让肌肤恢复白里透红。

饮食不规律、营养不均衡、生活习惯不科学、工作压力大等原因都会导致体内的细胞制造出更多的废弃物，让皮肤显得暗沉。先排毒，多吃水果蔬菜等排毒食品，让肌肤重现白里透红，美白也是一个由内而外的护理工程。

另外，日常生活中还有很多的祛斑小方法，比如，服用能祛斑的中医汤饮、补充维生素C或者进行食疗。女孩可以找到最适合自己的祛斑方法，进行祛斑工作。需要注意的是，女孩不能自行服用祛斑药物，也不能滥用商品中所说的带有祛斑效果的化妆品。这些药物和化妆品都带有一定的副作用，如果使用不当，很可能祛斑不成反增斑，后果不堪设想。

如何呵护秀发

女孩天生爱美，这种爱美之心，不仅体现在穿衣打扮上，还可以从女孩一头飘逸的长发看出来。女孩如果有一头秀美的长发，将会被人羡慕、称赞。但青春期的女孩却经常做一些伤害头发的事情。比如，烫发、染发。她们以为，这样能让自己变得更美，殊不知，这种美，只是暂时的表象，女孩的头发在不知不觉中，已经受到了伤害。

一天周末，小姚和好朋友典典约好了要一起去美发店做头发。

两人在路上时，开心地聊了起来，“小姚，你的头发这么长，是怎么保养的？”

“我好久没去做头发护理了，你看，发梢都开叉了。”小姚苦恼地说。

“嗯，是有点干枯分叉了。”典典说，“你平时都用什么洗发水儿啊？”

“爸爸妈妈买什么，我就用什么，好像没有特别使用哪一种洗发露。”小姚回答道。

典典最近也在为自己的头发苦恼，她总觉得自己的头发像枯草一样，梳也梳不动，理也理不直。

小姚也是，觉得自己的头发太干，不知道该如何护理，两个人一边往美发店走，一边诉起了苦。

一到美发店，典典就对理发师说：“我今天要烫发，帮我烫得漂亮点啊。”

“好的，没问题，这位小姑娘要怎么理？”

“我啊……染个头发怎么样？不过学校不让染夸张的颜色，最好是比较接近自然色的。”

“没问题，一定让两位小姑娘变得漂漂亮亮的。”美发师笑着去收拾理发器械了。

青春期时女孩因为体内激素的作用，会产生大量的油脂来保护发丝，使女孩的头发看起来十分飘柔、湿润、有光泽。但是，现在很多女孩为了美而染发烫发，这样做就破坏了头发上的油脂平衡，使头发过早地开始分叉，看起来一点也不健康。

那么，女孩应该如何护理头发，减少对头发的伤害呢？

因为女孩的头发比较油性，所以一周要洗两至三次头，洗头时要避免使用含有乳液的润丝精。如果头皮产生的头屑较多，应及时选用具有去头屑作用的洗发剂来清洗头发。因为如果头屑得不到及时清除，也会影响头发的质量的。在使用洗发剂时，应根据头发的长短多少来选择使用量，过量则会将油脂冲洗掉，影响发质；过少也不行，不能将头发上的污垢完全清洗干净。

另外，女孩还可以选择按摩的方法，来护理头发。

中医说“发为血之余，血盛则发润，血亏则发枯”、“肾主骨主髓，其华在发”，未老先衰、头发枯萎、早脱早白其实就是肾中精气不足和血虚的代名词，即是说头发的健康和肾、脾、气血密切相关。

生活中，很多女性的头发容易干枯、分叉，这是因为“女子以血为本”，而女性又由于经期等原因常常处于贫血状态，才导致气血的亏虚。人的头部是人体气血汇集的地方，人体中的所有经络都直接或间接地汇集于头部。经常按摩头顶上的百会穴、四神穴、太阳穴、翳门穴等穴位，都可以加强头部血液循环、刺激毛囊的分泌，从而增加发根部的血液，使头发更好地吸收各种营养，改善头发的生长状况。

另外，中医还认为头发枯黄与肾中精气不足和血虚有关。女孩还可以在医生指导下采用外敷中药的方法来护发，促进头部对营养的吸收，使头发乌黑亮泽。

生活中，有很多不良习惯会损害头发。长期吸烟会导致向发根运送营养成分的毛细血管收缩，减缓血液循环；洗头过勤会将皮脂腺分泌的油脂彻底洗掉，头皮和头发因失去天然的保护会更加脆弱；经常使用吹风机、烫发染发和用力擦干湿发也会损伤头发。

女性朋友若想拥有一头飘逸的乌发，平时要多吃一些富含维生素的食物，比如奶制品、胡萝卜、菠菜等黄绿色的蔬菜、动物肝脏、蛋黄等；多吃富含钙质的食物，如鱼类、卷心菜等；还要多吃含碘的食物，如海带、紫菜、海蜇等。

另外，女孩也不能经常扎马尾辫。虽然处于学习阶段的女孩把头发扎起来会比较清爽利落，但常扎马尾，却容易引起头痛。

人们的头皮布满了神经和血管，常扎马尾辫就会对这些神经和血管产生一定的压迫和拉扯，导致血管收缩、神经反射，最后引起头痛。所以，女孩如果在扎马尾辫的过程中如果感觉头痛，应赶紧放松头发，让自己的头皮休息一下。而且，女孩的头发越长，越不易扎马尾辫，因为过长的头发会对头皮产生较重的拉扯，更易导致头痛的问题发生。

轻松着装，更显“玲珑美”

如今的女孩并不甘心每天只穿着宽大没“品”的校服生活。在学校里没办法改变自己的形象，一旦离开了校园，女孩就开始用心地打扮自己了。紧身衣、高跟鞋……什么穿着更能让自己看起来吸引人、有个性，女孩就怎么穿。但青春期的女孩正是身体成长发育的重要时期，过紧的衣物和高跟鞋，并不利于女孩的身体健康。相反，还有可能对自己的身体造成不良影响。

小桃是一位性格活泼的女孩，她身材匀称高挑，朋友们都说她长了一副模特儿的身材，而她自己也一直很羡慕走在T台上的模特，希望自己长大以后，也能成为一名模特。

抱着这样的想法，小桃逐渐开始尝试打扮自己了。

周末，小桃和朋友去购物，小桃为了让自己显得更高一点，特意买了一双“恨天高”，10厘米的鞋跟让小桃立刻在人群中显眼起来。朋友跟她站在一起，立刻就有一种“矮人一头”的感觉。

但没过多长时间，小桃就开始后悔自己今天这身打扮了，这身打扮在商场里看起来实在怪异，而且也快忍受不了高跟鞋的折磨了。

T型台上的模特看起来闪闪发光，无论什么款式的衣服穿在模特身上好像瞬间被输入了吸引力，让很多女孩心生羡慕。但并不是模特们穿的，就适合现实生活中的女孩来穿。

学会打扮自己，挑选适合自己的搭配方案是每个女孩的“必修课”，而这门课程包含的不仅仅是服装的搭配，还包含了对美的认识。如果像上例中的小桃一样，生搬硬套模特的着装模式，可能美不成，反倒要受罪了。

女孩要掌握搭配的原则。比如颜色的搭配技巧、不同体型适合的服装、性格与服装要协调等。而且，饰品也是服装搭配的一方面，不同的饰品会使女孩显得高雅或低俗。饰品的搭配最好与服装的颜色和风格一致。不同的场合需要搭配不同风格的衣服，穿对衣服比穿漂亮的衣服重要。

在颜色的搭配上有一句名言：无论穿什么，身上的颜色最好不要超过三种。女孩要灵活运用“搭配经”。在把握不好服装的搭配时，那就遵循不超过三的原则。但是也有例外，比如红和绿这两种颜色搭配在一起是非常难驾驭的，女孩在搭配时最好不要轻易尝试。

女孩在选择衣物时，应先看舒适度。衣服穿在人身上，要使人感到舒服，活动自如，不会给人带来别扭和妨碍，这样才有利于女孩的健康和学习生活。女孩挑选的服装一定穿得合体，要宽松舒适。而穿牛仔裤、紧身衣、拖长裙都不适合成长发育期的女孩，女孩应尽量少穿这些衣物。

外衣能体现出女孩的爱好和品位。每个女孩的外衣都经过一番精心挑选，但内衣和和贴身衣物却会遭到冷落。真正爱美的女孩，对那些不展示在大众面前的贴身衣物也会精心挑选。如果说外衣是用来展示自己形象的，那么贴身衣物的品质则能体现出女孩对美的态度。女孩在选择内衣时，应看内衣是否具有良好的透气性，是否具有吸收人体分泌的汗液和污物的能力。女孩最好选择那些吸水性强、透气性好、柔软光滑、穿着舒适的纯棉内衣，避免穿着由涤纶、棉纶、腈纶等合成纤维制成的内衣。

服装的色彩也直接影响到人的身心健康。鲜艳的色彩使人兴奋、愉快，柔和的色彩给人带来宁静、舒适的感觉，而暗淡的色彩使人感到压抑、沉重。不同的季节，女孩也应选择不同颜色的衣服。夏天宜穿白色或浅色衣服，吸入的热量少，人就觉得凉快；冬天则穿蓝、黑或其他深颜色的衣服比较能让人感觉温暖。

另外，裤子跟鞋也很重要。穿起来合身的裤子会让女孩很放心。款式简洁、做工优良的裤子是百搭款，无论搭配什么样的上衣都非常合适。那些华丽的高跟凉鞋，穿起来是好看，可只适合私下里穿，逛街或非正式场合尽量避免穿太过华丽的高跟鞋。

正确使用化妆品

现在的女孩，不化妆就好像没穿衣服一样，不敢出门，不敢见人。但是青春期的女孩，皮肤敏感细腻且多油，如果过早使用化妆品，只会让自己长痘痘，对青春期女孩的皮肤健康有百害而无一利。

而且，现在市面上的各种化妆品中都含有一定的化学物质，这些物质并非皮肤营养、代谢所必需的营养素，如果女孩长期使用，不仅会破坏皮肤的屏障作用，还会加重皮肤的负担，让皮肤老化，严重时，还是引起色素沉着，让女孩的脸上慢慢形成斑点。

小曾是一名长相平凡的女孩，但是升入高中后，她学会了化妆，每天都把自己的脸用各种化妆品打扮得精致漂亮，才肯出门。

这天早上，小曾本来就起得晚了，但她宁愿不吃早饭，也要化妆。抹抹口红、打打粉底，一直磨蹭到快要迟到了才随便吃了点早餐，然后往学校跑。

在去学校的路上，很多行人都在看她，小曾想，肯定是这些人都在欣赏她美丽的容颜。她心里美滋滋的，迈着轻快的步伐走进教室。一进门，同学们也齐刷刷地望着她。小曾心中暗想：他们肯定都在惊叹我的漂亮！

小曾面带微笑地走到自己座位上，心里满满的都是得意，自信心得到前所未有的满足，一种优越感油然而生。

女孩爱化妆是爱美的天性使然，甚至可以无师自通地掌握化妆的技巧，化妆的确可以遮盖一些先天条件的不足，比如皮肤偏黄、眼睛缺少神彩或者眉毛的形状不够完美……

不过，青春期的女孩完全不需要用化妆品来装饰自己，因为年轻，才是自己最大的资本。

女孩应该把更多的精力放在学习上，学习会耗费大部分时间，如果带着妆容去上课很容易被各种各样的意外状况而分散精力，影响学习。

如果女孩真的想化妆，也应该化个淡妆。只略微修饰一下脸上的瑕疵就可以了。比如，修正肤色，让皮肤看起来更健康；涂一点唇彩、画一点眼线，让自己看起更精神。这些行为还是可以允许的，毕竟爱美是女孩的天性嘛。而且，女孩在未来的人生中会遇到很多需要化妆的时刻，提前学会一点化妆技巧，也是很不错的。但女孩要注意，化妆一定要恰当、合适，人的穿着要分场合，合适的地方穿适合的衣服最得体，化妆也是同样的道理。

莎士比亚说：人因为可爱才显得美丽。所以，女孩的气质和性格更胜于容貌。女孩内在的修养比外表的漂亮更重要。一个妆容精致、面容出众的女孩若缺少一分气质，就少了一分灵性和可爱。

网络上流行这样一句话：女人40岁之前不漂亮，是造物主的失误，40岁之后仍然不漂亮，那就是自己的失误了。因此，女孩不要因为自己不美丽而自卑，一个人的长相是注定的，也是独一无二的。另外，女孩更应该培养自己的修养和气质，而不是单单用化妆来改变自己。

另外，女孩由于接触的化妆品比较少，不懂得区分容易引起过敏或伤害皮肤的化妆品。如果使用不正确很可能“美丽不成反而受伤”。因为化妆品会引起很多过敏反应。比如接触性皮炎、皮肤色素异常和化妆品痤疮等。女孩应该尽量减少接触化妆品，如果要选择，也要尽量选择那些经过卫生安全检测并且符合标准的化妆品，这样才能避免发生伤害皮肤的事件。

而且，女孩的妆容不能太突兀，比如皮肤本身比较黑就不要化得太白，否则只会让自己成为大家的“笑柄”。

生活中应避免的美丽误区

日常生活中，爱美的女孩经常会陷入一些美丽“陷阱”中。这些“陷阱”不但不会让女孩变美，还会影响女孩的身体健康和正常发育。接下来，就来看一看这些“陷阱”都是什么吧。

女性留发过长消耗身体养分。女孩都想拥有一头美丽的秀发，觉得这样很有女人味，会让自己变得充满女性的魅力。但很多时候，头发过长会给女孩的生活和学习带来很多不必要的麻烦。头发会大量吸收人体营养。久之，被头发耗掉的营养非常多。如果头发过长，人体供给头部的营养大量被头发吸收，脑部营养就会缺乏。而且，头发太长，还会影响女孩的学习时间，让女孩把大把的时间浪费在护理头发上，影响学习的效率。

夏季，女孩喜欢用肥皂洗脸，但是肥皂因碱性过大会刺激皮肤，还会过多地洗去皮肤的油脂，使皮肤变得干燥绷紧。这对爱美的女孩来说，是十分不利的。女孩在洗脸时一定要选择柔和的中性洗面奶或香皂，应避免使用肥皂洗脸。

当进入青春期后，女孩的毛发就会进入高速生长期，有时候，女孩会觉得自己的眉毛长得过粗过快，不像其他女孩子那样，柳叶弯眉，十分漂亮。所以就会开始学着拔眉描眉。但是，眉毛有阻挡汗水、尘埃和保护眼睛的作用，如果过分地拔眉描眉就会把眼眸的屏障“除掉”，使尘埃、细菌容易进入眼中，导致眼病的发生。另外，拔眉还会对眼眶周围的神经末梢形成恶性刺激，有可能引起眼肌运动的失调，造成眼眶周围皮肤松弛，使女孩过早地出现皱纹，并导致眼睑下垂，影响女孩美丽的容颜。

女孩涂唇膏是想让自己的双唇保持滋润，显得粉嫩诱人，但如果唇膏使用不当，不但不会起到美容的作用，还会影响身体的健康。尤其是女孩在进餐时如果没有把唇膏擦掉，唇膏里的色素就会进入人体，长期如此，会使色素在人体蓄积，对机体造成潜在性危害。所以，女孩最好不要涂唇膏，如果一定要涂，在吃饭时，一定要把唇膏擦掉。

女孩不宜束胸。束胸会影响女孩肋骨、胸骨和膈肌的运动以及女孩的正常呼吸和胸部的发育。长期束胸，会使女孩胸廓狭小，肺活量变低，严重影响女孩的身体健康。所以，女孩在青春期，最好不要束胸，以免引起不良影响。除此以外，女孩也不能在青春期完全不戴胸罩。胸罩对青春期女孩的乳房起到了一定的保护作用，如果女孩的乳房已经发育很大仍不戴乳罩，就容易使乳房松弛下垂，影响乳腺内正常的血液循环，造成部分的血液瘀滞，引起乳房疾病。另外，有的女孩胸部发育迟缓，比较小，为了追求胸部的“伟大”，就开始使用“丰乳霜”了。但大部分“丰乳霜”中都含有雌性激素，用它涂抹乳房，虽然在短期内可起到增大乳房的效果，但停止使用后，增大的效果就会消失，还会让女孩体内的雌性激素水平升高，破坏体内激素平衡，导致子宫内膜过度增生，月经量增多，诱发乳腺疾病。

除了要善待自己的胸部，女孩还应呵护好自己的私处。现在成人女性，很流行穿丁字裤，这样在夏季穿着太薄时，不会把内裤的印痕显出来，避免了尴尬。但是，丁字裤也只是一条布带，在会阴等皮肤娇嫩处，很容易与皮肤发生摩擦，引起局部皮肤充血、红肿、破损、溃疡和感染，进而诱发阴道炎等妇科疾病，对女孩的生殖健康十分不利。而且，过紧的丁字裤还会压迫肛门四周血管，增加女孩患痔疮的概率。

另外，女孩也不易穿高弹裤。高弹裤紧裹裆、臀和大腿，通透性差，严重影响了身体血液的循环，使女孩的关节伸屈和身体不能正常发育，不利于女孩的身心健康发展。

第十一章

想有完美身材，就从健康抓起

女孩在成长发育的过程中，会遇到各种各样的健康问题。比如，挑食、肥胖、贫血、阴阳失衡等。这些问题让女孩的健康指数逐渐下滑，严重影响了女孩的日常生活和学习。面对这些令人困扰的问题，女孩真的束手无措了吗？别急，其实解决它们的好方法还是挺多的，就看女孩你愿不愿意呵护自己的身体健康了。

荤素搭配，让营养均衡起来

青春期的女孩处于长身体的时候，但因为父母的宠爱或个人爱好，一些女孩养成了偏食、挑食的不良习惯，这对女孩的健康十分不利。

小云从小就很挑食，青椒不吃，叶子菜不吃，每顿饭必须要吃肉，否则又哭又闹。等长成大姑娘后，小云虽然不再哭闹了，但每次都会闹脾气，一看桌上没有肉，就扔下筷子，干脆不吃了。

“我就是不爱吃菜，肉多好吃啊。”小云觉得，作为一个合格的“肉食主义者”，她必须要有原则，说不吃菜，就不吃！

有一次，妈妈做了些“素肉”，也就是把蔬菜披上了一层“外衣”，看起来就像是肉一样，想让小云吃。

结果小云刚尝了一口，就扔下了筷子，说：“这根本就不是肉嘛！我不吃了。”

时间一久，妈妈也就不管她了，她吃肉吃得更多了，简直就是无肉不欢。但是有一天，小云却突然觉得自己肚子疼了起来，一开始她以为是闹肚子了，可等了一会儿，却发现越来越疼，家人发现后，赶紧带她去了医院。

检查结果显示，由于小云一直挑食，她的肠胃受到了一些影响，所以才会感觉肚子痛，其实是胃在疼。医生还说，如果小云不改正挑食的习惯，身体无法吸收更全面的营养，除了会引起胃痛，还会引起其他的不良影响。

这次的教训和医生的话让小云开始认真对待自己挑食的毛病了，她不想变成“病秧子”，她想做一个健康的女孩。

挑食是女孩常见的毛病，但是挑食太厉害，就会像上例中的小云一样，会引起身体的各种不适，导致疾病的发生。

那么，挑食可能引起哪些不良反应呢？

首先，挑食有可能导致女孩贫血。女孩在青春期身体的快速生长需要吸收足够维生素和微量元素，比如铁、维生素B族等。如果有挑食的毛病，就会使身体获取的营养元素不充足，进而引发贫血。女孩贫血后，就会出现头晕、乏力、注意力无法集中和精神不振等表现。女孩需要保持充沛的精力解决学习中的难题，如果整天头晕、没有力气必然会影响到学习状态和正常生活。

其次，挑食还会影响女孩身体的抵抗力。没有任何一种食物能完全满足女孩身体发育过程中所需要的全部物质的。如果长期只吃一两种食物，就会让人体内无法吸收足够的营养元素。人的身体需要吸收多种营养物质才能变得更强壮，缺少任何一种营养，身体的抵抗能力都会减弱，也会变得容易遭到病毒的侵袭。因此，女孩不能只吃素食或者荤食，要荤素搭配，才能吃出健康的好身体来。

除了不能挑食，女孩还应多注意日常保健，多喝水，让身体补充充足的水分，保证健康状况。

小悦最喜欢秋天，也最讨厌秋天，这是为什么呢？

喜欢秋天，是因为秋天可以看到很多美景，比如，她去学校的时候都要路过一片果园，虽然面积不大，但是园子里种满了各种果树。有红的山楂、绿的葡萄还有金黄色的大鸭梨。成熟的果实散发出的阵阵清香，每天路过的时候都能闻到这诱人的味道，这让小悦感觉十分惬意。那为什么又讨厌它呢？

因为秋天，小悦原本水灵灵的皮肤，会变得粗糙暗黄，一点也不漂亮。

这到底是怎么一回事呢？

后来，她才发现，自己皮肤干燥，和喝水少有关系。

小悦总是忘记喝水，有时候一天才喝一两杯水。后来，她和同学说起这件事，同学说："秋天天气本来就干燥，你老是不喝水身体当然会缺水，严重缺水的时候就变成'脱水'了，皮肤自然就会变干啊"！

"原来是这样！"小悦恍然大悟，从那以后，每天都会喝上几杯水，补充体内的水分。

秋天空气干燥，女孩的皮肤也容易变得干燥，但是多喝水，却能适当补充体内的水分，让女孩避免因为缺水而使身体产生不适感。

其实不只是秋天，每天女孩都应该给身体补充足够的水分。如果女孩总觉得口渴，小便的颜色加深，有时候还会便秘，那么，你的身体可能已经缺水了。如果这时候再加上皮肤失去弹性，还伴有头晕、疲惫等感觉，这肯定是缺水了。因为缺水会导致血压下降，血液中所含的氧也随之下降。没有足够的氧，肌肉和神经的功能就会变弱，所以身体就会产生疲劳感。

但是，喝水也要有讲究，并不是喝得越多越好。一般来说，如果女孩使用的杯子大概能盛250毫升的水，那么每天喝8杯水，是最合适的。喝水太多，也不是件好事，会导致电解质紊乱、维生素流失等不良反应。而且除了喝水，女孩还应增加自己饮食的丰富多样化，因为人们平常所吃的食物中也含有大量的水分。所以女孩也不要因为害怕缺少水分而盲目饮水。

减肥，别把身体减垮了

每个女孩都希望自己拥有苗条的身材，这是可以理解的，爱美之心人皆有之嘛。但盲目减肥，最后受到伤害的，肯定是女孩自己的身体。

最近网上有一条新闻，说的是一个正值花季年华的少女，因为减肥过度，最后竟然减成了弱智！

新闻中说，女孩张某一个月前反复发热头痛，开始她和家人都以为只是普通的感冒，没太重视，可是过了两天，张某在家感觉头痛剧烈，突然浑身抽搐，这让家人措手不及。于是，张某的母亲立即带她到医院就诊。该院神经内科主治医师回忆，当时女孩来的时候，看上去就比较消瘦，有点营养不良的感觉，另外让大家奇怪的是感觉行为有些异常，不像是个正常的成年人，看上去就像是六七岁的孩子。经过腰穿最终确诊女孩患上的是“重症脑膜炎”，因为病毒细菌的侵犯，导致女孩的智力明显受影响。而导致这种结果的主要原因，竟然是女孩过度节食减肥造成的。

马上就要进入夏季了，小年觉得自己应该减减肥，要不然夏天穿什么都不好看。所以她就开始了减肥的日子，每天早上晚上各喝一碗粥，中午只吃一个馒头，周末不用上学的时候，甚至连馒头也不吃，就啃两个水果就算吃完饭了。

久而久之，她虽然瘦了下来，但看起来精神不振，一点也不像个活泼开朗的学生样子。

之后，直到夏天过去了，小年还是在节食减肥，几个月以来一直都不怎么吃东西，尤其是高热量的食物她一概不碰，每天只吃一点蔬菜，喝几口汤，虽然在家人的劝说下，会吃几口饭，但她总觉得没有胃口。即使妈妈做的香喷喷的红烧肉，她也不想吃。

后来，在一次体检中，小年才发觉，自己因为过度减肥，得了轻度厌食症，幸好及时发现，否则会影响身体发育，更严重的甚至无法正常学习。

人的胖瘦很大程度上和体质有一定的关系。有些人天生就瘦，有些人则喝凉水都长肉。因此，女孩在面对自己的体重时，要顺其自然，无论胖瘦，只要保持在一定的范围内就是无伤大雅的。因为体重并不完全是脂肪的问题，有时候，女孩身体骨骼的大小、肌肉和水分的含量等，也都会影响到体重。所以，体重并不能代表胖瘦，而是要根据身体内的脂肪含量来计算。

女孩要知道并不是越瘦越好。当然，也不能太胖。过胖确实会对身体造成不良影响。所以，女孩应该走出“瘦就是美”的误区，保持健康匀称的体型才是正确的做法，适当的运动和控制饮食能让女孩拥有健美的身材和健康的身体，这样的女孩才是最美丽的。

对于女孩来说，节食减肥是极其错误的减肥方式，并且极有可能患上神经性厌食症，而这种不健康的心理严重时还会引起女孩产生自伤的行为。而且骨瘦如柴的女孩身材线条通常是直线型的，迷人的身体应该是曲线型的，脂肪就能做到这一点，它能使女孩变得更加迷人。

如果女孩身体的脂肪含量真的过高，导致肥胖，怎么减肥才健康呢？运动减肥，不用节食，不用吃各种减肥药，只要女孩多运动，就能达到减肥的效果。

小李1.6米的个头算得上是女孩的标准身高，可87千克的体重却是她的噩梦。因为居高不下的体重，使她与柔弱、文静等属于女孩的标签无缘，取而代之的是“男人婆”、“肥婆”、“胖妞”。所有人的注意力都放在她“胖”的特点上。同学们对她的优点却一概忽视。

自从被同学喊“肥婆”之后，小李的自信心受到严重打击。以前开朗活泼的她变得沉默寡言，拒绝参加同学之间的活动。小李觉得自己有点受伤，对自己失去了信心，“肥胖”两个字成了挂在头上的两把剑，随时都会戳到她的痛处。

有一天，小李突然意识到自己每天都因为肥胖而烦恼，可光烦恼一点用也没有，体重不会因为烦恼而减轻。想通了这点之后她开始面对自己的肥胖，希望能找到解决的办法。但小李不想依靠节食等自虐的方法来减肥，在网上找了很多资料后发现，运动，其实也可以减肥的。后来在运动教练的指点下，小李每天都会慢跑四十分钟，每天照常吃饭。这样坚持了半年，小李不但减掉了体重，变成了一名苗条的女孩，而且身体也很健康，并没有出现其他女孩子减肥时的那些不良反应。她高兴极了。

女孩子过于肥胖会影响身体健康，对心理健康也会产生不良影响。但是女孩在减肥的时候，一定不要用错方法，别减肥不成，反影响了身体的健康。女孩要根据自己的身高将体重保持在正常范围内，这样才能塑造出健康的体型。虽然减肥的方法多种多样，但最健康、最合理的还是运动和合理饮食。女孩可以根据自己的兴趣和身体条件找到适合自己的运动方法。

想要健康，多做有氧运动

有氧运动是近年来新兴的一种体育运动方式，它简便易行，安全有效。既可避免女孩在运动中受到伤害，又能帮女孩调理全身器官，练出健康好身体。

有氧运动的创始人是美国预防医学专家库珀，他曾经长期担任美国总统的私人医生。他认为，大运动量的健身运动有可能会慢慢损伤人们的身体。如果把这些大量的运动，分成几次，规定时间和运动量，做些适量的运动，不但能强身健体，还能有效降低患心血管病和癌症的危险，也能提高女孩在学习中的精神力，让女孩在生活和学习中精力充沛。

那么，到底什么是有氧运动呢？有氧运动就是指人体在氧气充分供应的情况下进行的体育锻炼。即在运动过程中，人体吸入的氧气量和身体需求量相等，达到生理上的平衡状态。有氧运动衡量的标准是心率。如果女孩在运动时，心率保持在150次/分钟，这样的运动量就是有氧运动，此时血液也可以供给心肌足够的氧气，强度低，有节奏，持续时间较长，对女孩身体健康比较有利。

新学期开始，小美开始了住校生活。每天早上在早自习以前，学校都会让学生集合在操场做十几分钟的早操。一开始，小美还兴致勃勃地每天坚持，可是过了一段时间后，就开始厌烦了。她觉得每天就做这点运动，做和不做没什么两样。

于是，后来再做早操的时候，小美就开始向老师撒谎，找各种理由不去做早操。

但是，这样做虽然小美可以美美地睡懒觉了，但她总觉得自己的身体渐渐的不如以前了。两个月以前，小美回到家，只爬了三层楼梯，就开始气喘吁吁了。

“我的身体怎么变差了呢？”她搞不明白。

后来回到学校，她问同宿舍的好朋友，好朋友也说自己觉得最近的身体变差了，天气一变化，就容易感冒。

“是不是我们运动少了？”小美怀疑地问。

朋友点点头，说：“可能是。”

“其实，每天运动十几分钟，也算是有氧运动，以前每天坚持的时候，不仅不累，反而上课的时候有精神，现在上课都无精打采的，成绩下降了好多。”小美苦恼地说。

“那咱们从明天开始，还是继续做早操去吧。”

“嗯，就这么决定了。”小美高兴地说。

“一天之计在于晨”。这句古老的谚语之所以能流传下来是有一定道理的。早晨适当的运动可以促进身体的新陈代谢，使血液循环保持良好的状态，这样女孩一整天都会精力充沛，精神饱满地开始一天的学习生活了。

为什么学校经常在早上为学生准备早操时间呢？因为早晨的空气非常好，空气中的含氧量比较充足，而一种叫“负离子”的物质在早晨的空气中含量是最高的。吸入饱含“负离子”的空气可以调节女孩的神经机能，增强身体免疫能力，让女孩充满活力。因此，女孩在学校的时候，一定要积极参加学校的早操活动，不要认为早操只是做几个简单的动作，它对女孩的身体和精神都是有帮助的。

其实，学校的早操运动，就是在让女孩进行有氧运动。

女孩进行有氧运动的好处有很多。它不仅可以增加血液循环，还能使肺部的收张程度变大，对肺活量的提高很有帮助。当女孩运动持续时间较长时，因为肌肉长时间收缩，心肺在给肌肉供应氧气的过程中，会运走肌肉中的废物。

有氧运动能合理消耗人体的脂肪，对女孩保持完美的身材十分有利。人体脂肪的贮存量很丰富，当女孩运动的时候，一开始主要是靠消耗体内的糖来提供能量的，但坚持的时间较长后，贮量有限的糖就不能持续供应能量，而逐渐转为靠消耗体内脂肪来提供能量。想要减肥，保持体型的女孩，可以通过健身跑、骑自行车、游泳、登山等运动，来达到自己的目的。

除此以外，女孩在课间休息的时候也要进行适当的锻炼，不要总坐在凳子上一动不动，这对自己的学习和身体健康，都十分不利。女孩在日常生活中也要积极地锻炼身体。适当的运动可以消除学习上的烦恼，增加身体的抵抗力，更重要的是能锻炼女孩的毅力和自律性。总之，适当的运动有益无害，女孩应当积极参与。

需要注意的是，女孩在进行早操或其他有氧运动之前，应喝一杯白开水，这样既能起到冲刷肠胃的作用，促进消化器官的运动，还能让身体在运动的过程中不缺水，使身体变得更健康。

在运动的过程中，女孩还要注意掌握合适的运动量，只有运动量掌握得合适，才能取得最佳的效果。一般情况下，女孩可以采用运动强度小而运动时间偏长的锻炼方案，在保证人体吸入足够的氧的同时有效地消耗体内的脂肪。

另外，在运动之前，女孩还要做一些热身活动。以免发生肌肉酸疼，关节韧带扭伤等情况。

培养良好的生活习惯

良好的生活习惯对每个人来说，都很重要，都是保障身体健康的有力手段。那么，哪些才算是良好的生活习惯呢？女孩又应该如何培养良好的生活习惯呢？

早睡早起。在现实生活中，很多女孩都喜欢熬夜。她们晚上不按时睡觉，早晨不按时起床，睡眠不足，白天没有精神，上课时总是打瞌睡，很影响学习和日常生活。如果长时间作息不规律，女孩就会出现生长缓慢、记忆力下降、多动、肥胖等症状。这对于正值青春期的女孩来说，是很不利的。据相关数据显示，我国有将近七成的学生都有睡眠不足的情况，而经常性的睡眠短缺或者睡眠质量不佳又会对身体发育造成严重的影响。引起肥胖的一个重要原因就是睡眠不足。当女孩的睡眠时间长期处于不足的状态时，身体的内分泌系统就会出现紊乱，进而导致脂肪在体内堆积。所以，如果女孩不想为减肥发愁，就一定要养成规律作息的好习惯。每天应保持8个小时左右的睡眠时间，晚上睡觉不宜超过10点，早晨起床也不宜早过 5 点，否则就会引起身体的不适感。

饮食规律。除了睡觉，和人们日常生活密切相关的就是吃饭。女孩正是长身体的时候，睡好之后，一定还要吃得好，才能让身体健康。早中晚三餐，不可不吃。有些女孩早上赶时间，就会不吃饭，或者随便应付一下，这种行为是不可取的。要知道，早餐对于人的身体健康是很重要的。如果不吃早餐，就会让身体处于低血糖状态，女孩在上课的时候会感觉饥肠辘辘，没有精神。这不仅影响了上课的质量，也损害了身体健康。因此，吃好一日三餐，女孩才会有健康的身体。

特殊时期的健康问题。月经是女性的正常生理现象，女孩在十三四岁时，就会开始形成规律的月经。在经期，子宫内膜脱落、出血，子宫口稍稍张开，阴道内的酸性分泌物被经血冲淡，使生殖器官的抵抗力下降。因此，在月经期间，女孩一定要注意个人卫生，否则，很可能会引起生殖系统疾病，如月经紊乱、痛经、闭经、经血过多或过少等情况。经期，女孩要使用干净的卫生巾。卫生巾要选用正规厂家生产的产品，应勤换卫生巾，防止细菌滋生。另外，女孩还要保持阴部的清洁卫生，洗澡时要使用淋浴的方式，不要用碱性强的肥皂，高锰酸钾有很强的杀菌作用，常用于外阴、阴道、尿道、肛门疾病的冲洗或坐浴，但长期使用会造成皮肤干燥、粗糙、脱屑、裂口等。因此，平时不必用高锰酸钾洗外阴。

另外，女孩应注意，不管是什么季节，经期都应禁止游泳。这是因为，当女孩在不卫生的水中游泳时，脏水会进入阴道，改变阴道酸性环境，使阴道自身的防御能力下降。在这种情况下，病菌很容易就会乘虚而入，引起各种妇科疾病或痛经、闭经、经血过多、过少等月经失调等症状。

每天泡脚。寒冷的秋冬季节，很多女孩都会出现手脚冰凉的情况，而长时间的手脚冰凉，不仅难受，还会使女孩受到冻疮及其他疾病的困扰。手脚冰凉的主要原因主要是受冷空气影响后血液的新陈代谢减缓，血管收缩，血液回流能力减弱，从而导致手脚的血液循环不畅，令手脚发寒、冰冷。如果女孩经常手脚冰凉，不妨试一试每天用热水泡泡脚。泡脚是改善手脚冰凉最有效的方法。在泡脚过程中，血液循环系统渐渐畅通，身体慢慢发热，此时如果再对双脚进行揉搓按摩，效果会更好。女孩泡脚时，水温不宜超过40度，时间也不应过长，在20至30分钟最佳。

适当地“春捂秋冻”。在春夏之交，秋冬之交，女孩不要急于减加衣服，春天，应适当地捂一捂，秋天，则要恰到好处地冻一冻。这样能够增强人体对气候变化的适应能力，保持女孩的身体健康。不过，女孩在春捂秋冻时也要有限度，不可太过。否则，反而容易引起疾病。

穿出健康，秀出美丽

女孩都喜欢打扮自己，穿漂亮的衣服，戴好看的饰品。但是在穿衣打扮的时候，也是有很多健康小知识的。如果女孩不注意这些细节，很可能就会把健康“吓”跑。

巧带围巾。天气转凉之后，女孩可能会选择佩戴围巾，来保护自己颈部。颈部保暖有什么好处呢？颈部保暖可以有效预防颈椎病的发生。现在，因为生活习惯和学习等原因，越来越多的人存在着颈椎问题，而且也越来越低龄化。尤其是天冷后，经常有女孩会感觉自己的颈部疼痛、僵硬，头晕，肢体麻木等。

中医认为，风、寒、暑、湿、燥、火是致病六大因素，其中风寒之邪居前两位。颈部充满血管，在冬季，稍不注意就会让寒邪之气侵入颈部，导致颈椎疾病。在冬季，采取措施保持颈部的暖和，例如戴上自己喜欢的围巾，既美观又能使颈部免受风寒的侵袭，可有效避免肌肉、血管等软组织受冷使血流量减缓，向大脑供血不足的情况发生。那么，女孩应该如何挑选一条适合自己的围巾呢?

从身材上来说，个子不高且胖，胸围较大的女性宜选用颜色较深、色调单一的宽松类针织或丝绸围巾。而身材瘦小的女性应选择暖色简洁朴素的围巾。从肤色上来看，脸色发黄的人不宜选用深红、黄色、深紫等颜色，应选择浅黄、粉红等浅色柔和的围巾。肤色较黑的朋友应以淡红、玫瑰红等颜色为宜，暗色调的围巾使这类人看起来更黑。皮肤白皙的人则比较随意，深色更显白净，浅色则彰显柔和。

少打耳孔。女孩都喜欢好看、可爱的小饰品，尤其是耳坠、耳环、耳钉等。但女孩要戴上耳饰，就得要有耳孔，而很多饰品店为了满足顾客的这种需求也进行穿孔等生意。但是，女孩在打耳孔时一定要谨慎，一定要到正规医院美容科室进行穿孔手术，切不可在街头进行所谓的无痛穿孔。另外，在月经期或者有瘢痕体质的人最好不要做穿孔手术，因为，女性在月经期身体抵抗能力减弱，强行进行穿孔，很容易出血，造成感染。而瘢痕体质的人打了耳孔就会引起瘢痕增生，会带来很大痛苦。打完耳孔后，女孩还要注意保持耳朵的卫生，防止感染。一般情况下，打完耳孔后会立刻戴上消过毒的无菌耳钉，至少三天不能让耳朵碰水，一周之内应避免触碰耳钉，可以每天在创口上涂一些消炎抗菌药膏，减少耳孔感染的机会。

选择适合的内衣，保护胸部发育。乳房作为女性特有的第二性征，在展示着女性形体曲线美的同时还担负着哺育下一代的任务。但是，很多年轻的女孩为了让自己的胸部更完美，早早地就开始进行隆胸手术。虽然就目前的美容整形的医疗水平以及材料来说，隆胸手术基本上还是安全的，但手术中却容易出现各种各样的意外。隆胸后，稍不注意，也会增加炎症的可能性。

而且，年轻女孩的鉴别能力还不完善。如果隆胸的假体产品质量有问题或是受到外力创伤，使假体渗入乳腺组织，很有可能就会引起各种炎症，必须再次接受手术治疗才行。因此，女孩完全不必为了美而去隆胸。如果一定要隆胸，女孩应选择正规的美容医院，减少隆胸的风险和日后对身体的影响。

女孩在选择内衣时，一定要挑选合适的尺寸。现在市场上的文胸尺寸一般是根据罩杯的深度来进行定位的，但这并不是全部标准。如果文胸尺寸太小，容易使胸部受到挤压，造成胸部的完整造型被破坏，影响女孩的乳房发育。而文胸过大也并不是好事。当文胸与女孩的乳房圆周边缘相吻合，并且罩杯的深度也与乳房的丰满度相适应时，这个尺寸才是最适合的。但是，女孩的胸部正在一天天发育中，并不是完全不变的，一旦感觉现在穿戴的内衣较紧，一定要及时更换内衣的尺寸。

刚买回的内衣，女孩不能拿来就穿，要先进行彻底的清洗，晾干后再穿。这是因为内衣在生产过程中为了使衣物更加富有美感，常常会使用各种化学物品进行漂洗和处理，这些添加剂对人体虽不至于有大害处，但用来贴身穿着时会刺激到皮肤，容易引起过敏反应，导致女孩发生皮炎或皮肤瘙痒等。所以，刚买回来的衣物，应先用清水冲洗干净，最好能在清水中泡上两个小时，晾干后再穿。当然如果能在阳光下晒干更好，阳光是最好的杀菌武器。

在选择内衣时，女孩不应选择紧身内衣。虽然紧身内衣能很好地展示出女性的美，但长期穿着紧身内衣易改变腹部的微循环，导致内脏和神经系统处于紧张状态，时间一长便会引起便秘、头痛、痛经等不良症状。因此，女孩在购买内衣时，应选择宽松的棉织品。透气性要好，背带和胸带不可过紧，以免压迫肌肤，使肌肉受损。

学会调理自己的身体

有时候，不管女孩怎么注意日常保健，但人免不了还是会生病的。这是因为人体的免疫能力并不是一直处于高峰期，有时候，因为心情或环境的因素，人们的免疫能力可能会下降，导致身体不适。

那么，在遇到诸如贫血、阴阳失调这些说大不大，说小又不小的病症时，女孩应该如何调理自己的身体呢？这时，采用按摩来改变自己的身体状况，是一个很不错的方法。

姚瑶是一名高中女孩，虽然学习很紧张，但这并没有给她造成多大的压力，只不过，临近考试，她比平时多用功了一些。

这几天，她总感觉自己心烦气躁，浑身乏力，记忆力也不如以前了。

“难道是我变笨了？”她小声嘀咕道。

后来，在一次例行体检中，姚瑶才发现，自己竟然有点儿贫血。

“怪不得我最近总没精神，可我为什么会出现贫血呢？”姚瑶百思不得其解，在她的理解范围中，贫血和营养不良有很大的关系。可她平时饮食很注重营养搭配的，不可能出现营养不良，那她的贫血是怎么造成的呢?

后来，姚瑶咨询了相关专家才知道，原来贫血是一个广义性病名，属中医范畴中的虚症。气虚、血虚、阳虚、阴虚等，都可称之为贫血。而女性因月经等原因很容易引起贫血症，只不过症状较轻微，只要注意休息和保健，一般都不会对生活造成较大影响。

姚瑶的贫血就属于轻微性的，只是最近学习压力比较大，才使症状突显了出来。而且医生还告诉她之前的情绪不稳、头晕耳鸣、记忆力减退、乏力犯困等症状，也都是贫血的主要表现。

“那我该吃些什么药来治疗呢？”姚瑶急切地问。

“你的症状比较轻微，没有必要吃药，不过，你可以试着做一些保健按摩。”医生建议道。

“按摩真的能治贫血？”

“当然能。你可以按摩血海穴。血海是人体足太阴脾经上的重要穴位之一，是脾经血气汇集的地方，按摩这个穴位，养气益血，对治疗贫血最有效果了。”

故事中的姚瑶得了贫血症，那么到底什么是贫血呢？贫血是指全身循环血液中红细胞总量减少至正常值以下。中医学中虽然没有贫血的名称，但是一般将贫血划在“血虚”的范畴内。中医认为血的生成要靠水谷精气，人体吸收了营养物质，然后通过脾胃气化作用转化为精、津液，一部分存在肾中，一部分转化为血。因此，血的生成和心、肝、脾、肾等脏腑有密切的关系。

很多女孩可能有过这样的经历：蹲了一会后站起来会感到头晕目眩，严重时甚至会出现皮肤苍白、呼吸急促、昏厥的现象。这可能就是女孩有些贫血了。发现自己有贫血的现象时，女孩不要着急，要先去医院进行检查，如果情况比较轻微，可每天坚持按摩关元穴、血海穴等相关穴位对身体进行调理。按摩关元穴可以培补元气，补充肾气，补气生血，对于改善贫血症状有神奇的功效。经常贫血的女性朋友可以每天用手掌上的劳宫穴对准关元穴按摩，这样会感到关元逐渐温暖起来，能更好地治疗贫血。另外，血海穴和足三里也是治疗贫血的很好的选择，能够有效调节脏腑功能，尤其是脾胃的生化气血的功能，从而达到益气补血的目的。

另外，对于女孩贫血，食补也是个不错的方法。女孩平时可以多吃一些含铁量高的食物，比如黑豆、胡萝卜、猪肝、蛋黄、海带和黑芝麻等。我国自古以来就认为吃豆有益。黑豆还可以生血。对于贫血的女孩，最好配合着乌鸡煮汤食用。但是需要注意的是，食补是要滋补而不是增加油腻，每餐也不要吃得太多。

《黄帝内经》中记载：“阴阳者，天地之道也，万物之纲纪，变化之父母，生杀之本始，神明之府也。”可见，阴阳平衡对人体多么的重要。一旦打破这种平衡状态，女孩的身体就容易产生各种疾病。

阴阳失衡会导致女孩面部长痘、内分泌失调等，让女孩逐渐失去活力。一般情况下，中医将阴阳失衡分阳虚和阴虚两种。阳虚者需要补阳，阴虚者便要滋阴。日常生活中，女孩可以可按摩“天地人和”穴位，还可以通过对全息穴位群的按摩，获得平衡阴阳的效果。

除了按摩外，还可以用针灸、拔罐、饮食等方法来调节阴阳，这些都比直接的药物疗法更有益于人体健康。

另外，女孩还应根据自己的体质来调理自己的身体。不同的体质，应进行不同的食疗、按摩法。如果女孩在不了解自己体质的情况下胡乱调理，反而容易引起不良效果。所以，女孩在调理自己身体前，可以先去看看中医，确认自己的体质后，再对症下药。一般来说，女孩比较常见的问题有气郁体质、瘀血体质和气虚体质，当弄清楚了这些问题，女孩才能放心大胆地调理自己的身体。

第十二章

女孩健康成长，性教育这一课不能少

在我国的文化传统中，对女孩的青春期生理教育比较缺位，对青春期性教育更是遮遮掩掩，很少有公开讲解和普及宣传。家庭中，家长对女孩这方面的关心远低于对其学习的关心，性教育就有些缺位了。但是，女孩自己还是应该从正规出版物、心理读物等方面了解性生理和性心理，以揭开其神秘的面纱，让自己能坦然面对身边的一些“尴尬事儿”。

要善于化解性冲动的烦恼

青春期是女孩人生中的一个特殊时期，是从孩提向成人发展的中间阶段，这个阶段的女孩特点与这两者都不同，因此这一阶段堪称人生的关键时刻。其中，女孩性意识与性冲动的出现就是一大特点。她们对性从不了解到厌恶，再到好奇，这是人之常情。因此，女孩主动了解发生在自己身上的这些生理和意识的变化，有利于其应对与性有关的一些事情。

当身体逐渐发育成熟，女孩的心理也在发生着很大的变化，潜意识中对性产生了兴趣，很希望能对其有所了解。因此，有的女孩会通过网络、书报、影视等渠道去接触性知识，以满足这方面的求知欲。

同时，女孩也开始真正的关注男性了，想要了解身边的男性尤其是男生的想法，也会用比以前多的时间在这方面加深“探究”。这个过程中，初期女孩的目光见到男生就会含羞地躲开，会比较敏感男女之间的分别。然后，女孩就会表现出更多的好奇心与好感，也会希望得到男生的欣赏和赞美，因此常常在衣着打扮上下功夫。女孩在和男生交往时，会有相互吸引的奇妙感觉，也会出现激动、紧张、高兴甚至手足无措的情况。当然，女性也会想像成人一样与男生交往，甚至尝试成人的一些活动。

在性意识觉醒后，女孩的性冲动也逐渐变得清晰起来。据国内近年来的调查，十四五岁的青少年在初次体验到性的冲动时，有百分之三十二的女生报告身体内部出现了从未有过的兴奋，第一次出现时的年龄，女生是15.7岁。由于女孩既有对性冲动的本能需求，又有对性关系后果的担忧，担忧的性心理和压抑的性生理纠结起来，常让使女孩陷入困境。

性冲动是在各种感觉器官，通过视、听、嗅、触觉，接受外界的刺激，如异性半裸或全裸的形体或画面，迷人的体味、温柔的抚摸等，经感觉神经传入，由神经中枢将感受到的信息进行综合与分析，对性行为发出的渴望与冲动。它常伴有生殖器官的充血以及心理上的激动和快乐，是生理和心理的综合反应。

由于生理本能的缘故，中学生尤其是高中女生，处在性能量旺盛的时期，性心理进入异常的活跃阶段，自然会频繁地出现性冲动。影视、文学作品等对性的大量描绘，给她们的性神经带来了强烈刺激。正是这种内外刺激，使处于青春期的女孩们产生了接近异性的愿望和性的冲动。在这个时候，女孩就要学会自我控制，不能因性冲动而耽误了正常的学业和生活。具体来说，女孩可以采取以下方式消除自己的性冲动。

第一，女孩应主动查询相关性教育知识，增加对自己的身体和心理的了解。女孩可以从当地图书馆借阅此类的图书，也可以从网络中正规的教育网站浏览相关知识，甚至下载电子书。对这些行为女孩不必感到害羞，应大大方方地学习。对这些知识了解得越多越深入，女孩就越能破除以前的错误观念，越能坦然面对有关自己身体的各种变化。在学习的过程中，女孩还可以向母亲请教问题，得到来自亲人的贴心指导。

第二，女孩可多进行体育锻炼，以消除身体冲动带来的烦恼。当女孩将很多精力放在自己喜欢的体育运动项目上时，她不但能锻炼身体，还能很好地转移自己的注意力，不再去想与性有关的事物，而且，在充分运动后，女孩在疲惫的同时能有效化解性冲动。除了体育锻炼，女孩还可以扩大自己的兴趣爱好，有空时对其进行钻研，当全身心地投入到绘画、摄影等等艺术爱好中时，性冲动就会被抛到脑后。

第三，女孩应将生活重心放在学习上，拒绝早恋。早恋的女孩往往性冲动会更强更频繁，这是因为她步入了爱河，在与男朋友的相处中，得到的亲吻、拥抱、情话等性暗示比单身时要多很多倍，女孩的生理冲动自然容易被激发。因此，女孩应拒绝早恋，将精力放在学习上，用提高成绩、考入理想的学府作为自己的努力目标并为之奋斗，以不虚度这宝贵的青春时光。

第四，女孩要加强在自制力方面的练习。虽然性冲动是生理上的自然现象，但它并不是不可控的。人之所以能成为人，就在于我们有自制力，懂得什么时候应该控制自己的欲望。女孩增强自己的自制力，不但在化解自己的生理冲动时大有帮助，而且在其他方面也能有不少获益。比如，有了自制力，就能很好地控制自己休闲娱乐和学习的时间，更有效地安排自己的生活。最后，女孩在增加自制力的过程中，还会享受到成功控制自己按计划学习等带来的成就感和满足感，这些精神满足要比单纯的生理冲动满足强得多，而且更为有益。

自慰不是罪，但不宜沉迷其中

进入青春期后，女孩不但对异性有了好奇之心，对自身产生的一些性冲动以及性快感也有了了解，有的人进而会逐渐发展为自慰。所谓自慰，即女孩不与异性有接触和性行为，仅通过自己对性器官的触摸而达到生理上愉悦甚至高潮的行为。

有的女孩有了自慰行为后，会产生负罪感和惶恐不安的心理。在她们的心里，认为这种行为是不道德的，是肮脏的，应该予以杜绝，但是她们又无法摆脱自慰给其生理上带来的快乐。因此，女孩可能会陷入"越快乐越希望享受，享受后又深深后悔，但下次还会带着纠结的心理自慰"的怪圈之中。其实，女孩的这种担忧是不必要的。自慰不仅仅发生在女性身上，在男性身上更为普遍，不仅青春期少男少女有这种行为，在成人中，这种行为更是普遍。

20世纪50年代，西方性学专家金赛博士出版了《女性性行为》一书，在书中，他披露了西方社会中，女性和男性一样有自慰行为而且比例高达62%。20世纪80年代末，我国的性学专家刘达临先生在由他主持的全国两万例性文明调查报告中说到，中国女大学生的自慰率为16.5%；其中，男大学生认为自慰是不道德或是罪恶的仅占16%，而女大学生竟占45.1%，这些错误认识不仅影响了女性对于自身的评价，而且干扰了她们正常的性心理发育。

以上还是20世纪的调查数据，随着社会文明的发展，社会宽容度的增加，自慰人群占总人数的比例也在逐渐攀升，自慰的年龄也在提前。人们对自慰，尤其是女性自慰方面的态度越来越客观而包容了。

以往东西方传统文化中都认为自慰有害。今天中外医学、心理学关于自慰的观点惊人的一致——自慰无害。事实上，自慰既不是罪恶又不属于流氓行为。它是女孩用来缓解性紧张的一种有效手段。一般而言，它并不妨碍和损害他人，因此有自慰行为的女孩不必产生负罪感。

从生理上讲，性兴奋可使女孩的盆腔和生殖器部位充血，性高潮可使这种充血迅速得到缓解；如果女孩产生了性兴奋又不能达到性高潮，这种充血只能在相当长一段时间内慢慢地消退。长此以往，她们不但会感到精神上的压抑，还会患慢性盆腔症等疾病，而自慰恰好能够成为女孩在性欲来临时的解决方法。

自慰本身对其生理和心理没有危害，适当的自慰还有助于女孩缓解紧张的精神压力，令其能以更佳的状态迎接学习、考试等的挑战。但需要女孩注意的是，适度自慰有益身心，过度自慰则有损身心健康，主要有以下表现。

一是虽然自慰无害，但是社会主流价值观是不提倡性享乐的，而经常性自慰，恰恰给女孩这样一种印象："自慰是一种很爽的事情，控制不住常常享受这件事，就和不良少年一样了，是色情享乐者"，因此，女孩就会认为这是一种下流的行为，并有诸多的联想。而每次自慰后，女孩就会加深一次这种想法，再加上女孩对无法控制自己身体欲望的不满和痛苦，最终形成长时间的精神压力，使大脑处在持久紧张状态，容易出现疲劳，导致注意力涣散，思维迟缓等情况，严重者甚至会有神经衰弱的危险。

二是长期自慰对女孩的身体有诸多的不利影响。青春期的女孩，虽然生理上逐渐成熟，但仍没有像成人一样完全成熟，尤其是其生殖系统，处于比较娇弱的时期。这时如果对其进行过多的性刺激，就会影响其正常的生理发育，导致出现一系列病症。其中之一就是月经来临之前自慰会加重痛经的程度。这是因为，女孩自慰会导致性兴奋及性高潮，这会诱发子宫出现收缩，如果是在月经来临之前自慰，这种子宫收缩会导致经血流通不畅，在女孩体内出现阻塞，加重痛经的程度。另外，女孩在自慰时，会刺激外阴部位，导致生殖器官充血，处女膜受损，脏污进入生殖道内，形成各种炎症。妇科炎症严重时还会影响日后的生育。同时，自慰还会导致尿道口充血与水肿，就容易造成病菌进入尿道，引发各种炎症。而这些病症也会让女孩产生难以启齿的心理，并加重“自慰有害还是无害”的疑虑，增加精神负担。

那么，女孩应该如何才能做到适度自慰，既能愉悦自身又不伤身呢？心理专家提出了以下几个解决方法，供女孩参考。

一是女孩要有毅力，要能够自我控制。很多女孩认为自己控制不了欲望，其实这是误解，只要真正下定决心，女孩是能够控制自慰频率的，将自慰次数控制在每月1至3次是完全可能的，而且不会伤害身体健康。

二是女孩睡觉时不能穿紧身内裤，被子不要盖得太厚，也不宜俯卧在床上，这些都会引发性刺激，正确的睡姿是侧卧和仰卧，在早晨醒来后，女孩要尽快起床洗漱，不宜在床上磨蹭以免引发性兴奋。

三是女孩自慰多出现在睡觉前后，因此女孩在睡前应适当运动，并热水泡脚，有利于化解性冲动促进睡眠。

四是女孩要注意经常清洁身体，保持私处的干爽卫生，以避免细菌侵入体内。

别让色情读物毒害了自己

青春期少女对异性及网络都充满着好奇心，前者让女孩会有心怦怦直跳的感觉，而后者则能让女孩在网络上抒发释放这种异样的感情。在网络化的今天，女孩接触高科技电子产品的机会越来越多，当在现实生活中，对异性产生的情愫无法正常宣泄出来时，女孩可能就会通过网络上的情色小说、含有色情情节的漫画书等“黄色读物”，来满足自己对异性的渴望，让自己达到心理平衡。

但是青春期的女孩身心发展尚未完全成熟，还处在一个不平衡的时期。在这个特殊的时期，如果女孩过早地接触到这些“有色读物”，不仅会影响女孩正常的学习和生活，还会对女孩的身心发展带来一些不必要的问题。

小选从小到大都是一个品学兼优的好女孩，在父母和老师的心目中，她做什么都很有分寸，既懂事，又乖巧，绝对和那些不良事物不沾边。

但当小选升入高中后，她有一天上网时，发现了一片“新大陆”。那是港台地区的一个言情小说网站，因为不太出名，所以访问量不大。但是网站的言情小说却多种多样，而且大部分都和情色沾边。

一开始，她还有些不好意思看，后来实在无聊的时候，就偷偷下载了一篇电子书，放到了手机里，闲暇的时候看两眼，借以消除学习的疲劳。

当小选在小说里看到一位男主角的描写时，自动地就把男主角和班上的一位男同学联系在了一起。她对这名男同学很有好感，虽然总想和他说话聊天，但因为害羞，所以一直不敢主动去搭话。

而她看的小说中的女主角正好也是这种情况，小选忍不住就把自己和男同学套进了故事里，而且还会想象自己和男同学也会发生像小说里写的那些比较色情的情节，心情除了激动，还有些忐忑和不安。

其实，小选也不知道这些内容是不好的，不健康的，但因为平时父母和学校从来不对她讲这些内容，而她对男同学的异样感情又不能对身边的亲朋好友倾诉，所以她一是因为好奇心，二是因为私心，所以就越陷越深。每天都会下载新的言情小说，存到手机上，下课时看、吃饭时看、睡觉前也要看，甚至有时候，上课的时候，她也会偷偷看这两眼。

这让小选的成绩变得越来越差，因为总是看电子书看到半夜，精神状态也萎靡不振，令人十分担忧。

而且，随着网络小说阅读量的增加，那些比较“清水”的网络小说已经不能满足她的要求了，她再下载电子书时，只会选择一些涉黄内容比较多的文章，这样的文章才能让她产生阅读的兴趣。

在网络如此发达的今天，被网络中的色情内容“污染”到的，不仅只是男孩，也包括女孩。

虽然社会一直在呼吁对孩子及早进行性教育，但这方面的工作还存在不足，尤其是在面对女孩时，更是如此。但如果人们一直把性知识当成禁区，让女孩“什么都不要问”，不仅不能让女孩了解关于性的知识，满足她们的好奇心和求知欲，还能让女孩走上“歪门斜路”，用错误的方式，来了解性和异性。

青春期的女孩正处于生长发育中的性成熟初期阶段，很容易对性产生好奇心，她们会偷偷关注异性，开始琢磨“性”到底是个什么东西。对于这个疑问，女孩对父母和朋友都开不了口，只能自己想办法去寻找答案，而网络就成了她们的依赖。网络既能让女孩避免尴尬，又能找到自己想要的东西。同时，女孩大多都爱幻想，在某种程度上了解了性和异性后，就想知道更多的男女间的情事，而带有色情内容的言情小说，正好满足了女孩的这种心理，让女孩对这些小说，爱不释手，以至于影响了正常的学生和生活。就像上面故事中的小选一样，为了看情色电子书，而影响了睡眠和上课的时间。

女孩虽知这是错误的行为，但就是无法停止自己的行动。那么，女孩如何才能让自己远离网络色情的毒害呢？

女孩在对异性产生异样情愫时，不要惊慌，要以理智的态度来面对自己心中的感情，不要认为这是坏事，气急败坏地在网络上寻求安慰。网络只是一个虚拟的产物，它不能给你全方位的体贴和照顾。

女孩要正确认识自己，对自己多一份了解和自信，可以试着找同龄人或者父母倾诉一下心中的苦恼，让自己变得成熟起来。如果担心会受到父母的批评或朋友的嘲笑，女孩也可以选择一些健康的青春读物，来了解男女的特性特征以及性别的差异，不再让性变成自己心中的神秘之物。这样，女孩就会有一个积极向上的改变。要知道，健康读物是教人们学习知识的，而色情读物只会让人们“玩物丧志”，使人们深陷“黄色网络”的毒害而无法自拔。

了解男女不同的生理结构

青春期女孩身体变化很大，其中最明显的是乳房和阴部的发育。这在给女孩带来惊奇的同时，还带来了不少问题，其中最主要的就是她们对自己和异性身体不同的好奇，而了解这些基本的生理知识，对女孩正确了解性、生殖系统有很大的帮助。

女性生殖器官系统由内生殖器和外生殖器两部分组成。外生殖器是指生殖器官的外露部分，包括大阴唇、小阴唇、阴蒂、阴道前庭部和前庭大腺及处女膜，统称为外阴。内生殖器位于盆腔内，包括阴道、子宫、输卵管和卵巢

外阴。外阴部有大阴唇和小阴唇，两小阴唇之间为阴裂。阴裂中上方有尿道口，下方是阴道口。小阴唇两侧的前方融合，包绕阴蒂。阴蒂头富于神经末梢，极为敏感，是性感觉最强的部位。它是一个很小的结节组织，很像阴茎，位于两侧小阴唇的顶端，在阴道口和尿道口的前上方。

阴道。阴道是内外生殖器的通道，上端包绕子宫颈，下端开口在阴道前庭后部。阴道全长约10至12厘米。阴道壁有很多皱襞及弹力纤维，具有很大伸展性，阴道壁上有很多血管网，受损伤后容易出血或形成血肿。阴道黏膜受性激素的影响，有周期性变化。阴道是月经排出及胎儿分娩的通道，又是性爱器官。

子宫。子宫位于骨盆腔中央，四周由韧带固定，子宫的形状像一个扁平倒置的鸭梨，它是来月经和孕育胎儿的地方。子宫内膜受卵巢激素的影响，有周期性变化，内膜脱落而形成月经。子宫底两侧角和输卵管相通，下部向阴道内突出为子宫颈，通向阴道，精子从这里进入女性内生殖器。

输卵管。输卵管是一对细长弯曲的管子，内侧和子宫角相通连，外端和卵巢接近，是输送卵子的管道。输卵管具有输送精子和卵子的功能，并且还是精子和卵子相遇受精的地方。受精后，孕卵经输卵管的输送进入子宫腔着床。

卵巢。卵巢有两个，在子宫的左右两边各一个，其外形有点像杏核。它有许多卵泡，能产生、排出卵子，以及产生女性激素，有着维持女性特有的生理功能及第二性征的作用。绝经后，卵巢逐渐萎缩。